고난의 세월 누가 대신 울어주나요

경산 코발트광산 구술증언집 2

경산 코발트광산 구술증언집 2

고난의 세월 누가 대신 울어주나요

초판 인쇄 | 2024년 4월 10일
초판 발행 | 2024년 4월 15일

엮은이 | 최승호
대　담 | 경산코발트광산유족회
　　　　 강창덕, 권춘희, 김무술, 김주영, 남효덕, 도종열, 문태주, 박효열, 안경치
　　　　 유동하, 이대우, 이수연, 이영대, 이인백, 이태옥, 정시종, 최재림, 최주홍
구술 정리 | 박선영

발행인 | 신중현
발행처 | 도서출판학이사
　　　　 대구광역시 달서구 문화회관11안길 22-1
　　　　 전화 : 053) 554-3431　　　팩스 : 053) 554-3433
　　　　 홈페이지 http://www.학이사.kr

* 본 도서는 경산코발트광산유족회의 도움으로 발간되었습니다.

* 본 도서는 구술의 현장감을 살리기 위해 구어체를 문어체로 바꾸지 않았습니다.
* 본 도서에서는 구술자의 구술 내용을 맞춤법이나 표준어규정에 따라 수정하지 않고 그대로 살렸습니다.

경산 코발트광산 구술 증언집 ❷

고난의 세월 누가 대신 울어주나요

최승호 엮음

學而思 학이사

발간사

고난의 세월 누가 대신 울어주나요?

무슨 영문인지도
모르고 끌려가고
학살 당한 지 73년
고난의 세월이 흘러가도
한 많은 100만 유족들
가슴속의 응어리진 한을
한데 모을 수 있는
유족 증언집을
늦게나마 발간하게 됨을
이사장으로서
진심으로 감사드립니다.
자료수집과 유족들 증언 녹취에
생업을 뒤로하고
불철주야 고생하신
대외협력국장 최승호 이사님께
감사드립니다.

그동안 유족들 한 맺힌 마음,
진실화해위원회 1기, 2기
진실규명 본인진술에서도 말할 수 없었던
가슴 아픈 사연
증언집에 기록돼서
2세, 3세 후손들한테
역사의 진실,
기록으로 남겨질 것입니다.

끝으로 이번 증언집에는
유족 전원의 증언을 수록하지 못했지만
차후 3집, 4집을
계속 발간해 나갈 계획입니다.
이 증언집을 통해 유족들
영원한 형제자매로 남기를 기원드립니다.
감사합니다.

(사)경산코발트광산유족회 이사장
나정태

증언집 발간에 부쳐

경산시 평산동 대원골 및 페코발트광산은 일제의 식민수탈과 강제동원, 민간인학살이라는 우리 근현대사에서 결코 잊힐 수 없는 역사적 공간입니다. 학살의 현장과 학살의 수단이 모두 청산하지 못한 역사에서 비롯되었다고 해도 과언이 아닙니다.

식민지배하 일제가 조선 독립운동가와 사회주의자 등 사상가들을 탄압하고 회유하기 위해 만든 조선사상범 보호관찰령은 이승만 정권에 의해 국가보안법으로 태어났으며, 보호관찰령에 의해 전향한 사상가들을 관리한 사상보국동맹은 해방 후 국민보도연맹으로 재탄생했습니다. 조선사상범 예방구금령은 다시 한국전쟁 직후 요시찰인 예비구금령으로 탈바꿈해 이승만 정권에 반대한 정치범들을 불법적으로 처형하는 단초를 제공했습니다.

민간인 불법 처형의 현장이 된 페코발트광산은 일제가 남긴 유산입니다. 1930년대 중반 한국인이 운영하던 춘길광산(금은)은 1937년 일본인 소유의 보국코발트광산으로 바뀌면서 일제의

지하자원 수탈 및 조선인 강제동원 현장으로 바뀌었습니다. 뒤이어 세계 정세의 변화 속에서 열강의 전쟁터로 변한 한반도에서, 이승만 정권은 태평양전쟁 종전과 함께 폐광된 이 보국코발트광산 수직 갱도와 대원골 등 주변 골짜기에 대구형무소 수감자 약 2500명을 포함해 경산 청도 영동지역 등 국민보도연맹원 약 1000명 등 무려 3500명을 전쟁이라는 특수한 상황을 이용해 불법적으로 처형했습니다.

지난 2000년 3월 재결성된 사단법인 한국전쟁전후경산코발트광산민간인희생자유족회는 재결성 23년이 되는 해에 늦은 감이 있지만 그동안 채록해 온 유족 및 목격자, 진상규명 활동가 등 학살관련 기억을 담은 증언집을 출간하게 되었습니다.

증언집에 수록된 구술증언은 1차로 지난 2007년 1기 진실화해위원회가 실시한 코발트광산 유해발굴을 위한 구술채록 작업과 2차로 영남대 지역협력센터와 함께 작업한 2차 구술채록, 3차로 2기 진실화해위원회가 성공회대에 의뢰해 실시한 대구경북지역 피해자 조사에 공동연구원으로 참가해 채록한 구술증언입니다. 특히 지난 2019년 12월 〈한국전쟁 70주년, 민간인학살 기록화 사업〉에 착수해 아흔이 넘은 고령의 유가족, 즉 피학살자 미망인들의 기억을 담는 구술증언채록은 지역대학이 지역사회의 현안 해결을 위해 나섰다는 점에서 의미 있는 작업이었습니다. 영남대 지역협력센터(센터장 최범순)는 이 구술증언채록 사업 외에도 총 3권으로 된 코발트광산 백서 발간에도 지원을 아끼지 않아 지역대학의 역할에 충실했다는 평가를 받고 있습니다. 20대 청상과부가 돼 치열하게 살아온 미망인들은 지난 70년의 세월을 입이 있어도 말을 못 하고, 눈이 있어도 눈물을 흘리지 못하며 인고의 세월을 살아오신 분들입니다. 희생자의 얼굴도, 붙잡혀 가던 그날의 기억도 희미해졌지만 '이제는 돌아오겠지' 하는 마지막 희망의 끈을 놓지 않고 사시는 분들의 기억이야말로 민간인학살의 아픈 역사를 치유하고 용서와 화합의 길로 가기 위해서는 반드시 필요한 작업이었습니다.

다만 3차례 구술채록 과정에서 안타까웠던 것은 유가족들의 기억이 빠르게 지워지고 있다는 사실입니다. 2기 유족을 합쳐 200여 명에 이르는 코발트광산 유가족들의 증언채록이 시급하다는 것도 이 같은 이유입니다. 유족회는 이번 증언집 발간에 이어 앞으로도 유족들의 증언채록작업을 계속해 나가야 합니다. 그러기 위해서는 정부와 지자체, 대학 등 지역사회의 관심과 지원이 꼭 필요합니다.

이 증언집이 반전평화인권 교육은 물론 기억의 장치로, 또한 진실과 화해의 관점에서 두루 활용돼 지역의 역사적 상처를 치유하고 공동체를 복원하는 길잡이 역할을 하기를 진심으로 바랍니다.

경산코발트광산유족회 이사, 경산신문 발행인

최승호

유족의 기억과 목소리

경산코발트광산 민간인학살사건 유족 증언 자료집 발간을 축하드립니다. 이번 증언 자료집 발간은 경산코발트광산사건 기록물이 또 하나 엮어졌다는 점에서 그 의미가 큰 것 같습니다. 2019년부터 영남대학교 LINC+사업단 지역협력센터 사업의 일환으로 경산코발트광산사건 기록물 작업을 진행했던 만큼 증언 자료집 발간 소식은 더욱 반가웠습니다. 센터의 경산코발트광산사건 첫 작업도 바로 유족분들의 증언을 영상으로 남기는 작업이었습니다. 대학의 교육개발센터 스튜디오 안에서 다섯 분의 증언을 듣던 장면이 지금도 눈에 선합니다. 유족분들의 증언이 스튜디오 안에 있는 사람들의 가슴에 와닿아 저마다 조용히 눈물을 흘린 장면도 적지 않았습니다. 이어진 사진 자료집 발간, 백서 발간은 영남대학교 지역협력센터가 진행한 사업들 가운데 의미가 컸습니다.

경산코발트광산사건에서 유족의 증언은 매우 중요한 것 같습니다. 지금도 여전히 사건의 진상이 상당 부분 묻혀 있는 가운데 유족의 증언은 사건의 진실을 전해주는 매우 중요한 목소리입니다. 유족의 목소리는 학살된 당사자를 대신해서 사건의 진상과 진실을 전해주는 목소리입니다. 그런 만큼 이번 증언 자료집에 그치지 않고 시간이 허락하는 한 후속 작업이 이어진다면 더 좋겠습니다. 이미 오랜 시간이 흘렀고 그런 만큼 증언을 들려 줄 유족들도 상당한 고령에 이르렀기 때문에 남겨진 시간에 대한 절박함도 느낍니다.

유족의 증언은 한국전쟁 초기에 일어난 경산코발트광산사건이 이후 70년을 넘는 오랜 시간 동안 유족의 삶에 드리운 그림자를 전해주는 목소리이기도 합니다. 경산코발트광산사건은 한국전쟁 초기에만 머무는 사건이 아니라 많은 유족의 다양한 삶의 굴곡을 타고 현재도 이어지는 사건입니다. 경산코발트광산사건은 학살된 당사자의 문제, 학살된 당시의 문제인 동시에 남겨진 유족들의 삶을 동여매고 비틀면서 이후에도 계속 이어졌던 것입니다. 이 점에서 유족의 증언은 사건이 남긴 상처의 기록이기도 합니다.

유족의 증언은 목소리의 복원이자 계승이기도 합니다. 억울하고 가슴 아팠지만 오랫동안 가슴속에 묻어두어야만 했던 목소리의 복원입니다. 이렇게 묻힌 목소리를 복원하는 것, 묻어둔 이야기를 목소리에 싣는 것은 상처의 치유이자 진실의 계승이기도 합니다. 유족의 증언은 과거와 연결된 목소리이기도 하지만 미래로 이어지는 목소리이기도 한 것입니다. 이 점에서 유족의 증언을 육성과 영상으로 남기는 것과 더불어 이렇게 증언 자료집으로 엮어내는 작업은 미래를 위해서 매우 중요한 작업입니다.

이번에 발간된 경산코발트광산사건 유족 증언 자료집에 담긴 목소리들은 우리에게 크고 많은 숙제를 줍니다. 다양한 목소리에 무엇이 담겨 있는지, 다양한 목소리 사이에 어떤 차이와 연결이 있는지, 이 다양한 목소리를 어떻게 공유하고 기억해야 하는지 등등 이루 헤아릴 수 없이 많은 숙제를 건넵니다. 그래서 이번 유족 증언 자료집은 하나의 매듭이자 새로운 시작의 디딤돌입니다. 이런 매듭과 디딤돌이 앞으로도 계속 이어지기를 바라는 마음입니다.

감사합니다.

영남대학교 교수

최범순

차례

3차 구술 (2022년 10월~11월)

4차 구술 (2024년 2월~)

CONTENTS

활동가 및 목격자 구술 (2007년~2022년)

3차 구술

2022년 10월~11월

이태옥

정시종

이대우

도종열

이인백

이수연

18. 이태옥 구술증언

사건과의 관계 : 최인수의 처남
구술 당시 나이(생년월일) : 1937년 11월 4일
출생지 : 일본 아오모리(10살 때부터 경산시 서상동에서 자람)

최승호 : 인터뷰를 시작하겠습니다. 이번 인터뷰는 진실화해위원
회와 경산시에서 한국전쟁 시기 집단 희생사건 구술 채록
사업의 일환으로 수행하는 면담입니다. 오늘은 2022년
10월 21일 금요일 오전 11시 54분입니다. 장소는 부산시
북구 화명동, 구술자는 이태옥 선생님이십니다. 구술 장
소는 이태옥 선생님의 자택입니다. 면담자는 경산신문의
최승호, 촬영 및 면담 보조자는 뉴스민의 박중엽 기자입
니다. 그럼 1회차 인터뷰를 시작하겠습니다.

최승호 : 어르신 저기 성함이 어떻게 되시지예?

이태옥 : 이태옥. 구슬 옥 자.

최승호 : 구슬 옥 자. 태 자는 무슨.

이태옥 : 클 태.

최승호 : 클 태 자. 몇 년생이시지예?

이태옥 : 1937년.

최승호 : 1937년.

이태옥 : 11월 4일생.

최승호 : 11월 4일생. 그러면 실제 호적에는 어떻게 되어 있습니까? 그렇게 되어 있습니까? 호적 나이.

이태옥 : 호적 나이 그대롭니다. 저는 마.

최승호 : 주민등록번호도 요대롭니까?

이태옥 : 야 그대롭니다.

최승호 : 그러면 우리 선생님 태어나신 데는 어디지예?

이태옥 : 일본 아오모리.

최승호 : 일본 아오모리.

이태옥 : 북해도 넘어가는 항굽니다. 그 아오모리라 카는 도시, 항구가 큰 항굽니다.

최승호 : 예. 그럼 여기서 태어나서 여기 일본에서 태어나신 이유가 있습니까? 가족들이 다….

이태옥 : 가족들이 거기서 태어났어예. 거기 가서 공부를 하고 다 하고 다 했어예. 아버지도 거기서러 유학 갔어예.

최승호 : 아버지는 유학 가셨어요.

이태옥 : 가가주고 우리 어무이하고 결혼하기 위해서 한국으로 와서 인자 중신이 됐단 모양이라. 한국 사람하고 결혼하기 위해서.

최승호 : 한국 나와서 그럼.

이태옥 : 결혼하고 바로 들어갔어예. 그래서 우리가 태어났는 거지.

최승호 : 결혼해서 인자 유학을 가신 거예요?

이태옥 : 예. 아닙니더. 총각 일찍에.

최승호 : 총각 때 공부하다가 다시 나와서.

이태옥 : 아니 총각 일찍에 공부하고 인자 취업도 하고 그 일본에서 토목공사직을 맡아가지고 큰 사업을 했어예. 그래서 우리가 인자 거기서 태어났는 거지. 살다 보니까 안 그래….

최승호 : 아버지 성함이 어떻게 되시지예?

이태옥 : 이 자 태 재 자.

최승호 : 재 자.

이태옥 : 있을 재 자.

최승호 : 있을 재 자.

이태옥 : 복 복.

최승호 : 복 복 자. 그러면 어머니 성함은 어떻게 되시지예?

이태옥 : 임. 맡길 임입니다. 림이 아이고 임. 선생님 카면 임. 경 경사 나는 경, 순 순할 순.

최승호 : 임 자 경 자 순 자 예. 그러면 어르신이 몇 형제입니까?

이태옥 : 10형젭니다. 아까 내 이야기 안 합디까. 10형제라놓이 마 참말로 고생 무진차[*무진장] 했습니다. 우리 한국 한국에 나와가지고. 아버지는 안 나왔어예. 아버지는 안 나왔어예.

최승호 : 아버지는 그대로 계시고.

이태옥 : 어머니 마 나왔다니까 우리하고요.

최승호 : 일본에 계시고. 어머니하고 인자 10형제가 나왔네예. 그러면 우리 선생님은 몇 째입니까?

이태옥 : 내가 원래는 둘째지예. 큰형님이 돌아가셨어. 그 젊을 적
  에예. 사고로 인해서 돌아가시고 하니까 내가 뭐 아무도
  모를 정도로 뭐 형제가 있었는지 없었는지 모릅니다. 식
  구가 많애나놓이.

최승호 : 그러면 학교는 그러면 거기서 인자 몇 살 때 한국으로 나
  오신 겁니까? 어머니하고.

이태옥 : 우리가, 내가 아홉 살 때 초등학교 3학년 때 일본에서 3
  학년까지 다녔거든요. 그래가 나왔으니까 아홉 살 때 나
  왔어요. 초등학교는 3학년까지.

최승호 : 그럼 나와가 경산으로.

이태옥 : 경산 그해가 전학을….

최승호 : 원래 아버지 고향이 경산이십니까?

이태옥 : 아버지 고향이 경산입니다. 어머니 고향도 경산.

최승호 : 아 어느 동네지예?

이태옥 : 서상동이다니까 예. 우리 어머니 서상동.

최승호 : 어머니도 서상동이시고.

이태옥 : 우리 아버지는 서상동이 아니고 매호동이라고 있어예. 고
  산. 고산에. 지금도 아이 매호동이라고 있을 긴데.

최승호 : 있습니다. 그러면 인자 아홉 살 때 나와서 인자 경산초등
  학교 들어가셨네예. 그래가 6회 졸업하셨다. 그지예. 그
  때 담임 선생님이 기억나신다고예.

이태옥 : 예. 이종태라고.

최승호 : 이종.

이태옥 : 택.

최승호 : 이종택 선생님. 담임이, 그때는 한 반에 몇 명이 있었습니

까?

이태옥 : 60명. 60명도 더 넘을 때가 있었어요. 바글바글했어요. 마 학교 들어가니까 앉을 자리도 없을 정도로.

최승호 : 그래가 인자 경산초등학교 졸업하시고는 중학교는 어디서.

이태옥 : 여기서 나왔어. 여기에 다녔어예.

최승호 : 그러면 부산으로 이사는 언제 오셨습니까?

이태옥 : 내가 부산에 오기는 군에 가기 전에.

최승호 : 군대 입대 전에.

이태옥 : 예. 왔으니까 등본은 보고 이래야 확실하게 알 수 있다.

최승호 : 몇 살 때쯤 오신 것 같습니까?

이태옥 : 어떻게.

최승호 : 부산에 온 게.

이태옥 : 온 게 열여덟 살.

최승호 : 군에는 몇 살?

이태옥 : 해군에, 해군에 들어갔습니다. 64기로 해군 신병 64기로 들어갔습니다.

최승호 : 신병 64기 하셔갖고 그러면 제대하셨네 그지예.

이태옥 : 예. 3년 딱 만기하고 아무 사고도 없이.

최승호 : 만기하고 제대하고. 혹시 인자 경산에 사실 때 서상동이 동네가 어땠습니까?

이태옥 : 아유, 서상동 못살았어요. 못살아가지고 애를 묵고 다 그래 살더라고예. 그 6·25가 터지는 바람에 다소 장사에 물들은 사람들은 살기가 괜찮앴어요. 막 군인들이 막 올라가고 막 강원도 쪽으로 올라가고 열차에 마 하루에 열차

가 막 열댓씩이 다녔어요.

최승호 : 경산역에예?

이태옥 : 경산역에 부산에서 올라오는 거 마산서 올라오는 거. 경산에 다 시아가지고 하니까 거기서 장사 눈 밝은 사람들은.

최승호 : 아 역 주변에서.

이태옥 : 역 주변도 그렇지마는 역 마당에서예. 시장이라 그때는. 6·25사변이 났으니까.

최승호 : 그때 거 경찰서도 서상동에 있었는데.

이태옥 : 서상동 바로 지금 거 있을 건데 바로 방천 뚝 밑에가 경찰서 입구라. 중방동 들어가는 데. 맞지예? 시장 드가고 골로[*그리로] 뒤로 가면 시장 드가고.

최승호 : 전쟁 전에 혹시 경찰서에 한번 가보신 적 있어예? 전쟁 나기 전에.

이태옥 : 내가? 경찰서는 내가 가보지는 몬하지요.

최승호 : 주변에 지나가신….

이태옥 : 예, 많이 지내갔습니다. 친구들도 있고 해노이 개구장이 시대에는 마이 다니고 했지요.

최승호 : 혹시 그때 뭐 저 뭐고 보도연맹이나 이런 걸로 해서 잡혀온 사람들은 거기서 보셨습니까?

이태옥 : 예. 마이 보고 마이 들었습니다. 예.

최승호 : 그때 유치장이 그때 어디 있었습니까? 유치장 경찰서 유치장?

이태옥 : 유치장. 유치장은 경찰서 안에 있었지요.

최승호 : 경찰서 안에. 그 안에는 못 들어가 봤을 거잖아 그지예?

이태옥 : 안에는 몬 들어가 봤습니다.

최승호 : 근데 일반인들이 붙잡혀 오고 나가는 거를 보셨어예?

이태옥 : 예. 바로 우리 그 근처 아입니까 서상동.

최승호 : 서상동 몇 번지지예 어르신.

이태옥 : 전에 서상동 113인가 110인강 하이튼 내 기억에는 그랬지 싶은데.

최승호 : 113번지 112번지 정도 된다. 그죠. 카면 고 살으셨던 주변에는 건물이 뭐가 있었습니까?

이태옥 : 살았던 근처에는 그기 뭐라꼬….

최승호 : 철공소?

이태옥 : 철공소 말고 큰 거 관공서 하나 있었어요.

최승호 : 읍사무소.

이태옥 : 읍사무소는 중앙국민학교 거기 뭔가.

최승호 : 그거는 군청.

이태옥 : 군청 됐습니까.

최승호 : 그기 군청이고.

이태옥 : 그기? 고 밑에 인자.

최승호 : 경찰서 옆에는 읍사무소.

이태옥 : 경찰서 옆에 사무소가 그리니까 거기 옛날에 초등학교 아입니까. 중앙… 국민학교.

최승호 : 예, 맞습니다. 중앙국민학교.

이태옥 : 예. 그리고 국민학교 앞에 쪽에는 병원이 병원이 일본 이름은 도요다 병원이라 그랬거든예.

최승호 : 예. 심상초등학교 있었고 도요타 병원이 있었지예.

이태옥 : 그리고 관공서 하나 생겼지. 그 둑 있는 데. 그기 기억이

안 난다. 무슨….

최승호 : 지도소. 농촌지도소.

이태옥 : 농촌지도손강 하나 생겼어요. 큽다. 그때마 해도 몇 층 건물인데 크다 아입니꺼. 그 당시만 해도 그래 지었으니까. 그기 기억이 나고. 그리고 시장이고. 옛날에는 서상동 그거 시장이라예. 큰 시장이라. 5일마다 모이는 시장.

최승호 : 혹시 여기 뭐 민간인들이 붙잡히 드갈 때 포승줄로 묶였습디까 아니면 그냥.

이태옥 : 예. 내가 볼 때 한복 입고 그때만 해도 한복 입고 다니고 그랬다 아입미까.

최승호 : 포승줄 묶이가 드가는 사람은 없었고….

이태옥 : 여 막 붙들고 이래가 하고 마 이래가 다 손 묶아가지고 이리 같이 와 5명씩 같이 막 그런 묵꾸코 그런 거 봤어요. 어릴 직에도.

최승호 : 아 어릴 적에 보셨어예? 혹시 그중에서 뭐 아는 사람….

이태옥 : 아는 사람 없지예. 전부 다 경산 사람만 있는 기 아이고 저 자인 사람, 남천면 사람, 이쪽 사람들이 주로 마 붙잡혀 왔다 카더라꼬. 경찰서가 없으니까 그쪽에는.

최승호 : 그러니까 인자 자인 남천 사람들은 모르지 그지.

이태옥 : 예. 그런 사람들이 마이 다니고 경산 사람들은 붙잡히도 거는 인자 모르지. 경산 어떻게 했는지. 우리 자형도 붙들리가 우리는 모르는데 행방불명됐다 캤어 그래. 근무하러 가가지고.

최승호 : 혹시 최인수 씨를 아시지예? 최인수 씨가 어떻습, 누구십까?

이태옥 : 자형입니다.

최승호 : 최인수 씨. 자형.

이태옥 : 예. 큰자형입니다. 제일 큰자형입니다.

최승호 : 음⋯ 큰누나 인자.

이태옥 : 예. 큰누나 남편이라.

최승호 : 큰누나. 큰누나 성함이 어떻게 되시지예?

이태옥 : 뭐 일본에서 뭐 학교도 다 마이 했고. 그래 나오니까 서로. 한국 사람이 좋은 새댁이깜 왔다고 마 결혼하자고 중신이 막 들오는데. 우리 식구가 많으니까 우리 어무이가 막 빨리 시집을 보내야 된다. 한꺼번에 서이도 좋다 너이도 좋다. 내 우에는 전부 딸이라예.

최승호 : 아 아홉 명이 다.

이태옥 : 아니. 하하. 그라마 신문 나지. 아홉 명 걸으마. 너이가 딸이다.

최승호 : 아 너이가 딸이라예.

이태옥 : 근데 거서러 내가 태어났으이께네 딸네들이 마 전부 다 시집 다 가야 된다 한꺼번에. 가야 된다 캤는데 지금 살고 계시는 경산에 있다 안 그랍디까. 그분이 둘짼데.

최승호 : 아 압량에 사시는.

이태옥 : 야 압량에 사는. 그분이 또 같이 휩쓸리가 시집을 보낼라 했는데 우리 작은누나는 안 갈라 하대. 너무 어리다고. 그래 인자 제 영희, 자기 엄마만 결혼했어요.

최승호 : 아 큰누나, 큰누나 이름이 어떻게 됩니까?

이태옥 : 이일준.

최승호 : 이일준.

이태옥 : 준.

최승호 : 큰누나가 그러면 몇 살 때 가마 자형하고 결혼하신 겁니까?

이태옥 : 열아홉 살인가 안 마앴고 와서 아마 스무 살인가 그래. 열아홉 살인가. 보입시다. 내하고 나이가 있으니까 열 살 차이거든 내하고. 내가 아홉 살. 열아홉 살이다. 그래 따지면 대번 안다.

최승호 : 네. 이일준 그러면 큰누나는 일본에서 소학교 하고 다녔….

이태옥 : 아니 중학교가 아니고. 그때는 도쿄 무슨 중고, 그러니까 그 나오면 고등학교라예. 중고 학제가 일본에는. 그렇게 학교 입학하거든예. 중학교라고 들어가는 게 아니고.

최승호 : 예. 중고등학교 과정을 같이 하는구나.

이태옥 : 과정을 하는 그 학교에 드갔…. 6년제. 그거 졸업하고 왔어예 누나는.

최승호 : 거서 공부하고 인자 또 거서 직장도 구해야 되는데 나와 버렸네 그지예.

이태옥 : 거서 직장 구했어요. 일본에 있을 직에.

최승호 : 어떤 일을 하셨죠.

이태옥 : 운수회사.

최승호 : 몇 년쯤 다녔어예?

이태옥 : 몇 년 안 다니고 한 2년 정도는 마 내가 공짜로 마이 타고 다녔었으니까. 표를 얻어가지고. 사무직에 있었거든예. 그러니까 마 동생이 다닌다고 표를 통근, 요새 겉으마 토큰이나 이런. 하하.

최승호 : 근데 거기서 다 자리 잡았는데 왜 왜 나왔습니까.

이태옥 : 잘 잡아도 우리는 종업원 150명 들꼬 있었어요. 우리 아버지가. 그리 뭘 했냐 하면 전쟁 바람에 일본이 숨을 자리를 얼마나 많이 만드는지 압니까. 보고꼬라 합니다. 턴넬 짓고. 사람만 들가가 숨는 자리. 차가, 차가 다니는 턴넬이 아니고.

최승호 : 방호. 방호소 이런 거네예.

이태옥 : 뭐 그거는 뭐라 합니까, 한국말로는. 방호 방호막이라 그라나?

최승호 : 아 그걸 만들었었어예?

이태옥 : 그거는 인자 공사를 했는 회사야. 우리 아버지가. 책임자로 앉았다니까. 그래가 그것도 한 군데마 졌는(*짓는) 게 아니고 아오모리에도 졌고 무슨 또 저 북해도.

최승호 : 예 북해도.

이태옥 : 예 거기도 또 턴널 뚫고. 사람을 있은 주이로 할라꼬 터널 만드는 기라.

최승호 : 피난하는 거다. 그죠?

이태옥 : 뺑 싸이렌 불었다 카마 다 거 숨어야 대. 일본은 교육이 잘 되어 있어가지고.

최승호 : 숨었다. 제가 옛날에 오키나와에 가보니까 오키나와에도 쪼매난 그게 많던데.

이태옥 : 오키나와는 전부 다 섬입니다. 북해도에서 한참 쪼옥 올라갑니더. 섬이 쩜쩜쩜쩜 이리 돼가 있다.

최승호 : 거기도 보니까 방공호가 있더라고요.

이태옥 : 방공호 없는 데 없습니다.

최승호 : 그럼 아버지는 인자 방공호 공사하신다고 계속 남았고. 엄마는 인자 애들 데리고 인자 나오신 거네예. 왜 나오셔 서예 거기 계시지.

이태옥 : 딸이 많애놓이 그때 전부 다 일본 미국에서도 여자들 딸 아들 다 다리고 갈라고 그랬어요.

최승호 : 뽑아갖고 인자 가는 거지.

이태옥 : 경산 사람 마이 갔습니다. 그러니 우리 아버지 밑에 있었 던 사람은 내가 왕자로 상대를 했다니까. 왕자 대접을 해 줬어요. 아버지 사장 밑에 아들이니까.

최승호 : 사장 아들이니까.

이태옥 : 예. 누님도 그랬고요. 공주 대우 받았으이까.

최승호 : 왕자나 인자 공주 대우 받았네. 그때가 보통 한 몇 년도쯤 됐습니까?

이태옥 : 45년 44년도.

최승호 : 해방되기 전에 44년 45년.

이태옥 : 그리고 해방돼서 우리 나와야 되거든요. 그래 누나들이 많기 때문에 나오게 됐다니까예.

최승호 : 누나들이 많아서. 해방돼가 나왔습니까?

이태옥 : 해방되자마자 나왔어. 근데 좀 이따가 왔어예. 우리는 준 비가 안 돼가지고. 집도 팔아야 되고. 많다 아입니까. 그 리 살았다 카마. 그리 그리 그냥 놔두고 왔어예. 집도 안 팔고. 아무것도 안 팔고.

최승호 : 아버지는 그냥 남으셨고.

이태옥 : 아버지는 뭐 그 양반은 원래 이중 삼중 사는 삶, 생활을 하는 사람이라 원래 그랬다 아입미꺼. 돈깨나 있다 카만

마.

최승호 : 맞습니다. 그래가 서상동에 와셔서 뭐고 생계는 주로 뭐를 하셨어예?

이태옥 : 생계 어려웠지요. 돈도 몬 바까가지고 신해주까지 올라갔는데도 30… 3대 7로 바깠어요. 것도 다 몬 바까가 일본 돈을 가져왔는 거.

최승호 : 일본 돈을.

이태옥 : 예. 그래가 부엌에, 그거 있으면 사상자로 몰린다고 해가 부엌 안에 단지 묻어가 그 안에 여놓고 막 그런 난리까지 쳤어예.

최승호 : 아 돈이, 일본 돈이 있으면 사상자로 몰렸습니까? 그래가 인자 부엌케 단지 묻어가.

이태옥 : 단지 묻어가 그 안에 갖다 여나놓고 그리고 무인지물이 돼뿌 돈이.

최승호 : 응… 무용지물이 돼 뿌렸네. 해방돼 버리니까.

이태옥 : 예.

최승호 : 그럼 엄마는 인자 그러면 장사를 하셨습니까?

이태옥 : 장사가 뭡니까? 온갖 거 길거리고 뭐고 다 들고 6·25사변 나나놓이 장사가. 한국 사람은 서상동 사람은 장사할 줄 몰라요.

최승호 : 사람들이 몰렸구나.

이태옥 : 우리는 막 장사하는데 마 어찌 그리 보지도 안 했는데 장사에 눈이 밝았다. 우리 식구들 전부 다. 누나고 머시고 합동을 해가지고 마 장사를 했지.

최승호 : 아 식구들이. 주로 뭐 파는?

이태옥 : 음식.

최승호 : 식구들이 장사를 한, 음식을?

이태옥 : 김밥. 김밥 해야 역에서 군인들 상대 아입니꺼.

최승호 : 아 군인 상대로 인자 김밥을 팔았네예.

이태옥 : 그러니 군에 가는 사람이 드가니까. 그 그니까 영장받어 가 가는 사람들이거든 다.

최승호 : 영장 받아서.

이태옥 : 그때는. 일찍이 시집가는 거 잘했지. 그래 일찍 딸 둘 낳 았다 아입니까. 그래가지고 옥희 영희 이리 둘이 낳았다 니까.

최승호 : 옥희 영희 딸 둘만 낳았어예?

이태옥 : 예. 딸 둘마.

최승호 : 그러면 자형은 그때 당시에 고산 사람이 어디 사람이었습 니까?

이태옥 : 아입미더. 내나 경산 삼남동.

최승호 : 삼남동. 아 삼남동 사람입니까? 자형이 혹시 저기 몇 년 생이신지 아십니까? 몇 살인지.

이태옥 : 나이는 알지요. 우리 누나보다 세 살 우에래.

최승호 : 누나보다 세 살 많다.

이태옥 : 예. 결혼할 적에. 세 살 터블이 좋다 하고 와 우리 한국 사람들 중신하마 그란다 아입니꺼.

최승호 : 그러면 스물두 살이네예. 그때 열아홉 살 하고 스물두 살 이래 결혼하셨네 그지예.

이태옥 : 예. 그 정도 됐겠지.

최승호 : 혹시 자형은 학교는 어디?

이태옥 : 학교는 마산 해인 해인대학(*1952년 경남대학교가 해인
사로 옮기며 해인대학이라고 함)이라? 대학교 여는 경산
에는 없다 아입니꺼. 그래 대구도 그렇고 해가 마산에 갔
던 모양인데 아마 내가 알기로는 오히… 늦게는 거기 마
산 해인대학이라고 내가 이래 들었거든.

최승호 : 마산 해인대학.

이태옥 : 예. 확실하게 그거는 몰라예. 마산이라 카는 것도 모
르….

최승호 : 마산에 있는 대학을 졸업하셨다.

이태옥 : 예. 어데 했다 카는데 마산이 그 보니까 경남대학이 있고
해인대학 그 옛날에 있었고 해양대학은 그때만 해도 부산
있었거든요.

최승호 : 해양대학은 부산에 있었죠.

이태옥 : 그건 아닐 거고.

최승호 : 마산에 있는 대학을 졸업했으니까 집도 그러면 마산이네
그지예?

이태옥 : 예. 집이 마산 아입니다. 자인사람 삼남동이라카이끼네.

최승호 : 삼남동 몇 번지는 모르시죠.

이태옥 : 모릅니다.

최승호 : 모르고. 거서 인자 초등학교 졸업하고 마산의 대학을 졸
업하고 와서 인제 누나하고 결혼하신 거네. 그때 당시에
자형은 직장이 어디였습니까?

이태옥 : 서무계통 있었… 동 동사무소 면사무소.

최승호 : 고산면사무소.

이태옥 : 고산. 예. 내가 놀로 가고 그랬는데.

최승호 : 서무일을 봐셨….

이태옥 : 직원이 안 있습니까. 직원. 그니까 그때만 해도 동직원 면
직원 카고 그랬다 아입니까.

최승호 : 거 인자 놀러도 가봤습니까?

이태옥 : 가봤지. 동생 어린 거 하나 들고 가봤지. 그래도 뭐 배고
픈 시절에 가마 그래도 빵쭈가리라도 사주니까. 하하.

최승호 : 그러면 인자 자형하고 누나는 어디에 살림. 살림은 어디
서?

이태옥 : 살림요. 내 시아버지 집에 같이 살았어요. 삼남동. 바로
앞집이 건너편에 길이 요리케 경산초등학교로 가는 길에
회나무 큰 나무가 있는데 거기가 무슨 남산동? 삼남동?
아주 큰 고목나무가 있었어요. 길거리.

최승호 : 아 회나무. 예예.

이태옥 : 거기 다 비뿌고 없던데. 요래 옆에 꼭 *나무만 나와가 있
더라고 한 번 가보이끼네.

최승호 : 회나무가 길 한가운데 있다가 말라 죽었어예.

이태옥 : 그렇지예. 거 내나 못가가 중간쯤이거든요.

최승호 : 아 회나무 부근에 살림집이 있었네 그지예?

이태옥 : 그기 삼남동.

최승호 : 삼남동 맞습니다.

이태옥 : 예. 맞습니다. 내가. 확실히 집도 알아요. 도로가에 있었
어예. 집도 커요. 그 집에도 시누이들이 많고 우리 누나
한테 되마 그 시누이 아닙니까. 마 보통 사람들이 넘더라
고. 공부도 마이 하고 해나노이. 아부지가 그 젊을 때 학
자라.

최승호 : 시아버지가 학자셨구나.

이태옥 : 굉장히 엄하더라고 또. 우리 놀러 가지도 못했어요.

최승호 : 엄해서 놀러도 못 갔어예?

이태옥 : 시아버지가 어띠 마 마 엄한지.

최승호 : 친정에 동생 오는데. 하하.

이태옥 : 그래도 그 당시에는 우리는 마 어리석었다 아입니까. 일본에서 나오가.

최승호 : 근데 자형이 그러면 저기 면사무소 근무한 거는 그때 몇 년 정도 근무를 하셨어예?

이태옥 : 그러니까 붙잡히 행방불명될 때까지 했으니까 행방불명 50년도 51년도 이랬거든요.

최승호 : 50년 7월….

이태옥 : 아마 50년도 아이마 그래 51년돈가 그렇지 싶은데.

최승호 : 50년도일 거예요. 50년도.

이태옥 : 그렇지예?

최승호 : 전쟁 나자말자.

이태옥 : 내가 초등학교 다니고 막 졸업할라 할 시기니까 4월달, 그때 우리 4월, 3월달에 졸업하고 이랬다 아입니까 옛날에는.

최승호 : 예, 3월 학기. 3월에 졸업했어예? 졸업하고 나서 그라면 자형이 인자 행불, 행방불명이 됐네예.

이태옥 : 예예. 행방불명이 돼가지고 막 학살이니 뭐니 카고 온 마 경산 대구가 더들썩했다 아입니꺼. 그러고 난 뒤에 전부 다 찾는 사람이 없었어요. 그래 말 듣기로는 저기 자인 가는데 코발트광산 그 굴, 굴뚝 서 있는 데. 그 밑에는 전

부 다 물이라 하대. 거는 잡아 여뿌마 여러 수천 명 다 드
간다 하대.

최승호 : 아 물이 있다 그럽디까?

이태옥 : 그 물이라 하대 그 밑에.

최승호 : 아 굴속에.

이태옥 : 광산에서 나오는 물로 그렇게 저장하고 뭐 이런 덴가 모
양인데.

최승호 : 거기에 인자 죽었을 것이다.

이태옥 : 전부 다 전부 다 마 총으로써 맞어 사살되고 그런 건 아니
고. 한 구디 마 잡아넣었는 거 같아. 소문에는 그래 났어
예.

최승호 : 자형이 공무원인데 그때 당시에 왜 거 저 붙잡혀 갔을까
예?

이태옥 : 그 당시에 공무원들도 사상자로 마이 몰렸습니다. 공무
원들도. 우리 친구의 형 되는 사람도 사상자로 몰리가 행
방불명이 되가 그 양반도 그 이름이 뜨는가 몰라도.

최승호 : 이름이 뭡니까?

이태옥 : 모릅니다. 내가 워낙 오래돼나놓이 알 수가 일단….

최승호 : 친구 형.

이태옥 : 예. 오히려 그때는….

최승호 : 맨 경산 사람입니까?

이태옥 : 예. 경산 사람입니다.

최승호 : 거도 사상자로 몰려가 죽었어예?

이태옥 : 예. 마이…. 거도 몇 명이 됩니꺼. 우리 자형 친구들도.

최승호 : 자형 친구들도 많이 죽었어예? 혹시 이름 들어본?

이태옥 : 몬 듣니다. 차이가 나나노이끼네 알 수가, 내가 또 세월이 얼마 오래됐다 아입니까.

최승호 : 혹시 자형이 공무원 하면서 인민위원회라든지 아니면 뭐 이런 활동 같은 것도 했습니까?

이태옥 : 그런 데 가입했는 것 같아예. 해가 그기 원인이 돼가지고 뭐 이런 것도 안 있었겠나. 내 생각이라예 그거는.

최승호 : 밤에 늦게 들어오고 뭐 이런 얘기를 누나한테 들었어예 혹시.

이태옥 : 없지. 그런 건 없어예. 둘이더로 마 정도 좋았고 죽고 못 사는데 마. 우리 처가집에 오마 마 안 가예, 자기 집에. 우리 집 펀타 카고.

최승호 : 집에도 안 가고 집 바로 옆에 있는데 그지요.

이태옥 : 며칠씩 있다가예 바로 면사무소 출근하고 막 그랬어예. 고 이내 내 눈에 훤하다카이.

최승호 : 누님 혹시 저 자형을 마지막으로 본 거는 언제입니까?

이태옥 : 그때라니까. 거기 막 한참 6·25사변 나고 할 적에 50년 대. 그때가 아마 내 기억에는 그 후로 몬 봤어예. 그래가 누나 누나가 집에 와서 집에 와 살았지 인자. 그 인자 행 방불명 되니까. 어데가 삽니까? 내 울고.

최승호 : 내 울고. 어디 갔다 누나는 자형을 찾으러 다녀….

이태옥 : 찾으러 다녔어요. 찾으러 다니도 뭐 말로 옳게 한국말 합 니까 뭐, 좀 그렇다 아입니까.

최승호 : 아 한국말을 잘 못 하셨네, 그지예?

이태옥 : 거서 저 하마 한국에 오마 한국말이, 제일 어려운 게 한국 말이라.

최승호 : 말이 잘 안 통하니까 인자 이래저래 찾아다니지도 못했네 그지예.

이태옥 : 그러이 지 동생들, 여동생들 데리고. 동생들은 또 말 잘하 는 기라. 잘 알아듣고.

최승호 : 여동생들 데리고 인자 찾으러 다녔다 그지예.

이태옥 : 찾으로 다니고. 소문도 듣고. 그래서 코발트광산 거기서 전부 다 누구, 들으니까 거서 전부 다 사망했다. 죽있다.

최승호 : 그때 자형이 행방불명될 때 경찰이 와서 잡아갔습니까, 아니면.

이태옥 : 집에 와 잡은 거는 아무도 모릅니다. 어떻게 해서 붙들리 갔는지.

최승호 : 어떻게 붙들렸는지도 모른다.

이태옥 : 그래가 행방불명인지 알, 돼가… 뭐로 돼가 있습니까, 지 금.

최승호 : 지금 저기 보니까 1960년도 그게 인자 그때가 인자….

이태옥 : 그럼 후네. 뽑들리가고 한참 후에네.

최승호 : 10년 후에 신고를 했더라고예.

이태옥 : 아 신고.

최승호 : '50년 7월 10일쯤에 경산경찰서에 구금된 후에 소식이 없 다' 이래놨더라고.

이태옥 : 맞습니다. 맞네예. 내 생각에는 같다. 7월 아니면 8월 이 랬거든.

최승호 : 그때는 7월 10일경이라고 신고를 했더라고예.

이태옥 : 맞네. 그러니까 10년이나 넘었고 난 뒤 신고됐으니까 우 리 누나가 우에 알겠습니까. 괜제 눈물만 흘리봤자 뭐 하

노.

최승호 : 그러면 누나는 그러면 인자 친정으로 돌아와갖고 딸 둘 데리고.

이태옥 : 딸 안 들고 왔습니다. 지 시아부지 즈거 시어무이한테 주고 와뿟지예.

최승호 : 딸 둘은 인자 놔두고.

이태옥 : 예. 즈 시아부지 즈 시어무이 자로가 계시는데 놔두고 와야지 우얍니까.

최승호 : 누나만 인자 친정에 왔네예. 누나 친정에 와서는 그라면.

이태옥 : 집에 한 10년 살았어요. 우리 집에서 살다가 재혼했지. 서울에서 못, 북한에서 나욌는 모 총각이 학교 선생님 하다가 나왔다꼬. 그래고 해가 결혼해가 살았지.

최승호 : 선생님하고.

이태옥 : 예. 부산에 여서도 오래 살았어예. 두 분이. 80대 노인이 그 당시에는 80대 노인캄 오래 살았다 아입니꺼.

최승호 : 팔십까지 사셨어요. 큰누나가?

이태옥 : 팔십 넘기 살았지. 팔십여선강 다섯 요때까지 살았어. 자형도 세 살 우엔데도 나이가. 오래 살았지 두 분이. 그래 만내도 재혼을 해도.

최승호 : 부산에 그때 동생이 살고 있어서 왔습니까, 아니면.

이태옥 : 우리 여기예. 우리 외삼촌이 사업하는 사람이 한 분 있었거든요. 그 사업하는 사람이 삼촌이, 야야 느거 거 있어간 굶어 죽는다 아아들. 빨리 부산에 이사 뿌따리 싸가 온나. 오라 해가지고 집도 장만해주고 우리 외삼촌이. 살게끔 장사하는 것도 시기주고 그래 보수동에 살았지.

최승호 : 보수동.

이태옥 : 보수동이라.

최승호 : 거 책방 골목인데.

이태옥 : 책방 골목.

최승호 : 그러면 자 누님 애들은 그러면 어떻게 컸는지 영희 씨하고 옥희는?

이태옥 : 아 다 압니다. 다 왔다 갔다 집에 오고. 우리 외갓집이라고 상 그래서 내하고 제일 가깝고 내 붙어 다녔지.

최승호 : 붙어 다녔다.

이태옥 : 즈거 집에 있시 머하노. 나 많은 할아버지 할머니배께 없는데. 내 집에 와야 이 삼촌도 보고 이모도 보고 이모가 몇입니꺼. 지 좋아 다 해주고.

최승호 : 이모가 하기사 네 명이나 있으니까.

이태옥 : 이모가 또 좋았지, 아들 갖다 불쌍타꼬. 그래 아들 공부를 몬 시킸는 기 중학교밲이 안 나왔거든요. 내가 시킬 수가 있어야지예.

최승호 : 그 시아버지가 할배들이 왜 공부를 안 시킸는데예.

이태옥 : 아이고 나이도 많고 그때 재산도 다 소실 다 돼뿄지. 우째 없어졌는기 그거는 알 수도 없고.

최승호 : 그때 뭐 아들 찾으러 다닌다고 뭐 그래서 썼는 모양이지.

이태옥 : 그래가 마이 썼을 끼고. 돈도 마이 썼어예. 기자들 또 뭐 불러가 뭐.

최승호 : 아 기자들도 불러가.

이태옥 : 네. 우리 그 노인이 사돈 어르이 학자 출신이라놓이끼네.

최승호 : 수소문도 하고 이래 했네 그지예.

이태옥 : 예. 수소문 마이 했어예. 그러이 하나또 이득 된 게 없는 데 뭐. 그 노인 바람에.

최승호 : 뭔가 최인수, 큰자형이 뭔가 공무원 활동하면서도 나름대로 어떤 좌익활동이나 아니면 뭐 인민위원회 이런 활동을….

이태옥 : 그거는 개인적으로 잘 모린다 아입니까. 아마 그런데 성격이 그런 성격이라. 스타일이. 스타일이 아주 마 학교 다닐 때도. 경산국민학교 1회 졸업생이라 하더나?

최승호 : 경산초.

이태옥 : 경산국민학, 초등학교 아입니까. 1회생. 그래 1회생을 가마 보니까 우리 동네에도 한 사, 한 분이 제 그도 최 선생이라. 최일남이라고.

최승호 : 최일남.

이태옥 : 우리 바로 옆집에 큰아들인데 최일남 선생이라고. 그 사람 초등학교 선생이었거든예. 그 양반하고 동기라 그때.

최승호 : 최일남. 최인수하고 뭐 둘이가 친인척인가?

이태옥 : 친인척 그건 아이….

최승호 : 친척은 아니고.

이태옥 : 예. 친척은. 그건 아이고. 인자 보니까 인자 성이 같애서 내가.

최승호 : 최일남 이분은 그러면 뭐 돌아가시거나 그러지 않고. 행불은 안 됐고?

이태옥 : 다 돌아갔습니다.

최승호 : 이분도 자형처럼 이렇게 막 경찰에 붙잡혀 가서 죽었습니까?

이태옥 : 아입니다.

최승호 : 여는 아니고.

이태옥 : 거는 거는 학교 근무해서 선생 초등학교, 경산초등학교 거도 다녔고 또 중앙초등학교도 가가지고 좀 했고 그랬 어요. 그래가 또 나중에는 어디 갔다 카더라. 대구 가가 또 발령 받어가 갔다. 그때는 발령을 마이 받고 다닌다 아입니까 선생들.

최승호 : 혹시 최일남 씨는 우리 어르신이 한 번 본 적 있습니까?

이태옥 : 그럼요. 바로 여 집이 있고 학교, 학교에 다닐 때도 봤고. 성격도 아주 막 그한 사람이라예. 칼날 같은 사람이라. 선생이라도 와 그런 사람 싫어한다 아입니까 아아들이.

최승호 : 근데 최일남 씨가 자형 얘기를 좀 안 해줍디까. 이분한테 안 물어봤습니까. 어디로 갔는지 뭐 했는지 이런 거.

이태옥 : 그때? 그때 그 양반 그른데 손 안 댑니다. 붙들려 갈까 싶 어가지고. 말 한마디 잘못하만 마 안 됩니다 그리니까.

최승호 : 말도 딱 사라지고 나서는 인자 딱 일절 끊어뿌렀네요.

이태옥 : 예. 다 그렇습니다. 뭐 안면몰수 합니다. 그때 마 조금 기 미만 있으면 붙들려 가는데 밤에. 어데서 잡혀가는지도 모르는데.

최승호 : 밤에도. 밤새 인자 안녕….

이태옥 : 밤새 안녕이다.

최승호 : 밤새 안녕이네예.

이태옥 : 그 마 중방동 사람이니 뭐 어디 보마 들어보마 마이 하이 튼 간에 그때 여기 신고된 거는 그쪽에 사람이 없습니까?

최승호 : 거기 저 이규선이라고 들어봤습니까?

이태옥 : 몬 들어봤어.

최승호 : 이 사람이 삼남동에 살았는데 자형보다 네 살 적은데 이 사람도 그 친구 부탁으로 그 군청에 삐라를 좀 갖다 돌라 캐갖고 그래 갖다줬고 이 사람은 붙잡혀가가 또 죽었어요.

이태옥 : 그래 죽은 자리는 그 사람 압니까? 어데라고? 다 행방불명이지예?

최승호 : 그렇지. 그 사람도 어디 어디서 죽었는지 안 나와있어예.

이태옥 : 다 행방불명이….

최승호 : 삼남동에 박을출이라고 혹시 들어보셨어요? 박을출. 거는 자형보다 한 세 살 정도 많은 사람인데.

이태옥 : 많은 사람 겉음 저는 모릅니다.

최승호 : 이 사람도 인자 경찰서에 자수했는데 이 사람은 그 사찰 형사가 데리고 가서 행방불명됐다 카고.

이태옥 : 그리고 그 양반은 그러면 사상이 좀 뭔가 그런 게 있었던가 관념이.

최승호 : 그렇지예. 보니까 서상동에 살았던 박상희라고 이 사람도 경찰에 연행돼갖고 인자 피살됐고. 그때 당시에 서상동에 김달호 이분도 못 들어보셨어요?

이태옥 : 모릅니다.

최승호 : 김달호.

이태옥 : 그 당시에는 내가 나이도 또 나이도 작고 하니까.

최승호 : 50년도 같으면 어르신이 그때 열….

이태옥 : 내가 56년도 군에 갔으니까 군에 가기 6년 전이니까 알 거 다 안다 아입니까 그지예. 한참 사춘기 때 막 그때 사

춘기가 늦었다 아입니까. 우리 세대 때는.

최승호 : 그때 한국 계속 계속 살았으면 뭐 알 수 있어도 또 아홉 살 돼가 늦게 왔으니까 잘 모르겠다. 그지예.

이태옥 : 통 모르지. 원래 토백이를 아는 사람 같으만 저 집에 누집 형이다. 연결이 연결이 돼가 동생이다 카고 이라지만 우리는 뜨내기 아입니꺼. 모릅니다.

최승호 : 몰라. 상황을 모르겠…. 자형하고 자형이 사라진 거 하고 뭐 고론 거.

이태옥 : 자형이 그냥 저 결혼했으니까 최인수라 카는 거는. 마 인물도 좋고 사람이 마마 키도 크고 그럴 수가 없더라고.

최승호 : 키도 크고. 아주 그 집안에서는 아주 촉망받는 사람이었네, 그지예.

이태옥 : 예. 그래 외동아들이지.

최승호 : 외동아들이고.

이태옥 : 딸이, 자기 여동생 둘이고 누나가 하나 있고. 그래 시누이 시누이 아입니꺼. 그러니까 옥희 엄마한테는. 전부 다 사람들이 굉장히 한 거는 또 정확하게 하고 그렇더라고. 딸네들 보마 안다 아입니꺼. 엄한 부모가 잘 가르치고 했다 카는 거.

최승호 : 선비, 아버지가 선비시고 하니까 인자 가정교육도 엄격….

이태옥 : 예. 그래 우리 집에 엄마는 그리 못 했거든요. 아부지도 한국에 안 들어왔지 해나놓이끼네. 몬 묵고 살아가 그것만 걱정하기 때문에 우리 집 어무이 그리 자식들을 애타게 뭔가 교육을 못 시켰지. 자기들이 자식들이 알아서 다

했어요. 우리 때는 또.

최승호 : 일본에서 또 뭐 공부를 다 하고 하셨으니까. 한국 와서 다시 또 학교를 또 다시….

이태옥 : 안 했습니다. 안 했습니다.

최승호 : 안 했습니까? 큰누나는.

이태옥 : 예. 안 했습니다. 큰누나 서이는 안 했어요.

최승호 : 여서는 공부를 안 하고.

이태옥 : 그라고 거 다하고 왔는데.

최승호 : 하고 왔으니까. 그 자형 집안에서 그러면 거기 당시에 집에 동생들도 많고 하니까 어려웠는데 자형 집에서 많이, 경제적으로도 많이 좀 보탬이?

이태옥 : 보태주는 거예. 하나또 없심니다. 우리 어머니가 함부래 몬 가지고 오라 합니다.

최승호 : 아 엄마가 못 오게.

이태옥 : 예. 가져오마 옛날에는 시집에서 쫓기난다고. 함부래 마 쌀 한 도백이(* 한 되)라도 몬 몬, 가져오지 마라 그랬지예.

최승호 : 아 갖고 오고 싶어도 못 갖고 왔네. 그래도 뭐 자형은 뭐 이렇게 바로 옆집, 바로 옆에 사니까 이렇게 한 번씩 쌀자루 들고 올 수 있잖아.

이태옥 : ….

최승호 : 올 수 있잖아.

이태옥 : 아이고 또 낭창하이 생기가지고 그런 사람들이 속은 없습니다.

최승호 : 속은 없어. 좀 서운했겠네예.

이태옥 : 서원하기로요. 나도 서원한데. 그래 찾아오는데 자형이라 하는 사람이 처남이 이리 있으마 허덕거리고 이래 사, 그 6·25전쟁에 먹고 살라꼬 다니고 한데 얼마나 호쭐 그 하겠습니까.

최승호 : 그런데도 인자 좀 처가는 좀 이렇게 보는 둥 마는 둥 했다 그지요.

이태옥 : 예. 자기 마누라만 보로 오지. 안 오고 하마 붙들러 와요.

최승호 : 붙들러 와요. 아, 집에 안 오면. 자기 집에 안 오면.

이태옥 : 빨리 안 온다고. 전화가 있나. 그때는 뭐 있습니까? 붙들려 가고 그랬제.

최승호 : 그래도 자형인데 행방불명되고 나서는 또 같이 누나하고 찾으러 다니고 했었습니까? 어디 어디?

이태옥 : 아니, 찾으러 다니는 건 멀리는 몬 가고. 그 이후 제 친구 되는 사람들한테 뜬소문 들을라꼬 자기 어무이 되는 사람 안 있습니까. 그 집 아들 잊어버리고 그런 사람 어머니들 많앴거든. 그때 우리 알기로는.

최승호 : 아, 그치, 아들 잃은 어머니들.

이태옥 : 어머니들하고 인제 서로 서로 인자 이야기할라꼬 그 집에 가보자 하고.

최승호 : 몇 군데 가보니까 전부 다.

이태옥 : 아무도 전부 다 우리 똑같애예.

최승호 : 말을 안 해예?

이태옥 : 예. 그래 뭐 학살이라 카고 마 다 그래가 죽있다. 빨개이들이 카고 뭐. 그 소리마 하고.

최승호 : 빨개이들이 죽였다 캅디까, 군인들이 죽었다 캅디까?

이태옥 : 뺄개이들이.

최승호 : 뺄개이들이.

이태옥 : 군인들은 그 그럴 그기 아인데. 군도 그때 가담 안 했는데 그쪽에는 경산에 경산에는.

최승호 : 우리 22연대 국군 22연대가 인자 경산에.

이태옥 : 어디 있었습니꺼?

최승호 : 저기 코발트광산에 거기에서 인자 형무소에 있는 사람들 델고 와서 죽이고 또 경산 뭐 청도 영천 사람들 해가주고 거기 한 3500명이 죽었어요. 코발트광산에서. 아마 자형은 50년 전쟁 나고 나서 7월달에 인자 붙잡혀 갔다고 하니까 붙잡혀 가서 뭐 한 열흘이나 조금 경찰서 유치장에 있다가 아마 코발트광산에 가서 죽었지 싶어요.

이태옥 : 맞어예. 틀림없습니다.

최승호 : 그러면 여기 저 코발트광산에는 못 가보셨겠네 그죠?

이태옥 : 코발트광산에는 지내다니면서로 자전거 타고 가봤어요 한 번. 자전거 타고.

최승호 : 타고 가봤, 자형이 여기 죽었을지도 모른다고 생각했었습니까?

이태옥 : 겁이 나더라고요 사람을 그렇게 마이 죽게 만들은 곳이다 카미스로.

최승호 : 자형 있다고 해서 자형 찾아볼 생각은 못 했지예?

이태옥 : 그런 건 못 했습니다. 여서 마 사건이 생기가 이렇다. 그것만 인자 친구들이 알라고.

최승호 : 음, 자형 찾아볼 생각도 못 했다. 그죠?

이태옥 : 경산에 중방동에서로 남매지 못으로 가면 인자 쭉 가면

얼마 안 가마 거기 거 머선 동이고. 거 코발트광산 아입
니까.

최승호 : 평산동.

이태옥 : 평산동 맞습니다. 거 꿀뚝 보이예.

최승호 : 아, 굴뚝이 있었습니까?

이태옥 : 꿀뚝이 뭐 높은 꿀뚝이 있었어예. 꿀뚝이 있기 때문에 밑
에 지하 거 만장굴 같은 땅굴 속에 물이 채이가 있었다카
이. 거서 여 수만 명 죽어도 죽을 수 있다 그러던데. 인편
에는. 누구 말 말에는.

최승호 : 수만 명이 드가도 된다.

이태옥 : 응, 죽어도 된다 카고. 죽일 수 있다 그라대예.

최승호 : 죽일 수 있다. 그 굴은 보신 적은 있습니까?

이태옥 : 몬 드갑니다. 사건이 나가 그래가 있는데 우리가 어떻
게…. 근처도 몬 갑니다. 인자 있다 카는 것만 인자.

최승호 : 그때 뭐 군인이나 이런 게 경찰이 지켰습니까? 거기를.

이태옥 : 예. 거 뭐 통제했다 아입니꺼. 몇 몇, 몇 백 메타 안까지
는 통제를 시키고 벌써 그리 공고를 했었… 적어놨더라
고.

최승호 : 못 온다고? 못 오게.

이태옥 : 통행 금지구역이라꼬.

최승호 : 아 통행 금지구역이라고?

이태옥 : 그 동네 사람 다 알 낀데 그런 거는.

최승호 : 통행 금지구역이라고 카는 걸 붙여놨는 걸 보셨어예?

이태옥 : 예. 봤습니다. 간판으로 와 가마 어데 가마 적어놓는다 아
입니까.

최승호 : 아 그 간판이 있었어예?

이태옥 : 사건으로 인해서 여기 통제구역입니다 카고 이렇게.

최승호 : 통제구역이다.

이태옥 : 간단하이 그것도. 또 뭐 동에서 적어가 붙이난 걸기도 하고.

최승호 : 종이로?

이태옥 : 아닙니다. 그냥 합판에다가.

최승호 : 합판에다가.

이태옥 : 그냥 빼인트칠도 안 하고. 그냥 막 큰 글씨로 막 이리 적어놨더라고.

최승호 : 근데 저 마을주민들이 통제구역이라 카는 거 이거는 지금까지 아무도 얘기를 안 하더라고예.

이태옥 : 통제구역 그거는 마을 사람들이 자기들도 몬 들어간다고 그라던데. 그 길로는.

최승호 : 그러면 인자 남매지 못 지나가 언덕으로 자전거 타고 올라가서 인자.

이태옥 : 저기라 카는 거는 우리는 인자.

최승호 : 멀리서 봤네 그죠.

이태옥 : 멀리도 제법 가까이까지 갔어예.

최승호 : 굴 밑에까지 가봤어예?

이태옥 : 바로 밑에 몬 간다고. 그래 통제구역 안이라 거는. 이짝 핀에 그 구역 안에까지 밖에는 자전차 타고 놀러 다니고 해도 되거든요.

최승호 : 음… 통제구역. 아 그때 경찰이 군인이 지키고 있는 거를 보셨네예 그죠?

이태옥: 그거는 보지 않았는데 아마 마이 통제시키고 할려고 근무를 했는 것 같애예.

최승호: 근무를 했는 것 같다. 아 보지는 못했다 그지예.

이태옥: 거까지는 몬 가보니까 경찰이 있었는가. 뭐 빨개이 대장이 있었는강 모른다 아입니까. 마이들 그래가지고 군인들도 왔다 갔다 하더라고예. 그 주위에. 그 다니보마 안다 아입니까.

최승호: 그때 군용 트럭에 형무소에 수감, 죄수들 수감돼 있는 사람들 뭐 싣고 와서 죽였다 카던데 혹시 그런 거는 못 보셨어예?

이태옥: 그런 건 몬 봤습니다. 근데 군용차가 한 번씩 추럭 말고 그 밑에 스리코트 같은 거 있지예. 그거 주로 마이 그거 다니더라고. 그 평산인가 거가 그 이유가 있기 때문에 다니는 기거든.

최승호: 거기 신, 쓰리코타에 싣고 왔거든예 죄수들을.

이태옥: 맞지예. 빈 차로.

최승호: 왔다가 부라놓고 또 빈 차로 가고.

이태옥: 오고 가고 이렇더라고. 빈 차로.

최승호: 빈 차로.

이태옥: 봤어요. 근데 안 캅니까. 그거 중간 차. 화물차도 아이고.

최승호: 화물차하고 중간.

이태옥: 그 지에무씨, 지에무씨라 합니까, 큰 거는. 그거 아니고 그 밑에. 그 뭐 이유가 있으니까 거 왔다 갔다 하겠지예. 코발트광산.

최승호: 대구형무소에 있는 사람들을 한 2500명 정도를 매일 실

고 와가 그 코발트광산에 빠자….

이태옥 : 그러니까 남매지못 근처에 있는 사람들 알더라고요. 남매
지 와 입구 안 있습니까? 큰 남매지 있고 밑에 큰 못 있고
우에 작은 남매지인데 그 중간에 도로 아입니까. 도로 넘
자마자 민간 마을이 몇 집이 있거든요. 쭉 가면.

최승호 : 상방동(*계양동인데 착각) 예, 있습니다 예.

이태옥 : 그 가마 그 동네 사람 아들이 알아예. 군인들 떼측, 떼가
리로 여 싣꼬 가 다 때려 죽있다 카고. 그 마을 사람들이
그라는데 그래 우리 소문 듣고 그 말 들으러 함 가 봤다니
까 누나하고.

최승호 : 누나하고. 뭐 자형 아는 사람은 없었을 기고 그지요?

이태옥 : 아무도 없어. 우리는 그 동네하고는 또 모르고 또.

최승호 : 그냥 사람들 절로 끌고 가서 죽였다 카는 그거 들을라고.

이태옥 : 그거 들을라꼬. 그래나이까 그 할매들도 아지매들도 끼리
끼리 벗고 다 때리죽있지 마 밤에 간다 카대 밤에. 신고
밤이 되마 마 군용차가 막 윙 거리민스로 막 떼거리러 간
다는데 뭐 그 사람 안 싣고 뭐 하겠습니까.

최승호 : 그래서 인자 자형도 아마 거 인자 실려가서….

이태옥 : 그날 죽었습니다.

최승호 : 죽었을 끼다 이렇게 생각하시는 거네요. 그죠.

이태옥 : 어데가 죽을 데 어데 있습니꺼. 그 당시에.

최승호 : 고때 당시에 거기 영희….

이태옥 : 영희 그때 태어났는데.

최승호 : 몇 살 땝니까?

이태옥 : 태어났다 카니께네.

최승호 : 아, 옥희는예?

이태옥 : 옥희는 인자 두 살인가 세 살인가.

최승호 : 옥희가 두 살이고 영희는 그때 태어났다 그지예.

이태옥 : 그래 누나가 막 울고 그랬는 거지.

최승호 : 요번에 옥희가 신고를 안 하고 영희가 신고를 했더라고 예.

이태옥 : 둘이덜이 지금 사이가 안 좋아서 그렇습니다. 저건 시집 갔거든요. 옥희라 카는, 사람이 생기강 큰 기 처녀로 입 때까지 나이가 육십이 되도록 처녀로 살았어예.

최승호 : 결혼 안 했구나.

이태옥 : 결혼 안 했습니다. 그런데 우연히 인자 나이가 그리 육십 이 넘고 칠십이 가까워지는데 남편을 하나 알았다 하면서 는 삼촌 결혼한다 이 카더라. 아구 잘 됐다 카고 내가. 그 래 요 모라(동) 살아예.

최승호 : 요도 맨 가까이 사시….

이태옥 : 가까이. 근데 잘 안 만냅니다. 그래 인자 나는 그 영감 만 내가지고 좋은 영감 만냈다고 그래사트마는.

최승호 : 옥희하고 영희가 아버지 돌아가시고 나서 할아버지도 연 세 많고 해서 상당히 어려움이 많았겠는데 그지예?

이태옥 : 아들 그런 거 모릅니다. 그래도 외갓집이 있으니까 밥이 라도 뭐 얻어 물 데가 있다 카는 그런 것도 있고 해나놓이 그런가.

최승호 : 크게 고생은 안 했네예.

이태옥 : 예. 크게 고생 안 해, 중학교까지 우리 집에서 시키줬어 예.

최승호 : 아 중학교까지 인자 외가에서.

이태옥 : 경산여중까지 본, 둘이 다 시키줬어예. 큰 거는 끝까지 중학교를 했는데 영희는 중학교도 졸업을 못 했어요. 중퇴했어요. 뭔가 잘못돼가지고.

최승호 : 아이고. 옥희는 졸업하고 영희는 중퇴를 했다 그지요.

이태옥 : 그때 여중 서상동 역 옆에서 쭉 가마 거 옥산동이라. 그 옥산동 아이고 이짝편에 서상동 강 넘에 강 넘에.

최승호 : 옥산동 맞습니다.

이태옥 : 그 옥산동 맞지예? 그 여중.

최승호 : 옥곡동.

이태옥 : 옥곡동 거 있었다 아입니꺼. 경산여중.

최승호 : 맞습니다. 지금도 맨 그 자리에 있습니다.

이태옥 : 옛날에 창선고등학교도 거 있었고. 나 나 그 합격, 합격 안 되마 거라도 내가 다닐라 그랬는데.

최승호 : 아, 창선고.

이태옥 : 창선고등학교.

최승호 : 고기 경산고등학교 전신입니다.

이태옥 : 고기 내나 경산고등학교 줄기 아입니까.

최승호 : 맞습니다. 맞습니다. 경산중학, 고등학교 전에.

이태옥 : 그래가 저 저 남매지못 저 뒤에 거 고등학교 옮겼다 카이께.

최승호 : 지금은 글로 옮겼습니다.

이태옥 : 크죠. 인자 학교도 좋을 겁니다. 학교도 좋은, 좋은 학생들도 마이 올 겁니다. 거기는.

최승호 : 우리 아들도 거기 졸업했고 저희들 다닐 때는 여 창선고

등학, 여 중학, 제가 경산중학교 졸업했거든예. 그때는 인자 맨 여고 이쪽….

이태옥: 중학교는 저편에 역 앞에.

최승호: 여중 앞에 고기 있었습니다.

이태옥: 나는 창선고등학교 거 갈라고 그때 부산에 가기 전에 거 생각도 해봤어예.

최승호: 이쪽으로 못 가셨구나.

이태옥: 야간 조금 다녔어 그래. 인자 장사하기 위해서.

최승호: 무슨 장사 하셨다… 김밥하고 또 무슨.

이태옥: 내나 그런 거. 전부 다 군인들 상대 아입니까. 군인들 상대 안 하고 할 게 어디 있습니까. 전부 다 촌에서 오고 거제도서 오고 남해서 오고 열차 타고 올라가는데 마 김밥 뭐 막….

최승호: 주로 먹을 거 인제 해가 팔았네 그지예.

이태옥: 물 거. 으응, 김밥만. 계속 마 몇 사람은 말고. 실고 나, 실고 가고. 팔고. 담당이 다 형제간 정해져 있었어예.

최승호: 그러면 어르신은.

이태옥: 나는 리아카 운반. 하하. 운반 고, 운반해가 판매. 판매 담당. 나는 또.

최승호: 판매 담당.

이태옥: 아구 예. 판매도 하고. 또 운반 담당도 하고.

최승호: 마는 거는 누가 했습니까. 김밥 마는 거는.

이태옥: 마는 거는 작은누나라고 내 바로 우에 누나. 그 양반이 이 자 잘했어요. 솜씨가 좋아가지고.

최승호: 그때는 김밥은 안에 뭐 뭐….

이태옥 : 아무것도 안 였습니다. 단무지 뭐 이런 것도 없고. 뭐 시금치 이런 것도 엿는 것도 없고 무조건 밥을 소금에 헌치 가지고 다라이 퍼가지고 인자 식쿤다 아입니까. 뜨신 밥은 김밥을 몬 싸니까 식카가 인자 참기름을 한 병을 막 이리 버 가지고 참기름 냄새 맡고 마 맛있다고 마. 군인들이 야단납니다.

최승호 : 요즘 이야기하면 그 충무김밥 택이네 그지예.

이태옥 : 예. 충무김밥 한 가지입니다. 그 원로가 경산에서 만드는 김이다. 그 충무김밥. 하하.

최승호 : 원조가. 원조네 그지요. 그때 그 파는 사람들이 몇 명이나 있었어예?

이태옥 : 많습니다.

최승호 : 수도 없었어요?

이태옥 : 수도 없어예. 마 점다 거 나가마 묵고 사이께네. 경산역에만 마 만들어가 가마 마 금방 다 팔아뿌니까. 조금 있으마 또 열차 나오고예.

최승호 : 한 줄에 얼마씩 받았습니까?

이태옥 : 그때 5원인강 1원인가 모르겠지. 하하하.

최승호 : 하루에 많이 팔 때 한 몇 줄쯤 팔아봤습니까?

이태옥 : 쌀 한 가마이 팔았지예.

최승호 : 하루에?

이태옥 : 쌀 한 가마이 밥해야 돼예.

이태옥 : 그리고 운반하는 게 힘들다 아입니까. 차로 가는 것도 아니고.

최승호 : 그까지 한참 걸어가야 되니까 그지요.

이태옥 : 또랑으로 건너가면 쉬운데 또랑으로 그때는 다리가 없었다 아입니까.

최승호 : 예. 군청 옆에 다리 없었습니까?

이태옥 : 군청 앞으로 그것만 둘러가 얼마나 많이 둘러 갑니까. 걸로 가면. 중학교 있는 쪽으로 가마 지름길이 그때 있었거든예.

최승호 : 맞아. 지금 지금은 고 쪼매나이 거 저.

이태옥 : 다리 있다 아입니까 지금.

최승호 : 예. 침수교. 거 수….

이태옥 : 아 침수가 넘….

최승호 : 넘어가.

이태옥 : 잠수교.

최승호 : 예 잠수교. 물 넘어가는. 네, 고기 바로 경찰서 바로 앞에 고 있거든요.

이태옥 : 경찰서 앞에.

최승호 : 아 김밥 장사를 해가 그래도 인자 끼니를….

이태옥 : 아 끼니 걱정하고 다 동생들 다 내 밑에 동생 서이 아입니까. 공부 다 씨깄지요. 대학교까지 다 나왔지요. 그러면 됐지. 하하.

최승호 : 음… 시키고. 대학도 보내고.

[56:25~56:58 : 33초 정도 삭제. 녹화시간 확인하는 소리]

최승호 : 지금이라도 인자 자형이 뭐 돌아가시는 거는 확실할 거고 다시 살아오지는 못할 거고 그지요?

이태옥 : 그렇습니다. 세월이 얼마나 지냈습니까.

최승호 : 마지막으로 거기 어쨌든 간에 자형이 그때 당시에 빨갱

이 짓을 했더라도 좌익활동을 했더라도 죄가 없는 사람을 끌고 가서 죽인 거는 잘못이잖아요. 국가가. 그래서 인자 국가에 대한 원망이라든지 이런 건 좀 안 하셨습니까?

이태옥 : 국가에 대해서 원망 지금 할 수가 없었지요. 그때는. 뭔가 속으로는 원망이 돼도 전부 다 가족들 보니까 다 그래 내 마음 똑같더라고. 우리 제 어무이가 그라거든요. 우리 엄마가 돌아가시기 전에도. 너거 자형 갈 때 내가 국가로 보고 욕 퍼붓고 해도 내 못 잡아가 그래도 내 나이 많다고 안 잡아가더라 카면서로.

최승호 : 아 날 잡아가라 캤다?

이태옥 : 캤어요. 우리 집 엄마는 겁도 없어요. 일본에서 살았기 때문에. 그랬다.

최승호 : 날 잡아가지 차라리 왜 자형을.

이태옥 : 자식 어린 것들을 인자 낳가지고 있는데 안 그렇습니까.

최승호 : 지금은 국가가 어떻게 좀 해주시면 좋겠습니까?

이태옥 : 인제 뭐 해주는 기 뭐 영희, 영희는 사는 것도 또 자기 사는 거는 괜찮게 살아요. 이야기 안 합디까?

최승호 : 아니 그런 얘기는 못 들었습니다.

이태옥 : 안 합디까. 자기 남편이 결혼하고 아들 둘이 놓고 교통사고로 그도 사망했거든요. 사망했는데 그 보상이 나오고 이래 해가지고 지가 또 열심히 사는 기 있어가지고 사는 거는 괜찮습니다.

최승호 : 그렇지만 어쨌든 간에 국가가 뭐 이런 일을 했으면은 국가가 사과도 하고 보상을 해야 되잖아.

이태옥 : 남이 하는 대로 자기는 따라갈 수밖에 없지. 지라고 해서

날 살리시오 카고 그것도 아니다 아입니까.

최승호 : 살리지는 못할 거고.

이태옥 : 어린 기 지 나이가 한 살인강. 돌 지냈는가 안 지냈는가.

최승호 : 아버지 얼굴도 모르겠네 그지예.

이태옥 : 얼굴이 어디 압니까. 모릅니다.

최승호 : 옥희도 모를 기고.

이태옥 : 그것도 모르고.

최승호 : 두 살 때. 두 살이니까. 혹시 거기 누나가 자형 사진이나 이런 걸 갖고 있었습니까?

이태옥 : 자형 사진은 전에는 뭐 찍었다 하고 말은 해도 그때 사진 잘 찍던 시절이 아이거든요. 카메라도 없고 이런데. 나는 사진은 한 번도 몬 봤어. 몬 봤고. 누나는 또 생전에 가도 저거 사진이지 시집이 따로 있으니까. 우리 집에 가 와가 지고 갖다 놓고 보여주지도 안 하고 그랬어.

최승호 : 하튼 지금이라도 국가가 좀 인자 뭐 밝혀서 사죄를 사과를 했으면 좋겠다?

이태옥 : 그렇지요. 그래 어느 정도 자기 아버지를 잃었는데 그도 어느 정도 하는 국가에서 하는 만큼이라도 보상을. 요즘 다 해주고 있다 아입니까. 다른 데도. 그래 가들도 그걸 지금 기다리는 거 아입니까. 영희가 아마 그렇게 생각하고 있을 겁니다.

최승호 : 국가가 마땅히 뭐 보상을 해야 되죠. 잘못을….

이태옥 : 그리고 즈거 형제가 둘이니까 그 밑에 났는 자식도 있고.

최승호 : 70년이 지났지만.

최승호 : 자형만 뭐 그렇게 안 됐으면 딸 둘 데리고 아주 잘 살았을

긴데 그죠?

이태옥 : 딸들도 공부 다 했을 끼고.

최승호 : 공부도 다 했을 거고 뭐. 자식 더 낳아, 낳았을 수도 있죠.

이태옥 : 그래가 또 저거가 잘 됐으마 삼촌 외삼촌 카민스로 내한 테 또 보탬이 될 수도 있었을 거고 안 그렇습니까. 복이라 카는 거 딴 데 있습니까. 줄줄이 이래가지고 복이 되는 거지.

최승호 : 맞습니다. 예. 하여튼 오늘 거기 장시간 말씀해 주셔서 고맙습니다.

19. 정시종 구술증언(2차)

사건과의 관계 : 정차섭의 아들
구술 당시 나이(생년월일) : 1949년 11월 15일
출생지 : 경산시 남천면 협석리 445-4번지

최승호 : 지금부터 인터뷰를 시작하겠습니다. 이번 인터뷰는 우리 진실화해위원회와 경산시에서 한국전쟁시기 집단희생 사건 구술채록사업의 일환으로 수행하는 면담입니다. 오늘은 2022년 10월 22일 오전 10시 30분. 장소는 평산동 652-9번지 코발트광산유족회 사무실입니다. 이번 구술자는 정시종 선생님이십니다. 면담자는 경산신문의 최승호, 촬영 및 면담 보도자는 뉴스민의 박중엽, 온마을tv 박선영 편집인입니다. 그럼 1회차 인터뷰를 시작하겠습니다. 선생님 성함과 생년월일, 출생지 이런 것들에 대해서 간단하게 말씀해 주십시오

정시종 : 성함은 정시종입니다. 1949년 11월 15일생입니다.

최승호 : 11월 15일생.

정시종 : 거주지는 경산시 남천면 협석리 445에 4번지입니다.

최승호 : 혹시 저 한자로 어떻게 됩니까, 시 자 종 자가?

정시종 : 때 시(時) 자 쇠북 종(鐘) 자.

최승호 : 때 시 자, 쇠북 종 자. 저기 실제 호적 나이하고 실제 출생연도하고가 똑같습니까?

정시종 : 사실 지금 주민 주민등록은 지금 방금 얘기한 그대로 고….

최승호 : 49년 11월 15일이고, 실제 나이는?

정시종 : 실제 나이는 48년 음력 섣달 보름입니다.

최승호 : 섣달 보름. 그러면 거기 출생지 태어난 주소가 어떻게 되시죠?

정시종 : 경산시 남천면 그 당시에는 협석동 193번지.

최승호 : 193번지에 태어나셔서 지금 살고 있는 데는 445-1번지.(*445-4번지가 맞음)

정시종 : 그렇습니다.

최승호 : 고 바로 옆에서.

정시종 : 네, 같은 마을.

최승호 : 같은 마을에서 태어나셨고. 그러면 저기 어릴 때 학교는 그러면 거기서 초등학교를 졸업했어예?

정시종 : 학교는 남천초등학교 나왔습니다.

최승호 : 남천초등학교 몇 회십니까?

정시종 : 남천초등학교 그 당시가 16회 졸업생.

최승호 : 16회. 그러면 형제간은?

정시종 : 아, 저 혼자뿐입니다.

최승호 : 그러면 아버지가 그러면 당시에 피해자이십니까?

정시종 : 예예, 그렇습니다.

최승호 : 아버지 성함이 어떻게 되시지예?

정시종 : 정 차 자 섭 자.

최승호 : 차 자 섭 자. 아버지는 혹시 몇 년생이신지 아십니까?

정시종 : 1924년생으로. 알고 있습니다.

최승호 : 24년생 몇 월 며칠은.

정시종 : 8월 18일.

최승호 : 8월 18일. 그러면 아버지는 정차섭 씨고 어머니 성함은 혹시 아세요?

정시종 : 어머니는 박덕출.

최승호 : 박덕출. 어디서 시집 오셨습니까?

정시종 : 그 당시에는 한마을에 외가가 있었습니다.

최승호 : 한마을에. 그러면 이제.

정시종 : 다음에 이제 외가가 인자 이사를 나갔고.

최승호 : 이사를 갔고. 그러면 아버지하고 박덕출 어머니하고는 결혼을 그러면 몇 년도에 하신 것?

정시종 : 결혼한 거는 모르겠습니다. 제 나이가 뭐 이러니까.

최승호 : 그러면 이제 결혼해서 애 태어나자마자 아버지가 돌아가셨네예.

정시종 : 그렇지예. 태어나고 얼마 안 됐습니다.

최승호 : 아버지는 어떤 일로 해서 돌아가셨습니까?

정시종 : 아버지는 보도연맹에 가입되었다고 이제 큰아버님께서 그렇게 하셨는데 49년도에 보도연맹에 가입되셔가지고 그렇게 됐는데 그 50년도에 연행돼가지고 마을 여러분들과 같이 연행돼가 집단 학살 피해자로 이렇게 됐습니다.

최승호 : 아버지가 혹시나 저기 보도연맹에 가입한 뭐 계기가 있습니까?

정시종 : 그거는 이 마을 그때 리, 구장이라 캤는데 구장이 몇 분을 그 해가지고 전부 경찰서 가든지 파출소에 가서 그때는 지서 아닙니까? 지서 가서 신청을 해라 그래가 편안히 삶을 살 수 있도록 한다. 이제는 그런 시대 아이가. 하면서 전부 가라 그래가지고 그래 신청했는 걸로 그렇게 알고 있습니다.

최승호 : 아, 지서 가가 보도연맹 가입해라. 그러면 그전에 있던 건 이제 다 이제 없애줄 테니까. 그전에 혹시 이제 아버지가 어떤 일을 하셨는지 들은 게 있습니까 혹시?

정시종 : 그런 거는 큰아버님이 그런 일은 얘기 안 했습니다. 저의 아버님 바로 네 살 위에 큰아버님이 형님이시지, 아버님으 형님이신데 큰아버님이 일체 아버지에 대한 얘기도 안 했습니다. 그런데 제가 한 중학교 2학년 때지 싶으다. 그럴 때 아버지에 대한 얘기를 쭉 하시고 난 후에 마을에 연행되었던 일들을 이렇게 됐다, 저렇게 됐다, 그런 얘기를 쭉 많이 해 주셨습니다.

최승호 : 그때 그 큰아버지한테 들었던, 참 큰아버지 성함이 어떻게 되시지예?

정시종 : 그 맨 인자 큰아버님도 193번지 같은 땅에 형제간에 집을 같이 짓는데 큰아버님은 인자 그 일본 탄광에 갔다 오셨고.

최승호 : 아, 탄광에. 강제 동원됐습니까? 아니면 스스로.

정시종 : 강제동원으로 갔다 오셨고 해방되면서 오셨고. 아버지는

군에 일본군에 강제 동원돼가 갔다 왔습니다.

최승호: 아, 강제 징집.

정시종: 징집. 그래서 같이 형제간에 같은 땅에 같이 초가삼간을 짓고 같이 생활을 인자 이렇게 옆에 옆에 그렇게 생활을 했다고 얘기 들었습니다.

최승호: 큰아버지가 그러면 탄광은 어디에서 근무했다고 합디까?

정시종: 일본의 어느 탄광인지 확실히는 제가 모르겠습니다.

최승호: 탄광에 일했다 하십디까?

정시종: 예, 탄광에서 고생하다가.

최승호: 몇 년 정도?

정시종: 그때는 몇 년 됐는 모양인데.

최승호: 몇 년인지는 정확하게 모르고.

정시종: 확실히 정확하게는 모르겠습니다. 그래가 같이 해방됐다고 좋다고 형제간에 열심히 하자 그런 식으로 생활해 오다가 아버님만 그렇게.

최승호: 아버지는 혹시 강제 징집됐으면 어디서 근무를 했는지 들었습니까?

정시종: 그때 제가 그걸 진실화해위원회에 그걸 강제 징집되는 그걸 결정문을 받았는데 오늘 못 가져왔네예. 그걸 봤으마 확실히.

최승호: 거기에.

정시종: 해군으로 돼 있더라니까.

최승호: 해군.

정시종: 육군이 아이고.

최승호: 예. 해군으로 있다가 몇 년 정도 거기 군대에 있었다. 그

럽디까?

정시종 : 거서 한 1년 몇 개월 뭐.

최승호 : 1년 몇 개월 있다가 그러면 이제 해방돼가 이제 바로 나오셨네.

정시종 : 그러니까 뭐 해방 전에 좀 갔다가 오래 근무는 안 하셨고 그런 내용으로 결정문을 받았습니다.

최승호 : 결정문을 받으셨어예. 그러면 이제 아버지는 이제 일단 1기 때 신청을 해서 이제 받으셨죠?

정시종 : 예예. 1기 때 진실화해에….

최승호 : 결정문도 다 있고 그죠?

정시종 : 1기 때 결정문 받았습니다.

최승호 : 그러면 이제 우리 큰아버지가 일제 때 강제 동원도 되고 또 갔다 오셔서 기억력도 지역의 상황에 잘 아시지 싶은데 그 협석리가 다른 지역에 비해서 피해가 많던데 혹시 협석리에 아버지 잡혀갈 때 다른 분들도 이렇게 잡혀간 거 이런 얘기를 들었습니까?

정시종 : 아버님 가시는 날은 밤, 저녁에 어더벌 때 잡혀가셨는데 얘기가 큰아버님 얘기가 아버님 바로 큰아버님 집 앞이 그 당시에는 국돕니다. 서울, 부산 간 경부선 국도.

최승호 : 25호선 국도.

정시종 : 앞에 대문이 얼마 안 떨어졌는데 사람[*사립]이 얼마 안 떨어졌는데 거기서 총칼로 무장한 여러 명의 군경들이….

최승호 : 군인.

정시종 : 고 큰아버님 댁에서 저녁 식사하고 뭐 얘기할 거 얘기 마이 하고 어듭어지고 이럴 때 사랍을 큰아버님은 닫을라

꼬. 그때는 대문이 아니고 사람이 사립문인데 닫을라꼬. 내일 일할 얘기 모내기할 얘기들 다 나누고 그렇게 헤어지면서 앞에 아, 아버님이 나가시는데 총칼을 들은 군경들이 고함지르면서 '손 들어 꼼짝 마' 이런 소리를 큰아버님이 다 들었답니다. 앞에서 또 목격도 하셨답니다. 그래가 큰아버님이 따라 나가 말리지도 못하고 그대로 사립 뒤에서 볼 뿐이었다 카면서 얘기합디다.

최승호 : 자기가 이제 나가서 말릴….

정시종 : 말리면 또 또 잡히가까 싶어갖고.

최승호 : 그래 그때가.

정시종 : 그날 저녁에 아버지는 바로 연행돼가 그래 가버렸고 또 조금 떨어진 193번지에서 좀 떨어진 협석리 협석동 그 당시에는 협석동인데 171번지 정대현 님이 연행됐습니다.

최승호 : 정대현.

정시종 : 예. 그분은 당시에 남천 면장님으로 재직하시던 분인데 둘이 같은 날 한꺼번에….

최승호 : 이분은 정대현 씨 이분은 이번에 진실화해위원회 그 받았습니까?

정시종 : 신청을 그때 1기 때도 몬 하고 2기 때도 몬 했습니다. 몬 하는데 그 가족들이 지금 전부 서울에 계시고 이래가지고 제가 연락처도 모르고 그대로 옛날에 한 번 연락, 1기 때 연락 함 했는데 그때도 뭐 살기 바쁘고 '아버지 이자뿔란다 더 얘기하지 마라' 그런 통보를 받고 그때도 못했습니다. 면장님 지금 면에 가면은 제4대 면장, 그 회의실에 거

보면은 사진이 다 걸려 있습니다.

최승호 : 면사무소에. 이분은 정대현, 이분은 면장이신데 어떻게 보도연맹에 가입이 됐지예?

정시종 : 보도연맹에 가입된지 안 된지 그거는 뭐 가족들이 없으니까 제가 그걸 들치[*들춰]보고 조사도 몬 해봤고 그렇습니다. 그렇고.

최승호 : 아, 어떤 연유로 이제 잡혀갔는지는 모르네.

정시종 : 어떤 연윤지도 모르고 같은 날 갔으니까 큰아버님께서 그런 얘기를 꼭 해줬었습니다.

최승호 : 혹시 그 아버지가 이제 그날 연행되고 나서 어디로 감금되었다든지 얘기는 못 들었어예?

정시종 : 그런 얘기를 이자 세월이 흘렀으니까 저한테 얘기를 했죠. 그때 담배 엽초 수매장 중방동에.

최승호 : 담배 엽초 수매장.

정시종 : 그게 지금 현재는 거기가 한전 경산지점입니다. 그 자리가 담배를 수매가 안 됐을 때 빈 창고로 있었다는데 거기서 연행된 사람들을 2, 3일씩 구치소매로[*구치소처럼] 감금해가지고 있다가 들미광산[*코발트광산]으로 가서 전부 살해됐다 이런 얘기를. 그래서 제가 지금 보니까 들미광산이 그때는 이제 어른들께서 들미라 하고 이런 모[*모양]인데 요새는 코발트광산이….

최승호 : 평산광산이죠. 평산이 한자로 평산이 들미가 한자로 하면 평산이거든요. 그러면 거기 아버지가 2, 3일 정도 거기 연초 창고에 감금돼 있을 때 엄마나 아니면 큰아버지가 면회를 가거나 그런 적은 없습니까?

정시종 : 큰아버님 세 분이 계셨는데.

최승호 : 큰아버지가 세 분입니까?

정시종 : 세 분인데 가지를 못 냈답니다. 못 가고 엄마는 또 그때는 나이도 좀 거하고 이래 놓으니까 내 찾아가지 못하고 거기 가면은 다른 또 피해를 입을까 그런 걱정이 돼가지고 못 갔답니다.

최승호 : 다른 피해 입을까 봐.

정시종 : 혹시 가족 가족들한테 피해를 줄까 싶어서.

최승호 : 이제 그 갇혀 있다는 소식만 나중에 들었네.

정시종 : 소식 듣고 어떤 사람들은 우리 큰아버님께 황소 한 마리 하면 빼낼 수 있는데 뭐 이런 얘기도 들었답니다. 들었는데 실지는 그때 해방 후에 다 살기가 힘들었기 때문에 황소 한 마리가 어디 있습니까. 그래서 그래 있다는 소식만 듣고 면회도 못 가보고. 면회 가면은 또 뭐 형제간에 다 또 피해를 입을까 싶어서 그런 그런 얘기를 합디다.

최승호 : 할머니, 어머니는 그래도 이렇게 가실려고 하셨지 싶은데 못 가셨던가예 엄마도? 엄마 할아버지 그때 어머니 할아버지 할머니 다 살아계셨죠?

정시종 : 할아버지는 안 계시고 할머니만.

최승호 : 할머니만 계셨어요. 그러면 이제 거기 우리 정대현 면장도 거기에 있었지만 그 가족들도?

정시종 : 그 가족들도 저하고 큰 큰 정대현 씨 큰 아드님은 많이 나이가 많았고 우리보다, 막내가 저보다 중학교까지 한 해 선배인데 그 사람도 고등, 대학을 전부 뭐 서울로 올라가서 했다니까요. 그러니 중학교맨 하고 저하고는 헤어졌

67

지.

최승호 : 여기서 이제 아버지 돌아가시고 나서 이사를 다 일가가 다 온 가족이 이사를 가버렸네요. 그죠? 그러면 이제 그 때 당시에 아버지 잡혀가실 때 정차섭 씨가 잡혀가실 때 정대현 씨하고 두 사람이 잡혀갔고.

정시종 : 그날 저녁에 두 사람.

최승호 : 그날 저녁에 그랬고. 또 마을에 다른 피해자들도 있지 않습니까?

정시종 : 그날 아버님 가실 때도 하순경이라 캤는데 7월달. 1950년 7월 하순경 캤는데 그 비슷한 시기에 경산군 남천면 협석동 190번지에 거주했었던 박삼돌 님께서는 맏형인 박판돌 님과 마을 앞에 누럭들에서 모내기를 하고 있는데 여러 번의 여러 명의 군경에 군경이 와가지고 '조사할 거 있으니까 잠시 가자', 이래 했는데 갑자기 손을 뒤로 묶고….

최승호 : 아, 손을 뒤로 묶었대예?

정시종 : 형제간에 다 뒤로 묶고 193번지 앞에 경찰 차량이 트럭이 준비되어 있었는데 트럭 위에 성찰[*승차를]하게 했답니다.

최승호 : 아, 대기하고 있던 경찰 트럭에 형제간에 끌고….

정시종 : 그렇지예. 그래 했는데 잠시 그 후에 또 두 사람이 왔는데 협석동 201번지 서석장 님과 또 남천면 협석동 220번지 정규섭 님도 같이 또 두 분을 연행해가지고 그 트럭에 뒤로 손을 다 묶고 해가지고 차량에 같은 차량에 승차를 하게 하여 그래 가면서 손을 흔들고 큰아버님이 목격을

했는 모[*모양]여요. 바로 그 도로 앞에 193번지 앞에가
25호 국도 바로 오니까 거기에 대기해 났다가 마을 앞이
고 바로 앞에는 들이고 이러니까. 그래서 이제 손을 흔들
면서 '갔다 올게' 하고 갔는데 영영 돌아오지 못했으니까.
뭐 그분들도 역시 중방동 담배창고에 2, 3일 있다가 또
가신 분들 아이겠느냐 이래 그런 얘기를 큰아버님이 하셨
습니다. 그라고 그 이후에도.

최승호 : 이후에도 또 있었습니까?

정시종 : 또 있었지요. 그 이후에 또 191번지에 정무섭 님하고 또
191번지 협석동 191번지가 친정인 친정에서 거주한 정
무섭 씨 여동생 내외간에도 같이 잡히거든요.

최승호 : 정무섭 씨하고 정무섭 씨 내외가예?

정시종 : 정무섭 씨 여동생 내우간에. 여동생 여동생은 정외선.

최승호 : 정외선.

정시종 : 그의 남편 정외선 님의 남편 즉 서태기 님 세 분이 그날
함께 연행되었다는 그런 얘기도 하셨습니다. 큰아버님께
서.

최승호 : 그러면 이제 아버지하고 이제 연행됐던 게 7월, 시기적으
로 어느 게 제일 빠릅니꺼 그라면.

정시종 : 거의 … 한 한 뭐 일이틀.

최승호 : 하루 이틀 사이에.

정시종 : 하루 2, 3일 사이에 이렇게 그렇게 이루어진. 갑자기 막
와가 한꺼번에 마.

최승호 : 제일 먼저 아버지가 연행됐고 그 또 두 번째는 박삼돌, 판
돌 씨.

정시종 : 제일 처음에는 아버님, 정대현 님.

최승호 : 정대현 님 그 두 분이 가셨고.

정시종 : 그다음에 이제 박판돌 씨 박삼돌 씨 또 정규섭 씨, 서석장 씨 그 4명이 가셨고

최승호 : 그다음은 또 이제 세 번째로는 이제 정무섭 씨.

정시종 : 정무섭 님하고….

최승호 : 정외선 서태기 씨.

정시종 : 정외선 님 서태기 님 그렇게 들었습니다. 그런 얘기를 얘기 아버지 얘기를 꺼내다 보이끼네 큰아버님이 그때는 한국 6·25 전쟁이 터져가 난리가 돼 지고 있는데 그래 '너 아버지 가시고 뭐 또 다른 분들도 마을에 이렇게 가셨다'는 얘기를 한 두 번 정도 들었습니다. 내가 중학교 2학년 때 듣고 또 조금 조금 나이가 한 살 더 뭇을 땐가 또 그런 얘기를 머 그 큰아버님도 가슴이 아팠겠죠.

최승호 : 큰아버지 성함이 어떻게 되시죠?

정시종 : 정 월 자 섭 자. 주소는 맨 193번지.

최승호 : 이 큰아버지는 언제 돌아가셨습니까?

정시종 : 그러니까 지금부터 보자 한 1976년인가 7년인가 그쯤 돌아가셨습니다.

최승호 : 한참 연세가 많… 돌아가셨고 그럼 이분이 이제 뭐 탄광에 갔다 오셔갖고 계속 농사짓고 그러셨어요. 농사짓고 고향 살면서. 월섭 큰아버지 자녀들은 지금?

정시종 : 자녀들은 지금 나가 있습니다. 서울에 큰형님이 저보다 여덟 살 많나.ˈ 그러면 지금 팔십, 집에 나이로 팔십셋이네.

최승호 : 큰아들이?

정시종 : 예. 그 형님은 일본 탄광에 같이 생활했다 캅디다. 아까 인자….

최승호 : 거기서 태어났구나 그지예?

정시종 : 그렇지 거기서 지금도 이 얘기합니다. 탄광 앞에 석탄 더미에 온갖 그걸 해나이 새카마이 해가지고 그런 생활을 했다 카면서.

최승호 : 까맣게 해가 놀고 뭐 그러니까 그죠? 그러면 저기 아까 정대현 씨는 이제 서울로 자녀들이 다 가버려갖고 신고를 못 했고, 그러면 저기 박삼돌 씨하고 박판돌씨는 지금 어떻게 됐습니까?

정시종 : 박판돌 님은 아들 정 머… 박무석.

최승호 : 아, 유족회 사무국장님.

정시종 : 박무석이가 아버지는 자기가 1기 때 신청을 해가지고 결정문을 받았습니다. 받았는데 삼촌이라 가지고 그때 삼촌이 그 당시는 결혼을 안 하셨겠죠. 그랬놓이끼네….

최승호 : 삼돌, 박삼돌. 아 요분이 이제 우리 박무석 유족회 사무국장의 삼촌이다. 그지요?

정시종 : 삼촌이지.

최승호 : 삼촌. 총각이죠?

정시종 : 그때는 총각이랬지요. 총각이지 싶습니다.

최승호 : 자녀도 없고. 근데 이분이 이번에 2기 때 신청을 했는데 아직까지 결정을 못 받았다고 그러시던데 무슨 이유로 그러신 건지?

정시종 : 그런데 그 분명히 마을에 같은 분들이 같이 연행된 사실

을 저희 큰아버님께서 이 얘기를 다 하셨습니다. 하시고. 또 거기가 191번지에 제가 그 어릴 때도 같이 거기에 살았습니다. 박무석 가족들이 살고 있다가 한 56년도인가 7년도 이 정도 돼가 백천으로 이사를 했습니다.

최승호 : 백천으로. 그 옆 동네네 그죠?

정시종 : 할아버지하고 전부 같이 가족들이 백천동으로 이사 갔는 거 그것만 저는 기억하는데. 그때 제가 어릴 때는 같이 살았어요. 191번지에 할아버지하고 다.

최승호 : 박무석 씨도 같이.

정시종 : 예 예. 박무석 씨 모친하고 자기 박용돌이라고 밑에 삼촌이 또 있거든요. 박용돌, 박말돌 그런 삼촌들하고 같이 191번지에 살았습니다. 57년도가 6년도가 확실히 저는 기억이 희미한데 그 정도 돼가 이사를 바로 밑에 백천2동 그게 이사를 갔는 걸로 압니다.

최승호 : 그래갖고 그러면 그 제적등본의 주소가 잘못돼 있는 거예요? 이사는 하는 바람에.

정시종 : 아 제적등본에 뭐 잘못됐는가예?

최승호 : 제적등본에는 삼돌 주소가 잘못되어 있다 카더라고.

정시종 : 분명히 제가 그거는 알거든예. 같이 살았습니다.

최승호 : 같이 살았다.

정시종 : 그라고 그 우리 큰아버님이 형제분이 같이 연행됐다는 얘기도 다 방금 얘기했지만 같은 날 네 명이 들에서 일하다가 트럭에 실고 가미 '갔다 오께' 하미 손도 흔드는 거를 바로 앞에서 보께, 193번지 바로 앞에 도로기 때문에 큰아버님은 정확하게 손 흔드는 것까지 봤다 카이까네. 그

런 얘기를 큰아버지가 손 안, 흔드는 거 못 봤는 걸 봤다고 하겠습니까. 가슴 아픈 사람이거든 큰아버님도. 아버지 때문에 우리 아버지 때문에.

최승호 : 그렇죠. 동생 잃고 나서.

정시종 : 다 또 마을 사람들이 이웃의 사람들이 같이 연행되니까.

최승호 : 자기만 살아남았다 하는 그런 죄책감도 좀 있고.

정시종 : 그르치. 그걸 봐뿌끼 때문에 거 분명히 나도 압니다. 박삼돌 님 댁은 그 밑에 박용돌 또 박말돌 그 할아버지 또 박무석 그 모친 이렇게 거주하는 걸 내가 압니다. 어릴 때. 내가 그때 여섯 살인가 일곱 살인가 했시이 그때는 다 기억이 나거든요.

최승호 : 근데 카마 주소, 그렇다면 주소가 다르게 될 리가 없는데 그죠? 같은 집에서 살고 했었는데.

정시종 : 그때 옛날 행정이 우앴는지[*어땠는지] 그거는 모르겠습니다마는 분명히 거주를 했습니다.

최승호 : 첫째가 판돌이고 둘째가 삼돌이고 셋째가 용돌이고 넷째가 말돌이네 그죠? 근데 삼돌이가 셋째 같은데 중간에 혹시….

정시종 : 중간에 어릴 때 뭐….

최승호 : 잃가뿄는지.

정시종 : 그거는 잘 뭐 다른 사람들이 얘기를 저한테 해 준 사람이 없으니까 또 제가 그냥 그렇게 가족들이 거주하는 그것만 봤지.

최승호 : 봤으니까 결국은 이제 알기로는 이제 판돌 삼돌 용돌 말돌 고 4형제다 그죠? 4형제인데 첫째 둘째가 같은 날 붙

잡혀갔고.

정시종 : 그렇지. 들에 일하다가 바로 그래가. 그때 1기 때 우리 박
　　　　　무석 씨가 그걸 신청을 했어야 되는데.

최승호 : 1기 때 삼촌하고 같이 했어야 되는데 삼촌은 못 해이께
　　　　　네.

나정태 유족회장 : 그때는 또 그 주위에 형제들이 좀 잘 있어나 놓이
　　　　　께네 괜히 두 사람께 신청해 놓으마 피해가 아[*안]오겠
　　　　　나. 어제 내보고 카더라카이. 최 대표님 말씀하신 대로
　　　　　그래가지고 딱 그 세 사람 전입 신고하고 관계가 없는데
　　　　　이거는 딱 전입 신고에 걸어뿌더라 카이께네.

최승호 : 알겠습니다. 그러면 저기 그때 박삼돌 씨하고 박판돌 씨
　　　　　하고 같이 갔던 서석장 씨 정규섭 씨 이분들은 어떻게?

정시종 : 서석장 씨는 2기 때 지금 신청해 놨습니다.

최승호 : 2기 신청 중이고.

정시종 : 예. 신청해 놨는데 아이 뭐 아직 조사도 안 내려오고 그러
　　　　　네예. 거기도 제가 서석장 씨 여동생이 지금 생존해 있는
　　　　　데 여동생 나이가 지금 팔십셋인가 집에 나[*나이]로 그
　　　　　런데 그분도 오빠를 보냈으니까 아주 가슴 아프게 했는데
　　　　　곧 또 돌아가시면 또 우짜나[*어떡하나] 걱정하고 있습니
　　　　　다. 지금. 신청한 그 조카도 지금 걱정한다 카이.

최승호 : 서석장 씨 여동생이 이름이 어떻게 됩니까?

정시종 : 서순분이지 싶….

최승호 : 서순분. 이분이 이제 이번에 2기 때 신고를 했다 그지예.
　　　　　서석장 씨는 아들이 없습니까. 자녀가?

정시종 : 지금 딸 하나 있었는데 딸이 저하고 중학교까지 댕겼는데

고인이 됐습니다. 그 당시에.

최승호: 그러면 이제 가족은 이제 여동생밖에 없네. 그지요?

정시종: 여동생이 안 할라카이 나이도 연세가 많으니까 그 조카가 해놨다카이. 장조카가.

최승호: 서순분 씨.

정시종: 이 사람이 안 하고 이 서석장 씨 조카. 바로 조카가. 친조카가 바로 해놨어예.

최승호: 그러면 거기 정….

정시종: 서장수입니다. 친조카는.

최승호: 서장수.

정시종: 지금 나이가 저보다 두 살 더 많나 거도 지금 정신이 좀 없어질라 이카이끼네[*이러니까].

최승호: 빨리 신청을 해야 되네예. 신고를 빨리.

정시종: 신고는 다 해놨습니다. 같이 해놨습니다. 조사관이 뭐 아직 연락이 없는데 (남천 삼성리) 이영재, 이영재 님하고 최옥분 씨하고 서장수 씨하고 같은 날 했습니다. 그런데 이영재 씨 결정….

최승호: 이영재 씨는 어떤, 언제 피해를 입은 사람입니까? 어느 동네 사람인데예?

정시종: 삼성리 몇 번지는 모르겠는데 삼성리.

최승호: 남천면.

정시종: 삼성리예.

최승호: 이분은 어떻게 돌아가셨습니까?

정시종: 이분하고 최옥분 씨 남편 시아버지도 손 누구더라. 그런데 삼성역 바로 앞에 거주를 하셨다는 얘기를 들었는데.

이영재 어른도 이영재 어른들이 어른 성함을 또 모르겠다. 그분도 역시 들에 인자 모내기 저거 외삼촌하고 같이, 이영재 씨가 모르니까 외삼촌이 그날 대충 얘기를 했는 모양이라. 이영재 씨 했는데, 모내기를 하는데 마을 요즘 같으면 리장 아입니까. 그날 구장, 구장이라 캅디다. 구장이 거 저 누구누구야 지서, 그때는 삼성리가 소재지니까 '니 지서 잠시 갔다 오느라', '와 내가 뭐 잘못한 거 없는데 와 지서 오라 카노', 그래가 갔는데 그게 이영재 모친하고 저거 외삼촌하고 그리고 자기 아버지하고 세 분이 모내기하다가 구장이 그카고 가뿌는 머리에 내 갔다 올게. 일하다가 갔다 오께 카미.

최승호 : 아버지가 갔는 거예요? 이영재 씨 아버지가?

정시종 : 이영재 씨 아버지. 갔는데 그길로 영영 소식이 끊기고. 그런데 거기도 반상회 매로 해가지고 앞에 잡히가기 뭐 앞에 연돈[*연도인]가 이래가 거기서 보도연맹 신청서 적으라 카고 머 이래가 신청을 했답니다.

최승호 : 보호연맹 가입을 하실 때 49년도에 잡혀가기 전에. 전해에. 혹시 저기 60년도에 거기 국회 신고 자료에 보면 삼성동에 이용도 씨라고 있는데 이영재 씨 아버지입니까?

정시종 : 이영도 씨 아 예예. 이용도 씨 맞다.

최승호 : 이용도 씨가 아버지구나. 이분이 어떻게 됐냐 하면 손, 카마 아까 이야기했던 최옥분 씨 시아버지는 손무홉니까 손진홉니까?

정시종 : 손무호.

최승호 : 손무홉니까?

정시종 : 손무호 님. 손무호 님도 고 이웃에 살았는데 손무호 씨는 큰집에 큰집이 산전인데 산전에 이제 그 일철인데 일 거들으로 갔는가. 큰집에 갔다가 철길로 이제 역 앞에 오니까 집이 바로 역 앞에 있으니까 철길 건너가지고 집 앞에 니라다[*내려다]보니까 무장한 경찰들이 막 있고 이래가지고 그 손무호 씨가 도착하기 전에 이 손무호 되는 손무호 씨 부인 아닙니까. 부인한테 협박을 하고 막 경찰관들이 와가 방문을 탁 열고 가암[*고함]을 지르고 이랬는 모양이라예. 폭행할라 카고 막 이랬는데 그 모습을, 역이 좀 높잖아요 집 마을보다. 그래서 손무호 씨가 큰집에 갔다 오다가 딱 내라다보이 자기 집에서 난리를 지기이께네 막 역 앞에서 산으로 도망을 갔는데 그걸 경찰관 한 사람이 보고 공포탄을 쏘고 그래 계속 따라와가지고 그래서 잡혔답니다. 잡혀가 바로 연행돼가 갔는데 그 이후에는 소식이 없다는 그런 소식을 그런 얘기를 합디다.

최승호 : 그때 60년대 신고에 보면 손진수, 손무호, 이용도 요 세 사람이 그 음력, 양력 6월 30일날, 6월 30일날 이제 '남천초등학교에서 경찰에 연행됐다'. 요렇게 신고가 돼 있네예. 있는데 당시에 이 손진수 씨가 소방대원이었답니다. 소방대원. 근데 이제 이 손무호, 이용도, 손진수 요 사람들이 다 한꺼번에 세 명이 잡혀갔네.

정시종 : 운동장으로 같이 연행해가 같이 태아가 갔는 모양이다 그럼. 그런 식으로 됐는 모양이다.

최승호 : 그라마 이번에 이제.

정시종 : 손진술 씨도 제가….

최승호 : 손진수.

정시종 : 그분도, 손진술 씨는 그 피해자가 아이고 유족 아입니까.

최승호 : 여기는 죽은 피해자가 손진수라고 돼 있습니다.

정시종 : 진수….

최승호 : 진수고, 손진수 손무호 그리고 이용도 이 세 사람이 한날 잡혀갔는 것 같네예. 그러면 지금 이제 손무호 씨하고 이용도 씨는 이제 2기 때 신청을 했고.

정시종 : 해가지고 꼭 결정문 받았습니다.

최승호 : 두 사람 다 받았습니까?

정시종 : 네, 받았습니다.

최승호 : 그럼 아까 거기 최옥분 씨는?

정시종 : 최옥분 씨하고 같이 받았습니다. 이영재하고. 이영도 씨 아들 아들 둘이 둘이는….

최승호 : 2기에 결정을 받았네. 그라면 이제 이 손진수 씨는 어떻게 됐는지 모르네 그지요. 세 명 중에 한 명. 당시에 거기 남천면에 특히 이제 산전리하고 삼성리하고 홍산 이런데 피해자가 엄청 많거든예. 특히 이제 남천이 50 몇 명이 되는데 남천이 왜 이렇게 피해자가 많은 겁니까?

정시종 : 남천에, 그분이 성함이 보자 나는 잘 모르겠다. 산전에 오신 분이 있는데.

최승호 : 오외덕 씨?

정시종 : 오외덕 씨가 평양 출신인 걸로 제가 얘기 들었거든요. 큰 아버님도 그런 얘기 했는데 그분이 우리도 그 모습을 보면은 어느 쪽인지 몰라도 팔이 하나 없습니다.

최승호 : 외팔이라고 그랬죠. 외팔이라고.

정시종 : 눈도 한쪽이 없습다. 눈이 한쪽이 실명돼뿌고 이런 분인데 연세는 우리 어른들하고 비슷 안 하겠습니까. 그 모습을 내가 뭐 다닐 때 많이 봤고 했는데 그분이 지리산 쪽에 뭘 아주 높은 벼슬은 어떤 긴[*건]지 몰라도….

최승호 : 저는 남부군의 부위원장 남부군 부대장이라고 들었습니다.

정시종 : 아, 그래요? 그래서 그분 때문에 더 많은 사람들이 우리 남천에 희생 안 됐나 싶고 또 산전리에 그게 같은 마을이니까 그분이 사시는 거주하는 곳이고 이러니까 그분이 뭐 피앙[*평양]서 니려[*내려]왔니 어떠니 그런 얘기를 큰아버님한테 들었는데 그분 때문에 더 피해자가 더 안 많았겠나 싶은….

최승호 : 피해가 많았다. 그럼 그분이 이제 마을에서 이제 활동을 하셨다는 얘기잖아요. 그죠.

정시종 : 활동을 좀 뭐 자기편에 서달라는 얘기를 안 전했겠습니까 그죠?

최승호 : 이분이 남부군 활동을 하면서 이제 그게 이제 토벌 작전에서 체포가 됐다고 하거든요. 그런데 대부분의 이제 간부들이 이제 처형이 됐는데 이분이 이분은 살아서 마을에 산전 마을에 들어왔거든예. 그 산전 마을이 원래 고향은 아니잖아 그지예?

정시종 : 그렇지예. 아니겠지요.

최승호 : 평양에서 태어나서 평양에서 내려왔다….

정시종 : 큰아버님 얘기가 평양 사람이라 하는 그런 얘기만 합다. 하고 자세한 내막은 저도 잘 모르고 잘 모르….

최승호 : 단지 이제 남부군의 간부 했던 오외덕 씨가 산전에 살았기 때문에 아마 남천에 피해가 더 많지 않았을까.

정시종 : 평양에서 내려온 지리산 얘기까지는 하더라 카이. 큰아버님도 하는데 '거기서 아주 계급이 높은 그런 분이다'는 얘기만 하지. 뭐 계급이 뭐고 어떻고 자세한 거는 이 얘기 못 들었습니다. 그 사람 때문에 좀 영향도 아[*안] 있었겠습니까. 피해자들이 다….

최승호 : 이분이 여기 와서 늦게 결혼을 했는지 이분의 막내가 제 초등학교 동기거든예. 오용우라고. 근데 그 친구는 이제 한 5년 전에 머 사고는 아니고 참 죽었습니다. 죽었는데 오외덕 씨 남부군 출신 빨치산 활동을 했던 것하고 애, 자녀들을 보면 차이가 많거든요. 그래서 아마 거기서 이제 붙잡혀서 연행, 거서 이제 토벌대 잡혀갖고 감옥을 살다가 우리 이제 여기 이 마을로 와서 한참 늦게 결혼했지 않을까. 사실은 자녀들 나이를 보면 거기 막내가 제 동기고 고 위에 누나가 하나 있었는데 그 누나는 소띠 61년 생이에요. 제 누나하고 또 동갑이거든예. 그런 걸로 보면 이분이 거기서 이제 이따가 여기 와서는 늦게 마을에 결혼해서 살지 않았을까 싶어예.

정시종 : 근데 거기서 활동하다가 어째 풀어줬는 모양이다. 정부에서도.

최승호 : 그래 제가 듣기로는 거기 이제 김종원, 김종원 알지예. 백두산 호랑이라고. 그분이 이제 거의 뭐 빨치산은 토벌하는 데는 대장이었다고 하는데 이 사람 엄마하고 이 사람이 아는 사람이거든요. '이 사람 엄마하고 오외덕 씨 엄마

하고가 친한 친구예요. 그래서 오외덕 씨 엄마가 토벌대 붙잡혔을 때 김종원 씨한테 캐갖고 그래서 이제 풀려났다'. 뭐 그런 얘기들은 한번 저도 들은 적이 있어요. 그래서 아주 간부급 최고의 남부군의 부대장 같으면 아주 간부급인데 그때 당시에 또 이렇게 아는 안면이 있어서 풀려났던 것 같아예.

정시종 : 부사령관이네. 그지예.

최승호 : 부사령관. 그래서 이제 아마 김종원이 이제 경산 사람이었기 때문에 아마 그런 인연으로 살아남았고 그래갖고 남천, 경산으로 이렇게 이제 터전을 마련했지 싶어예. 그러면 지금 이제 우리 혹시 아버지가 돌아가시고 나서 우리 정시종 씨는 생활이 많이 궁핍했을 건데 어떻게 살아남으셨어요?

정시종 : 저는 뭐 아버님 가시고 3년 됐나 3년째인가 그때 엄마도 저 곁을 떠났으니까 뭐.

최승호 : 재가를 하신 겁니까?

정시종 : 그 그렇지.

최승호 : 그러면 이제 큰아버지 댁에서 생활을 하신 겁니까?

정시종 : 큰아버님댁에서 잘 키워줬습니다. 큰아버지.

최승호 : 아, 큰아버지가 이제.

정시종 : 예. 큰아버지 큰엄마 고생으로 제가 여태까지 생존하고 있습니다.

최승호 : 그러면 지금 큰아버지 큰엄마는 다 돌아가셨을 거고.

정시종 : 예. 다 돌아가셨습니다. 큰아버지 큰엄마, 큰아버지 세 분인데 다 돌아가시고 고모도 다 돌아가셨고. 고모 두 분

계셨는데 다 돌아가셨습니다.

최승호 : 아버지 형제가 원래 4형제, 3형제입니까?

정시종 : 아버지까지 4형제의 딸 둘이마 6남매. 6남매인데 다 돌아가셨습니다. 돌아가신 지 오래되지예.

최승호 : 6남매. 결국은 이제 아버지가 제일 막내입니까?

정시종 : 막내.

최승호 : 막내. 그러면 이제 막내가 아들 하나 있는데 저건 이제 뭐 우리 형제들이 이제 키워야 안 되겠나 이렇게 해서 가족들끼리 이제 하셨겠네 그지예. 늘 고마우시고 큰아버지 큰엄마가 거의 부모님 역할을 다 하셨네예.

정시종 : 했고 할머니도 가슴 아팠죠. 막내아들 보내고.

최승호 : 그래도 이제 혼자 이렇게 살림 일구고 지금 자녀들이 몇 이지예?

정시종 : 자녀 3남매. 저 와이프가 뭐 엄마 겉지 뭐예.

최승호 : 엄마 같애. 애들은 다 잘 출가 다 시켰습니까?

정시종 : 큰놈은 지금 캐나다 간 지가 22년 됐나 이민 간 지가.

최승호 : 저번에 우리 위령제 때 안 그래도 며느리가 거기 외국에서 오신 분 같은데.

정시종 : 첫 위령제 때 이 큰 행사인데 할아버지 행사인데 너거 갓 결혼했으니까 너거 맨날 오겠나 봐라 그래서 그때는 파티마 병원 옆에 1수평갱 앞에서 했잖아예. 그때 며느리가 캐나다 며느리인데 큰절을 해라, 이러이끼네 어리둥절해 가지고 그래도 이쁘게 큰절 해주고 갔습니다.

최승호 : 할아버지 이제 돌아가신 거는 이제 며느리한테 다 얘기를 하셨구나.

정시종 : 그렇죠. 저하고 이제 소통은 안 되고 이제 아들이 내가 얘기하면 옆에서 지가 통역을 하고. 지금도 우리 한국어를 제대로 못 합니다. 거기 쭉 거기서 살았뿌이께 뭐. 우리 애도 지금 한국말을 잊을 정도로 뭐 한국 사람이 없으니까 오타와에는.

최승호 : 오타와. 수도에 사시는구나. 이제 그러면 자주 못 오시겠네 그지요.

정시종 : 여 겉으면 부이사관쯤 됩니다. 며느리는. 연방 정부에서 공무원하고 있습니다.

최승호 : 아, 공무원이십니까?

정시종 : 공무원 하고 있습니다. 지금도

최승호 : 그동안 그 국가로부터 사실은…. 거의 저기 혹시나 살면서 아버지 때문에 연좌제나 이런 걸로 해서 피해는 받은 적은 없어예?

정시종 : 그런 걸 피해를 볼까 싶어가지고 걱정을 했습니다. 걱정을 했는데 다행히 제가 경산, 그때는 군청 아닙니까. 군청이 인자 군청에 이 공직에 들어갈 때 어마저마[*조마조마]했는데 그래도 정보계에서 신원 조회 해놨는 걸 그때 우리 마을에 형님이 그 행정계장 했는데, 현덕봉 행정계장님인데 동생 니가, 그 구 경찰서 아입니까. 지금 현재 경찰서가 아니고. 서상. 경찰서 니가 가서 니 신원조회 니 걸 니가 찾아온느라 카는 기라. 아 그러이 마음에 부담이 가더라카이. 그래 전화 와가지고 그래 어느 계로 가까요 카이, 정보 2켄가 3켄가 하여튼 2층에 올라가니까 아, 갈 때까지 불안해가지고 아버지에 대한 그게 나오마

우짜겠나 싶어가 마. 그래 가가 제가 이래이래 해가 왔습니다. 좀 주십시오 하이끼네 잠시만요 카디 그래 또 꺼내줬는데 아, 이 확인부터 먼저 해야 안 됩니까 제가. 그래 고맙습니다 이카고 확인도 몬 하고 인자 밖에 나왔다카이. 나와가 2층 계단 내려오기 전에 그것부터 확인했어요. 하이끼네 깨끗한 기라.

최승호 : 아, 기록이 없었어요?

정시종 : 기록이 없더라카이. 아, 그래가 눈물이 팍 쏟아지는 기라. 여기서. 그래가 내리올 수가 있어야지. 그래가 앞에 그 신원조회지 그거까[*그걸로] 가리가[*가리고] 한참 있다가 그 너무 좋아가지고. 그래 내려왔습니다. 내려와 바로 계장님한테 갖다가 제출한 그런 기억도 납니다.

최승호 : 다행이네. 그죠.

정시종 : 예, 다행이지. 그게 우에[*어떻게] 연좌제에서 다 묶이있다 카던데. 그러니까 내 제일 큰조카, 큰조카가 내하고 여섯 살 차인데 사촌 중에 제일 큰집에 형님이 아버지보다 한 살 적어요. 조카가. 그런데 그해 조카가 육사를 시험 쳤는데 아후, 시험 쳐놓고 내한테 막 카는 기라. 작은 할아버지 때문에 신원조회 걸리면 우야노 카고 막 저거끼리 막 떠들어 해쌌는데. 내가 그거 참 마이 안 됐더라 카이끼네.

최승호 : 혹시나 또 인제.

정시종 : 그때는 이제 내가 공직에 안 들어갈 때인 모양이지. 그랬는데 그래도 무사히 통과했더라니까.

최승호 : 기록이 없었으니까 통과됐겠죠.

정시종 : 통과해가지고 육사 졸업하고 그래도 장군은 못 하고 대령으로 예편하고 했지만은 그래도 내 앞에서는 더 이상 뭐 그런 얘기를 몬 하지 인자, 지는. 무사히 신원조회 통과 다 됐으니까. 처음에는 그런 얘기를 했다카이께 지가.

최승호 : 걱정을 많이 했네, 그지요? 그 주변에 아버지나 삼촌 그런 걸로 인해 갖고 피해 입은 사람들이 많이 있죠, 연좌제로.

정시종 : 안 있겠습니까. 그래도 마을에서는 뭐. 그 서석장 씨, 서석장 님에 그 딸이 하나 있었는데 일찍이 내하고 동갑인데도 일찍 갔으니까 세상을 떠났으니까 안타깝죠. 그 아지매도 홀로 계시다가 딸이 가고 난 후에 어디로 가신지 뭐 안 보이시더라고요.

최승호 : 음, 딸이 일찍 돌아가셨구나. 서장수 씨는 그러면.

정시종 : 서장수 씨는 서석장의 조카. 조카고 큰조카.

최승호 : 이번에 이제 신청은 했는데 아직 조사를 못 받았고. 거기 마을에 살던 다른 분들은 구일리에 혹시 또 구일리에도 피해가 많이 있던데 구일리 사람들은 혹시 아시는 분 있습니까?

정시종 : 구일에 거 보이끼네 한 집에 내가 그때 유족회 만들 때 가니까 그 사람 지금 깨스 하는 사람 이름 뭐더라?

최승호 : 박호진.

정시종 : 박호진. 자기 아버지한테 형님 두 분이 가셨던데 박호진 저거 아버지가 성함이 우에 되는지 모르겠다. 그 두 분이 가셨는데 이거 좀 유족회 나오고 같이 그걸 하자고 얘기했는데도 불구하고 말을 안 들어줬어요. 형님 가싰기나

말기나 마 반응이 없더라니까 그.

최승호 : 박일암인가예?

정시종 : 박일암잉강….

최승호 : 박, 그 구일에 보니까.

정시종 : 두 분이더라카이. 한 집에 형제간이드라카이끼네.

최승호 : 구씨 구복희 씨가 있고 그리고 박김구 그라고 박상구, 박
일암, 박문식, 박남식.

정시종 : 아, 거또[*거기도] 많네.

최승호 : 박문식 박남식이 그러면 형제간이겠네예.

정시종 : 아, 그런갑다 두 분.

최승호 : 이분이 형제간입니까?

정시종 : 예 형제간입니다. 그때 내가 집에 찾아갔다 카이. 집에 찾
아가가 호진이 아버지한테 생존해 있을 때 바로 형님 두
분인데 이 유족회 나오라고, 구성한다고 얘기해도 말 안
듣더라카이.

최승호 : 박문식 박남식이 형제간이고 그러면 박호진은 누구의 아
들입니까?

정시종 : 아, 박호진이 아버지 이름 잘 모르겠네.

최승호 : 박호진 아버지의 이제 형제간이네요. 그지요. 박문식이나
박남식.

정시종 : 박호진이는 두 분이 큰아버지다.

최승호 : 근데 지금 우리 박호진 씨는 지금 유족회 활동 안 하죠?

정시종 : 안 합니다.

최승호 : 전혀 안 합니까?

정시종 : 전혀 안 나옵니다. 나오지도 안 하고 그 아버지 때부터 안

나옵니다. 내가 호진한테도 한번 캤는가 이런 식으로 했는데 안 나옵디다.

최승호 : 구일에 그때 가신 거는 뭐 때문에 가셨습니까?

정시종 : 구일에 그 유족회를 구성할 때 그래도 뭐 좀 다 피해자분들이 탄광에 참 캄캄한데 갱내에서 저렇게 계시는데 나오가 이논[*의논]도 하고 또 서로 위로해가미 지내자는 그런 식으로 이제 유족회 나온느라꼬 내가 뭐 남천에 내한테 들리는 사람 있으면 찾아가고 이랬습니다. 흥산에 김정근이 거도 삼촌이… 산전에도 여러 집 댕깄어예. 박희동 씨 정근술 최종인. 또 그 고인된 김 김성열… 그래 몇 집을 찾아댕깄어. 찾아댕기고….

최승호 : 유족회 활동하신다고 인자 유족들 모으러 다니셨던가예.

정시종 : 그때는 우리 대표님하고 또 경산의 모임 시민모임분들하고 우리 참 경산신문 최승호 대표님이 그래도 참 우리 앞을 끌어주신 분 아이가. 그때 그런 얘기했을 때 저도 그때 남부동 있을 때 같이 와가지고 제주 4·3사건에 대표님 그때… 성함(이도영 박사)이 금방 생각 안 난다. 만나도록 해줬잖아예 그때. 그래서 그분도 미국에서 박사 학위를 다 받은 분들이던데 저하고 나이가 비슷한 겉드라. 그래서 아버님에 대한 그런 얘기도 제가 하고 이러니까 왜 그냥 있느냐. 가신 어른들 생각해서라도 빨리 유족회를 만들어라. 나서라. 그런 얘기도 해주시고 이래가 내가 우리 면내에 우리 고향이니까 뭐 다녔습니다. 다녀도 알뜰하이 다 못 해낸 게 지금 좀 미안하지.

최승호 : 남천에 안 그래도 60년대 신고자만 50여 분이 계시는데

지금 우리 유족회 활동하시는 분은 그만큼 안 되지예.

정시종 : 안 되지 지금.

최승호 : 나오시는 분이 10명 안 됩니까? 그러면 아직까지 이 모르고 있는 분들도 많이 계시잖아 그죠. 신고를 못 하신 분들….

정시종 : 신고 못 하고 유족회도 안 들어오고 이런 분들이 다 출타해뿌고. 출타한 지가 오래돼뿌고 이러니까 이제 지금 뭐 안 하고 있습니다.

최승호 : 지금 지금 우리 2기가 언제까지 신고를 해야 되죠?

나정태 유족회장 : 12월 20일.

최승호 : 올해 12월. 12월 20일. 그러면 이제 거의 뭐 한 달 두 달 정도밖에 안 남았는데 그 사이라도 이렇게 좀 우리 유족회에서 이렇게 회장님이 예전처럼 그렇게 다니지는 못하겠죠 인자.

정시종 : 그런 열정이 지금 좀 안 나죠. 인자 나이도 있고.

최승호 : 열정이 안 나지. 그 1기 그때부터 해서 지금까지 쭉 유족의 활동을 오랫동안 우리 회장님하고 오랫동안 같이 해오셨는데 유족회 활동하면서 제일 아쉬웠던 점. 그리고 앞으로 우리 경산시나 아니면 우리 정부가 좀 어떻게 좀 해줬으면 좋겠다. 이런 게 있으면 말씀을 한번 해주십시오.

정시종 : 지금까지 아쉬운 점이야 뭐 제일 큰일 아니겠습니까. 어른들 유해가 그대로 뭐 묻혀 있으니까 빛을 보지 못하니까 편안한 곳에 모시고 접죠[*싶죠].

최승호 : 편안한 곳에.

정시종 : 그리고 지금 우리 경산 코발트광산을 얘기할 것 같으면
은 지금 바로 옆에 수직갱 옆에 기획재정부 산이 바로 우
리 앞에 여 보이고 있습니다. 이게 한 990평 가까이 되는
데 이런 것도 경산시가 받아가지고 우리가 유해 수습할
때 좀 흙을 갖다 재고, 유해든 유해도 수습할 수 있도록
준비해 주고, 지금 바로 앞에 여기서 보이지만은 우리 위
령탑 대지 바로 옆에 농지에 농사도 안 짓고 저렇게 엉키
가 있는 풀 같은 거 저런 거 보면은 (빈땅) 또 저걸 좀 빨
리 좀 정리해가 우리 지자체나 도에서도 보시면은 아, 이
광산 주변이 아직 마이 미흡하다 이런 걸 느끼실 텐데.
우리 새로 새로운 마음으로 지금 시작하는 조현일 시장님
께서는 보시고 이런 걸 좀 해결해 주실 거라 저는 믿습니
다. 전에 역대 시장님들이나 도지사님들보다 좀 틀리는
이 도지사 시장님이 다 계시니까 좀 정리가 잘 안 되겠나
그렇게 바랄 뿐이고 기대도 합니다.

최승호 : 기재부 땅이나 여기 사유지 이런 걸 매입해서 역사공원,
평화공원 이런 걸 좀 조성해 줬으면 좋겠다. 이 말씀이
죠?

정시종 : 소규모라도. 전에 박정희 참 박정희 이런 사람들…. 아,
죄송합니다. 박근혜 정부 때 역사평화공원 그걸 앞에 시
장님께서 신청을 안 해가 추모공원이 역사평화추모공원
이 완전히 포기하면, 신청 포기하는 머야….

최승호 : 무산돼버렸죠.

정시종 : 아, 저는 진짜 가슴 아프고 분통이 터졌어요. 그래서 제가
시장실도 찾아갔습니다. 우리 대표님하고도 또 마이 노력

을 하셨겠지만은.

최승호 : 저도 유족회 활동하면서 제일 아쉬운 점이 그때 우리가 추모공원 국가추모공원 신청 못 했던 그게 제일 아쉽습니다.

정시종 : 분통 터지죠. 뭐 국비, 전액 국비 줄라 카는 걸 못 했으니까.

최승호 : 그렇죠. 그게 벌써 한 5년쯤 지났는 일이네 그죠.

정시종 : 6년 돼뻤나 뭐, 5년 돼뻤나 이렇지예.

최승호 : 그러면 이제 그때 당시에 국가 차원의 추모공원은 아니더라도 이렇게 작은 공원이라도 만들어주면 좋겠다?

정시종 : 그거는 꼭 해주마 좋겠습니다. 그리고 여기 1년에 뭐 순례나 그냥 찾는 방문객들이 불편하잖아요.

최승호 : 특히 화장실도 없죠.

정시종 : 좀 딴 데매로 화장실도 정리되고 이 차량 문제나 주차장 이런 게 좀 보고 아, 좀 괜찮다는 인식을 갖고 돌아갈 수 있도록 경산시가 이래빼끄[*이렇게밖에] 안 되나 카면서 돌아간 방문객들이 안 많았습니까?

최승호 : 작은 규모로 한다면은 그 안에 뭐 어떤 거는 꼭 좀 들어갔으면 좋겠다 하는 그런 것들 있습니까?

정시종 : 저희들 여태까지 여기에 대한 역사, 코발트광산에 대한 역사.

최승호 : 기록 이런 거?

정시종 : 기록물 이런 걸 전부 또 방문하는 손님들한테 알릴 수 있는 그런….

최승호 : 전시관.

정시종 : 전시관이라든지….

최승호 : 자료관 같은 거?

정시종 : 그런 걸 거창하게 하는 것보다도 알뜰하게 이렇게 만들어 주면은 거에 또 주차장 주차장이나 화장실 정도는 다 해결돼야 안 되겠나 그렇게 생각합니다.

최승호 : 이게 뭐 가만히 있으면 안 해줄 건데 우리 유족회에서 특별한 계획은 갖고 있습니까?

정시종 : 우리 대표님도 지금 마음에 나 회장님도 생각하고 있고 저도 나 회장님한테 건의도 한 바도 있습니다. 우리 시장님을 방문하든지 이런 걸 건의하러 가자. 또 시장님께도 건의문을 개별적으로 내가 하나 읽어만 주세요, 참고해 주세요 하면서 드린 게 있습니다. 이거 뭐 공개돼 뿌리가 주고 다 뭐. 이걸 잘라주나 우에 되노. 하하.

최승호 : 괜찮습니다.

정시종 : 그렇게 해결되리라 저는 기대를 해봅니다. 지금. 우리가 나이 더 들고 뭐 세상 떠나기 전에 그런 정도는 해결하고 또 가는 것도 안 맞겠느냐 싶습니다

최승호 : 우리 세대에 좀 해결하고 싶다. 요번 10월 28일날 박사리 하고 우리 코발트하고 같이 합동위령제 지내는데 아마 그때 정근식 위원장이나 조현일 시장도 꼭 참석한다고 하던데 그때 우리 유족들이 뜻을 좀 모아서 잠시 행사 끝나고 간담회를 하든지 해서 좀 건의하는 방법도 있을 것 같은데.

정시종 : 예예. 그런 간담회 자리가 있으면 더 고맙죠. 고맙고 참 박사리 사건도 제가 그때 몇 년도고. 위령제 지낼 때 함

번 찾아갔어예. 아 거기도 참 비참한 사건 아입니까 그
래.

최승호 : 그렇죠. 근데 우리 마지막으로 우리 경산시가 보면 좀 이
렇게 보수적인 도시잖아예. 그런데 지금까지 사실은 코발
트광산에 대규모 민간인 피해자 있었고 해서 지역사회 안
에서 우리 유족들이 생활하기가 상당히 힘들었을 것 같은
데 그런 사회적으로 어떤 냉대를 한다든지 아니면 저 빨
갱이 자식들 이런 손가락질 이런 것들이 보이지 않게 있
었을 건데 살면서 그런 것들은 어떻게 느끼셨어요?

정시종 : 저는 유족회 만들기 전에는 공화당 민정당 생활을 많이
했습니다. 했고. 지금은 당원이 아니고 이 시대 흐름에
또 이 지역 당이고 이러니까 그냥 대화도 나누고 소통도
하고 그렇게 살고 있습니다. 살고 있는데. 보는 사람들은
우리를 이상하게도 안 보겠습니까. 그리고 제가 뭐 잘못
했고 우리 유족들이 잘못핸 거는 없잖아요. 그라고 피해
자들이 잘못해가 집단 학살된 피해자가 아니잖아요. 우
리 아버님들이. 갑자기 무슨 좀 잘못된 일이 있으면은 정
상적인 재판을 받아가지고 벌을 받고 사형 선고가 났으면
사형을 당하고 이런 사건 겉으면은 저희들이 왜 이러겠
습니까. 앞으로 점점 좋은 세월이 와서 다 우리의 명예가
바로 되겠죠. 어른들의 명예가 바로 되고 또 수습도 내년
쯤 된다 카이끼네. 수습하는데도 우리 대표님들 다 수고
하시고 다 마음고생 많다 이렇게 생각됩니다.

최승호 : 예. 어쨌든 법적인, 그러니까 우리 유족들 희생자들이 법
적인 절차 없이 이제 무고하게 학살되셨기 때문에 그분들

의 어떤 명예회복 이런 게 꼭 필요하고 잘못했으면 진짜 재판해갖고 형을 살면 되고 내가 잘못한 만큼 벌을 받으면 되는데 그런 게 아니었다는 거잖아 그죠.

정시종 : 그래 큰아버님도 그런 얘기를 하시고 다 돌아가셨다니까요. '느거 아버지 같은 사람이 죄를 죄가 있으면은 재판을 해야 되는데 그것도 없고 갑자기 와가지고 잡혀갔다. 그라고 보도연맹이 뭔지 국민보도연맹 카미 신청하라 캐가 신청해놓은 그 명단을 가지고 정부에서 뭐가 하달됐길래 체포해라, 연행해라, 그런 명령이 하달됨으로써 한마을에 하루에 몇 명씩 이렇게 갑자기 연행해 가는데. 그것도 정부 국가에서 앙[*안] 카고는 그런 명령이 없었으면은 그렇게 한꺼번에 잡혀갈 택[*턱]이 있겠나' 그런 얘기를 했습니다.

최승호 : 국가가 국가 차원에서 한 거죠.

정시종 : 내가 어리나노이끼네[*어리니까] 큰아버지가 말씀하시미도 아주 조심스럽게 얘기했다카이. 이 마음에 상처를 안 입겠나 그런 얘기도 했습니다.

최승호 : 조카가 상처 입을 것까지 캐서 이제 실제로 이제 큰아버지가 마음에 있는 말은 다 못 하셨겠네 그지예.

정시종 : 그렇지. 그럴 수 있지.

최승호 : 다 해주셨으면 오히려 어떻게 보면 더 나았을 긴데.

정시종 : 아, 좋았죠.

최승호 : 더 알고 더 많이 알고.

정시종 : 그래서 인자 큰아버님 다 돌아가셨제. 큰어머님 다 돌, 큰어머님들도 세밀하이 뭐 우에 이 얘기하겠습니꺼. 그래

서 저 외삼촌이 대구에 대성 연화공장 그래도 기업을 하고 이래 이렇게 계셨는데 장수하셨다카이. 96세에 돌아가셨는데. 그래 내가 16년도인가 이럴 때 이 외삼촌을 1년에 몇 번 뵙지는 못하지요. 자주 가지는 못하는데 세배하러 갔다. 세배하러 가가지고 아버님에 대한 얘기 좀 해달라는 얘기 하이끼네 아, 얘기를 안 꺼내는 기라. 아, 그래서 그때 난 외삼촌이 왜 저럴까 그런 생각도 했다 카이끼네. 아, 나도 이 사람아 잡혀갈 뻔했다. 나도 마을에 그때 이제 외가가 마을에 있었으니까. 그때 거 한, 번지수도 가까이 있었다 카이까네. 그래 이제 나도 잡으러 왔는데 하, 숨어가지고 옆집에 막 가암을 지르는 소리 나고 이래가지고 우리 집으로 온다 캐가지고 소 마구에 들어가가지고 소 오줌 받는 데 안 있습니까. 거기에다가 손으로 입에 넣었대. 입에 넣어가 경찰관이 하마 마당에 들어설 때 이걸 뱉었대. 뱉어가 푹 쓰러져뿠대. 그러니까 이제 조금 그런 모습을 보디만은 이거 안 되겠다 카미 그래 나가는 걸 보고 그 뒤로는 내[*줄곧] 숨어 살았다는 그런 얘기를….

최승호 : 아, 외삼촌도 같은 마을에 살았으니까 같이 이제 아버지하고 같이.

정시종 : 박판돌 씨 박삼돌 씨하고 사촌간이라요. 아버님 저 외삼촌이. 그러다가 제 국민학교 4학년 때 1학년, 1학년 운동회하고 난 뒤에 거기 외사촌 한 분이 둘째 외삼촌이가 외사촌 한 사람이 내하고 한 학년이랐다카이. 초등학교. 초등학교 1학년 운동회하고 난 뒤에 대구로 전부 이사를 가

셔가지고.

최승호 : 그럼 어머니 쪽은 이제 피해자는 아무도 없네요. 그죠.

정시종 : 없어요.

최승호 : 그 대성 연화공장 하셨던 외삼촌 성함은 어떻게 되십니까?

정시종 : 박인조.

최승호 : 박인조 이분은 이제 다행히 이제 살아남으셨고. 형제들도 마찬가지고.

정시종 : 그래도 그 외삼촌 머리가 빨리 돌아가신 분이지. 그래도 오줌 그걸 막 입에 털어가지고 털어놓고 그래가 마 경찰이 들어올 때 막 나오면서 마구간에서 나오면서 막 쓰러지면서 이걸 질질 뱉아뿠다카이.

최승호 : 그때 당시에 연기를 하셨네요.

정시종 : 연기를 해했어… 그러니까 이 사람 안 되겠다 이거 카마.

최승호 : 이제 다 죽어가는 사람이다 생각했네.

정시종 : 건드리가 안 되겠다 싶었는 모양이라. 그래 안 들어갔다.

최승호 : 머리가 비상하셨네요.

정시종 : 이제 오늘 이 정도 얘기 뺴이 뿐입니다. 저 얘기는 더 길게 내 기억에 남는 얘기가 더 없다. 하고 싶은 얘기 뭐 아까 또 이 광산 주변에 좀 정리해 주는 얘기 했고.

최승호 : 마무리를 그러면 한번 해 주십시오. 오늘 말씀하셨던 것을.

20. 이대우 구술증언(2차)

사건과의 관계 : 이일희의 아들
구술 당시 나이(생년월일) : 1946년 7월 11일
출생지 : 청도군 매전면 관하리 442번지

최승호 : 안녕하십니까? 이번 인터뷰는 진실화해위원회하고 경산 시청에서 한국전쟁 시기 집단학살 사건 구술채록 사업의 일환으로 수행하는 면담입니다. 오늘은 2022년 10월 23일 일요일 오후 12시 30분이며 장소는 대구 성산병원입니다. 구술자는 이대우 선생님입니다. 면담자는 경산신문의 최승호, 촬영 및 면담 보도자는 뉴스민 천용길 대표, 온마을TV 박선영 편집인입니다.

최승호 : 그럼 1회차 인터뷰를 시작하겠습니다. 선생님 성함이 어떻게 되시지예?

이대우 : 이대우입니다.

최승호 : 몇 년생이십니까?

이대우 : 46년 7월 11일입니다.

최승호 : 7월 11일 생이고. 선생님 그 함자가 한자가 어떻게 됩니까? 대자 우자가.

이대우 : 큰 대(大) 자 오른 우(右) 자입니다.

최승호 : 큰 대 자 도울 우 자?

이대우 : 사람 인 변에.

최승호 : 사람 인변에 우 자예? 요거 맞으시지예?

이대우 : 아 이 자 가 아입미다. 앞에 인 변 있지요. 인변 그건 지 아버리이소.

최승호 : 아 지워버리고, 아 예 알겠습니다.

이대우 : 돌 석 자 우에 점 하나 찍어노면 똑같애 보이지예. 예 고라면 됐습니다.

최승호 : 네. 맞습니다. 오른 우 자. 원래 태어나신 데는 어디십니까?

이대우 : 청도군 매전면 관하리 442번집니다.

최승호 : 그 형제는 몇 형제이십니까?

이대우 : 그 당시 그 100여 평 될 깁니다.

최승호 : 형제간은 몇 형제입니까, 선생님.

이대우 : 누님 한 분밖에 없습니다.

최승호 : 누나, 누님하고 1남 1녀네, 그지요? 1남 1녀고. 그러면 그 관하에서 쭉 몇 년 몇 살까지 살아셨습니까?

이대우 : 제가예? 스물다섯 살까지 살았습니다.

최승호 : 스물다섯 살까지. 아버지 성함은 어떻게 되시지예?

이대우 : 이일희입니다. 한 일(一) 자 빛날 희(熙) 자.

최승호 : 한 일 자 빛날 희 자 그러면 아버지는 그기 저 빛날 희 자 같으면 이긴가? 박정희 희 자.

이대우 : 예.

최승호 : 몇 년생이시지예? 아버지는.

이대우 : 아버지가 1900, 아 몇 년생이라 캤심니까?

최승호 : 예. 몇 년생.

이대우 : 아 그건 계산해봐야 알겠네요. 지금 살아 계시면… 스물
아홉 살 보태면… 내 이 오분[*이번]에 병 이기예. 빈혈과
똑같은 아주 잘 잊어버리는 그런 기 돼가지고. 아버지 나
이도 참 까마득하게. 세 살 때 돌아가시….

최승호 : 세 살 때 돌아가셨지예?

이대우 : 그래 계산을 해보마 지금 칠십일곱이니까 일곱, 칠십일곱
이니까 세 살 빼고 나만 칠십넷, 74년 전 아입니까이. 그
러이….

최승호 : 아버지가 그러면 돌아가실 때 연세, 나이는 얼마였었습니
까?

이대우 : 돌아가실 때가 서른… 서른인가 서른하난가 내가….

최승호 : 서른인지 서른한 살인지 잘 기억이 안 나신다 그지예?

이대우 : 내 집에 그전에 신고했는 장부가 다 있는데 이 코로나 때
문에 꼼짝을 몬 하고 아무 사정을 해도 안 되더라고예.

최승호 : 못 나가시예?

이대우 : 예. 이 코로나 더 크지. 문서가 있고 사실이면 언제든지
할 수 있다고 그래가 쓰러진다 그래도 안 됩디다. 안 되
고 내일 월요일날 날짜를 잡아주더라고예.

최승호 : 퇴원은 지금 언제 계획을 잡고 있습니까?

이대우 : 예?

최승호 : 퇴원.

이대우 : 퇴원은 나가고 싶기야 내일이라도 나가고 싶지만은….

최승호 : 안 내보내 줍니까?

이대우 : 이게 핏자국이 이리 있으께 어지러운 데는 아마 이것도 한몫했을 끼고. 빈혈도 한몫했을 끼고. 의사 선생님들 선생님들은 인자 어지러운 거 이거는 너무나 다양한 데서 오기 때문에….

최승호 : 원인이 여러 가지니까?

이대우 : MRI는 여러 분 찍어도 단순한 그런 병이 아이라고 합디다. 될 수 있으면 빨리 나가야지예.

최승호 : 하여튼 좀 어려우시더라도 그 옛날 그 기억을 좀 되새겨서 그때 아버지가 그 집에서 나가실 때가 몇 년도인지 기억나시겠습니까? 전쟁 나고 입니까? 아니면 전쟁 전입니까?

이대우 : 48년 1948년 7월 25일날 별세했습니다.

최승호 : 7월 25일날 별세하셨어예?. 어 그때 저기 뭐 경찰에 붙잡혀 갔습니까? 아니면….

이대우 : 그때가 같은 해에 4월 3일은 일어난 제주도 사건.

최승호 : 제주 4·3.

이대우 : 또 같은 해 48년 7월 25일은 아버지가 별세하셨는데 뭐. 나 회장도 본 지가 오래됐습니다. 내가 아파가 이카는 바람에. 위령제도 참석 몬 하고 부끄럽기 짝이 없습니다. 나 회장하고는 자주 연락을 합니다. 전화 연락을.

최승호 : 그 아버지가 그 제가 알기로는 27년생이신 것 같은데 맞습니까?

이대우 : 뭐가 27년….

최승호 : 아버지 27년, 1927년생.

이대우 : 27년 같으마 어… 27년 같으면… 어머니하고 나이가 한 살 차인데요.

최승호 : 아버지가 48년 7월 25일날 돌아가셨는데 그때 뭐 때문에 돌아가신지는 기억이 나십니까?

이대우 : 세 살 때 일을 그 안다 카마 거짓말이고.

최승호 : 엄마한테 들은 거는 어떻게 들었습니까?

이대우 : 인자 부모님 앞에 들은 거는 중학교를 진학할 때입니다. 그전에는 그런 말을 해준 적이 없었어요. 느이 아버지는 억울하게 죽었다.

최승호 : 억울하게 죽었다.

이대우 : 죽었다. 그래 우리 아들들은 니가 크마 알고 있어야 된다 카면서 이야기를 합디다. 그거 한두 번 외에는 잘 안 합디다 그 이야기를.

최승호 : 아 한두 번밖에 안 했습니까.

이대우 : 예, 뭐 불쑥불쑥 느그 애비만 살았으면 이런 말은 들어도. 근데 안에서는 내막을 잘 모르는 것 같았습니다. 그때 생각으로 지금까지 이어오는 건 아니지만은 밤이 어두우면 산속에 숨고 낮에는 산 깊숙이 숨고. 그 5월 10일날 대한민국 초대 국회의원 총선거를 했지 않습니까?

최승호 : 예. 선거가 있었죠. 5·10 선거.

이대우 : 5·10 선거지예… 그 선거에 참석한 사람은 아군이고, 기권했거나 다른 볼일 있어 못 온 사람은 적군이고. 단순하이 뭐 그렇게 분류해서 그걸 그렇게 분류를 하는 것까지도 이해를 할 수는 있지만. 그 처리 방법이 그는 아주 깡

패들이나 아주 저 정상적인 사고방식이 저는 아니라고 봅니다. 뭐 죽을만침 잘못했으면 재판도 들어가야 되고 그렇지 않습니까?

최승호 : 그렇죠.

이대우 : 사람은 뭐 하루 논 맨 사람도 내려가다가 쏴뿌고 길에서 쏴뿌고 죽고 이카니까 밥 한번 해주고 한 사람 이런 사람 얘기는 많이 들었어요. 많이 들었는데. 그래 내가 그때가 정확히 기억은 잘 안 나는데 연좌제 철폐라 카는 때가 있었습니다. 그기 노태우 땐강 전두환 땐강 그건 사실 그 기억이 희미하고예. 그 이후로는 제가 좀 아버지를 죽은 것도 억울한데 어떻게 죽었는지 한번 알아봐야 되겠다 싶어가지고 그래 좀 똑똑하고 좀 아는 사람들, 보통 사람은 안 만내주는 사람, 이런 사람을 찾아댕겼어.

최승호 : 찾아다녔어요?

이대우 : 예 그래서 다니다 보이 살아 계시는 분도 있었습니다. 여 찾으러 다니는 것도 한 10년 조금 안 됐기는 한 편인데 이재운이라고 이서면 학산동.

최승호 : 이서면 학산동.

이대우 : 예. 지금은 고인이 됐습니다만 지금은 거의 다 고인이 됐습니다. 나이가 거의 백 살 넘끼나 뭐 그러니까. 이수연이는 지금 저걸 보내가지고 보증인을 못 구해가지고 오빠 카며 어제 전화 왔더마는. 나도 마 방법이 없다. 내가 뭐 써줄라 캐도 되는지 안 되는지도 모르겠지마는. 내가 세 살 문 게 뭘 알고 너거 아버지가 2년 후에 죽었는데 2, 3년 후에 죽었는데. 2, 3년 후라 캐봐야 다섯 살 여섯 살인

데 뭘 알겠느냐 말이야. 그래 내가 참 것도 오빠 그렇다 이카고 인자 안부 묻고 전화 묻고 내일 그래 함분 만나기나 뭐 모레 만나기나 함번 우예… 그래도 오라버니가 장잡니다. 장자가 된 돌아가시뿄으예. 얼마 전에 돌아가셨어예. 그러이 돌아가시이께 뭐 어떻게 서류를 만들어야 될지 막막하다 이거라. 대학을 나와도 그런 얘길 하는 걸 내가 이해가 갑디다.

최승호 : 이서면의 학산면에 이재운 씨를 만났는데 그분이 어떤 말씀을 하셨습니까?

이대우 : 그분이 둘이 갔는데 박희춘 교수하고 갔어요.

최승호 : 아 박희춘 씨. 옛날 청도유족 회장님.

이대우 : 박희춘 교수하고 학산동 그 사랑방을 직접 찾아갔는데… 여는 사람 사는 사회가 아니었다. 첫 말이예.

최승호 : 사람 사는 사회가 아니었다.

이대우 : 자네 찾아, 언젠가 한번 찾아올 줄 알았다. 그럼 인지 와가 내가 무슨 말을 못 하랴 카면서 다 털어놓는데. 밤으로는 저게 깊숙이 숨고 어, 낮으로는 깊숙이 숨고 밤으로는 우에 좀 할라 캐도 뭐 자전거가 하나 있나. 뭐 자동차가 있나, 경운기가 있나. 이거는 도저히 교통수단이 안 돼가지고 뭘 하고 싶어도 못 했답니다. 사실은.

최승호 : 교통수단이 없어서.

이대우 : 신문도 그 당시에 없었어요. 신문도 보는 집이 한동네 한 집 있을까 말깐데 뭐 또 우리가 그 당시에 신문을 봤다고 이야기를 안 합디다. 이 이야기를 아무도 한 동네 살미 말을 안 해줍디다. 그래서 몇 년간을 지인을 특히 면장

님, 우리 면장님은 그러이 우리 아버지 고종사촌이 돼가
지고.

최승호 : 아버지 고종사촌.

이대우 : 그라고 또 인자 천중기라고 또 대구시 수성구에 살고 있
는데 아이 살고 있습니다. 내보다 스물… 나이가 열네 살
많으이끼네 구십둘이가. 아이지 구십하나지. 구십하나
되네. 예예. 내 머리가 이제 왔다 갔다 합니다 이거. 아직
살아계시도 뭐 참….

최승호 : 그 국회의원 5월 10일날 국회의원 선거할 때 그 관하리
에 아버지하고 또 한 동네에 살던 일곱 명인가 여덟 명인
가 청도장에 갔다고 하셨지예? 그때 청도장에 가서 뭐 하
셨다고 합디까?

이대우 : 만나는 사람마다 말이 틀리니까 남한테 옮기가 뭐합디다.
막걸리 한잔하고 뭐 촌놈 자아 간다고 이것저것 장만해가
가는 사람도 있고 뭐. 그 양반들이라 캐야 되겠나마는 북
에서 온 그 북한 노동당 사무실이 청도읍에 있었답니다.
그때는 서양에서는, 미국 같은 나라에서는 사상 이걸 가
지고 되게 엄하게 아 했답니다. 마치 뭐 나쁜 짓 하고 이
러면 안 되겠지마는 그래 그 뭐 사무실 간판을 북한 노동
당 사무실이라고 저… 상에 걸어놓고 했는데 개표가 끝나
자마자 다 철거해뿌고. 철거했다… 주로 인자 나이 많은
분들한테 더 들을 수 있는 게 그게 한 가지 득이지예. 지
자기 일또 남에 일또 아니니까 바로 말씀을 하신다는 걸
느끼게 해줬습니다.

최승호 : 그때 아버지가 거기 남로당 사무실에 가서 강연을 들었다

고 하셨지예?

이대우 : 그때도 다 가지도 않고 뭐 몇이 갔는 사람 갔는데 뭐 들어보고 참 머 뭐 들은 소감을 발표하고 이런 것도 아니고. 그냥 뭐 술 한 잔 주니까 먹고 다 히뿌고. 뭐 그거는 선거 운동이라고도 볼 수가 없고 그렇더라는 소리를… 저도 이거 다 들은 이야깁니다.

최승호 : 그렇죠. 들은 얘기죠..

이대우 : 하나도 본….

최승호 : 그때 마을 청년들이 단독정부를 찬성하느냐 반대하느냐, 거기에 반대한다고 도장을 지장을 찍었다고 카시던데.

이대우 : 그 지장을 거서, 거서 감을 잡았는지 안 찍은 사람도 있고 찍은 사람도 있고 그렇대.

최승호 : 안 찍은 사람도 있고 찍은 사람도 있고 아버지는 어디에 찍었다 카십디까?

이대우 : 이야기를 해줘야 알지요. 허허.

최승호 : 아 그래가 반대에 도장을 찍었기 때문에 나중에 보도연맹… 잡혀갔지 않겠나 이렇게 생각하시던데.

이대우 : 보도연맹이 아입니다.

최승호 : 보도연맹은 아니죠?

이대우 : 그 이수연이 아버지는 내가 볼 때 보도연맹이래예. 그분은 보도연맹….

최승호 : 이수연 씨 아버지는 보도연맹입니까?

이대우 : 제가 조사를 해볼 때 보니까 이정봉이라고.

최승호 : 이정봉. 예. 이수연 씨 아버지.

이대우 : 그 사람이 말수도 작고 똑똑하고 이래 했는데, 아버지보

다 2년 전, 후에 돌아가셨지요.

최승호 : 50년도에 돌아가셨죠. 이분은? 전쟁 나고. 이분도 맨 아 버지와 같은 마을에 살았지예?

이대우 : 예 뭐 앞집… 여짜 살았습니다.

최승호 : 앞뒷집에.

이대우 : 아버지는 말만 여 살았지, 만주에서 3년 보냈죠.

최승호 : 만주에서 3년.

이대우 : 말은 일본 유학한답시고, 유학할 형편은 됩니까 어데. 뭐 그냥 낮에는 일하고 밤에는 공부하고 이래 했는데. 공부 핸 책이 내가 몇 년 간을 이래 마이 모아 놨심다. 그래 이 사하고 다니다 보이 그거 다 어데 가고 없어지고….

최승호 : 일본에서 6년간 공부하셨다 카던데.

이대우 : 예, 6년간. 그러이 9년 빼뿌고 나마 부부 생활 10년 동안 에 9년을 빼부고… 말이 부부지.

최승호 : 결혼한 지 10년 됐는데 9년은 밖에 나가 있고 1년만 같이 살으셨네예. 그때 태어나신 겁니까?

이대우 : 그렇다고 봐야지예. 그 이제 한 번씩 집에 오마 이제 아를 만든 택이지요 뭐.

최승호 : 집에 오면. 하하. 누나하고는 몇 살 차이입니까?

이대우 : 여섯 살 차입니다.

최승호 : 누나는 가마 첨에 만주 갔다 오셔갖고 낳고.

이대우 : 그거는 저는 모르겠습니다.

최승호 : 모르겠습니까?

이대우 : 그거까지는 이야기하는, 누님도 모르고, 그 이야기를예 오늘 이만침 하는 것도 첨이 아닌가 싶은데.

최승호 : 그라고 아버지가 청도장에 갔다 와서 바로 경찰에 붙잡혀 갔습니까? 아니면 숨으로 댕겼습니까?

이대우 : 그렇게 빨리 그래 잡으러 다닐 줄 모르고 모두 그 8명 되는데 각자 밭에 밭에 일밖에 더 있습니까, 농사일. 그 당시에 밭이 열 마지기고 밭이 여덟 마지고 논이 두 마지기고, 고래 고고까 인자 연명을… 근데 거 한두 마지기는 할아버지한테 사정을 해가지고 이 돈 갈라 갈라카이 돈이 없는데 좀 보태 달라고 밤새도록 빌어가지고. 그래 거 밭 두 마지기를 인제, 밭 서 마지긴갑심더. 서 마지기를, 아니다 와 또 와서 도로 샀는 기 밭이 서 마지기고. 갈 때는 논 두 마지기를 팔아가 주더랍니다. 그 자식이라고 믿고 예, 올 때는 그래 인자 부모 보기도 그라고 해노이 인자 돈을 악착같이 벌었는지 우옜는지 몰라도 그 당시에 그 것밖에 못 벌었는 거를 보면 아매 일본 사정은 그렇게 녹녹치는 못했는 걸애요. 그래가 나와보이끼네 막상 나와보이 사는 게 일본하고는 아주 동떨어져 차이가 나는 데다가 사회마저 그렇게 흔들리고 이러니까 도로 인자 들어가기로 결심을 하고 도로.

최승호 : 도로 일본에 다시 드갈라고?

이대우 : 예. 다시 들어가야 되겠다. 이여 사람 살 곳이 아이다 이래가. 이거는 누님한테 들은 얘긴데. 부산까지 가서 잡혀 버렸어요.

최승호 : 부산까지 가서.

이대우 : 부산까지 갔어요. 집에 안 될라카이 인제 부산 가서 밀항이라도 했으면 또 어떤 변수가 생기가 가정이… 그래 그

뒤로 가정형편은 여 이야기를 못 하겠심다만 뭐 눈뜨고 들을 수 없는 그런 참극이라.

최승호 : 참혹하게 살으셨다 그지예. 그 아버지 돌아가시고. 아버지가 5월 10일날 선거가 있었고, 그리고 7월 25일날 돌아가셨는, 잡혀가셨는데 한두 달 정도 시간이 있었거든예. 그 사이에는 뭐 하셨었을까예?

이대우 : 피해 다녔어요. 집에 한번 와가지고 밤에 옷 갈아입으로 한번 왔는데 엄마가 울며불며 매달려봐도 세상이 좀 잠잠하면 오겠다고 약속하고 다시 갔다카이. 옷 가지고 다시 갔다 카는….

최승호 : 잠잠하면 다시 돌아오겠다 카고.

이대우 : 다시 돌아오겠다. 그때는 사회가 지금 우리 상상할 수 없는, 저 북한의 만행보다는 자유당 정권이 이거는 더 참 입에 올리기 싫은 그런 정치를 하지 않았나. 승리했으면 그 부역자나 아니면 조금 안 좋은 그런 짓을 하고 이래 방해를 했던 그런 선거에 좀 그런 사람도 도로 끌어안고 이래 했으면 전쟁까지는 다 막을 수 있었지 않았나.

최승호 : 그렇죠. 승리자가 이렇게 아량을 베풀어야 되는데.

이대우 : 이거를 어떻게 했는고 하면 뭐 보복정치라고 하잖아요. 이거는 뭐 보복정치보다도 몇 배가 강한 그저 만나면 이것저것 할 것도 없어요.

최승호 : 묻지도 따지지도 않고 바로 총살 해버리니까.

이대우 : 니 땜에 이노무 새끼 내 몇 년 쫓아댕겼는데 마 이런 식으로 쏴뿌고 하이까….

최승호 : 그러면 아버지는 7월 25일날 관하지서 경찰들이 잡아갔

습니까, 아니면 어떻게 됐어예? 아니면 거기 부산에서 잡혀 왔습니까?

이대우 : 부산에는 아무 관련이 없어예. 부산에는.

최승호 : 안 갔고. 밀항하러 갔다가 못하고 왔고.

이대우 : 갔는데 왔고. 그건 한참 전이고. 이제 아버지는 이제 그건 포기하고 그래 동민들과 반상회 같은 거. 옛날 반상회라 안 캤거든요. 반총회 카고 이캤는데. 제가 주깨는 이것도 한마디 한마디 들은 얘기 때문에 제가 우기든지 뭐 안 맞다든지 이런 얘기는 할 수가 없습니다.

최승호 : 예. 들은 대로 말씀하시면 돼예.

이대우 : 그 인자 그….

최승호 : 반총회 해서 거기서 무슨 얘기가 나왔습니까?

이대우 : 우리가 이제 어딜 찍어야 되나 이런 기.

최승호 : 어디에 찍어야 되나?

이대우 : 가뜩이나 나라가 우리나라 소국이기 때문에. 약소국가이기 때문에 지금 이와 같은 참극을 우리가 지냈고, 그야말로 인간 이하의 취급을 받았다. 그런데 여 또 반틈 짜개 노마 과연 그 나라 운명이 어떻겠느냐. 속에 글자라도 한 자 들은 사람은 이런 식으로 나왔고, 또 어떤 사람은 좀 시끄러울 것 같으니까 마 입 다물고 있었던 사람… 거기 동조하는 사람은 상당히 많았어요. 한 8명 되죠.

최승호 : 동조한 사람이 8명. 예 예.

이대우 : 한 사람은 살았고 7명은 처형당했고.

최승호 : 한 명은 생존했고 9명은, 아니 7명은 이제 한날 동시에 돌아가셨네예.

이대우 : 아입미다, 아입미다. 것도 아버지는 48년도, 그 외 다른 사람들은 50년, 53년 이렇게….

최승호 : 아 이수연 씨 아버지 이정봉 씨도 카면 50년에 돌아가셨네요.

이대우 : 오 근데 이거는 확실한 거 아입미뎅. 남에 족보를 들다볼 수도 없고. 자기네들이 그 딸을 보내가지고 선생님 경산 신문 저 앞에 그 사무실 거 딸을 보냈더라고요. 본인 인자 아파가 못 오고. 그래 내 그거 집안 여동생이니까 어쩔 수 없이 나는 가가지고 그걸 하는데 무 좀 뭐라 카꼬? 그걸. 진술서, 진술 쓰는데 참 안 대로 들은 대로 누구든지 법적으로 이야기를 하면 나는 책임 못 진다. 내가 하는 말이 이건 다 들은 말이기 때문에 내가 그저 생각해 봐서 이럴 수는 있겠다. 이럴 것이다. 이 정도까지는 내가 추측을 할 수 있지만….

최승호 : 본 적은, 본 거는 아니다. 지금 뭐 옛날얘기를 다 들어서 알지 내가 본 거는 없잖아요. 그때 그때 당시에 세 살 네 살인데 볼 수도 없고, 봤다 한들 기억도 안 날 거고.

이대우 : 우리 누이는 내캄 여섯 살 많은데, 그때 아홉 살에 돌아가셔도 뭐가 뭔지 몰랐답니다.

최승호 : 아 누님 아홉 살 때 아버지가 돌아가셨어요?

이대우 : 예. 그래도 뭐가 뭔지 사람들이 와가 울고불고 하이 이제 아버지가 죽긴 죽었는데 어떻게 죽었는지 그런 거 별로 관심도 없고 요새 카마 참 철때가리 없제 카미 그카시더라고.

최승호 : 그렇죠. 아홉 살 해도 철없죠.

이대우 : 철없죠. 요새 카마 틀립니다. 지금은 방송이나 모든 기 잘 돼가지고 참 그렇지마는 그 당시에는 그 산간벽지에 아주 오지에 참말로 거 비참한 아무런, 전화가 있나 뭐 신문이 있나. 아까도 캤지만 자동차가 있나. 하물며 자전거도 없 시이. 그 얼마나 뭘 무슨 말을 이우제[*이웃에] 친구들한 테 전하겠십미꺼?

최승호 : 그러면 저기 이수연 씨 아버지 이정봉 씨는 그 아버지하 고 거기 청도장에 갔는 8명 중에 갔는 한 사람은 맞습니 까?

이대우 : 그것도 나는….

최승호 : 정확하게는 모르겠습니까?

이대우 : 그것도 8명이 다 갔는지 또… 8명이 다 갔는지 안 갔는지 는 모르겠네예.

최승호 : 그런데 이분들이 어쨌든 8명 중에 한 명 빼고는 다 죽었 잖아, 그지예? 그 일로 인해가. 아버지는 2년 전에 일찍 돌아가셨고. 아버지가 그러면 그때 당시에 좀 주동자였겠 다 그지예?

이대우 : 아니랍미더.

최승호 : 아이라예? 아버지가 그때 당시에 그 일본 유학도 하고 만 주 유학도 했기 때문에 글을 많이 알으셨지예?

이대우 : 거 필… 붓 가지고 주로 썼십니더. 우리 한지에. 지금 나 는 그… 때 쓰라 카마 못 써요.

최승호 : 그만큼 못 써예? 아버지 필체가 좋았습니까?

이대우 : 그 당시에 그 보니까 한문을 주로 쓰났는데예. 머 좋은 말 도 마이 있더만은 내가 사는 데 허덕이다 보이 마 집을 이

사를 몇 번 하고 이래 하이끼네 그거 다 잃어버리고….

최승호: 지금은 아버지 필체 남아 있는 거는 아무도 없습니까?

이대우: 예, 없어예.

최승호: 없어예. 그때 끼 좀 남아 있으면 아버지 활동 어떤 걸 했는지 좀 알 수 있을 건데 그지예?

이대우: 그렇죠. 그거는 뭐 한마디로 뭐 북한에 꼬여서 넘어가 있었는지, 또 아니면 참 정말 그도 저도 아인. 그래 뭐, 친구 간에 뭐 오래 있을래야 있을 수가 없는 기간에다가. 기간이 없다 아입니까. 9년 간이나 나가가 있었고, 만주서 올 때는 돈 10원도 못 벌어 왔다 카더라고요.

최승호: 만주에서요? 보통은 만주 갈, 결혼했으면 가면 같이 가는데 왜 혼자 가셨지예?

이대우: 돈이 없으니까.

최승호: 돈이 없으니까 가족을 못 데리고….

이대우: 아버지가 내가 생각할 때는 체격이 일할 체격이 아니었다고 봅니다. 저 맹크로. 저가 보면 거미형에라가 일할 그기 체격이 아니거든요. 일을 잘 못 합니다, 지가. 조금 하면 머리 아프고 팔이 아프고 허리 아프고, 그러이 아마 아버지도 키는 컸다 카이까….

최승호: 키는 컸는데 이제 일을 오래 못 하시는 체력이.

이대우: 그라고 또 머리는 조금 좋아서는.

최승호: 머리는 좋으시고.

이대우: 보통 사람 정도는 되지 않나.

최승호: 그런데 그 9년 결혼하고 10년 중에 9년은 밖에 나가 있었고, 1년을 한국 여기 우리 청도에 있었는데 그 하면서도

어떤 시대의 바뀜이라든지 변화라든지 이런 것들은 아버지가 남들보다 더 빨리 파악을 하셨겠지예. 외국에 나가 있었으니까 객관적으로 볼 수 있으니까.

이대우 : 이거 증거를 내가 증거되는 말을 할 수 없어가 그런데 에… 청도읍에 우리 일가 한 분이 이사를 가서 살았데요. 그분이 마을에 부유층에 달한답니다, 우리 마을에서. 그분이 소식통 겉은 거는 전하지 않았나 그런 동네에서 그렇게 말을 하더라고예.

최승호 : 이분이 소식통이었다. 그 일가 이름은 혹시 아십니까? 이름은 모르시고. 우리 관하 살다가 청도읍에 이사 가서 살았다. 그지예? 우리 일가 중에 한 사람인데.

이대우 : 이야기를 해주는 분이 그기까지는 말을 안 합디다. 안 하고 그래 딴 거 동네 가마 거 죽은 사람이 고성 이씨들이 한 분이 죽고는 나머지기는 전부 다 우리 일가족이 죽었거든예.

최승호 : 고성 이씨 한 사람?

이대우 : 한 사람, 두 사람. 한 도엇[두셋)이 될 거예요. 되고.

최승호 : 아버지는 어느 이씨입니까?

이대우 : 경주 이가.

최승호 : 경주. 그러면 고성 이씨 몇 명하고 나머지는 다 경주 이씨들이 돌아가셨네. 그지예?

이대우 : 예, 그 다 해봐야 몇나 돼도 안 하고예.

최승호 : 그중에 이제 청도에 읍내에 이제 좀 부자가 살고 있었으니까 아마 거기를 통해서.

이대우 : 운제 오는 사람 모이라. 이 연락 오면 친구니까 다 똑같은

친구니까 그래 모이가 참 뭐 막걸리, 다만 막걸리나 한잔 마시고 그래 했다는 얘기를 들었어예. 예, 들었습니다. 제가 이거 전부 들은 얘기를 남우 진술서에 개입을 한다면 이는 안 되겠죠.

최승호 : 그런데 이제 대부분 다른 분들도 다 들은 얘기를 들었는 걸로 인제 하고 있습니다. 왜냐하면 그때 당시에 본 사람들은 지금 살아있는 사람들이 거의 없거든요. 그래서 이제 그 아버지한테나 그 가족들한테 들은 얘기들을 이제 이야기하시는 거죠. 들은 얘기 하시면 들은 얘기를 다 하시면 돼요.

이대우 : 네 안타깝죠.

최승호 : 안타깝죠. 이인백 씨하고 이런 분들도 다 친척이시죠?

이대우 : 예. 우리 집안.

최승호 : 집안.

이대우 : 내가 아재고 지는 저 조카빨이고 나이는 네 살 더 뭇심더.

최승호 : 이인백 씨가요?

이대우 : 예. 팔십하나요.

최승호 : 이인백 씨도 안 그래도 거기 이수연 씨 아버지 이정봉 씨 그걸 이제 보증을 설라고 하니까 자기 큰형님 인수, 하고가 더 마이 직접 그 이준하 씨 그와 이인백 씨 형 둘째 형이 직접 그 곰티재에서 묻었다 하더라고예.

이대우 : 준호.

최승호 : 준호.

이대우 : 준홉니다.

최승호 : 준홉니까?

이대우 : 그런 얘기를 들었어요.

최승호 : 그 얘기 들으셨습니까?

이대우 : 전에 그 신문사 앞에 진술서 쓸라고 그 딸이 왔을 때 그때 그걸 차로주는 걸 내가 들었어예.

최승호 : 이준호 씨가 그때 거기 지서에 결사대였다 그러더라고예. 지서 지키는 사람.

이대우 : 저, 저는 그거까지는 모르겠어예.

최승호 : 그거까지는 모르겠고 이제 이준호 씨가 이제 그 이정봉 씨를 땅에 묻었다 카는 거는 들었다. 그지예?

이대우 : 예, 들었어요.

최승호 : 들었어예?

이대우 : 그 뭐 지금 곰티재 정상이라카기보단 재 만댕 올라가면 미신청자 명단에 우리 아버지, 이정봉 씨가 올라가가 있어요.

최승호 : 미신청자 명단에.

이대우 : 미신청자 명단에.

최승호 : 이정봉 씨가 있어예?

이대우 : 이정봉 씨 있는데 또 뭐 딸 수연 씨가 하는 말이 아버지가 이정봉이 말고 다른 이름도 있다.

최승호 : 음 다른 이름도 있다.

이대우 : 그랬어. 몰라 나는 뭐 느거 일은 전혀 모른다 내가.

최승호 : 가명을 썼을 수도 있겠네요.

이대우 : 그런데 그 사람들도 그 아버지 그 조카 되는 사람이 전부 복 옵니더. 전부 8촌 10촌 다 넘었고. 이재운 씨도 17촌 인데 17촌.

최승호 : 이재운 씨는 박희춘 씨하고는 그때 청도 당시에 상황에 대해서 많이 알 건데 박희춘 씨도 돌아 돌아갔지 않습니까?

이대우 : 돌아갔다 카네예.

최승호 : 그때 박희춘 씨한테 무슨 들은 얘기들 혹시 있습니까? 관하리 사건이나 아니면 뭐 5·10 선거 때 이런 얘기?

이대우 : 근데 그 당시에 내가 몇 번 참석을 했는데 회의 때.

최승호 : 유족회 회의 때예?

이대우 : 예. 청도 제 위령제 지낼 때 두 번, 또 경산 코발트 때 두 번, 제가 참석을 했어예. 한번은 경산체육관에서 했거든예.

최승호 : 맞습니다. 체육관에서 한 번 했습니다.

이대우 : 했고. 내가 생각해 볼 때는 그 당시 정부는 공산당에서도 볼 수 없는 그런 아이 안 그렇습니까? 보도연맹 가입하면 뭐 죄가 크든 작든 없던 걸로 하겠다. 이렇게 선포를 하고 보도연맹을 만들었다 말입니다.

최승호 : 예 맞습니다.

이대우 : 이래나 놓고는 몽땅 잡아다가 한군데 갖다 다 쳐여뿌리고 그런 이건 국가 폭력이지. 뭐 내일모레 잡혀가도 할 수 없어요. 근데 내가 들은 얘기가 사실이라면, 사실이라면 그거는 전국에 하필 청도 매전만 있는 게 아이고 저 머 이 사건이 몇만 명 안 됩니까예?

최승호 : 전국에 다 이런 상황이었습니다. 그때 당시는.

이대우 : 예. 그 내가 거 방송에는 자주 봅니다. 여 대해가주고. 하나하나는 10여 년 전부터 좀 알아야겠다. 그게 인자 자식

된 도리가 아닌가. 이기는 내가 볼 때는 나라가 뭐 어떻고 저떻고 할 제가 그런 인물이 못 돼서 죄송합니다만은 이거 이거는 정치라 칼 것도 없고 이거는 깡패….

최승호 : 깡패.

이대우 : 깡패 집단이지. 한마디로 뭐.

최승호 : 정부가 국가가 아니죠. 정상적인 국가가 아니다, 고 생각하시는 거죠?

이대우 : 재판을 해가지고 사형을 시키고 뭐 하면 누가 뭐라 캅니까? 이걸 이런 식으로 해가 내리오이까네 서울에는 감옥소가 하나 터졌다 아입니까이?

최승호 : 예. 서대문 형무소가 터졌죠

이대우 : 터져가지고 전국으로 퍼진 거나 마찬가지거든요. 전부 나오면 전부 북한 편을 들 터이니까 이승만 정권에서 이거 놔두면 전부 적이니까 어떻게 하면 좋겠노 이거. 처형을 하자 그래 사는 사람 살고 죽는 사람 죽고 그렇게 됐다 카더라만은.

최승호 : 그렇더라도 죽여서는 즉결. 죽이면 안 되죠.

이대우 : 안 되죠. 이거는 민주주의가 아이고 이거는 망쪼주의지 이거는.

최승호 : 죄가 있으면 잡아와서 재판을 해서 죽이든지 아니면 뭐 죽을죄를 안 지었으면 살려주, 살려야 되죠.

이대우 : 그러이 그런 그기까지는 바라지도 모하지만은 끌어안았어야 이 6·25전쟁이 안 일어났을 수도 있거든예.

최승호 : 끌어안았으면 반대파를 끌어안았으면. 그렇죠. 맞습니다.

이대우 : 너무 건방시러븐 얘기 해가 죄송합니다.

최승호 : 아입니다. 아입니다.

이대우 : 전에 그때 그래 만내가지고 한번 이야기하고는 내가 못 갔습니다. 몸이 안 좋아가지고 나정태 회장을…. 참 사람이 된 사람이던데 못 찾아뵙고 어제 아레께도 연락이 왔던데 아픈 건데 우야겠심니꺼, 이해는 합디더마는 실제 그렇심더.

최승호 : 안 그래도 우리 유족분들 중에서 우리 이대우 선생님이 사실은 그 제일 속 시원하게 우리 유족들 마음에 와닿는 얘기를 해줬다고 유족회 회장님이 되게 좋아하셨거든요. 사실은 5·10 선거 때 반대했다고 죽있다 이런 거는 다른 유족들은 안 했거든예. 저도 첨 들었어예.

이대우 : 근데 내가 볼 때는 지금 신청 안 하고 있는 사람 중에 일부는 혹시나 또 무슨 불이 떨어지면 혹시나 내가 불이익이 당하면. 여기 집중을 마이 하고 뭐 겁이 그거 아니라 내한테 덕 없는 소리 하면 뭐 하노 카고 그때는 세월 탓이다. 이카고 치우지 우리 선배는 절대 입을…. 차라리 면장 우리 지금 구십한 살 문 외삼촌이 교장으로 정년 퇴임 했는데 내캉 열네 살 많으이 구십한 살이라. 아직까지 참 살아 계십니다만은.

최승호 : 이분은 그 교장 선생님한테 그 아버지 우예 됐는지 물어봤다 하시던데 교장 선생님이 어떤 얘기하십디까?

이대우 : 뭐 내가 아는 것 정도로 안다 이캅디다. 나는 순한 사람이지마는 특히나 교육자다 보이끼네 그때 아버지가 이런 사건에 휘말리가 죽었다 칼 정도마 알지. 그 이상은….

최승호 : 상세한 거는 모르시더라.

이대우 : 예. 일부러 그렇게 자기 자형인데 그래 하지는 안 했을 거고 열일곱 살에 돌아가셨다 카이께네 쪼매 알 때 아입니까. 그 조심을 많이 하는 것 같애요. 내가 보기에는. 제가 진술서 써달라고 갔거든예. 그래 내가 거짓말을 할 수 없고 바른 대로 써주꾸마 카미 써주더라고예. 근데 그 사실만 있으면 된다 내가. 잘했니 모했니 뭐 원망 안 하믄 뭐 잡아갈 사람이 누가 있겠심미까 카이. 아이고 이 사람아 잡혀가더라도 인자 내 나가 얼만데 잡아갈 사람이 있겠나. 하하.

최승호 : 맞습니다. 그때 면장이 교장 선생님이 진술서 어떻게 써 줍디까?

이대우 : 그래 이런 사람 본 것 같은데. 17세 때 17세 때 그래 그 변을 당해가지고 엄마 아버지가 그래 우리 외조부지. 니가 함분 가봐라. 그래 큰외삼촌은 이 일에 하마 습쓸리가 휘둘리가 있고, 그래가 뭐 돈 좀 주고 빼맨 사람들은 살았고. 참 그도 저 손 쓸 여개도 없이 돈도 뭐 아무러키나 없는 사람은 잘 구해집니까이? 그러이 살은 사람은 거의 다 돈 주면….

최승호 : 돈을 좀. 그때 뭐 황소 한 마리 팔아주고 뭐 이랬다면서요?

이대우 : 저희는 거기까지는 모르고예.

최승호 : 모르고. 가난했으니까 그 돈도 못 마련했네.

이대우 : 우리 외삼촌이 교장을 하면서도 그렇고, 거짓말하고 뭐 남한테 그렇게 하시는 분은 나는 아니라고 보거든예.

최승호 : 돈이 있었으면 이제 살았을 수도 있는데 그지요. 돈이 없

어서 못 살았네.

이대우 : 그렇죠. 첫째는 뭐 그런 것도 있고. 나는 그날 누님이 계 시지마는 참 누님 앞에 울 수도 없고 뭐 착잡한 심정으로 이것도 기회라면 기회다. 내가 이런 생각을 하고 몇 마디 두서없이 했는….

최승호 : 예. 지금이라도 이렇게 이런 말씀을 남겨 놓으셔야 나중 에 또 바로잡는 데 도움이 됩니다. 그 인제 그때 말씀해 주시는 것도 중요하고 또 오늘 말씀해 주시는 것도 중요 합니다. 그래서 건강을 빨리 회복하셔갖고 퇴원하시갖고 또 생각나는 거 있으면 또 말씀해 주십시오.

최승호 : 그러면 이걸로 오늘 귀중한 말씀 해주셔서 고맙습니다. 건강하시고예. 제가 또 필요한 거 있으면 전화를 드리고 건강 회복되시면 퇴원하시면 통화를 다시 한번 하겠습니 다. 고생하셨습니다.

이대우 : 예.

21. 도종열 구술증언

사건과의 관계 : 박원흠의 처, 박정돈의 친척
구술 당시 나이(생년월일) : 101세
출생지 : 대구시 중대동 서촌마을

최승호 : 이 인터뷰는 진실화해위원회와 경산시에서 한국전쟁시기 집단희생사건 구술채록 사업의 일환으로 수행하는 면담입니다. 오늘은 2022년 10월 16일 일요일 오후 3시 반입니다. 장소는 각북면 남산리 종택입니다. 이번 구술자는 한번 성함이 어떻게 되시지예?

박승찬 : 도종열. 할매 이름, 아지매 이름?

도종열 : 내 이름, 갈 돌라고?

최승호 : 예. 도종열. 도종열 선생님이십니다. 면담자는 경산신문 최승호….

도종열 : 그때가 내가 나이 26살 뭇다카이.

최승호 : 촬영 및 면담 보도자는 뉴스민 천용길 대표, 온마을tv 박선영 편집인입니다. 그러면 지금부터 구술 시작하겠습니

다. 할머니 성함이 어떻게 되신다고예?

박승찬 : 이름.

도종열 : 이름 도종열.

최승호 : 도종열. 한자는 아십니까?

도종열 : 한자. 마로 종(宗) 자 매불 열(烈) 자.

최승호 : 마루 종자 매울 열자. 몇 년도에 태어나신지는 아십니까?

도종열 : 와, 아 아저씬데 연시는 몰라.

최승호 : 할머니 연세는?

도종열 : 내 나넌 그띠게[*그때] 스물일곱 살 됐을 때.

최승호 : 돌아가셨을 때가 스물일곱 살 때인데.

도종열 : 그 어른 돌아가셨다 카는 거는 한 스물일곱 살 무에 알았어.

최승호 : 알았어예? 평생 여기서 사셨습니까? 시집을 몇 살 때 왔습니까?

도종열 : 내가. 열아홉 살에.

최승호 : 어디서 왔습니까? 친정이 어딥니까 할매.

도종열 : 친정 대구.

도종열 : 대구 여 성서 거여 성서.

박승찬(*박정돈의 손자) : 서촌, 서촌.

최승호 : 용산동. 열아홉 살에 이제 열로 시집와가 지금까지 이제 사시네예.

도종열 : 옛날에는 시집 함분 가마 거 죽어도 거 살아라 카이끼네 안 가고 사잖아.

최승호 : 할머니 자녀들 몇 남 몇 녀 두셨습니까?

도종열 : 멫 남매 놓도 못했구매 뭐. 남편 잃어뿌고 딸 서너더 놓

고 또 하나 가지노이 또 딸이라가 딸 너이[*넷]다.

최승호: 딸 너이. 영감님은 언제 돌아가셨습니까?

도종열: 돌아갈 수 있나 머, 아이까지 살아있지.

최승호: 살아있지.

도종열: 서른 살에.

박승찬: 아직도 살아계시다 생각하고 계시예. 안 봤으니까.

최승호: 서른 살에 집 나갔습니까?

도종열: 죽은 걸 안 봐이 만날 살아있는 걸애 지금.

최승호: 아 죽은 걸 안 봤으니까. 그때, 용 자 흠 자지예. 영감님이?

박승찬: 원 자 흠 자.

최승호: 원흠.

도종열: 공백 원 자 으뜸 흠 자.

박승찬: 흠모할 흠자. 흠모하다는 흠자. 쇠금 변에.

최승호: 흠모할 흠(欽) 자 으뜸 원(元) 자. 이분은 남편은 우예 꼬 이제 집을 나갔습니까?

도종열: 아이 들에 가야 일하고 오는 사람을 저저 경찰이 디리고 가이 안 보내주잖아. 아이 안 보내주잖아.

최승호: 들에 가서 일하다가.

도종열: 일하고 온게 밥 무러 들어온 사람 디리….

최승호: 밥 무러 오는데. 그때가 여름입니까, 언젭니까? 봄입니까?

도종열: 여름. 난리 나가 야단시리 그럴 직에 그해라.

최승호: 난리 난 날. 해.

도종열: 난리 났던 해가 경인년 7월달에 7월 초승에.

최승호 : 7월 초승에.

도종열 : 아이고 여기 그냥 영화 촬영하고 그 소리 얼마만 했는도 모르제.

최승호 : 영화 촬영을 했다고요?

도종열 : 엠비씨에서 오고 케이비에스서 오고 그래요.

최승호 : 경인년 7월달에 할아버지가 이제 그마 잡혀갔습니까?

도종열 : 예.

최승호 : 근데 아직까지 집에 안 왔어.

도종열 : 어.

최승호 : 그러면 그 할아버지하고 여기(*박승찬) 할아버지하고 두 사람은 어떤 관계였습니까?

도종열 : 일간데 산에 위딴[*외딴] 데 가 살고 우리는 여게 호 중에 살고 해노이 말로 몰라예. 나는 마마.

최승호 : 외딴 데 살았다. 거기 어딥니까?

도종열 : 만송[*각북면 지촌리 만송마을]으 카는 데는 저 꼴짝이고 우리는 이 집이끄네 그어러이 우리 집에 오나 마 우리가 가나 모린다 카이끄네.

최승호 : 만송이 거 외따로 살았습니까? 이 할아버지가.

도종열 : 예? 할아버지가 외딴 데 거 산에 혼자 산 게 아니고 여러 형지….

최승호 : 형제간에.

도종열 : 형지간에 모다가 거 오래 살았어요. 오래 살아가 모도 만 송 간다 캤샀다 카이끄네. 캐사도 나는 안 가봤어예.

최승호 : 거기 여기 할아버지가 일제 시대 때 거기 일본에 갔다 왔 다 카던데.

도종열 : 갔다 오신, 왔다 카는 것만 알아도 머 보든 않았구미.

최승호 : 보지를 못했어요?

도종열 : 그래 와 그러노 하마 한 어른이 갔는 기 아이고 시 어른 다갔다. 삼 형제가 다 갔다 왔다카이.

최승호 : 삼 형제가 다 갔어예?

도종열 : 다 갔다 왔다고.

박승찬 : 맞아요. 아지매 기억 또렷하네.

최승호 : 그때 돈 벌러 갔다 왔습니까, 아니면 강제로 붙잡혀 갔습 니까?

도종열 : 몰라예.

최승호 : 그거는 모르겠어. 그러면 한국에 온 게 몇 년도에, 전쟁 나기 전에 왔습니까, 해방되고 왔습니까?

도종열 : 해방되고 왔싰지 뭐.

최승호 : 해방되고. 해방되고 와서 여기서 무슨 저기 남로당이나 인민위원회 이런 활동을 했습니까?

도종열 : 그런 거로 마이 했는동 몰라.

최승호 : 몰라? 활동했는지는 몰라.

도종열 : 안 하셨대.

최승호 : 안 하셨대.

도종열 : 안 하신데 엉뚱한 사람 다 잡아가지고 다 죽이뿌이끄네. 한문 마[*많이] 일거가지고[*읽어서] 그 어르이 똑똑다 카이께네.

최승호 : 한문 공부를 많이 했습니까?

도종열 : 한문 공부 마이 해가.

도종열 : 우리 남편[*박원흠, 1기 때 진실규명결정 받음]도 하문

공부 많이 해가 소학까지 일렀다. 그래노이 디꼬 가뿌는
기라.

최승호 : 그때 당시에 여기 마을에 빨갱이들이 살고 있었습니까?

도종열 : 빨개이들 살지는 안애도 자꾸 산에서 니리와가 밤에 잠도
몬 자구로 해샀는 겉드라 안다고.

최승호 : 산에서 내려왔다고. 어느 산에 있다가 내려왔습니까?

도종열 : 사 빼깨이[*빨갱이]라 카미 와가 머 쌀도 가가고 장도 가
가고. 가갔다 카는 것만 들었지. 나는 주도 안 했고.

최승호 : 이 집에는 안 왔습니까?

도종열 : 우리 집엔 안 왔어예?

최승호 : 쌀도 가가고 장도 가갔다 소리를 들었습니까? 쌀 가가고
장도 가지갔고.

도종열 : 가지갔다 카는 소문은 들었다.

최승호 : 소문만. 왜 여기는 부잣집인데 여기는 안 왔습니까?

도종열 : 저가 올 와 집이 오새[*요새] 겉으마 하는 디. 마고 다 찌
그러져가 비는 질질 새고 마 집이 잉간해야[*어지간해야]
머 잘살아야 오지. 머 안 사는 집에 오나.

최승호 : 아 그때 당시에 잘못살았습니까?

도종열 : 몬살았어.

최승호 : 못살았어. 종갓댁인데도 이렇게 사는 거는 좀.

도종열 : 종삿댁인데 만날 글만 모도[*모두] 이리고 농사 좀 져도
머 머슴 디리가[*들여서] 농사 지가 머슴 다 가가뿌리고
마 먹고 살 것도 없어.

최승호 : 머슴이 몇 명이나 있었습니까? 머슴이 몇 명이나 있었어.
머슴 몇 명?

도종열 : 머라 카노.

박승찬 : 머슴이 몇 명이나 있었냐고.

도종열 : 머슴 머 몇 명 하나. 일 년에 하나씩 하지.

최승호 : 일 년에 하나씩. 머슴 살로 들어와서 이제. 머슴 갖고 가
면 집에 남는 게 없어요?

도종열 : 머슴 옷 입히, 옷해조야 되고 믹이야 되고 갈 적에 가실에
머 농사지어가 가주가뿌고. 저거는 가가고 우리는 다 치
석하고 나면 없고 그래예. 근데 그거 적어가 말라꼬?

최승호 : 여 할아버지가 아직 아직 억울하게 돌아가셨는데 신원을
해야 될 거 아닙니까. 어떻게 죽었는지 살았는지 알아야
되는데 우리 할머니가 알고 있는 얘기를 좀 해주시면 좋
을 것 같아서.

도종열 : 머머 위딴 데 가있고 우리는 여 있고 나는 글적에 젊은
아, 젊은 사람들은 남자들 있는데 나가도 몬 하고 누가
와여 인사해도 마 부끄러버 내다 보도 몬 하고 그래. 요
새 겉으마 휑하이 아지.

박승찬 : 옛날에 처음 아지매 그 소송할 때 법에 할 때 아버지한테
우리 아버지한테 우리 아버지한테 같이 하자 그랬대매.
소송 그 법에 소송할 때 재판할 때.

도종열 : 아 그거.

박승찬 : 응. 그 얘기도 좀 해줘.

도종열 : 유족회. 유족회 그 인자 사람들이 마이 모이가주고 그 갔
는 사람들이 자녀들이 다 하나썩 와 이 모두이끼네[*모으
니까] 청도군에 여게 산동 산서(*곰티재를 기준으로 동쪽
은 산동, 서쪽은 산서라고 함) 옆어가 한 270명 대. 그 사

람을 누가 그리했노 하마 여가 신촌에 가마.

최승호 : 박희춘.

도종열 : 박희춘 씨가

최승호 : 신촌에 박희춘.

도종열 : 박희춘 씨가 인제 우리가 이렇게 억울하게 사람 이래뿌고 안 된다 카미, 그 사람 대학교수하고 이래 나와가 그거를 밝혔어. 밝히가지고 2001년도 1월달인강 함 모임하자 카는 기라. 억울해 죽겠는데 모임이라도 함 해야 한 되나. 그래가 가가 여 그래 인자 머 맨손이께네 모도 돈도 좀 내고 이제 하는데 그런데 재실에 저게 이 사람 아버지가 마 우리는 수수하이까네 잘 지냈다고. 그래가 이시게도 잘하고 이러는데 재실에 와 여 있는데 우리 유족회 그땐 유족회라 소[*소리]도 안 했다. 그거 해가지고 재판할라고 돈 낼라 카는데 아지뱀도 같이 하자 카이께네. 안 할란게 카이까네. 한참 앉아 생각디마는 이때꺼정 고요히 잠든 어른 고마 새로 일바실[*일으킬] 수 없다. 마 안 할라느매 이케.

최승호 : 아 그때 같이 했었어야 되는데, 그쵸. 그래가 안 했습니까?

도종열 : 그래가지고 안 해. 그래 안 했는 사람이 많다 카이까는. 그래 가지고 하내이 100만 원씩 내가 270만 원을 가지고 재판해가 안 졌나.

박승찬 : 처음에는 졌죠.

도종열 : 이길 찍에는 또 항소심 해가지고.

최승호 : 항소심에서 이겼어예?

도종열 : 응. 항소심 머 하니 300썩도 내고 내는데 돈 몬낸 사람 은 고마 150명이 떨어져뿠어. 안 할라고. 그래 머라카노 하마 포기하라 카메 먼저 100만 원 내가 이르 몬 했으이 께네. 요분에는 마이 내는데 할래, 안 할라카거등 포기해 라. 그래 포기서를 다 받았는 거야. 다 받았고 이제 그랬 는데 뭐 170명인가 170명, 한 120명 돈 내가지고 그 울 산서 재판해가 이깄다 소리 듣고 그래 이제 우리도 우리 유족회도 마 이때까정 살아봐야 아무것도 해준 것도 없고 그 사람 밑으로 해본 기 없으이 해본다고 돈 있는 대로 털 어가 했다.

최승호 : 그래 항소해갖고 이제 이겼습니까?

도종열 : 그래가 이깄다.

최승호 : 그때 그래가 보상은 얼마나 받았습니까?

도종열 : 보상도 마이 주도 안 하더라 머.

최승호 : 많이 안 조예?

도종열 : 한 1억 주고. 안 굶고 사는 사람은 내밲에 없어. 마이 모 이는데 가마 할매가 와가 자꾸 댕기거든. 할매 말라고 왔 는게 안 카나. 아 보상 타 먹고 죽을란다 이카이까네 아 이고 마소. 보상 마 없다. 그래 듣고 박희춘 씨가 똑똑해 가지고 그래 이제 보상 타도록 했다 카이께네.

최승호 : 맞습니다.

박승찬 : 여 아지매가 아버지한테 이제 그거를 재판을 하자고 이야 기를 하셨을 때 아버지는 그걸 덮고 싶으셨던 거예요. 그 때 아버지는 사업을 하셔갖고 마을에 기부도 많이 하시고 하셨거든요. 그래서 돈 때문에 그런 게 아니고.

최승호: 돈 때문에 안 한 건 아니겠죠.

박승찬: 모든 걸 덮자 이런 식으로 해서 안 하셨어예.

최승호: 이 마을에 남산마을하고 덕촌마을에 신고 못 한 사람들 누구누구 있어요. 이름 아는?

도종열: 많애도 내가 이름도 모린다.

최승호: 많다. 이름은 아는 사람 없습니까?

도종열: 이름도 모리고 사람은 많애. 많애. 마 열도 더 갔다.

최승호: 열도 넘다고. 열.

도종열: 열도 넘는다.

최승호: 이분들이 전부 다 이제 경찰에 이제 끌려간 거네 그지요. 사변 나고 나서.

최승호: 데리고 가이 마 조 죽이뿌고 처분하이 죽은 사람 많다.

최승호: 어디서 죽었다 캅디까? 어디서. 어디서 죽였대. 총살을 어디서 시켰습니까?

도종열: 곰티재 말레이[*마루] 거 마이 갔 가여 했다. 그런데….

최승호: 남편도 영감도 이거.

도종열: 6·25 사변 날 적에는 곰티재 말레이 가가주고 그래 마 사변이 터지이께네 그카 그랬고. 저 그와 저 사람 할부지는 그때도 아인데….

최승호: 전쟁 전이지예?

도종열: 똑똑은 사람 조 없애자고 다 디리고 갔는 거야. 디리고 가 가 형무소이 가다놓고 가다 났다가 한목에 갖다가 없애뿌고 거 6·25 사변 나기 전이다.

박승찬: 예. 맞아. 49년도. 예.

최승호: 그러면 남편은 전쟁 나고 끌려가 돌아가셨고. 여기 할아

버지는 전쟁 전에 돌아가셨고?

도종열 : 전쟁 전에 돌아가신 사람 쌨다.

최승호 : 쌨다고? 이 동네는 누가 있습니까?

도종열 : 이 동네 머 이름 저거 머하노.

최승호 : 이름 기억나는 사람 있으면 이름….

도종열 : 박택희, 박재호. 와 항소심 해가주고 이제 자녀들이 했는 사람은 곽가 하나 있다.

최승호 : 박택희, 박재호, 곽씨. 이런 사람들은 다 보상을 받았습니까?

도종열 : 보상 못 받았다. 보상도 몬 받고 거게 마 오라 캐도 오도 안 하고 이래가 난제 보상받고 그 사람들 다 신청한다 카이 신청했어.

최승호 : 신청을 했어요?

도종열 : 어, 신청할라고 저 큰아배이 나[*나이]도 모르고 이름도 몰라가 나한테 와가 물어갔다. 물어가고 함분 전화가 왔는데 유족회서 연세가 많으니까 내가 옛날얘기, 이름도 모르고 나도 모르는 사람을 알마 좀 알겠는강 카미 전화가 왔어. 아이코 인자 모르겠다. 내 이 나이 얼만데 그런 거 다 아노. 내 똑똑은 택이제 내가.

박승찬 : 어, 마이 똑똑다 아지매. 하하.

도종열 : 캄 안 잊어뿌고 얘기하는 거. 곽태수이도.

최승호 : 곽태순.

도종열 : 그 사람은 보상받았다. 그 사람하고 내하고 또 머 박귀희하고. 그 사람하고 서이가 이 남산에 보상을 받았는데 하나는 풍각 살고 하나는 대구 가뿌고 나는 여기 앉았고.

나는 그자 암심이 나가지고.

최승호 : 박원흠하고 세 분은 받았고 나머지 세 분은 또 보상을 못 받았네.

박승찬 : 그리고 저 얘기도 아지매 해줘. 누가 옛날에 이거 우리 일가에 목수가 있어갖고 대구형무소 수리하러 가갖고.

도종열 : 박귀희라카는 사람이 아들이 형지가 삼형지인데 대구 목공소가 가가 가지고 일하다가 그래 인제 대구형무소 천장이 빠져뿄대.

박승찬 : 마루 마루.

도종열 : 빠져 놓으이까네 그래 인자 일하는 사람 데리고 오라 카이 걸릴까 봐 거 인자 곤치미[*고치며] 보이께네 작은형도 거 있고 그 일가 아는 사람도 있다 카는데 뭐 아재도 있었고. 히[*형]도 인사 몬 하고 손마 함 잡아보고 그랬다 안 카나. 그랬다고 놀러 와가 우리 집에 와 얘기해쌌터라 카이께네.

박승찬 : 그래 거기서 봤다 이거예요?

최승호 : 아, 박귀희 씨가 이제 형무소 수리하러 갔다가.

도종열 : 아 박귀희 씨가 거 사는데 동생이 갔는 거야.

최승호 : 박귀희 씨 동생이?

박승찬 : 그러니까 박귀희 씨는 그 형무소에 갇혀 있고 동생이 목수로 수리하로 가고 형도 보고 할배도 보고 우리 일가들을 봤다는 얘기.

최승호 : 그렇지. 그렇지. 자기 형이 이제 박귀희 씨들 죽은 사건에 거 있었으니까.

도종열 : 박귀희 씨는 산에 갔다카이까네.

최승호 : 이분은 산에 갔었어예?

도종열 : 산에 갔는 사람이라. 보소 저게 감 저거….

최승호 : 할매. 조금만 이따가 조금 이따가. 산에 할매는, 박귀희
씨는 산에 갔고.

도종열 : 산에서 사다가 그래 갔는 거야.

최승호 : 우리 남편 원흠 씨는 산에 안 갔습니까? 산에.

도종열 : 우리, 우리는? 날? 안 갔어. 빨개이 하는 것도 몬 봤고.

최승호 : 그러면 우리 할아버지는 산에 안 갔습니까?

도종열 : 산에 살았는데 머 산에 사이꺼네 자꾸 빨개이 와서 하이
끄네 저저 이사로 가뿠는 거지.

최승호 : 이사를. 아 산에 이제 외따로 떨어져 있으니까 인자 밤손
님이.

도종열 : 외따로 산에 사람 다 끄니루고[*끄집어내리고] 이라는 처
지인꺼네 경찰에서. 그러이끄네 마 할부지는 거 몬 있으
이 이사 가뿐 거지 마.

최승호 : 못 살아서 이제. 그렇다면 굳이 빨치산 활동을 했거나 그
런 거는 도당에 무슨 간부를 했다 그랬잖아. 할아버지가.

박승찬 : 이제 우리 작은아버지하고 아버지한테 들었는데 이제 이
제 좌익에 조금 높은 데 계셨다. 이래 얘기를 들었어예,
제가. 들은 얘기죠 뭐.

최승호 : 좌익간부 활동을 하셨다. 근데 그러면 이제 못 살아가 이
제 도망갔다 카는 거는 이제 그게 이제 그만두셨다는 얘
깁니까?

박승찬 : 아니 경찰에서 쫓겨갖고 도망갔다니까예.

최승호 : 경찰에서 쫓겼어.

도종열 : 경찰에도 몬살구로 하제. 그러이 이사로 가뿌지.

박승찬 : 밤에 야반도주를 다 했다니까예. 그래가 한듬 갔다가 대
구로 다시 피난을 가셨지.

최승호 : 야반도주를. 그때 당시에 그러면 혼자 도망을 가신 겁니
까? 아니면 일가족을 다 델고.

박승찬 : 일가 식구 다 델고 가셨어예. 그거 할머니하고 아버지가
작은아버지들은 어렸을 거 아닙니까. 어리고 우리 막내
삼촌이 그때 유복자, 배에 한 살인가 그랬대요. 그 안고
저 저 저 산을 넘었대요. 저 저 뒤에 저 비슬산을 넘어서
그래갖고 한듬으로 한드미로 우리 할머니 친정으로 피난
을….

도종열 : 요새 사람이 가가 이때꺼정 있어도 삐도 몬 찾고 있는데
말라고 적으로 오는교?

최승호 : 뼈도 못 찾고. 이제 뼈 찾으려고. 할아버지 뼈도 찾아야지
요.

도종열 : 찾아주나?

최승호 : 찾으려고 지금 하고 있지 않습니까. 찾고 싶지예 할머니?

도종열 : 사람이 그자 흔적이 없으이까네 뼈라도 찾아야 안 대나.

박승찬 : 요새도 요새도 바람 불면은 왔나 싶어갖고 내다보십니다.
저번에 보니까 그 얘기 하셔가 내가 같이 울었어요.

최승호 : 흔적이 없으니까. 바람이 불면.

박승찬 : 밖에 인기, 바람이 불면 창문이 덜컹대고 인기척이 날 거
아닙니까. 그러면 자다가도 나와갖고 왔나 싶어갖고 내다
보시는….

최승호 : 그럼 할아버지 제사는 지냅니까? 제사. 남편.

도종열 : 제사 지내다가 안 지내다가.

박승찬 : 양자 보셨어요.

도종열 : 요즘은 이제 머꼬, 곰치재 거 고원해놓고 거 안 지내나.

최승호 : 아 합동위령제. 따로 집에서는 안 지내고?

도종열 : 나가는 날 지사 지냈다.

최승호 : 나가는 날. 나가는 날 음력 7월 얼마라 그랬습니까?

도종열 : 초사흘날.

최승호 : 7월 초사흘.

도종열 : 그래 지내다가. 지내이 아나, 안 지내이 아나 머. 안 지내
는 기 맞아.

최승호 : 안 지내는 게 맞아. 와예?

도종열 : 지내마 여 와 무따[*먹었다] 카나.

박승찬 : 그래도 우리 할배는 집 나가신 날짜를 제삿날로 해갖고
제사 지낸다. 내가.

도종열 : 그래 나간 날 그래 했다.

박승찬 : 49년도 10월 19일 음력, 음력 10월 19일날 제사다.

최승호 : 제사 지내는데. 요 우리 영감님 7월 3일날 50년 7월 3일
날 나가셨는데 음력으로 제사를 지내다가 안 지내다가 하
시는구나. 위령제 지내니까.

박승찬 : 위탁을 해갖고 한다.

최승호 : 할머니, 그 할아버지 돌아가시고 때문에 자식들은 연좌
제, 연좌제로 고생 안 했습니까?

도종열 : 돌아가시고 한 20년 있어도 마 지사도 안 지냈다. 어데
해볼 수도 없고 그래노이 막내딸이 그래 안 된다고 나갔
는 날 지내자 캐사이 그래 지냈어. 저 사람들이 뭐…

최승호 : 막내딸이 지내자 캐갖고.

도종열 : 그래. 지냈다.

최승호 : 지냈어예. 막내딸은 어데 삽니까?

도종열 : 서울.

최승호 : 서울. 막내딸 공부할 때는 아버지가 없어갖고 많이 힘들었겠다. 그지예.

도종열 : 힘들었지. 아버지 뭐. 석 달 유복자가 아나 뭐 어데.

최승호 : 석 달 유복자. 그 위에 언니는 몇 살 때.

도종열 : 언니는 맏이 뭐 뭐.

최승호 : 맏이 몇 살 때 아버지가 나갔습니까. 집 나갔습니까?

도종열 : 열 살인가 아홉 살인가 그럴 때예. 아홉 살.

최승호 : 아홉 살 때. 음 맏이는 얼굴을 기억하겠네. 우리 저기 여기 할아버지 얼굴은 기억납니까?

도종열 : 어?

최승호 : 얼굴. 이 집 할아버지.

박승찬 : 우리 할배. 할배 키 크고 잘생겼다 그랬잖아. 우리 할배. 우리 할배 얼굴은 기억나냐 이거야.

도종열 : 얼굴을. 작은 집에 손님으로 왔다가 나가미 나는 이리 들오고 그 어른은 저리 가고 그쪽에는 인사도 안 하고. 바깥사람 보면 와 여자는 말 안 하는 긴데.

최승호 : 잘생겼습니까. 그때.

도종열 : 그래 한번 봤는데 키도 크고 인물 잘났더라카이.

최승호 : 키도 크고. 평상시에 그러면 말도 많이 이렇게 가까이 해보지는 못했네예.

도종열 : 어 그래. 이렇기 젊을 적에 안 봤어.

최승호: 이래 젊을 때는 못 봤어예?

도종열: 어 젊을지는 몬 보고. 그띠게는 와 시숙 불란할 적에 글적에 한번 봤는가.

최승호: 혹시 또 할아버지하고 두 사람은 할아버지하고 남편하고는 자주 만났는가예?

도종열: 몬 만냈지. 자주 우에 만나노.

최승호: 자주는 못 만나.

박승찬: 할아버지 여기 아재죠, 저한테. 아재는 보도연맹으로 그래 됐어예.

최승호: 그러니까 할아버지하고 같이 활동을 했기 때문에. 그거는 연관성은 잘 모르시고?

박승찬: 그때 여기 남덕산 일대에 한 20명이 넘었대요. 많은 사람들이 그때 연루돼갖고.

최승호: 보도연맹으로 돌아가신 분이?

박승찬: 그래 됐다는 이야기를… 또 제 친척 중에 한 분은 총살당했다는 이야기도 들었고.

최승호: MBC에서.

도종열: MBC에서 그때 간 사람을 뭐 한다고 제 제사 지내고 곰티재 함버분 상주질하고 이제 박희춘 씨가 그해가주고 하내이 500만 원썩 내가주고 그래 저 제사로 함분 지냈거던. 그래 지냈는데 글적에도 이제 처마저구리 입고 곰티재에 갔거든. 갔다마는 그게서 내가 나이 많앴는가 봐. 어떤 사람이 와가 할매 뭐 어떻고 캐사미 차 타는데 그래 샀디만 그 사람이 난중에 내가 사람 가고 없을 직에 고상[*고생]했는 거 적을라고. 그래 처녀라, 처녀가 둘이 왔더라

고. 와가 적어가가 논문 썼대예.

최승호 : 논문을 썼어요. 음….

도종열 : 그래 나이끼네 와이래 머 촬영해가 논문 써가 갔는데 나중에 MBC에서 또 올라 카는 기라. 인자 오지 마라. 감 따야 대고 바빠 죽겠는데 머 마라 오는데 머. 사람 찾아주나 머 보상을 주나 말라고[*뭐하러] 오노 내가. 그캤디마는 아이고 마 한 너덧이 와가 여기다가 야외촬영하는 거 그거로 촬영을 다 해가 머 쇼 갔다고 그래가. 저저게 휘미 거 호텔 있는 디 가 자고 이튿날 또 오대. 그래가 녹음 테프 하나 하고 하루 일비하고 보냈더라. 테레비 나가고.

최승호 : 테레비도 나가고. 그때 그때만 해도.

도종열 : 풍각장 가이끼네 아래 저 할매 테레비 나왔다 이케샀더라고.

최승호 : 그때 할매 그 MBC에 이야기했는 것들 생각나는 거 다시 한번 이야기 해주이소.

도종열 : 그 사람 논문 써가 가왔어. 논문 아이 있다.

최승호 : 있어예? 논문 집에 있습니까? 한번 보여주이소. 지금.

도종열 : 그거 다 우에 보노.

박승찬 : 아지매 아지매 그거 갖고 있으면 머하노. 사장님 드리라 그냥.

최승호 : 보고 나중에 드릴게요.

도종열 : 그거로 와 그람… 여 나두고 보는데. 우리 유족회에서 그 자. 재판을 한 번 해노이 져노이까네 또 돈 드쎄도 잘 안 되거든. 호소문 하나 씨자 카는 기라, 호소문. 호소문 씨라카이 거 또 이제 유족회에서 나이 많애가 나한테 와여

이제. 뭐 아는 대로 갈돌라 카니까. 그럼 이제 내 아는 대로 좀 갈주고 그 사람이 논문 썼는데 거게 내가 행장했는 기 좀 있었거드 갈줬거든. 그거로 써가 그래 날로 갖다 주고 갔어. 그래 아나 이거캉 올 적은 거캉 가가가 해라 카미 거 회쟁강 국갱강 그 사람이 저 종조부 그거 유족회 에 보상받을라고 그래 한다 카미. 그러면 손자가 카이께 네 손자가 아니고 종조붑니서 이카이. 그래 머 국장인가 카미 그 책을 가가가 논문을 써가지고 그래 재판 해가 이 겼다. 그래가 인제 호소문이 드가가 나와예.

최승호 : 그때 자료 그때는 할머니가 머리가 아직까지 기억력이 좋 아서….

도종열 : 고 적에는 한 팔십 살 됐어.

최승호 : 얘기를 많이 했을 긴데 지금은 이제 또 많이 잊아뿌리셨 네.

도종열 : 그런데 호소문 써가지고 그할 적에는 2004 뭐 14여인강 글직에 다 보상받았다카이.

최승호 : 아 2014년 보상 맞습니다.

도종열 : 14년을 고상해가.

최승호 : 그는 기억을 다….

도종열 : 그 마마 논문 하나 주까? 가가 볼랑게?

최승호 : 예예. 하나 주시소.

도종열 : 근데 대구 가가 보고 테뿌[*테이프]도 또 하나가 왔더라 고. 아나 이거 머꼬.

최승호 : 그대로 갖고 있으면 됩니다. 예.

박승찬 : 그건 나중에 갈 때 주이소, 갈 때.

최승호 : 갈 때 우리 갈 때 갈 때 보여 주이소.

박승찬 : 그러면 내가 보고 사장님한테 찾아가꼬 다시 갖고 올게.

도종열 : 그런데 그 머라 논문을 내가 논문 써가지고 그때 통과했
나 카이 통과했심더 카미 일본 간다 카더라고. 여자가.
그래 인천에 머머 무슨 대학교. 성공회대학.

최승호 : 성공회대학. 아 그러면 김상숙인가?

도종열 : 몰라예 뭔지. 성공회대학에서 왔어.

최승호 : 성공회대학에서 왔어. 그러면 김상숙 선생님 아닌가?

도종열 : 저 처녀라.

최승호 : 처녀라? 그럼 아닌데.

도종열 : 여자가.

최승호 : 그러면 할머니 지금 이제 도종열 할머니는 열아홉 살에
시집와가 시집와서 이제 남편이 스물일곱 살 때 이제 집
을 나갔잖아요. 그지요. 할머니 스물일곱 살 때.

도종열 : 아이 내가 스물여덟 살 때.

최승호 : 스물여덟 살 때. 행불됐는데 그때 딸이 이제 딸 셋이 있었
다. 그죠?

도종열 : 딸 넷이. 셋. 가고 나야 저월달에 났는데 보상 할라 카이
까네 갔는 날, 갔는 해캉 아가 너이라 카이까네. 그러 조
사로 그렇게 하더라 카이까네. 아인 거로 카는강 싶어가.
간 날짜캉 아 나캉 머….

최승호 : 할머니 또 기억나는 거는 없습니까? 혹시 이제 예전에 할
머니가 말씀하신 중에서 좀 도움이 될….

박승찬 : 들었던 거는 들었던 거는 잡혔다는 소문을 들었던 이야기
하고 아까 형무소에 일하러 갔는데 거기서 봤다는 이야기

뭐.

최승호 : 그런 얘기···. 음, 저는 이제 할아버지가 이제 간부였으면 어떤 일을 하셨는지 기억을 하시는가 싶어서요.

박승찬 : 그렇게는 못 하실 겁니다.

도종열 : 토[*통] 이야기도 안 해주고 들어와가.

박승찬 : 사실은 뭐 저희 집에 할머니나 아버지나 작은아버지들도 사실은 그게 집 안에서 그런 이야기 하는 게 사실은 금기였었어요. 금기인데 어떡어떡 함 분씩 이래 이제 이야기가 나오면은···.

도종열 : 이것또 적어가가···.

박승찬 : 옛날에 할배가 그런 활동을 하셨다.

도종열 : 신문 내고 할 거 아이가? 아이구 나는 귀찮다.

박승찬 : 가명을 쓸 정도로, 이준명이라는 가명을 썼을 정도로···.

최승호 : 이준명? 할아버지가?

박승찬 : 예. 가명을 쓰셨대요. 그래 가명을 쓸 정도로 그래 그래 많이 그래 쫓기고 그렇게 했다가 그런 얘기는 들었어요. 제가 여기다 메모도 해놨어요. 옛날에 이야기를 할 때 가명이 이준명 맞을 거에요.

최승호 : 거기 남산 남덕산에 여기 아까 20명 정도가 그때 당시에 행방불명됐다 그랬잖아예. 그중에 할머니 말고 할머니 기억하는 그 아까 6명 말고 또 혹시 기억하시는 분···.

박승찬 : 몰라. 저는 잘 모르고 우리 일가, 일가 그러니까 제 증조부의 사촌 되시는 분 아들이 우리 할아버지 심부름을 하다가 경찰 총에 맞아 죽었어요. 총에 맞아 죽었는데 그러니까 죽은 사람의 엄마가 평생을 우리 할머니하고 같이

사셨어요. 서울에서. 그런데 그 원망 한 마디 안 하고 그래 사셨어예.

최승호 : 죽은 사람 엄마가.

박승찬 : 네. 내당동 할매, 내당동 할매 우리 그렇게 불렀거든요. 그래 불렀는데 그 맏아들이 그렇게 죽었는데도 우리 집에 불평 한마디 안 하시고. 그래 가까이 있으니까 우리 대구 살다가 서울로 이사 가면 따라 이사를 오시고 또 동네로 옮기면 또 따라 동네로 옮기시가꼬 같이 사셨어요. 그래 내가 족보를 찾아봤거든요. 함자로 하는데 거 없어예. 족보에. 새로 발견, 발간된 족보에는 이름이 없더라고.

최승호 : 아, 그러면 증조부에….

박승찬 : 아 고 제가 족보를 봐야 알겠네예.

최승호 : 정확하게 그러면 관계가 어떻게 돌아가신 분….

박승찬 : 일가죠. 아주 가까운 일가죠.

최승호 : 일가가 할아버지 심부름 갔다 하다가 총에 맞아. 어떤 심부름을 했는고. 삐라를 뿌린다든지 아니면 무슨 전통을.

박승찬 : 글쎄 무슨 전통 종류 아니었겠어요. 그런 종류였을 거예요. 그리고 우리 지금 작은아버지가 살아계시거든요. 작은아버지도 그 그러니까 아버지 심부름을 좀 하셨대요. 옛날에.

최승호 : 주로 어떤 심부름이었는고예?

박승찬 : 그것까지는 제가 잘 모르겠습니다.

최승호 : 음 그러니까 어쨌든 이제 아버지, 할아버지는 그 심부름을 시키고 전령을 보내고 할 정도로 이제 ….

박승찬 : 그런 일을 좌익활동을 하신 거죠.

최승호 : 어느 정도 활동 중에서도, 활동가 중에서도 좀 높은 위치에 있었다. 그죠?

박승찬 : 빨갱이라 그러면 안 되고, 좌익활동을….

최승호 : 좌익활동을 하셨던 분인데.

박승찬 : 빨갱이야 보수 쪽 이쪽에서 하는 이야기가 빨갱이겠지.

최승호 : 혹시나 그때 할아버지가 5·10 선거 때 그러니까 제헌의회 선거 때 청도장에 가서 봤다, 했다든지 이런 활동은… 그런 건 못 들었어요? 청도 저기 관하에 가니까 한마을에 7명이 한꺼번에 돌아가셨는데 그분들은 이제 5·10 선거때 가서 남로당에 도장을 찍었다 하더라고요. 지장을. 여기에서는 이제 그런 이제 활동이나 이런 건 없었겠네요.

박승찬 : 그거는 잘 모르겠어요. 그까지는.

최승호 : 할머니, 여기 해방되고 나서 해방되고 나서 일본 사람 해방 전에 일본 사람들이 이기 많이 살았습니까?

도종열 : 일본 사람 여어 와야 마이 살도 안 했다.

최승호 : 여기는 없었어요? 많이 없었어.

도종열 : 학교 저 교장. 일본 사람이지. 그 또 일본말 하라 카고 성 바꾸라 카고 애믹있다고. 성 박가는 보꾸야 카고 머.

최승호 : 복부야?

박승찬 : 복구. 복구. 하하.

최승호 : 일본말로 이제 복굼니까? 창씨개명을 인제 하라 캤네. 그러면 일제 때 사람들 때문에 우리 한국 사람들이 시위도 하고 일본 사람들 물러가라고 이렇게 데모도 하고 이런 거는 안 했습니까?

도종열 : 데모는 몬 했다. 하마 마 마죽는데 우에. 저 촌에 일꾼들

도 우리 사랑마당 저거 징역으로 딜다놓고 일본말도 가르치고. 오새는 아들이 학교 가마 마 하나둘 카고 이래 하지. 그때는 이찌 니 산시 하라 카…. 근데 학교 거 아들 가미더리 센세 곰방와 안 카마 들가도 모해예.

최승호 : 일본말 해야 이제 학교도 가고. 그래서 일본 사람 물러가라고 이렇게 데모도 못 했습니까?

도종열 : 데모 못 했다. 데모하면 마아[*맞아] 죽는데 우째 하노.

최승호 : 그러면 이제 해방되고 나서는 이제 일본 사람들은 우에 됐습니까?

도종열 : 해방되고 나고야 마 했지.

최승호 : 그때는 일본 사람들 몰아냈습니까?

도종열 : 몰아내고 그렇기 하고 모 했어. 뭐 물[*먹을] 끼 있어야 하제. 마카 농사지어 놓마 다 가가제 마. 저저 머고 배급 그거 한옥[*한 움큼]도 안 주고 한데. 찾아서 고래 요고 줄라고 집에 그거 양석[*양식] 있는 거 머도 대거 숭쿠고[*숨기고], 농사지어가 숭쿠고 해가 먹고 이랬지. 몬 숭쿤 사람 없고 농사, 머슴 데리고 농사짓는 사람은 그 골로, 굶았다. 농사지어가 숨카가고 남는 거 그거 공판 가가뿌고 어딨노.

최승호 : 일본 사람들이 악독하게 했습니까? 우리나라 사람들한테.

도종열 : 몬땠기 했지 머. 고렇게 몬땠게 할 수가 없어예. 우리들도 시집와가 휴가도 안 가고 저게 신사터라고 신사 하나 걸어놓고 일본 그거 와 모다가지고 훈련 다 시깄다. 나도 훈련하러 갔다.

박승찬: 신사 걸어놓고.

도종열: 그 젊고 늙고 다 가여. 젊은 사람은 가 일주일에 두 번썩 시 번썩 가고 나 인자 좀 나든 사람은 일주일에 함 분쓱 가고… 그래 안 했나.

최승호: 신사가 어디 있었습니까?

도종열: 신사가 조고마한 거 요래. 딱 해가 뭐 저런 다리 매크로 해가 이리 꼬라두고….

최승호: 어디에 있었습니까? 이 동네 있었습니까?

도종열: 일본 사람 머머 조상이라 카나.

박승찬: 이런 식으로 만들어서 요 마당에다 놓고.

최승호: 각자 집에 마당에. 학교에 있었을 기지. 신사가 어디에 있었습니까, 학교에 있었습니까?

도종열: 학교 아 있고 여 니리가마 다리 아 있나. 풍각 저 걸겄는 다리. 다리 그거 저짝으로 와 새로 집 지어가 요새 사람 사는데. 거 너리기 닦아놓고 요구만한 거로 하나 갖다 놓고 일본 사람한테 거배하라 카미 거 가 절하고. 그기 신사다.

최승호: 그래서 일본 사람들한, 일본 사람들한테 반감이 많았네, 그지예. 여 사는 사람들이.

도종열: 많지. 학교 교장. 산말래이 가가 발발 떨고 그랬다카이.

최승호: 교장이 일본 사람이.

도종열: 일본. 일본 사람.

최승호: 그래서 이제 여기에 이제 일제시대 때 악독하게 했으면 좌익활동을 한 사람들이 더 많거든요. 그래서 제가 이제 물어보는 건데 일본 사람 혹시 여기 있었던 사람 이름을

기억하는 사람이 있습니까? 이름. 일본 사람 이름.

도종열 : 내가 일본 사람 이름을 아나 어데.

최승호 : 아는 사람 있어예? 들은 사람 없어?

도종열 : 없어.

최승호 : 교장 이름은 뭐였습니까? 교장. 학교 교장 선생 이름은?

도종열 : 모린다 그거. 학교 내가 가봤나 뭐.

최승호 : 학교도 안 가보고 해서 몰랐다.

도종열 : 그래도 일본말 지법 배았데이. 글은 안 배아도.

최승호 : 일본말 할 줄 아는 게 뭐 뭐 있습니까?

도종열 : 일본말 거 저게 신사하로 가마 머 하라 카드노 머…. (일
본말로) 주세이코뎅 머 그런 거 갈치가.

최승호 : 갈치고, 배우고 했습니까. 시집와갖고?

도종열 : 시집와가 다른 데는 몬 가구로 해도 훈련은 나오라 카대.
가라 카대.

최승호 : 그때 남편도 같이 갔습니까?

도종열 : 남편 뭐 안 가고.

최승호 : 남편은 안 갔습니까? 남편은 그때 교육 안 가고 어디 갔
습니까?

도종열 : 안 가도 뭐. 거 여자들부터 먼저 가르치.

최승호 : 남편은 신사 안 가고 그때 어디에 갔습니까? 남편은 신사
안 가고 어디 산에 갔습니까?

도종열 : 다 가는 게 아이고 걍 머 하루썩 그래 머 모다가 어느 날
훈련하러 나오라꼬 그래.

최승호 : 방송을 합니까?

도종열 : 통지가 와. 방송이 어딨노 그찍에. 동네 거 고자가 오늘

뭐 어떻고 새끼 꼬가 공출돼있소 카미 민다 카이끼네. 높은데 여. 면에도 고자가 하나 있어가 면에서 무신 공문 돌릴라 카마 그 고자가 동네마중[*동네마다] 하나썩 갖다 구장 주고.

최승호 : 구장 주고. 그럴 때 남편은 어떤 활동을 했습니까. 일제 때.

도종열 : 남편은 머 풀일이고 머 그런 거 하미 보도 몬 했다. 그거. 훈련 안 나갔다.

최승호 : 훈련 안 갔습니까. 농사만, 농사짓습니까?

도종열 : 훈련 갔능강 몰라도 난 모르지 머.

최승호 : 예. 그러면 저 더, 할매 평상시에 들었는 것 중에서 오늘 얘기 안 하신 거.

도종열 : (일본말로 당가이니 시마이니 조세이모 곤고쿠니 오데이) 그거로 갈치. 그거로 뱄다고 내가. 안 잊어뿌….

최승호 : 그게 무슨 말이, 뜻이 뭡니까?

도종열 : 거기 그자 신사터 그게 축산데 아아들이 들고 뭐라 카노 나마, 당갈 딩게먹고 신딩게묵고 고라빠졌다. 하하하. 그래 내가 산에 나무하러 가고 할 일 있나 그래 그칸대이.

최승호 : 그런 세월을 살았네예.

도종열 : 당갈 띠께 묵고 신딩게 묵고 고라야. 굶어야. 죽었다 이기래. 근데 그 소리는 우리 한국이 한국 사람이 하는데 일본 놈이 들으마 안 되지. 들으마 잽히간다고. 그라고 자꾸 일본 조요 잡아가싸가주고 어데 댕기도 몬 해예. 일본 사람 자꾸 딜고 가잖아.

최승호 : 정신대?

도종열 : 일본 조요 간다고. 교육이라 카마 머머….

최승호 : 징용 아이고?

도종열 : 거 일본에 공장.

최승호 : 아 공장. 공장에 보낸다고.

도종열 : 공자 보내고 머 그래가 들고 가고.

박승찬 : 병풍 이야기도 좀 해줘. 우리 집 병풍 이야기. 병풍 이야
기 좀 해줘. 병풍.

도종열 : 머? 평풍 얘기 안 했나?

박승찬 : 좀 해줘요.

도종열 : 그런데 가 열 치고 오미 평풍이 좋은 거는 가지근 친척 있
거던. 친척 할아버지가 가가뿌고 우리는 시삼촌이 구장질
을 하이까네 쪼가리 그거로 이거마꿈한[*이만한] 평풍이
니 쪼가린강 거….

박승찬 : 여덟 폭. 8폭.

도종열 : 8폭이더나. 머슴이, 머슴 데리고 가 지고 와가 놔두고 우
리가 마 가난해가주고 편풍도 없이 지사로 지내거던.

박승찬 : 우리 집은 잘살았어요.

도종열 : 그러이까네 그 편풍을 우리 시삼춘 가와가 내 삼비[*삼
베], 삼비 그거로 몇 자 돌라카더라. 주이까네 그래 요래
끊어가주고 요짝에 한짝 붙이고 요짝에 한 붙이고 고래.
고골 돌짜구라 카대? 돌짜구라 카미 그래가 판비를 댓장
가와가 발라가 우리 집에 여기 처어 여놓고 지사로 한 서
너 분 지냈는데. 이 사람 할매가 놀로와가 돌라캐예. 돌
라캐. 그때는 난리가 나여 가뿌고 없고. 없어. 평풍도 없
고 하이끄네 도고 카미 치마로 하나 할만한 비로 가왔더

라고. 가와가 맹가가가 가갈라카이 미안하고, 주고 그래 처마 하나 해입어라 카미 주고 그고 가갈라카는데. 아이코 아지매 몬 가갑니다. 무거버여. 카이끄네 와 시동상 오거든 내 시동생 서이나 되그던. 글쩍에 여 나들고 했다 카이끄네. 갖다 돌라카이소 카이까네 아이고 시동상, 자네가 시동상 안 금치봤나. 잘 갖다주겠나 카미 그래 이고 갔다. 이고 가가 버스 얺어가 대구 갔다.

박승찬 : 그래 그 병풍이 70년을 객지로 돌다가 우리 집에 갖고 왔어요. 그 집에 안방에 보시면.

도종열 : 그때 핑풍으로사 안 좋아도 복판에 그림이 들병하이 있는데 그 그림이 좋다고.

박승찬 : 의해도. 그래 집에 지금 있던 책들이 옛날에 우리 이제 그 난리통에 그래도 집에 좀 남았던 거예요. 남았던 건데.

도종열 : 그래도 우리도 평풍 하나 해다났다.

최승호 : 그 집이 이제 지촌에 있던 집이 이제 풍지박산 되면서 그 살림들을 다 이제 온 동네 사람들이 가지고 갔다?

박승찬 : 이 집에서도 병풍도 갖고 오고 책 같은 기 많았는데 그런 것도 옛날 책 같은 거 갖고 왔는데 이제 우리 할머니가 찾아갖고 갔지. 그래갖고 병풍이 집에, 우리 집은 그때 잘 살았어요. 그래갖고 병풍이 집에 한 서너 개가 될 정도로 잘 살았다고. 그랬는데 그 병풍이 이제 아버지가 70년 동안 이제 할머니하고 그래 책하고 자금철하고 돌다가 내가 집 지어갖고 다 옮겨났어요. 갖고 있어요.

최승호 : 그럼 지금 그때 할아버지가 쓰시던 책하고 물건들은 거의 다 찾았습니까?

박승찬 : 다 못 찾았죠. 10분에 1도, 10분에 1이 뭡니까. 우리 집에….

도종열 : 아 인자 고마해라. 저 사람들 가뿠나 우에 됐노. 가뿠제.

박승찬 : 그러니까 뭐 그래 한드미로 피난 가시면서 그 얘기는 하시더라고. 피난 가면은 쌀을 먼저 갖고 가잖아, 대부분 사람들. 근데 책을 먼저 옮기신 거라. 그 책하고 병, 저 책하고 옛날 과지 있잖아요.

도종열 : 서울서 왔는게, 대구서 왔나?

최승호 : 대구서 왔습니다.

도종열 : 대구서 왔어? 서울서 온 사람도 몬 오구로 했는데 대구서 올 줄 알았으면 몬 오구로 할 거를. 하하하.

박승찬 : 옛날 과지 이런 걸 먼저 옮기시고 그 이튿날 저녁에 다시 와갖고 쌀을 좀 갖고 가셨다….

최승호 : 그만큼 이제 한학도 하시고 책도 많이 있었으니까 이제 할아버지 같은 경우에는 이제 빨리 신문물도 익히고 좌익이나 사회주의나 이런 것들도 먼저 접했기 때문에 활동하셨던 게….

박승찬 : 동네 구장도 하셨다는데 구장이라는 게 뭔지는 모르겠어요. 옛날 구장도 하시고 이러시면서 동네일도 많이 하시고 그랬답니다.

최승호 : 근데 남산리하고 덕촌리하고 거리가 많이 차이가 안 나는데도 이렇게 평상시에 왕래가 많이 없었다. 그지요?

박승찬 : 그렇죠. 우리는 우리대로 벌써 한 10, 10대까지 하면서 그쪽에 한 일가를 이루었고 여기는 남산은 남산대로 내려온 일가가 있고. 그리고 이제 종중 행사 때는 한 번씩 모

이고 이 정도였죠. 그러니까 또 서로 알기는 다 알죠.

최승호 : 10대 같으면 20촌이잖아 그렇죠. 20촌 같으면 먼 친척이다. 할머니….

도종열 : 일본 놈 신사터라 카는 거는 가미사마 모시났단다 거게.

최승호 : 가미사마. 할매 마지막으로 남편한테 한 말씀 해주이소. 아직 아직 집에 안 왔는데 집에 빨리 오라고.

도종열 : 아이고 인지 그거 무슨 소리야. 하하.

최승호 : 그래도 하고 싶은 말씀 있었을 거 아닙니까?

도종열 : 인지라도 오마 마 손목 잡고 막 울겠다.

최승호 : 이제라도 오면 손목 잡고.

도종열 : 그래 저 아주마 저 저기 요리 올라오는 질이 있거든. 그거는 주야로 본다. 오는가 싶어가. 봤디마 요새 또 요질로 나갔는데 올 긴디 몬 온다 카미.

최승호 : 나갈 때 옷은 뭐 입었습디까?

도종열 : 삼비 중적삼이 입고 들에 갔다옸는 사람 디리고 가뿌렸다 마.

최승호 : 삼베. 그때 갈 때 내 갔다 올게 인사하고 갔습니까?

도종열 : 아 인사 어딨노. 경찰 딜고 가미 사람 오도 몬 하구로 하는데.

최승호 : 그러고 나서 할머니는 남편 면회 안 갔습니까?

도종열 : 면회 머 오라 캐야 가지. 가도 비주나 어데.

최승호 : 어느 지서에 있다 캅디까, 어느 지서에.

도종열 : 청도지서. 청도.

최승호 : 청도경찰서에 있다 캅디까. 풍각 지서가 아니고?

도종열 : 풍각 아이고. 풍각에 지서 있나 어데. 그런데 이 박사가

사람 몬 지기구로 해가지고 거 가여 한 달로 있었는데 어느 녁에 고마 디리고 가뿠어.

최승호 : 유치장에 한 달 있다가.

도종열 : 경찰서 한 달 있다가. 거 면회로 가도 안 비주드마.

최승호 : 면회는 몇 번 갔습니까?

도종열 : 한 번 갔다. 함분 가고 또 살릴라고 머 돈도 씨마 나온다 캐가 돈도 씨고 해사서 머. 한 달 동안에 쫓아댕기메 하미 소 한 마리 내삐리고. 소 한 마리 팔아가 사람 조노이 주도, 내 주도 안 하고.

최승호 : 아 소값을 줬는데도.

도종열 : 언날 한 달 있다가 가뿌고 없어. 어데 갔노 카이까네 안 갈쳐주. 저 희춘이가 희춘 씨가 거 어데 갔는고 알라꼬 오만 궁리를 다 내도 안 갈준다캐. 그래 그 박희춘 그 사람이 돌아가싰는가 우엣는고. 오새는 연락이 없어.

최승호 : 3년 전에 돌아가셨답니다.

도종열 : 돌아가싰어. 그래놓이까네 여 연락이 없다.

최승호 : 신촌에 그러면 그도 맨 같은 일가들입니까?

박승찬 : 전 잘 모르겠어요. 저는 여기서 태어나지 않애갖고.

도종열 : 그 어르이 거….

최승호 : 일갑니까? 거기도 일갑니까?

도종열 : 일가도 일가고. 유족회에.

최승호 : 유족회장 했지예.

도종열 : 회장으로 하미 거 가가 이제 모다가지고 저 문경도 이래 간 사람 제사도 지내고 이란다 카는데 우리도 한번 해보까, 카이까네 아무도 대답 안 해. 아 함 해봅시더. 저 제

사 함번 지내보자. 그 사람에 대해 아무것도 한 게 없으
니까 한번 해보자 카이 그래요 카미. 그래가주고 2001
년, 10년. 1일날, 11일날. 저 머고 모다가 함번 제사 함
지냈다.

최승호 : 곰티재 거서예? 곰티재서?

도종열 : 곰티재. 지금 해놓은 데 말고.

최승호 : 말고 고 옆에. 예. 지금 그 곰티재 위령탑 큰 거 할 때 갔
었습니까?

도종열 : 인자 인자 고원을 만들어놨지.

최승호 : 거기 가 봤습니까?

도종열 : 영감 지사 지낸다고 몇 번 갔다.

최승호 : 몇 번 갔어. 올해는?

도종열 : 올랜 내가 몬 가지. 가도 갈 수 있어도 나이 백 살이나 문
기 어데로 댕기노.

최승호 : 하하. 백 살이나 문 게. 하튼 지금도 할배가 돌아오면 손
잡고 이렇게 고생했다. 하고 싶은 말….

도종열 : 옛날에는 어른들이 마주 보는 것도 젊은이 마주 본다고
숭하고[*흉보고]. 머 한 바도[*한 방에서도] 자도 몬하구
로 하고 그랬는데. 오새야 오마 안고 딩그러지지 머.

최승호 : 안고 뒹굴어질라고. 하하.

도종열 : 그래.

최승호 : 아이고, 할머니 고생 많이 하셨습니다. 남편도 없이 애들
딸 너이 키운다고.

도종열 : 내가 키울 적에 글 적에 동네 사람은 아아들 학교도 안 옇
는데 나는 자꾸 학조로 딸 너이를 중학조도 시고[*시키

고] 고동학교도 쉬고 큰 거 둘은 궁민학교만 시고 캐노이 동네 사람한테 욕 마이 얻어뭇다. 어른들도 뭐라 카고.

최승호 : 딸 공부 시킨다고?

도종열 : 응. 딸 공부 시킨다고. 나 그자 대구 인자 성서 서촌 고게 우리 큰아버지가 선비도 큰 선비야. 오빠도 선비고. 근데 아부지는 선비가 아이라도 그랬는데 거기서 큰집에서 큰 따무래. 이 집도 글집이고.

최승호 : 이 집도 글집이고. 딸이라도 이제 공부시켜야 되겠다 이 생각을 하셨네예.

도종열 : 그리고 안 시고 우야노 고. 그래 마 아이고 서촌띠기 잉간하지[*어지간하지]. 그 딸 너이로 학교 다 시키뿠다. 거 아바이 없이 나는 거는 고등하교 시기고.

박승찬 : 여 도시가 서촌 도시입니다.

도종열 : 풍각고등학교꺼지 시깄다.

최승호 : 아 막내이는.

최승호 : 할머니 오늘 옛날얘기 해줘가 고맙습니다.

22. 이인백 구술증언

사건과의 관계 : 이정봉의 친척
구술 당시 나이(생년월일) : 1942년 10월 11일
출생지 : 청도군 매전면 관하리 296번지

최승호 : 이번 인터뷰는 진실화해위원회와 경산시에서 한국전쟁시기 집단희생사건 구술채록사업의 일환으로 수행하는 면담입니다. 오늘은 2022년 10월 15일 오후 1시 40분이며, 장소는 청도군 매전면 관하리 관하실길 35. 구술자는 이인백 어르신입니다. 면담자는 경산신문의 최승호, 촬영 및 면담 보조자는 뉴스민 장은미 기자, 그리고 온마을 tv 박선영 편집인입니다. 그러면 시작하겠습니다.

최승호 : 어르신 성함이 어떻게 되십니까?

이인백 : 이인백.

최승호 : 한자는?

이인백 : 어질 인(仁) 자, 흰 백(白) 자.

　　　　[이수연 씨 양 오빠의 부인이 이웃에 있어 오기로 함]

최승호 : 그러면 거기 여기서 태어나셔서 쭉 여기서 성장했습니까? 따로 고향을 떠나지 않았고?

이인백 : 군에 군에 가가 고향 떠났지. 쭉 여 있….

최승호 : 출생하셔서 학교도 여기서 다녔습니까? 학교는 어느 학교 다니셨습니까?

이인백 : 관하, 관하초등학교. 그때는 유치원도 없었고.

최승호 : 몇 년도에 졸업하셨는지 기억나십니까?

이인백 : 지금 팔십하나 해서, 열세 살, 열네 살 돼가 보통 졸업이거든. 초등학교. 그때는 뭐 늦게 간 사람도 있고 뭐 열 살 돼가 들어온 사람도 있고 이럴 때거든 시절이. 그러이 팔십하나에서….

최승호 : 열셋 빼면 육십여덟. 68년 전이니까 그건 마 저희들이 추정해 보면 되겠네요. 초등학교 그때는 여덟 살에 들어가셨습니까?

이인백 : 네.

최승호 : 초등학교 졸업하고 또 중학교는 어떻게.

이인백 : 중학교는 몬 갔심다.

최승호 : 못 갔고예. 그러면 군에는 언제, 몇 살 때 갔습니까?

이인백 : 군에는 67년, 64년돈가 63년도가 갔다가 그때는 3년 군대 생활이 3년이거든. 거의 67년도에 제대했지 싶다.

최승호 : 베트남 이때 갈 때 아닙니까?

이인백 : 예예. 그 인제 비들기부대 매고[*맹호]부대 그럴 때 인제 우리 제대하기 전에 그때 우리 인제 상병 일등병 때 그때부터 모집이 돼가 그때 인제 가는 사람은 가고.

최승호 : 어르신은 그때 안 갔다 그지예?

이인백 : 나도 그거 갈라카다가 잘몬돼가 못 갔어.

최승호 : 못 갔어, 가고 싶었는데. 그런데 위험한데 왜 가실라 그랬습니까?

이인백 : 그것도 외국에 함[*한번] 나가가 뭐 구경도 하고 뭐 겸사 겸사 머….

최승호 : 죽을 수도 있는데예.

이인백 : 잘 되면 돌아올 끼고 죽는 기야 여기서도 죽고 뭐 하는데 뭐.

최승호 : 혹시 군대는 어디 계셨습니까? 전방에 있었습니까?

이인백 : 여… 경기도 포천.

최승호 : 음, 포천에서 3년 군에 (근무)하셨죠?

이인백 : 8사단 10연대. 수송부에 근무했어.

최승호 : 그러면 직접 운전도 하셨어예?

이인백 : 예.

최승호 : 뭐를 몰았습니까, 차는?

이인백 : 차는 저 지에무씨(GMC). 지에무씨 몰고 다찌(닷지) 차도 몰고. 다찌 차는 쓰리코타 카는 긴데 여[*여기]로 치마[*치면] 오새 봉고차매로[*처럼] 그런데 뚜껑이 없어 그렇지.

최승호 : 아, 뚜껑이 없는 차구나.

이인백 : 군에는 그때 뚜껑 있는 거는 찦차 말고는 뚜껑 있는….

최승호 : 차가 없었어요.

이인백 : 차가 있기는 있었지. 병원에 병원에 엠브레사[*앰뷸런스] 그런 거는 사각으로 뚜껑이 있었지.

최승호 : 그러면 군에 제대해서 결혼은 언제 하셨습니까?

이인백 : 결혼은 내가 스물⋯ 아홉에 했지.

최승호 : 스물아홉에. 우리 어른, 사모님 성함은 어떻게 되십니까?

예순자(이인백 처) : 내예? 붙잡고 갈라꼬. 하하.

최승호 : 스물아홉 살 때 결혼하셨는데 어디서 결혼, 친정이 어딥
니까?

예순자 : 예순자

최승호 : 친정이 어딥니까?

예순자 : 저 이서 한밭.

최승호 : 이서에서 오셨구나.

이인백 : 이서 거 인제 보통 부르기는 한밭이라 카고.

예순자 : 대전2리.

이인백 : 그 인제 관동은 대전이고?

최승호 : 대전띠기[*댁]네예. 자녀들은 그러면 몇 남 몇 녀 두셨어
예?

예순자 : 2남 1녀.

최승호 : 그러면 여기 인제 어르신은 그 형제간이 몇 형제입니까?

이인백 : 5형제에 맨 위에 누님 계시고 6남매 맨 끝입니다.

최승호 : 막내. 그럼 평생을 인제 이 집에서 인제 어른이 물려준 땅
입니까 이게?

이인백 : 내 결혼해가 인제 집을 지어가 나왔지.

최승호 : 분가를 하셨구나.

이인백 : 지금은 인제 집 뭐 이리저리 뜯어 곤치고 그래 그러는데
요 안에 요기 큰방이고 조쪽에 부엌이고 요기 적은방이고
요기 인제 사랑방 택[*셈]이고 요래가 기역자 집을 지은
택이지.

최승호 : 원래 태어난 번지는 몇 번지입니까?

이인백 : 296번지.

최승호 : 296번지. 관하리 태어나셔서 여기는 지금 몇 번지입니까?

이인백 : 요기는 290번지.

최승호 : 290번지. 그러면 평생을 이렇게 여섯 번지밖에 못 이동했네예. 멀리 못 가셨네예. 요 동네에 형제간들도 살고 계십니까?

이인백 : 예.

최승호 : 형님이?

이인백 : 네 분은 여 살고 내 바로 우에 형은 대구 계시고.

최승호 : 아, 이 동네에 사셨고예?

이인백 : 근데 인제 중간에 형님이 돌아가시고 거는 형수하고 다 돌아가시뿌고.

최승호 : 그러면 여기 이수연 씨 아버지가 함자가 어떻게 되시지예, 돌아가신 분?

이인백 : 함자는 내가 잘 모르는데….

최승호 : 이름은 모르십니까? 예. 그러면 거기하고 이렇게 친척 되십니까?

이인백 : 집안입니다

최승호 : 집안. 몇 촌쯤 됩니까?

이인백 : 내 재종고모거든 수연이가. 그러니 재종조부 되지 내한테는. 수연이 아부지가 내한테는 할부지 되지.

최승호 : 그러면 여기 이 마을이 관하리가 예전부터 이렇게, 집단 성씨들이 어떻습니까? 몇, 무슨 성씨가 사십니까?

이인백 : 내가 경주 이간데 경주 이가 우리하고, 고성 이씨 몇 집 살고 박씨가 세 집 살고 강씨가 두 집, 셋 집 살았고. 지금은 강씨가 두 집밖에 없는데.

최승호 : 지금 그러면 요 마을에 몇 가구나 삽니까? 관하리죠, 그렇죠? 여기가?

이인백 : 관하리인데. 요 인제 땀[*뜸]이 여 떨어져가 요 위에 인제 땀이 떨어젼 데가 옛날에 한 개 반이 살았는데 고는 상방천이라고. 고 한 삼십 호, 스물 한 일곱 내지 한 삼십 호 가까이 살았는데 지금은 인제 여 들어오시며 봤는 거 몰라도 뒤에 요 전원주택 여여 많이 돌오왔다카이. 지금은 한 십여 호가 돌왔는데 어떤 사람은 동회할 때 그래도 인사라도 한다꼬 그래도 음료수 뭐 한 병 값이라도 들고 오는 사람도 있고. 어떤 사람은 주소만 여 옮기 놓고 집 지을 때 주소만 옮기 놓고 집, 또 전원주택 인제 지어가지고 분양하는데 그 사가 온 사람들 인사하러도 오도 안 하고. 지 돈 주고 지 땅 샀으이 그런 식으로 그 하는데 동이장도 안 찾아보고 이런 사람들도 있다카이. 그래 내가 여 집 지을 때 차 택도 없는 거 다니고 해가 회관 앞에 길도 막고 해봤는데. 그래도 인제 이래 너린[*넓은] 데 나두고 전국에 너린 데 나두고 우리 마을이 인제 살기 좋다고 왔는 사람….

최승호 : 내쫓지는 못하잖아예.

이인백 : 어 그래, 반갑다고 생각해야 되는데 저거 하는 짓이 인사도 할 줄 모르는 돌넘 같은 놈들을 여여 와가 집 졌는데 좋다 칼리….

159

예순자 : 사장님 말 좀 곱게 하이소.

이인백 : 어어 그래, 길 들어막을라 카이까네 뭐 이유가 있어야 길 들어막지. 길이야 사람이고 차고 다니라고 닦아 놓고 해 놨는 길에 자기들이 땅마 돈 주고 샀지, 이 길 닦을 때는 여여 모른단 말입니다. 그런데 그 고마운 줄도 모르고 내 돈 주고 내 땅 샀으이 내 마음대로 한다 카는 식으로. 그니 맘대로 하마 우리는 우리 마음대로 하께. 거 여 걸어 다니는 거는 걸어 다니도 차 다니고 하는 길은 폭 넓히고 하면 땅 옆에 좁은 데는 우리가 마을에서 부담해가 했으니께네 너거도 고생 좀 해 봐라. 차 일단 저 큰길에 대놓고 걸어 다니는 거는 몬 다니구로 하지는 모한다 카노이 뭐 난중에 인제 잘몬됐다고 사정하고. 진작 그라지.

최승호 : 새로 들어온 사람들하고 마을 사람들하고 갈등이 좀 있었네, 그지예.

이인백 : 좋은 사람들은 좋아예. 여여 이사 돌왔다꼬 회관에고 떡 도 해가 오고 음료수 뭐 이런 거 해가 들, 들다 주는 게 좋은 기 아이고 여러 사람 모이는데 찾아오미 그냥은 딸랑딸랑 모 오잖아요. 그러이 뭐라도 이래 가져와가 인사 하러 왔는 자체가 고맙다 이기라예. 그러이 그런 사람들은 여여 우리 골목 우야다가[*어쩌다가] 얼릉거리마 차 타고 가다가 바쁘이 내리지가 인사는 모 해도 창문이라도 내라가 그래도 인사라도 하고 이래 가는 거 보면 참 됨됨이가 됐다.

최승호 : 거기 저기 이 동네에 옛날에 일제시대 때 얘기를 한 번, 42년생이시니까 잘 기억은 없지예? 들은 게 혹시 여기에

그때 당시에 여기 뭐 인민위원회가 있었다든지 그런 거는 못 들어보셨습니까?

이인백 : 인민위원회는 여 있었는 거 모리고, 여하튼 큰길에 요 나가마 옛날에 원정자라고 고기 인제 파출소가 있었거든. 지서. 그때는 지서지. 파출소로 파출소는 그 이후에 이름 짓는 기 파출소지 그때는 지서라 캤거든. 돌담을 막 이러 뚜껍기 이래 싸라[*쌓아]가지고 사람 키 높이보다 훨씬 높으도록 한 2메다 50 정도 되도록 이래 빽 돌아가미 정문 놔두고는 다 사려가[*쌓아서] 이래 이래가 인제 지서가 있었다카이. 그 인제 물론 서는 청도에 있었지.

최승호 : 청도에 있었고. 파출소에 그러면 거기 순경들이 몇이나 됐습니까?

이인백 : 그 한 네다섯 분은 있었을 기라. 그래가 인제 그때는 시절이 좀 안 좋고 이북에 빨갱이가 넘어온다 캐사코 해사이 그 인제 정부에서 그래가지고 그 결사대라고, 결사대를 조직해 가지고. 이 사람들은 뭐 하는고 하면 지서에 순경들이 숫자가 얼마 안 되이 그 보조해 주는 역할을 핸 택이지. 요즘 보면 군에 안 가는 사람 몇 년 전에만 해도 인제 방위로 그래가지고 파출소에 심부름도 하고 이래 빠지는 사람도 있고. 면사무소 행정도우미매로 이래가 인제 군에 안 가고 방위로 빠져가 이래가 인제 근무하고 제대하고 그런 시절이 있었는데. 그때는 인제 도로가에 그때는 도로포장이 지금은 2차선이 됐지만 이기 앞에 큰 도로, 어디로 왔십니꺼? 여.

최승호 : 남천으로 왔습니다.

이인백: 남천서 일로 왔습니까? 여 큰 도로 이거 이기 인제 저쪽 창녕서 건천까지 이기 27번 국돈강 내가 확실히 모르겠다. 그래 돼가 있거든. 그런데 그때는 포장이 안 됐고 자갈로 깔았다카이 자갈로. 자갈로 안 깔아노마 비 오고 이래가 차가 많지는 안애도 다니고 이라마 막 너무 꺼지고 이렇다고 인제 자갈로 깔아가 그하는 거는 각 동네별로 여 구역이 있다카이. 여기서 뭐 예를 들어가 200메다까지는 관하1리, 또 고다음에는 관하2리, 안 그러면 금천동, 덕산, 두곡, 하평, 상평 이런 식으로 그래가 인제 그때는 순 강제 부역이지 뭐. 내 밥 묵고 내 밥 싸가 가야 되고 정부에서 뭐 중참이고 이런 거는 전연[*전혀] 없고 점심도 없고 내가 밥 없어가 집에 쌀이 없어가 밥 몬 싸가마 죽이라도 끼리가 단지에 여가 싸가 다니고 이런 식으로 살 때인데.

최승호: 결사대가 왜 지서를 지켰습니까?

이인백: 여 인제 그때는 빨갱이들이 6·25 때 그때 인제 875부대라고. 군에 875부대가 여 인제 청도서 뭐 사무실 얻어놓고 있고, 군인들이 여기 와가 뒷산에도 가마 지금은 없지만은 보호라 카까 이래 사각으로 사람이 들어가가 허리까지는 위에 안 올라오도록 그래 팠다카이. 파가지고 거 인제….

최승호: 보초를 섰습니까?

이인백: 보초 섰지.

최승호: 참호. 거기에 인제 그런 게 몇 개나 있었습니까, 그런 구덩이가?

이인백 : 요 뒷산에 한 수십 개 있었지.

최승호 : 875부대가 뭐 어떤 부대입니까?

이인백 : 875부대는 인제 지금으로 치마 2군 사령부가 여 대구 안 있습니까? 인제 후방 소속인데 거기서 파견 나완 택이지. 여 인제 청도에 운문사 있는 쪽에 여 각북 쪽에 이런 데는 산도 높은 산이 많고 오지고 이러이끄네 인제 그 당시에 빨개이라 캐도 진짜 이북서 넘어온 빨갱이가 아이라.

최승호 : 그렇지, 자생 빨갱이지.

이인백 : 여 지방에서 그러니까 쪼끔 배았다 카는 사람이 이기 올키 인제 38선이 없어지고 그하마 이북에 가가 출세하도록 해줄라고 저 위에서 지시가 인제 내려오고 해싸이끄네 인제 나도 여 이래 사니 뭐 이북 가가….

최승호 : 월북을 해야 되겠다 이래 생각….

이인백 : 그래가 인제 그런 사람들이 산에 가가 진을 치고 있었는데 우망메로[*움막처럼] 이래 지놓고 밤 되마 인제 내려와 가지고 요 지방 사람들이 고 인제 모이가 있으이 어느 집이 잘살고 어느 집이 못사는공 다 안단 말입니다. 그러이 몬사는 집에 찾아가 봐야 쌀도 한 대백이[*됫박] 내놓으라 캐 내놓을 쌀도 없으이 무조건 부잣집에 가야 되는 기라. 그때 뭐 소도 밤에 몰고 가가 뭐 우에가[*어떻게 해서] 자묵던지 저거 뭐 그래가 그런 식으로….

최승호 : 그때 그 결사대, 서 지키던 결사대는 이 동네 사람들이 결사대를 했습니까?

이인백 : 여여 인제 주위에 동네마다 몇 명씩.

최승호 : 청년들?

이인백 : 그렇지 청년들.

최승호 : 혹시 결사대 대장이나 이런 사람 혹시 이름 들어본 적 있습니까?

이인백 : 모릅니다.

최승호 : 몇 명 하루 저녁에 몇 명씩 보초를 섰습니까?

이인백 : 보초는 파출소에서 지서에서만 서는 게 아니고 도로가에 한 50메다 한 70메다 100메다 간격으로 이래 그때는 인제 요새 같으마 판네루가[*패널로] 뭐 깨끗하게 짓겠지만 그때는 판넬도 귀할 때고 이러이 나무로 이래 세아 가지고 짚으로가 초소를 짓는 기지. 그래가 거 인제 낮에 낮에 내가 근무하마 밤에 근무하는 인제 교대조가 따로 또 나와요. 교대조가 예를 들어가 안 나오마 초소는 비우마 안 되고….

최승호 : 밤새도록 해야 되고.

이인백 : 낮에도 하고 밤에도 해야 되고.

최승호 : 두 사람씩 했습니까, 한 사람씩?

이인백 : 두 사람이 교대로… 그 인제 서에서 인제 예를 들어가주고 뭐 기밀하기 바쁜 거는 전화로도 하겠지마는 그때는 전화도 귀하고 하이께네 전달로 했다카이, 말로.

최승호 : 아, 전통. 전달해 주고 전달해 주고.

이인백 : 그렇지, 그렇지.

최승호 : 전령 택으로 인제 보초도 서고 전령도 하고 이렇게 했네, 그지예. 그러면 이 마을에 그때 당시에 빨갱이나 아니면 경찰에 이렇게 돌아가신 분들이 얼마나 몇 명이나 됩니까?

이인백 : 이 마을에 돌아, 여 인제 여 수연이 아버지는 여 곰태째[*곰티재] 지금은 곰태 터널이 돼가 있지만은 그 우에 터널 위에 그 인제 길이 우로 있었거든. 지금은 길을 인제 마이 줄아가 밑을 턴널 뜬다고[*뚫는다고] 길을 새로 내가 인제 마이 줄어졌지만은. 거 여 동철이 아버지는 여 곰태재에서 돌아가셨는 게 아이고 아매[*아마] 경산에 그 코발트 거서 돌아가셨지 싶어. 유골은 몬 찾지만은 그전에 하마 돌아가싰으이께네 집에 인제 하도 연락도 없고 하이 인제 죽었다고 내가 듣기로는 인제 모친이, 그래 동철이 할무이지. 거서 인제 제사를 지내주는 기 낫겠다고 여기 인제 행불돼 가지고 인제 나갔는 날도 모리고 죽은 날도 모르고 이런 사람들은 그 사람 생일날에 제사를 인제 지내주는 수가 있거든 보마. 그라다가 인제 유족회 이기 그거 돼가지고 그래가 일찍이 신청한 사람들은 돈을 뭐뭐 좀 받았잖아예. 인제 유족회하고 정부 상대로 그때 뭐 소송을 해가주고 그래가 유족회가 이겼잖아예. 이긴 따무래[*때문에] 거 돈을 탔지 뭐, 졌으마 뭐뭐 돈도 참 아이 몬 타고 그냥 시비하고 있겠지.

최승호 : 수연 씨 아버지는 우에갖고 돌아가셨습니까? 무슨 일을 하시다가?

이인백 : 그때는 별 죄도 없는데도 인제 그 좀 똘똘한 사람은 거의 사상으로 몰아가지고 이래가 우리 마을에 곰태째 엮이가 차에 그때 추럭이지. 그때도 파출소에도 인제 추럭은 있었거든 쪼매는 거 지에무시 말고 닷지차 겉은 거 고 인제 있었는데 엮어가지고 뭐 참 고기 엮듯이 그런 식으로 엮

165

어가 인제 곰태재에 가가 인제 니라가지고 거서 시아놓고 총살을 시키가지고.

최승호 : 우리 마을에 여기는 몇 명이나 돌아가셨습니까?

이인백 : 다서여섯 명 돌아가싰나?

최승호 : 어떤 분들이 돌아가셨지예?

이인백 : 대개 나이가 비슷해예. 고 돌아가신 분들.

최승호 : 고 친구들입니까?

이인백 : 예예 그렇지.

최승호 : 이분들이 뭐 때문에 친구들이 같이 한꺼번에 이렇게 돌아 가셨지예? 이분들이 혹시 전쟁을 반대하거나 아니면 뭐 그때 당시에 선거 반대하거나 그런 거는?

이인백 : 그런 시위는 했는 줄도 모르고 우리 이야기 들은 거로 보 마. 야튼 그때는 사상이 좀 이상하다고 카마 그 사람이 어데 타처에 나아가지고 어데 직장도 못 구하고 그런 식 으로. 여 지서에서 몇몇 사람을 찍어가지고 똑 우리 마을 사람만 고래[*그렇게] 죽었는 게 아이고. 요가 우리 관하 학구 내에 요 7개 동입니다. 관하가 1, 2동 돼가 있고, 인 제 상평, 하평, 금천, 두곡, 덕산, 고래 가지고 인제 7개 동이 돼가 있는데 죽은 사람들 그 당시에 죽은 사람들이 한 20명 이상 되는 줄 아는데.

최승호 : 이분들이 그러면 뭐 특별하게 뭐 빨갱이 활동을 했다기보 다는 인제 부역이나 뭐 이런 걸 했는 겁니까?

이인백 : 근데 뭐 우선에 열심히 집에 일해도 먹고 살기 어렵으이 께네 자꾸 인제 뭐 동원시키고 하이께네 반발이야 좀 했 겠지, 축구[*바보] 아닌 다음에는.

최승호 : 지서나 군에서 인제 일을 시키면 반발하면.

이인백 : 예를 들어가 비가 마이 오든지 그래가 걸가에 뭐 하천가에 둘[*돌]이 떨어지거나 이런 것도 전부 부역을 시기가 했으이께네. 밥이고 뭐 술 한 잔 안 주고 중참이고 이런 거는 아예 생각도 모 하고. 오늘 또 하고 내일 오라카이 내일 또 나가마 집에 뭐 먹고 사노 그러이.

최승호 : 음, 부역을, 부역에 반대했다, 그런 것도 인제.

이인백 : 그런 그기 안 있었겠나 우리 생각이라예.

최승호 : 그러면 인제 수연 씨 아버지는 무슨 일로 해서 인제 잡혀 갔는지는 잘 모르시네 그지예? 그걸 듣고 알고 있는 사람들도 좀 있습니까, 이 마을에?

이인백 : 없어예.

최승호 : 준호, 이준호 씨는 기억을 잘 하시는가예?

이인백 : 그 내 두째 형님인데.

최승호 : 아, 둘째 형님입니까? 그 형님은 잘 기억을 하십니까? 보셨습니까?

이인백 : 그 인제 총살 당해가 죽었을 때 가가 풀어가지고 장례하는 데는 같이 했을 기라.

최승호 : 둘째 형이. 아, 장례식을 같이 치러주셨다는 얘기죠?

이인백 : 예. 그때는 뭐 묘터 보고 이런 것도 없고 자기 집에 형편이 괜찮애도 어디 묘터 잡아가 산소 번듯하니 그래 하도 몬 하고 그 죽은 그 옆에 이래 가가지고 옛날에 인제 곰태재 대백이[*꼭대기] 거 청도읍 운산사람 산인데 밭이재 꼭대기 밭이 이래 제법 큰 기 있었어요. 사람이 살면서 화전밭을 이랐는[*일군] 같애. 그 지번이 거 대지가 하

나 이래 밭 옆에 빠져가 있는 게 있다 카더마는. 그러이 사람이 집을 지어가 뭐 우망매로 쪼매라도 고때는 살았기 때문에 허가가 나가 대지로 빠져가 있지. 안 그라마 멀쩡한 밭에 대지로 요래 빼놓을 일이 없거든예.

최승호 : 고 밭에 인제 묻으신 겁니까?

이인백 : 예, 그렇지예.

최승호 : 지금도 거 묘지가 있습니까? 묘터가.

이인백 : 있지. 그런데 지금 봉분도 오래돼 놓으이까네 그때는 봉분도 크기 하도 모하고 뭐 적당하이 이래 모아놓으이 지금도 가믄 봉분은 표는 나지.

최승호 : 지금도 벌초를 하러 가십니까?

이인백 : 벌초하지. 자녀들이 손자들하고 있으이께네.

최승호 : 그때 당시에는 처음에 1기 때는 왜 신고를 못 했습니까? 수연 씨 아버지는?

이인백 : 여 인제 몰라가 모 했지. 수연이는 저 서울 살고 경기도 고양시인가 지금 사는 데 고양시고 옛날에 의정부 좀 오래 있다가 고양시로 나왔거든. 그래놓이 몰라놓이께네 모 했는데. 그래 동철 씨가 인제 수연 씨 월캐 언니라 카이께네. 그 인제 아재, 오빠한테 인제 이야기핸 택이지. 동철 씨가 했는데. 그 돈을 얼마 내라 카이께네 그래가 연락도 안 하고 돈 내라 카고 이라이 그래가 1차에는 누락돼뿠는 기라.

최승호 : 오빠가 이재영이라 그랬지예? 오빠는 몇 년생입니까? 이재영 씨가.

이인백 : 구십일곱 지금.

최승호 : 지금 살아계시면 구십일곱입니까. 그러면 이재영 씨가 이 수연 씨 오빠라고?

이인백 : 양오빠.

최승호 : 양오빠. 그러면 이재영 씨는 그러면 이수연 씨 아버지가 돌아가신 거를 보고 다 했겠네예?

이인백 : 그렇지. 장례도 했지.

최승호 : 장례도 치렀고. 그때 당시에 이수연 씨 아버지가, 아버님이 왜 돌아가셨습니까?

이재영의 처 : 그냥 뭐 살다가 보이까 근데 나[*나이]는 자꾸 먹고 일은 디고 하이 살다가 보이 뭐 구십일곱 돼가지고. 구십일곱 맞제?

이인백 : 일곱 맞다.

이재영의 처 : 그런데 그런 거 처음에는 뭐 일로 마이 하이 디가 그런가 싶었는데. 살다 잔빙[*잔병]도 하나 안 하고 있었는데 그래 오점[*오줌]에 안 나온다 카데예, 살다. 무슨 빙이든동. 그래 병원에 내 있었심더. 대구 거 뭐.

이인백 : 지금 수연이 아버지 이야기 아니고 오빠 이야기다.

최승호 : 네, 오빠 이야기. 수연이 아버지에 대해서 들은 거는 없습니까?

이재영의 처 : 모르겠심더 그런 거는.

최승호 : 들은 거, 모르겠습니까? 그러면 지금 인제 수연 씨 아버지에 대해서 인제 얘기해 줄 수 있는 사람이 인제 둘째 형님하고 이준호 씨하고.

이인백 : 진수. 진수. 거 내 백형이거든.

최승호 : 아, 이진수. 다 인제 형제간이시네 그지예?

최승호: 그러면 이준호 씨가 둘째고 이진수 씨가 큰, 제일 맏이십니까? 맏이고 이인백 씨가 막냉이고. 요 세 분이 그러면 인제 이수연 씨의 아버지의 인제 돌아가셨는 거를 인제 보증해줄 수 있는 참고인으로, 참고인이네 그지예? 이분들이 다?

이인백: 나는 인제 그 당시에 돌아가신 거 목격은 못 했고.

최승호: 목격은 못 했고. 그 큰형님 이진수 씨는 돌아가신 거 하고 이런 걸 다 봤겠네 그지예?

이인백: 현장 안 가노이 모리지.

최승호: 현장을 안 가서 모르고. 그러면 여기 저 뭐고 이 마을에 또 한 다섯 여섯 명 돌아가셨다고 하는데 이동철 씨 아버지하고.

이인백: 이동철 씨 아버지는 고때가 아이고.

최승호: 고때는 고 전입니까?

이인백: 그 앞이지. 그 앞에 인제 자기 발로 어데 간다 소리도 안 하고 나가뿌놓이.

최승호: 집에 안 돌아오니까.

이인백: 집에 안 돌아오고 그때 인제 행불돼뿐 택이지. 고 인제 동철 씨 삼촌이 한 분 계셨는데 고도 고래 돌아가시고. 동철 씨 아부지가 형제가 3형젠데 6남매 3형젠데 고 인제 중간에만 살아계셨다가 지금 돌아가셨지. 거 인제 살아계시면 지금 한 백 살쯤 되는데 그래 돌아가시고. 요 회관 얍에 요 마일댁이라고 인제 큰아들이 재환데 이 부산으로 내려가뿌고. 그 집에 하고 큰아들하고 내, 큰아들도 고인돼뿌고 할마님도 고인돼뿌고. 또 요 인제 진주댁이라

고 재서이 재마이 인제 아들이 그 둘인데 아버지도 고때 돌아가시고. 내 여 지금 창고매로 쓰고 있는 여 인제 김영수, 김두곤이라고 인제 고 아버지도 고때 곰태재에서 돌아가시고. 야튼.

최승호 : 그러면 몇 분입니까, 여섯 명입니까?

이인백 : 예, 아무 죄 없이 마마 죽었는 거로 어른들은 다 그래 알고 있다고.

최승호 : 이분들이 그때 청년들이니까 뭉쳐가 청도읍에 같이 나가고 뭐 이런 것도 없었습니까? 아니면 밤에 내려오는 사람들하고 같이 접선하고 이런 것도?

이인백 : 그래 그래 접선했는 겉으마 뭐뭐 산에 올라갔지. 파출소에 지서에 갈 일 뿌짜끼[*붙잡혀] 갈 일도 없는데.

최승호 : 지서로 붙잡혀 갔습니까? 경찰이 그때 나왔습니까?

이인백 : 그렇지. 그때는 경찰이 아니고 순경이다.

최승호 : 순경이 와가. 그러면 요 마을 사람들을 한꺼번에 다 잡아갔습니까?

이인백 : 그렇지. 차례차례로 잡아간지 뭐 여하튼 여 인제 지서에도 유치장이라고 인제 있었거등. 오새 겉으마 내나[*다름이 아니라] 감옥 아이가. 거 있다가 그래가 인제 아침에 전부 불러내가지고 전부 손 뒤로 해가 고기 엮듯이 그런 식으로 엮어가 그래가 차에 태우고 가가….

최승호 : 그러면 거기 뭐고 우리 이수연 씨가 유치장에 있을 때는 면회를 가본 사람이라든지 이런 분들은 있을까예?

이인백 : 그때 면회 시키주도 않애. 수연이 엄마가 인제 죽는 안날, 뿌짜피 가는 안날 아버지 제사에, 제사가 있다카이 집에

갔다 오라 캐가 그래가 인제 와가 제사 지내고. 그래 엮어가가 죽일 줄 알았으마 피해뿄으마 살 수 있었을 수도 있는데. 딴 죄가 없으이. 그래가 제사 모시고 집에 있으이 새복[*새벽]에 파출소에서 딜러왔더라 카더라. 순경들이. 그래가 뭐 서이 왔다카등강 둘이 왔다카등강 그래가 잡히갔는데 그래가 인제 수연이 엄마가 따라갈라카이 뭐 그때는 뭐 에망(M1) 소총이지 그 개머리판가 막 들고 치미 따라오마 죽인다 캐가 그래가 따로가도 모하고. 그 인제 잡혀갔는 그기 살 때는 마지막이라. 수연이 엄마가 볼 때는.

최승호 : 그러면 인제 그때 끌려가서 돌아가시고 나서 형님들하고 가서 장례를 치러줬잖아요. 그러면 그 집은 어떻게 양자 들였던 그 사람만, 그 사람이 계속 제사를 지냈습니까? 아버지.

이인백 : 지사 지내고 있지 지금.

최승호 : 지금도 지내고 있고 양자가. 친 그러면 자녀는 수연 씨 하나밖에 없지예?

이인백 : 외동딸. 무남독녀.

최승호 : 그 외동딸은 그러면 여기 살다가 결혼을 한 겁니까? 아니면 어릴 때.

이인백 : 대구 살다가..

최승호 : 대구. 혼자 나갔습니까?

이인백 : 대구에 인제 엄마 가가 밥 해주고 중학교는 청도 여 청도 여중 다녔고 고등학교는 대구 가가 다녔는데 그래가 인제 간호장교를 갈라고 수연이가 마음을 뭇다카는데 우리

는 뭐 그때 어데 갈라고 마음 문지 모르지. 물어보도 안
했으이. 그 뒤에 카더마는. 그 간호장교는 6·25 때나 뭐
이래 좀 저지른 거기 있으면 이 경찰서이고 뭣이고 신원
조회에 걸려가지고 이 합격이 돼도 나주 입학 몬 한다카
이.

최승호 : 음, 간호장교를 하고 싶은데,

이인백 : 육사 같은 데도 남자들도 육사 같은 데 시험 합격돼도 공
사나 육사나 뭐 해사나 마찬가지인데 그 합격이 돼도 신
원조회 걸리마 아예 안 된다카데. 지금은 신원조회 다 풀
렸잖아 이기. 이 옛날에 웬만한 거는 지금 풀렸는데 풀리
기 전에 그때는 신원조회 걸리머 꼼짝도 모하지 그거는
뭐 누구 찾어가가 사정할 일도 안 되고.

최승호 : 그럼 수연 씨가 결국은 인제 간호장교를 못 했네 그지예?

이인백 : 못했지. 그래가 인제 그 코롱[*코오롱]에 인제 간호사로
들어간 택이지 간호사. 코롱, 대구 여 코롱이 지금 여기
구미도 코롱이 있잖아요. 그때 수성구, 남부주차장에서
좀 올라가마 지금 대구은행 본점 가기 전에 우측에 거 코
롱에 으무실[*의무실]에 근무핸 택이지. 그래가 인제 지
조카도 인제 코롱에 그 인제 회사 크고 괜찮다고 그래가
지고 큰조카는 코롱에 오래 있다가 나와. 인제 나이가 되
이 퇴직해가 지금은 딴 거 하지만.

최승호 : 여자도 연좌제 때문에 그런 적이 있었구나.

이인백 : 안 됩니다. 여자나 남자나 똑같지예.

최승호 : 그러면 그 양자로 들어왔던 재영 씨는 양아버지 때문에
고초를 겪거나 이런 건 없었습니까?

이인백 : 농사짓고 이래 있는 사람한테는 머 아무 신원조회고 할 거기 없지. 그 자녀들한테는 인제 예를 들어가지고 어데 공직에 드갈라카마 풀리기 전에는 몬 들어갔지.

최승호 : 아버지가 빨갱이라 카면서 이렇게 놀리고 주변에서 그런 거는 없었습니까?

이인백 : 그런 거는 없었지만은 이 인제 빨갱이 아닌 빨갱이로 몰리가 억울하게 죽었단 말입니다. 우리가 알기로는. 그 당시에 진짜 빨갱이짓 했는 사람은 죽은 사람이 없어요.

최승호 : 진짜 빨갱이는 와 죽은 사람이 없어요?

이인백 : 그 사람들은 인제 다 머리가 좋고 해야 뭐 지방 사람 모이도 그 두목이라도 하지. 그러이 두목들은 저 위에서 하달 받아가주고 그 공작금이라 카까 그런 기 알기 모르기 어데 그래 조금씩 니리[*내려]오고 했는 모양이라.

최승호 : 이 뒷산 이름이 뭐지예?

이인백 : 청주산[*천주산].

최승호 : 청주산. 저 산이 많이 높습니까?

이인백 : 이이 그렇기 안 높습니다. 여 보기는 그래도 이게 300 얼만강?[*실제로는 516m]

최승호 : 근데 저 청주산도 높지도 않은 산에 저기 뭐 초소가 보초서는 초소가 스무 개 정도는 있고.

이인백 : 아이 청주산 꼭대기가 아이지. 초소 판 데는 여여 우리 집에 여서 한 5, 600메다 뒷산. 뒷산에 평평한 데.

최승호 : 그때도 인제 빨치산들이 좀 내려왔기 때문에 거기 보초를 구디[*구덩이]로 파가 참호로 파놨던 거잖아예.

이인백 : 여 와가 그때 인제 우리 초등학교, 국민학교 다닐 때 빨

갱이 잡았다 캐가 가보이끄네 인제 잡아왔는 거를 얼굴은 인제 가마이때기까 덮어놨고 발은 신발을 신었는데 고무신 겉애. 운동화고 뭐 이래 요새 등산화매로 이런 게 아니고 고무신 같은데 옆구리 떫어가 끈을 그해가지고 다니마 안 버지라고. 안 버서지라고 이래가 인제 졸아가 운동화매로 그래가 인제 고무신 같은데 그 구무[*구멍] 떫어도 우에 요 티[*테]가 요래 있거등, 돌아가미. 티 바로 밑에 고 떫으마 티 이거는 좀 여물다카이. 그래가 인제 있는데 진짜 뭐 우리는 빨갱이는 그때는 참 빨갱이는 빨간 줄 알고 그런 시절인데 그 사람들도 진짜 이북서 넘어완 빨개이가 아이라.

최승호 : 아는 사람은 아입디꺼? 얼굴을 덮어놨으니 참 못 봤겠네.

이인백 : 얼굴을 덮어놨지 모리고. 우리는 쪼매꼼할 때이 그냥 지나가미도[*지나가면서도] 얼굴 외지가 이래가미 발이 쑥 나와가 있는데 보이 신도 신고 있는데 그런 식으로 해가 신고 있는 신을 봤다.

최승호 : 죽어있던 거지 그지. 죽여놓고 인제 덮어놨던 거지예. 나이는 뭐 보통 얼마 정도 돼보입디까?

이인백 : 나이는 뭐뭐 한 스물다서에서 한 사십 그 사이지. 중간쯤

최승호 : 수연 씨 엄마는 그러면 그때 당시에 아버지 돌아가시고 나서 바로 재가를 했습니까, 아니면 수연이 데리고 계속 살았습니까?

이인백 : 아이 수여이 데리고 살았지. 그때는 재가카는 기 참 힘들었고 그때는 한번 시집가뿌마 죽을 때까지 그 집에서 가 살아야 되지. 오새야 잘 살다가도 이혼도 하고 또 우에가

이혼해가 몇 년 있다가 또 재혼해가 살고 전부 미천놈들이 하는 짓이지. 결혼해도 아새끼도 안 놓기로 하고 이래가 몇 년 살다가 맞으마 살고 안 맞으마 헤어지고 그런 약속 해가미….

최승호 : 수연이 엄마랑 인제 수연이하고 둘이 인제 여기서 못 사니까 인제 대구로 나간 겁니까?

이인백 : 아이지. 수여이 공부시키기 위해가 갔지.

최승호 : 그때 재산이나 땅도 좀 있었습니까?

이인백 : 예, 쪼매는 있었지.

최승호 : 그건 인제 양자가 부치고. 양자 가신 분이.

이인백 : 양자 주고 인제 수여이 엄마 몫이도 조금은 인제 있었지.

최승호 : 지금도 여기 땅이 있습니까? 수연 씨 몫으로.

이인백 : 지금 땅 쪼매난 거 하나 조 우에 있고. 엄마 살던 집터가요 하나 있는데 고고는 양자 오빠 집을 들라줬능가 우엣는고 모르겠다. 집은 뜯었고 없고.

최승호 : 빈집만 있네 그지예. 뭐 다시 수연 씨가 일로 내려올 일은 없잖아요.

이인백 : 그렇지요.

최승호 : 그러면 인제 이수연 씨 아버지는 인제 마을에 다른 분들은 전부 다 1차 때 다 보상을 받는데 요 수연 씨 아버지만 못 받은 겁니까?

이인백 : 아이지. 여 인제 아까 김영수, 김두곤이 카는 거는 아들들이 다 죽어뿌고나이께네 거도 빠졌을 거라. 여 서류 누가 할 사람도 없었는데. 그분이 고인 된 분이 이동철 씨 고모분데.

최승호 : 아, 김두곤 씨가.

이인백 : 두곤 씨가 고종이고 영수 아부지가 영수하고 두고이하고 는 형지간이고. 고 아버지가 동철이 고모부고. 고 인제 영수하고 두고이는 고종사촌이지.

최승호 : 예. 이동철 씨는 자기 아버지는 그랬는데 왜 고모부는 사람, 자식이 없어서.

이인백 : 딸들은 있는데 딸이 딸 서이 아들 둘인데 그 영수 고가 제일 맏이고. 그런데 그….

최승호 : 그러면 보상 못 받은 사람은 김영수 씨 아버지하고 또 어떤?

이인백 : 거 아매[*아마] 빠졌지 싶어. 내 생각에 지금 뭐 알 만한 사람도 없고 그래놓이.

예순자(*이인백의 처) : 가정이 어렵다 보이께네 그것도 뭐 가입금을 내야 된다 카대.

최승호 : 가입금 많이 안 내도 됩니다. 근데 뭐 보상받으면 가입금 그거 돈 20만 원, 30만 원 그것보다 뭐.

예순자 : 그 당시에는 다 어렵다 아닙니꺼.

최승호 : 그것도 어려워서 이제.

예순자 : 뒤에 핸 사람들은 보면 마이 모두 보상 마이 받았다 캐샀대.

최승호 : 보상 많이 받지는 않았고예. 한 1억 정도 되는데 국가에서 그때 지급을 안 해갖고 이자가 한 5년. 1년에 20프로씩 이자가 5년 동안 해놨으니까 그게 한 1억쯤 되고 그래가 보통 한 집에 한 2억 정도 받았습니다. 제가 알기로는 경산의 유족들 맹 이동철 씨도 경산 유족으로 해서 그래

받았거든예. 그래서 인제 사실은 죽은 건 다 억울한데 누구는 또 보상받고 누구는 보상 안 받으면 그것도 문제잖아요. 그죠. 그래서 인제 우리가 유족들이 인제 계속 요구를 했습니다. 신고 못 한 사람들이 많다. 아직까지 그래 해갖고 인제 10년이 2005년도에 처음 조사를 했다가 2020년에 그렇게 15년 지나가 다시 한 거지예. 15년 동안 돌아가신 분들도 많이 있지만 혹시 그때라도 살아계신 분이 있으면 신고하라고 올해 내년까지거든요. 그러니까 빨리 이 마을에도 혹시나 인제 못하신 분이 있으면 신고를 하셔야 되고. 혹시나 신고할 때 어디에 할 줄 모르면 저한테 전화를 하시면 제가 내가 전화번호를 드릴게요. 그러면 이 마을에도 혹시 신고 못 한 사람이 있으면 신고하셔야 됩니다.

이인백 : 여는 내가 알기로는 뭐 누락된 사람이 없지시푸다.

최승호 : 김영수 씨 아버지 말고는?

예순자 : 뒷집 할부지도 보상 안 받았잖아. 그 보상 안 받았다 할부지. 가입을 안 해나노이께네.

최승호 : 이수연 씨? 지금 이수연 씨가 인제 이번에 인제 새로 신청을 한 거거든요. 했는데 신청을 해났는데 인제 보니까 인제 우리 진실화해위원회에서 조사관이 수가 부족해가 아직까지 조사를 못 했다 하더라고요 그래서 제가 먼저 와서 이걸 얘기를 듣고 인제 요런요런 사정이 있으니까 미리 인제 말씀을 드리는 거예요. 안 그래도 큰형님이 보증인으로 신청을 해났대예. 이수연 씨가. 근데 큰형님 연세가 올해 구십하나지예? 아직 정정하십니까?

이인백 : 귀가 마이 어둡다.

최승호 : 귀가 어두워서 대화가 잘 안 되지예? 준호 형님은, 둘째 형님은?

이인백 : 거도 귀 어둡고. 거도 팔십아홉인데….

최승호 : 그러니까 지금 인제 이인백 막내이가 지금 제일 또렷하잖 아 그지예?

이인백 : 나 또렷하도 안 하고 나도 봄에 병원에 가 한 도오 달 있 다 왔는데.

최승호 : 혹시 형님들한테 들은 얘기들 마을에 어떤 그때 당시에 어떤 일이 있었다 하는 들은 얘기들 좀 생각나는 거 있으 면 좀 말씀해 주시소.

이인백 : 거 인제 우리 조고만할 때 인제 여 뒷산에 어떤 뺄개이 가 여 천주산에 살았는 게 아이고 저쪽 선의산. 아까 내 나 두곡 안 캤심미까. 기자 강 뭐 누구 있다카네. 그 뒷산 기자. 여 주위에는 선의산이 제일 높습니다. 요 내다보 마 오똑한 게 조 용각산인데 용각산 조기 500, 해발 560 얼만강 모르겠다. 이 지도에 겉은데 나오가 있는데 선의 산 조기 한 30메다쯤 더 높아. 우리가 여 이래 보마 용각 산이 뾰족하게 요래 있으이 더 높은 것 같은데. 용각산 에 저는 뒤쪽에 농바위라고 큰 사각으로 된 바위가 그 밑 에 약물매로[*처럼] 물이 난다카이. 그 옆에 청석인데도 고….

최승호 : 약수탕이 있습니까?

이인백 : 농바위 밑에 거는 약수탕이라고는 이름이 안 났고. 농바 위 밑에 거 물 좋다, 함 무봐라. 그 용각산에 가거든. 그

농바위 밑에 고 옆에 가마 물 졸졸 나온다카미. 근데 요새는 뭐 거 임도는 인제 곰티재 거서 이래 딲이져있는데 거는 지금 뭐 차도 더 가면 거의 용각산 꼭대기까지는 아니라도 고 밑에까지는 갈 수 있는데. 저기 용각산이 여기서 보면 우리 앞산이고 청도읍 내동에서 보만 내동 뒷산이 돼가 있다카이, 용각산이. 인제 봄 되마 그때는 인제 참꽃 한창 피고 할 때 그때는 높은 산에 올라가가 인제 하루 놀기도 하고 그래가 인제 다니고 해샀는데. 요새는 뭐 그래 다니는 사람도 없고 촌에 전부 나만은 [*나이 많은] 사람들은 인제 산에 곧 갈 때 다 된 사람마 살고 있는데 뭐. 여 젊은 사람 몇이 없어예.

최승호 : 선의산에 거기도 그러면 옛날에 빨갱이들이 있었습니까?

이인백 : 거 있었지.

최승호 : 얼마나?

이인백 : 거는 뭐 얼마나 있었는지는 모리고.

최승호 : 거 사람들이 일로 내려온 겁니까?

이인백 : 그렇지. 동네에 내려와가 여 인제 한마을에 가가 며칠, 이 집 가가 얻어가고 저 집 가가 얻어가고 하이 자꾸 돌라카이께네 없다 카이 인제 또 딴 동네 넘어오고 넘어오고 그래가지고. 여서도 마을에 여여 부잣집에는 뭐 오마 좀 줘야 자기가 살지. 하나도 없고 욕심 부리마 죽이뿌는 기라.

최승호 : 실제로 빨갱이들이?

이인백 : 총을 다 가 다니지는 않애도 그중에 총을 마이 가 있으마 한 둘이나 이래 총을 가지고 다녀.

최승호 : 그 사람들 떼로 몰려다녔습니까? 몇 명씩 보통?

이인백 : 몇 명씩. 한 여나무[*여남은]씩 니리와야 쌀도 가가고 달[*닭]도 잡아가고 뭐 예를 들어가 염소나 이런 것도 몰고 가고 뭐.

최승호 : 그 사람들이 운문산에 있는 부대하고도 연결이 됩니까?

이인백 : 되겠지 자기들은. 자기들끼리는 되겠지.

최승호 : 운문산하고, 운문산에 인제 본부가 있으면 저기는 선의산은 인제 좀 지소 비슷하겠네예.

이인백 : 그렇지 뭐뭐 출장소 비스무리하이 이래가….

최승호 : 거기에 혹시 주둔했던 아지트라든지 이런 것도 혹시 들은 적 있습니까? 어디쯤에 있다.

이인백 : 지금 매전 내동에서 밀양 팔풍 넘어가는 재가 있어요. 이리. 밀양 팔풍. 밀양 팔풍은 이 밀양… 단장면도 아이고… 단장면 쪽인데 팔풍이.

최승호 : 산내 아닙니까, 산내.

이인백 : 산내면인강 모리겠다

최승호 : 산원가?

이인백 : 예. 산내. 여 우리가 여서 운문댐 지내가 경주 쪽을 건천을 나가다 보마 산내면이 있거든.

최승호 : 경주 산내.

이인백 : 예예. 거의 내나 팔풍이 걸로 딸맀지 싶다. 팔풍에 거는 옛날에 그 밀양 팔풍카마 소도 팔고 사고 하는 큰 장이 있고.

최승호 : 우시장도 있었습니까? 거기에 그라마 빨치산 머….

이인백 : 넘어가는데 내동서 팔풍 넘어가는데 거 꼭대기에 굴이 자

181

연굴이 하나 있어 굴이. 굴이 있는데 그 안에서 인제 그 당시에 빨개이 행사하던 사람들이 거서 묵고 자고 인제.

최승호 : 거기서 인제 주둔을 했구나. 여기 인제 선의산에는 그런 거는 못 들어봤고예?

이인백 : 거는 몬 가봤고. 선의산에 저도 주둔은 해가 있었어예 있기는. 어디쯤 있었는고 몰라도.

최승호 : 거 산에 올라간 사람들도 다 여기 관하 여기 사람들 아닙니까?

이인백 : 여 주위에 사람들이고 청도읍에도 인제 운산이나 예를 들어가 아까 용각산 너머 그 내동 사람들이나 이런 사람들도 인제 잡히가가 그래가 인제 행사하고 있은 사람도 있고. 거 갔다가 안 돼가 인제 도망쳐 내려온 사람도 있고.

최승호 : 수연 씨 아버지다, 이동철 씨 아버지 이런 사람들도 대부분 다 인제 그 빨치산에 인제 동조해가 올라갔다가.

이인백 : 그런 거는….

최승호 : 그런 것까지는 아니고?

이인백 : 있었는 거는 어른들이 전연 이야기 안 하고 '죄 없는 사람 엮어가가 죽있다' 뭐 이런 소리만 하지.

최승호 : 죄 없는 사람 엮어가서 억울하게 죽었다 그지예. 그래도 뭔가 이렇게 좀 이렇게 이 마을 안에 좀 배운 사람이라든지 공부를 좀 해갖고 이렇게 사회주의 공부를 한다든지 인민위원회라든지 뭐 남로당이라든지 그렇게 한 사람들이 한 사람 있었으니까 그 사람을 이렇게 중심으로 해갖고 그런 사상이 번졌지 않을까예?

이인백 : 사상 쪽으로 몰리갔던 사람들이 아이고 억울하게 누명 쓰

고 그랬는 거로 알고 있는데.

최승호 : 이런 분들한테 저기 우리 국가가 어떻게 해주면 좋겠습니까? 억울하게 참 살면서….

이인백 : 그때는 인제 국가가 또 못살았잖아요. 우리 한국에도 정부에도 못살았잖아요. 그러니 그걸 뭐 정부에서 시기가 했던 일도 아니고 단다이 참 알아보고 이 사람이 죄명이 없으마 풀어줘야 되는데 지서 거 유치장을 가다놓고 안 했는 일을 자꾸 뭐 이래 빨갱이짓 했는 거 매로 자꾸 추달 받을라카이 안 했기 때문에 안 했다 카는데도 자꾸 바른 말 하라 하니까 할 말이 없잖아요. 그런 식으로 야튼 뭐 누명 쓰고 그래 돌아가시는 거로 그래 알고 있습니다.

최승호 : 고문도 하고 했겠다 그지예.

이인백 : 고문은 그때는 했는지 안 했는지 우리는 그 안에 안 드가보이 모르는데.

최승호 : 지나가 당겨보면 뭐 고함소리 나고 신음소리 나고 이런 거는 못 들었으셨어예?

이인백 : 그래 듣길 만춤[*만큼] 그래 가깝지도 않았다카이 길에서. 담도 또 높으기….

최승호 : 2미터 50?

이인백 : 돌담이라카이. 헐[*흙]은 하나도 없고 돌담만 쌓아가.

최승호 : 인제 빨치산이 인제 보복 공격할까 싶어서 인제 높이 쌓아 났다 그지예. 보초도 서고.

이인백 : 그래 거 인제 담 싸는데 보마 성 쌓알 때 여여 창구무[*창구멍]을 내듯이 이런 식으로 요래 인제 몇 군데 내놓고 앞에 큰길 쪽으로….

최승호 : 여기 당시에 여기 마을에 면장이나 아니면 순사가 살거나 그러지는 않았습니까. 이게 부자가 이 동네 부자는 없었습니까?

이인백 : 부자는 있었지. 부자는 내 삼종조부도 그때 잘 살았고. 고성 이씨에 인제 이승기 씨라고 거도 잘 살았고. 거는 참 빨갱이들이 섣달 그믐날이가 음력으로 섣달 그믐날이가 와가 손 가지고 불러내가 싸뿐데[*쏴버렸는데]. 집에서 인제 사랑, 사랑채에서 인제 불리나가가 보통 이게 인제 집을 지으마 이게 사랑 같으마 앞에 여 청이 좁다란이 있거든. 큰 청이 대청이 아이고 인제 큰방 앞에 작은방 앞에라야 대청이고. 요 인제 사랑 앞에는 요만하이 인제 물리청이라. 거 불리나와 가주고. 야 뭐 짙에[*곁에] 사람은 총소리가 팍 나이 누가 죽었능공 뭐 캤다 카는데 우리도 그때 총소리 들었다 카면서 그래가 보이께 이튿날 거 인제 딱 한 사람만 지깄어.

최승호 : 이승기 씨가 돌아가셨구나. 뭐 그 사람 평상시에 뭐 쌀도 주고 많이 뺏겼을 건데.

이인백 : 뺏기도 또 돌라카이 아 없다캐놓이 인제 내 잡아가라 카는 식으로 배 내미꺼네 그러면 니 죽고 너거 집에 함 디비 보자 카는 식으로 그래가 인제.

최승호 : 이승기 씨 집에 여기 자녀들은 없습니까? 이 사람들도 신고를 안 했는 거 아닌가. 이 사람들도 억울하게 사실 어쨌든 죽은 사람인데.

이인백 : 고인 다 돼뿠어요. 막내이 아들은 아이[*아직] 있다 있기는. 여 집, 고향에 없으이끄네.

최승호 : 고성 이씨 이승기 씨가 아주 큰 부자였습니까?

이인백 : 큰 부자가 아이고 좀 괜찮게 살았지. 그때 인제 면에 좀 매전면에 좀 다녔는가 모리겠다.

최승호 : 면서기 했습니까? 그때 당시에 보면 인제 면서기나 순경 이런 집들을 이렇게 빨갱이들이 가서 이렇게 뭐 죽창으로 이렇게 찌르기도 하고 총으로 쏘기도 하고 그런 것들이 있었거든요.

이인백 : 쪼매 똑똑한 사람들 그 당시에 마이 죽었어요. 억울하게.

최승호 : 똑똑한 사람들. 똑똑하다 카면 뭐 어떻게 공부를 많이 했는 사람입니까, 아니면?

이인백 : 한학이라도 좀 배우고 같은 친구라도 머리가 좀 월등하게 좀 나은 사람이 있잖아요. 말을 해도 남 앞에 떳떳하게 하고.

최승호 : 말도 조리 있게 하고. 똑똑한 사람들이 죽고 나니까 그 집안이 다 망하잖아요.

이인백 : 그렇지. 우에 어른들이 없으이 밑에 자녀들 교육도 몬 씨기고 뭐뭐.

최승호 : 돌아가신 분들을 위해서 청도군이나 매전면에 이런 데서 이렇게 돌아가시고 나면 먹고 살기가 어렵잖아요. 그러면 구호미를 준다든지 이렇게 쌀을 이렇게 갖다 주는 그런 건 없었어요?

이인백 : 그런 거는 뭐 우리 알고는 없었고.

최승호 : 수연 씨 집에도 그런 게 보조 같은 게 전혀 없었습니까?

이인백 : 그때는 그때 정부에서도 그런 보조 줄 형편도 안 되고 미국에 뭐 밀가루 같은 거 원조 받아가 묵고 살고 이럴 텐

데.

최승호 : 그 원조품 그런 것도 안 갖다 줬습니까?

이인백 : 미국에서 인제 원조 밀가루 같은 거 나왔는 거는 여 아까 방공호 매로 이래 판다 카는 그때 인제 그때 일하는 사람들은 밀가루 이틀, 3일 하마 잘하는 사람들은 뭐 밀가루 한 포쓱 타가오고 그럴 땐데. 딴 거는 그냥은 정부에서 뭐 그래 보상 주는 거는 보도 몬했고 들도 몬했고.

최승호 : 온전히 내 집안에 내 문제는 내가 해결해야 되는 거네. 그지요. 국가가 필요없는 거네예.

이인백 : 근데 인제 정부에서 그 당시에 억울하기 돌아가싰는 분이 인제 확실하게 그 하마 인제 애들 자녀들 취직 같은 거 이런 거는 뭐 웬만한 회사 같은데 이런 데는 드갈 수 있고 공직에는 드가기 힘들고. 사상이 그래 그 당시에는 사상으로 여 면사무소 가가 증명서 띠마 사상은 뿔근[*붉은] 줄 있거든요. 지금은 없어졌지마는.

최승호 : 그게 인제 신원조회 카는 건데 신원조회 걸리면 인제 사실은 공직도 못 하고 선생도 하기 어려웠고 특히.

이인백 : 군에 가가지고 인제 전사 당해가지고 자기 아버지가 전사 당했는 자녀들은 유공자녀들은 취직 같은 거 이런 거 하는데 정부에서 좀 봐줬지.

최승호 : 그런데 인제 전쟁 때 억울하게 돌아간 사람들은 그런 것도 사실은 없었잖아예 그지예. 지금 아직까지 이수연 씨가 진실화해위원회에 조사를 못 받았기 때문에 아마 조사관이 시간이 나면 찾아오실 것 같은데 큰형님하고 둘째 형님이 귀가 어두우면 귀가 어둡더라도 이게 묻고 하면

대답은 하실 수 있겠지예?

이인백 : 큰소리로 하면.

최승호 : 큰소리로 하면. 특히 인제 큰형님은 인제 돌아가시는 것도 봤고. 또 무덤, 장례도 지내….

이인백 : 둘째 형님이 준호 형이 인제 장례할 때 수연이 오빠하고 같이 가가 그때는 형님은 그 결사대에 있었거든.

최승호 : 형님이 결사대에 있었어요? 이준호 형님이. 근데 결사대에 있는데 어떻게 빨갱이, 죽은 사람 거기 갔습니까?

이인백 : 결사대는 지서 보조라 카이까네. 보조고 인제 지서 순경들이 총을 쏘가 사살시킨났지마는 일단은 치아야 되거든요. 그냥 거 나두지는 모하거든. 그러이 인제 결사대들이 거 가가 인제.

최승호 : 친척이라서 갔는 게 아니고 결사대라서 가신 거예요?

이인백 : 결사대고 친척이기도 하고. 그 뒷정리는 결사대가 인제.

최승호 : 아, 뒷정리는 결사대가 맡아서. 곰티재에서 돌아가신 분이 얼마나 될란가예?

이인백 : 야튼 뭐 매전면 전체로 치마는 뭐 한 4, 50명은 안 될랑강.

최승호 : 매전면 사람들은 대부분 다 곰티재 그 꼭대기 거서 인제.

이인백 : 거서도 마이 그랬고, 저 운문이나 이래 또 글로는 또 그런 사람들을 또 그랬는데 사살시킨 자리가 또 따로 있겠지.

최승호 : 운문 그쪽은 어디에 사살했는지는 모르시고예? 어쨌든 인제 매전면 사람들은 어쨌든 인제 곰티재 꼭대기 고개말래이[*고갯마루] 거서 인제 다 죽이고. 대부분 다 거서 다 묻었겠다, 그지예. 찾아간 사람도 있겠고.

이인백 : 우야다가[*어쩌다가] 찾아간 사람 우야다가 있지. 거의가 그 옆에 마. 거 가보마 묘터가 괜찮애요. 옛날에 화전민이 밭을 쪼샀제. 그 인제 동쪽을 일로[*이리로] 보고 있고 인제 밭이 이래 삐딱하고 요런 식으로 돼가 있는데 인제 여쪽에 우리 매전 쪽에 죽은 사람들은 이쪽에 이래 디리졌는데 그 그런데 디게 산이 가팔지도 안 하고 악산도 아이고….

최승호 : 그래도 거기서 인제 경찰이 사람을 인제 총살한 거는 거기가 묻기 좋다든지 그랬기 때문에 거기에 끌고 갔을 거 아닙니까?

이인백 : 인제 재 꼭대기에 좀 외지고 하이끼네 인제 동네 옆이나 이런 데 그 해놓으마 동네 사람들이 지서 순사들 보고 그냥 아 있을 끼고 하이께네 거는 집도 절도 없고 그하이끼네 인제 산꼭대기 거.

최승호 : 지금도 거기 위령탑하고 거기 있지예? 위령탑 바로 옆에 거기 무덤이 있습니까? 이수연 씨 아버지 무덤이.

이인백 : 고서 요래 요쪽 쪽에 요서 청도로 넘어가고 우측에.

최승호 : 지금 터널로 들어가면 안 되고 옛날 그 길로 올라가야 되지예? 그 길로 올라갈 수는 있지예. 가면서 한번 가봐야 되겠네.

이인백 : 그 길도 지금 구길도 거기 인제 구길이거든. 신길이 생기 뿌놓이 그런데. 거 구길도 지금 인제 혹시나 터널이나 뭐 이상이 있으마 그 길로 다니도록 보수도 하고 관리한다카이께 도로공사에서. 여 우리 청도 여여 우리 길이지만은 국토관리청은 사무실 부산에 있거든예.

최승호 : 예. 사무실 부산 국토관리청에서.

이인백 : 이 도로에 예를 들어가 가에 일이 있으면 부산까지 국토
관리청 부산 찾아가야 돼. 안 그라마 이 국토관리청 사무
실이 대구 김해 간 고속도로 닦을 때 그때 인제 국토관리
청 사무실이 지금 밀양 긴늪 숲에 여쭈 얼음골 카는데 걸
로 드가는데 요 앞에 고 사거리 고 폭 꺼진데 고 도로공사
사무실이 있거든. 도로공사 사무실 저기 청도 여 전에 땡
겨온다고 애써샀티마는 밀양시한테 뺏기뿐데 그 도로공
사 저 사무실이 여 오마 그 인제….

예순자 : 지금 이야기한 거 하고 모레 또 시숙 어른들하고 이야기
했는 거캉 안 맞으마 우에 됩니꺼?

최승호 : 안 맞을 리가 없지예. 다 들으신 거니까 예. 아마 아마 맞
는 부분을 하실 거고 시숙 얘기를 거 인제 진실화해위원
회에서 주로 들을 겁니다. 하여튼 어르신 오늘 장시간 말
씀해 주셔서 고맙습니다. 하여튼 이수연 씨가 꼭….

예순자 : 여는 어린 거기고 어린 나이고 우에 형들은 나이가 찼기
때문에 더 정확하게 이야기 할….

이인백 : 내가 모르는 것도 또 형님들이 알 수도 있고.

최승호 : 맞습니다. 그거는 인제 우리 진실화해위원회에서 조사관
이 직접 와서 할 거고 저는 인제 거기에 혹시나 또 빠지고
또 다른 얘기들이 있을까 싶어서 그래서 인제 제가 듣습
니다. 근데 제 얘기도 조사관들이 참고를 해갖고 그래 유
족을 판정을 할 겁니다.

이인백 : 오늘도 오전에 거 서울서 전화 왔더라고. 오늘 뭐 한 시
반에 만나기로 했다 카면서커덩. 그래 며칠 전에 어제아

래가[*엊그저께인가] 약속해 놨는데 오늘 오시겠지 내가. 그분들은 야튼 좋은 일을 하는 분들이다 내가. 요새 바쁜데 남의 일 뭐 그래 내 일매로 이래 돌봐줄 사람이 실지 간혹은 있지만은 귀하다고 말이다. 내게 덕[*득]이 되는 기라야 뭐….

최승호 : 제가, 제가 인제 경산신문사 기자거든예. 제가 인제 한 30년 했는데 제가 처음에 인제 코발트광산 이거를 밝혀 갖고 그래 인제 제가 썼는 기사를 보고 유족들이 와가 유족회 만들고. 그때 인제 우리 청도의 박희춘 씨도 오고 그라고 이동철 씨도 오고 이래갖고.

이인백 : 박희춘 씨도 고인돼뿠다.

최승호 : 고인 돼뿟습니까. 그분이 제일 많이 아는데.

이인백 : 한 3년이나 됐지. 거 이서 새월이거든 신촌. 대구 있다가 고향에 와가 향교도 나오고 이래가 수년 지내다가 참 돌아가셨는데 한학도 마이 알고….

최승호 : 그분이 책도 쓰고 그분이 여기 청도에 사건들을 제일 많이 알고 있었어요. 그런데 그분이 인제 돌아가셔서 좀 안타깝지.

이인백 : 거도 나이가 아이 뭐 그키 많지는 않은데.

최승호 : 유 되지예?

이인백 : 아입니다. 우리보다 많다. 우리보다 지금 팔십 한 여덟아홉 가까이 될 기라, 살아있었으면. 고인 된 지 한 3년 됩니다.

최승호 : 그분이 살아계시면 그분 인터뷰를 하면 참 좋은데.

이인백 : 그분이 향교에서 대구에 있다가 고향에 인제 신촌으로.

이서 새월이 신촌이라 캅니다, 관동은. 근데 거는 옛날부터 인제 밀양 박씨들이 청도에 마이 사는데 뭐 박약회니 뭐 뭐 이래 모임도 많고 그래도 박씨카마 이서 새월. 새월 박씨라야 옳은 박이고 허친[*흩어진] 박은 쪼그랑 박이고. 하하.

최승호 : 하여튼 어르신 오늘 고맙습니다. 어르신 저기 뭐 혹시 오늘 말씀하셨던 것 중에 이런 건 빼라 이런 거는 그런 거는 없지예?

이인백 : 아니 뭐 여나도[*넣어놔도] 괜찮심다. 뭐 인지 잡아갈 일도 없고.

최승호 : 그러면 오늘 구술은 여기서 마치겠습니다.

22-1. 이수연 전화녹취록
(이인백 증언의 보조 구술)

사건과의 관계 : 이정봉의 자

구술 당시 나이(생년월일) : 1949년생

출생지 : 청도군 매전면 관하리

이수연 : 보도연맹 가입하라고 하이까 했는지 그런 것도 하여튼 보
도연맹 가입하라 캐가 해가 지서에 가고 우리 아버지는
죄가 없다고 할아버지 제사에 와가 제사 지내고 누워 자
는데.

최승호 : 잠깐, 이재우 씨는 이제 주동잔데 이분은 안 돌아가셨어
예?

이수연 : 그 사람은요, 주동자가 자기 죄를 알아가지고 어디 땅속
에도 숨고 어디 다락방에도 숨고 그래가지고 부인이 지
서에 잡혀가가 죽도록 뚜드러 맞아도, 우리 어릴 때 들은
소리야. 죽도록 반빙시가 돼도 입을 안 불었대요. 남편이
어디 있는지를 안 가르쳐 줬대. 그래가 그분은 그 6촌 오
빠인데 그분은 살았고. 어릴 때 내 마음에 그 오빠가 이

제 6촌이고 하이께 묘사고 제사 때 오면 막 이래 얘기를 엄청 잘하면 속으로 저 사람이 내 아버지를 죽게 맨들었다. 나는 그런 그런 마음이 품었죠. 저도 당헌 게 많으니까. 제약이 많잖아요. 그때 당시 낙인찍히면은 신원 조회하면 다 나오잖아요. 움직일 수가 없었어요.

최승호 : 그때 간호장교 하고 싶었는데 못 하셨다면서요?

이수연 : 군에 보내줘야죠. 그런 거 못 하죠. 돈이 없어서 군에 가서 간호장교 저기 저거로 갈라 그랬는데 완전 그 뭐꼬 신원조회 근처도 못 가는 거죠. 그런 제약들이 되게 많아가 굉장히 위축되게 살았어요. 사실은. 엄청 위축되죠. 그래서….

최승호 : 마을에서 관하리에서 엄마하고 두 분이 대구로 나간 게 몇 살 때 나갔어요?

이수연 : 제가 이제 저기 대구나 할머니하고 우리 엄마하고 이제 세 식구가 살다가 내가 중학교를 청도서 중학, 청도중학교를 했어요. 그러다가 이제 대구에 대구에 가가지고 고등학교를 하고. 그래서 이제 없는데도 우리 엄마가, 못 배우니까 이런 일을 당한다고 내 자식, 그게 나밖에 없잖아요. 아버지 돌아가시고 그러니까 이제 우리 엄마 고생 고생하미 나무하고 저기 길쌈하고 명주 짜고 이런 거 팔아갖고 등록금도 하고 막 그랬어요. 대구 가 고등학교하고 우리 고모가 또 이제 교회 다니신 분이 좀 깨여가지고 여자는 자격….

최승호 : 고등학교는 어디 졸업하셨어예?

이수연 : 예?

최승호 : 고등학교는 어느 학교 나오셨어예?

이수연 : 대구여상. 예 그래가 우리 대, 인자 간호대학은 대구간호 대학.

최승호 : 대구간호대학.

이수연 : 예. 그렇게 이제 우리 고모가 이제 여자도 자격증이 있 어야 된다고 그래가 공부를 해라 하고. 고모 집에서 이 제 다니고 해가 딴 돈은 안 들고 그러고 이제 우리 엄마 가….

최승호 : 고모가 대구 살았어예?

이수연 : 고모가 대구 살았어요. 그래가지고….

최승호 : 그러면 아버지 성함이 어떻게 되시죠?

이수연 : 이정봉 씨, 이정봉 씨. 성함이.

최승호 : 몇 년생이죠. 20….

이수연 : 몇 년생, 몇 년생 이런 거 내가 그 서류 봐야 되는데.

최승호 : 그 서류를 한 번 보고예.

이수연 : 돌아가신 지는 오 오, 제가 49년이고 50년 음력 6월에 돌 아가셨어요.

최승호 : 50년 음력 6월. 며칠인지 모르고.

이수연 : 6월 24일.

최승호 : 6월 24일날. 아 그때 집 나가셨대요?

이수연 : 예?

최승호 : 그때 집을 나가셨어예?.

이수연 : 아버지가? 그때 아버지가 집 나간 게 아니고.

최승호 : 아니 그 파출소에 있다가.

이수연 : 파출소에 있다가 파출소 잡혀, 새벽에 다 잡혀갔잖아요,

마을 사람들이. 그거 그 원정지에 지서라는 데가 있어요. 거기 잡혀 있다가 이제 추럭을 타고 운문 사람 뭐 동창 사람 이런 사람들 다 가는데 우리 아버지가 거기 탔더래요. 거 우리 저기 이준호 씨가 봤을 때. 타고 가는 걸 봤고. 그런 이제 곰티재에 총소리가 났다고, 클 났다고 거기 뭔 일 났다고 그래가 이제 잡혀갔으니까 우리 엄마는 나를 업고 곰티재 가는데 순경들이 총 개머리판으로 거 가면 죽인다고 막 개머리판으로 들이댔는데 우리 엄마가 나도 죽이라고, 이런 상황에서 살마 뭐 하냐고 같이 죽여 달라고 막 그러니까 순경들이 거 저기 그냥 말을 못 하고 가도록 놔뒀대요. 그래 거 가가 이제 이준호 씨하고 돌아가신 우리 오빠 뭐 이런 사람 그 자리에서 엮있는 그 손목 엮있는 거 풀구 그 자리 뭐 얼마 안 떨어졌는데 거기서 뭐 저 무, 그거 산소 대충 맨들어 가지고 했다고 그러더라고요.

최승호 : 예, 매장을 했다 들었어요. 혹시 아버지 이정봉 씨 말고 그때 마을에 돌아가신 분이 7, 8명 되는데 혹시 이름 기억나는 들은 기억이 있어요? 이일희 씨 말고 또.

이수연 : 그 김정재라 카는데 김종재, 김종재 이카든데 우리 그 친척 아재 되는 분인데. 김종재카민서 동철 씨 있잖아요.

최승호 : 이동철 씨, 예.

이수연 : 이동철 씨 이모부 될 거예요. 이모부. 김종재 카는 사람이 이동철 씨 이모부 되고. 또 이동철 씨 작은아버지도 같은 날 저거 제산데 그 집은 성함 모르겠고 운산띠기라 그랬는데 잘 모르겠어요.

최승호 : 논산댁?

이수연 : 운산댁.

최승호 : 운산댁. 아 운산댁. 운산마을에서 시집왔네.

이수연 : 그리고 또 진주아지매 카는 사람이 남편이 저기 큰아들 이름은 이재만인데 그 아재도 이름 모르죠. 저는 돌 때니까.

최승호 : 아들이 이재만이다 그지요?

이수연 : 이재만이고 그분도 제사가 한 날이고 또 이제 이재화 씨라고 1기 때 저기 해신 분이 있대요. 이재화. 부산에 사는 사람인데 그 아재도 같은 날 제사예요. 이름은 잘 모르겠어.

최승호 : 그러면 이제 이 김종재, 이일희, 운산댁, 진주아지매, 이재화, 아버지 이정복. 이런 사람들이 이제 다 돌아가셨네 그지예?

이수연 : 예. 그렇죠, 그렇죠. 예예예.

최승호 : 같은 날. 같이 6월 24일날 다 제사 지냅니까?

이수연 : 그렇죠, 그렇죠. 제사가 그때 막 여럿 집이 지내가지고 우리가 어릴 때 그 집 딸하고 우리 딸. 어떻게 우리 아버지하고 너거 아버지하고 제사가 같은 날이다 그지? 막 이러고. 그때 여름에….

최승호 : 이유를 몰랐구나.

이수연 : 그 이유를 모르니까 뭐 그때는 못 살아가 쌀도 제사 때 쌀이 없어가 그리고 우리 엄마는 우리 아버지 제사 때 그리 욕을 하더라고. 그래 우리 아버지가 억수로 나쁜 사람인 줄 알았어요.

최승호 : 아버지 좋은 사람이었어요. 세상을 바꿀려고 했던 사람인

데 억울하게 죽은 거죠. 똑똑해서 그래요, 아버지가.

이수연 : 그런데 그전에 언젠가 내가 30대쯤 돼가 그 손에 엮여서 그 총부리 앞에서 그 이 사람이 생각해 보세요. 그 죽음 앞에서. 그 사람이 한창 30대 초반인데 그 마음이 어떻겠는지 그거 생각하면은 내가 통곡을 했다고 한날 그 아버지를 생각하면서. 우리 엄마는 뭐….

최승호 : 아버지 얼굴은 기억나요?

이수연 : 첫 돌이 5월달이고 첫 돌 5월달이고 우리 아버지 6월에 돌아가서 기억이 전혀 없죠.

최승호 : 1년도 안 됐으니까 그죠?

이수연 : 1년 지나 1년 지나고 한 달 넘었겠죠.

최승호 : 아버지 사진을 엄마가 안 갖고 있습디까?

이수연 : 아버지 사진 있어요.

최승호 : 사진 있어예?

이수연 : 예.

최승호 : 아, 그 사진도 하나 휴대폰으로 찍어갖고 제가 아까 몇 가지 좀 보내달라고 캤는데 고기에 같이 해서 하나 보내주세요.

이수연 : 예. 그리고 오늘 인백이 그 사람이 대접은 잘했는가 몰라.

최승호 : 예. 감도 주시고 거서 대추도 주시고 커피도 끓여주시고 해서 나중에 인사하세요.

이수연 : 내가 아니 차라도 한 잔 대접해야지 이카이께네.

최승호 : 커피 태워줍디다 아예.

이수연 : 아이, 그래서 내가 그랬더니 아니 모르는 사람이 와도 대접하고 인심이 그런데 그렇게 저거 하는데 그래 알았어

아지매. 내가 나이는 작아도 또 항렬이 높아가지고 아지매거든요. 그리고 우리 올케는 그때, 그때 우리 올케는 그때 없었고 우리 오빠가 장가도 안 갔을 때예요.

최승호 : 대전댁이 예.

이수연 : 예 예.

최승호 : 대전댁. 오늘 대전댁하고 커피 끓여줘가 커피도 마시고 되게 고마워합니다. 이런 거 해줘갖고.

이수연 : 어 그러니까.

최승호 : 너무너무 고맙다 카십디다.

이수연 : 그러니까, 그러니까. 그런데 너무 지금이라도 국가가 좀 그런 걸 해주니까 나는 너무 그래도 감사하기는 한데. 지금은 이제 나이가 들어서 그런데 한창 20대 졸업하고, 졸업하고 공직에 못 들어가고 이랬을 때 굉장히 위축됐어요. 비밀이 많았고. 그런 어떤 게 이제 자라면서 비밀이, 비밀로 비밀로 가슴에 품더라고.

최승호 : 친구들한테 얘기도 못 하고 그랬죠?

이수연 : 얘기도 못 하고.

최승호 : 남편한테는 얘기했어예?

이수연 : 남편한테 얘기 안 했죠.

최승호 : 남편은 언제 알았어예?

이수연 : 남편 언제 알았냐면은 우리 엄마가 한 10년 다 돼 가는데 2013년에 5월달에 돌아가셨거든요. 그래가 산소를 고민하다가 그 아버지 옆에 거기 누가 내 친구가 저기 교장인데 초등학교 친구고 교장이 저 문상 와가 야야, 요새는 친환경이라고 크는[*하는] 산소 옆에 요렇게 항아리를 묻

고 고렇게 해놓으마 된다더라. 그래 해라. 차라리 그기 낫지 않냐. 이래가지고 여기 고양시 여 일산에서 그 청도 거기 곰태재까지 가가지고 우리 엄마 유골을 그 아버지 옆에 묻어드렸거든요. 울 엄마는 울 엄마는 그때 이제 2013년에 돌아가셨어요.

최승호 : 그때 이제 남편한테 이제 얘기한 거예요?

이수연 : 그때 이제 장례식 갔다 오면서 그때 처음으로. 내가 79년도 결혼했는데 그때 처음으로 그 고백을 했어. 아들하고 남편 앞에서. 우리 아버지 내가 그런 사람. 그런데 이제 또 우리 시동생이 공군 스리스타로 제대를 했어요. 근데 시집을 오니까 그 시동생이 공군사관학교 나와서 거 저기 저 소위 중위 막 이래 되더라고. 그때 가슴 많이 졸였어요.

최승호 : 혹시나 내 때문에 또.

이수연 : 어, 시동생한테 피해가까봐 예, 막 엄청 졸였어요 가슴을. 그래가 노무현 대통령 때 완전히 그거 없애줬거든요.

최승호 : 노무현 팬이시겠네.

이수연 : 어, 예예. 근데 찬양 씨 그분이 그래서 내가 청도군 경찰서에서 이제 진화위 그 소리를 우리 친척이 고모, 테레비에 이런 거 나오는데 할아버지 명예회복되는 그런 거 테레비에 나오는데 한번 찾아봐라 이러더라고. 그래 이따가 이제 그 컴퓨터 들어가가 찾았더니 명예회복, 명예회복 이런 거 이정봉 누구 누구 관하실 사람 운문 사람 동창 사람 쫙 나열돼가 있는데. 우리는 이제 그 이재화 씨하고 김종재 카는 그 사람들은 보호자들이 가서 자식들이 가서

이제 이렇게 했고, 우리 아버지는 나는 그런 이제 우리 오빠는 양자니까 관심도 아예 없었고. 나는 멀리 떠나왔으니 그런 소식도 몰랐고. 그래가 보이께네 그냥 명예회복 이렇 이렇게 해가 있더라고. 우리 아버지 이름 옆에. 그래서 찬양 씨한테 그 얘기를 했더니 자기가 그 작업을 했다 이러더라고.

최승호 : 청도에 자료를 찾아갖고 곰티재에 지금 위령탑이 있는데 거기에 보니까 이름이 있습다, 예 예.

이수연 : 그래서 올해 우리 산소 갔는데 비가 와가지고 거기 5월달에 못 올라가고 그래 왔는데 번 내려갈 거예요. 일 년에 한 번씩은.

최승호 : 내려오면 한번 전화 주십시오.

이수연 : 예 예. 그럼 사진 찾아가지고 우리 아버지….

최승호 : 보내주시고, 성함하고 혹시 한자하고 이런 거 어머니 성함하고 이런 거 몇 개 좀 제가 보냈는 거 보내주세요.

이수연 : 예. 그리고 이사님 이게 나정태 회장님이 보냈는 동영상을 보니까 이게 뭐 국회에서 그냥 계류되고 1년 이거 가지고 그동안 이거를 통과할 수도 없다 이러면서 그런 어떤 선언문 낭독도 하고 그러던데 어떻게 진척이 되는 거예요. 어떻게 되는 거예요?

최승호 : 그거는 진실 규명하고 관계없이 이제 예전에는 진실 규명 받고 나면 우리가 민사소송을 해서 그래 승소해야 국가한테 보상을 받았거든예. 지금은 이제 진실 규명되면 곧바로 이제 1인당 이제 9990만 원을 지급할 수 있도록 법을 지금 특별법을 만들고 있어예.

이수연 : 그기 아직 통과가 되지를 않앴는 거.

최승호 : 예 예, 통과가 안 됐습니다. 그걸 지금 국힘당이 계속 반대를 해서 통과가 안 되고 있는데 지금 4·3하고 여수는 다 통과가 됐어예.

이수연 : 그러니까.

최승호 : 그래서 요것도 통과시키려고 민주당이나 유족들이 유족회에서 전국유족회에서 노력하고 있습니다. 그래서 나중에 혹시나 서울에서 이런 집회나 이런 거 있을 때 가서 얼굴도 내밀고 이래 하시소.

이수연 : 거기 진화위 거기에서 누가 1인 시위를 하셔가지고.

최승호 : 진화위에서 계속하고 있고.

이수연 : 내가 가볼라고 했는데 그 위치를 제가 몰르⋯.

최승호 : 국회 앞에서도 하고 있습니다. 진화위는 어디 있냐 하면 저기 광화문에.

이수연 : 저기 퇴계원이라고 카던데,

최승호 : 광화문 쪽에 있습니다. 퇴계로에 있습니다. 퇴계로.

이수연 : 퇴계로. 역에서 내가 어떻게 가는지 찾아보다가 그냥⋯.

최승호 : 충무로, 충무로 쪽에 있던데 제가 나중에 거기 거기 큰 건물에 연금공단인가 하튼 그 건물에 안에 있습니다.

이수연 : 아 그래요? 예 예. 그러면 제가 한번 가보려고 해요. 그런데 찬양 씨인가 그분이 그때 짜증 냈어.

최승호 : 아, 산영, 산영 씨가?

이수연 : 너무 바빠가지고.

최승호 : 조사는 해야 될 사람이 많은데 조사원은 지[*자기]밖에 없고 이래나니까.

이수연 : 예, 짜증 냈어. 그래서 내가 아 그게 아니고 이랬더니 아, 예 그러면서….

최승호 : 그래서 우리가 제가 우리 유족회에서 조사관들이 너무 바쁘니까 일반 저 대학교수나 이걸 잘 아는 사람이 조사할 수 있도록 해달라 그래갖고 그래 제가 한 거예요. 제가 30년간 코발트광산유족회도 만들고 코발트 유족들 200억 보상받을 수 있도록 제가 노력을 했었거든요.

이수연 : 그러면 선생님도 유족?

최승호 : 유족 아닙니다. 예.

이수연 : 아마 유족 아닌데도 그렇게 하셨어요?

최승호 : 뭐 그건 뭐 지역의 젊은 사람으로서 한 거죠.

이수연 : 아, 감사합니다. 진짜 원을, 이거는 일생 그 가정이 풍지박상 되는 거잖아요.

최승호 : 예 맞아요.

이수연 : 한 가정이 풍비박산 되는 거예요. 그 울 엄마의 일생은 완전 망친 거예요.

최승호 : 그렇죠.

이수연 : 예. 자식이 없어서 그렇지. 저밖에 없어서.

최승호 : 조금만 더 기다리시면 마 좋은 소식이 있을 겁니다.

이수연 : 예 이사님 감사합니다. 예 예, 수고하셨어요.

최승호 : 네 네.

이수연 : 네 네 네.

4차 구술

2024년 2월~

권춘희
남효덕
문태주
이영대
최주홍

23. 권춘희 구술증언

권춘희(이기인의 딸) 유족
2024. 02. 17. 토 오후 9:06 / 40분 49초

최승호 : 안녕하십니까. 오늘은 2024년 2월 17일입니다. 저는 코
　　　　발트광산유족회 최승호 이사입니다. 오늘 오신 분 성함은
　　　　어떻게 되십니까? 이름?

권춘희 : 이름. 저 이기인의 딸 이춘희인데 권춘희로 살고 있습니
　　　　다.

최승호 : 이기인 씨하고는 어떻게 되십니까?

권춘희 : 아버지입니다.

최승호 : 아버지. 혹시 아버지의 고향이 어디셨습니까?

권춘희 : 아버지의 고향은 의성군 쌍계리 의성군 비안면 쌍계리.

최승호 : 비안면 쌍계리. 아버지가 몇 년생이시지예?

권춘희 : 저 정확히는 안 봤는데요. 22년생 그러니까….

최승호 : 22년생 맞았습니다. 22년생 맞았어요.

권춘희 : 예. 그렇다고.

최승호 : 그러면 우리 따님 몇 년생이십니까?

권춘희 : 저는 48년입니다.

최승호 : 48년생. 그러면 아버지가 돌아가실 때 몇 살이셨습니까?

권춘희 : 3살.

최승호 : 혹시 아버지 기억나시는 게 있습니까?

권춘희 : 저는 못 기억해요.

최승호 : 기억 못 하시죠. 그때 어머니는 계셨고?

권춘희 : 어머니는 그러니까 스물한 살에 저를 낳아서 돌아가실 때는 스물세 살.

최승호 : 스물세 살. 예. 48년도에 태어나셔서 그러면은 어머니는 그럼 언제 돌아가셨어요?

권춘희 : 어머니는 저 기억 안 하고 살아가지고.

최승호 : 몇 살 때쯤, 내가 몇 살 때쯤 돌아가셨어예?

권춘희 : 내가 저기 뭐야 시집가고 한 돌아가신 지가 한 20년 정도….

최승호 : 20년 전. 아 그러면 아버지 돌아가시고 한참 살아계셨네예?

권춘희 : 그렇죠. 그래서 아버지 살아계시고 돌아가시고 그러니까 그간에 많은 일이 있는데 이렇게….

최승호 : 어머니는 그때까지도 뭐 돌아가실 때까지도 아버지가 돌아가신 사실을 알고 계셨습니까? 아니면 집에 돌아올 거라고 생각했습니까?

권춘희 : 저기 뭐야. 아버지가 그러니까 결혼한 것부터 말할까요? 그러니까 어머니가 그러니까 열일곱 살쯤 돼서 그러니까 저기 뭐야 처녀들을 공출한다고 해가지고.

최승호 : 정신대 예?

권춘희 : 예. 그래서 외삼촌이 저기 집안에 어른, 집안에 외숙모를 통해선지 누구를 통해서 아버지를 이제 아버지를 그러니까 외삼촌이 가서 가니까 아침에 그러니까 엄마가 그러는데 아침에 외삼촌이 나가셨대요. 그런데 외삼촌이 나갔는데 저녁, 점심 때쯤 되니까 누가 이렇게 담 너머로 넘겨다 보는데 엄마가 그랬대요. 어 오빠가 나갔었는데 언제 왔지? 그랬더니 어떤 청년이 넘겨다 보더래요. 그래서 그 분이 우리 아버지가 되신 거죠.

최승호 : 중매로 이제 외삼촌이 인제 중매를 해서 이제 어머니 이제 정신대 안 끌려가게 이렇게 빨리 결혼시켰네.

권춘희 : 끌려가게 했는데 그래서 저기 뭐야 결혼을 인제 하시고 그날 우박이 막, 결혼 끝나고 나서 신혼방에 들어갔는데 저기 뭐야 우박이 그렇게 많이 쏟아졌대요. 방으로 우박이 들어올 만큼 그런 후로 이제 그러니까 아버지가 저기 뭐지 강제 노동.

최승호 : 강제 징용. 징병?

권춘희 : 징병서가 나와서 강제 노동을 가셨고 아버지는 저기 일본에 대학을 마치고 그러니까 동경 성악.

최승호 : 동경대?

권춘희 : 예. 동경대 성악부를 마치고.

최승호 : 아, 졸업하고?

권춘희 : 졸업을 완전히 했는지 그것까지는 잘 모르겠고요. 그냥 어른들이 사각모 썼다고 그렇게 말해요.

최승호 : 사각모.

권춘희 : 사각모를 쓴 분은 우리 아버지밖에 그 동네 300여 호가 넘는데 그분밖에 없다고 그렇게 큰오빠가 말했어요. 그러니까 그러구 그렇게 해서 그러니까 일본을 가시고 엄마는 그냥 혼자 큰 큰어머니 댁에 둘째 큰어머니. 둘째 큰어머니 댁에 할머니하고 거기서 남아 있고 그 가족들은 다 일본에 가서 사셨어요.

최승호 : 가족들은요?

권춘희 : 일본에 가서 사셔서 일본 가서 공부도 하고 또 저기 뭐야 생활들을 하셨다가 이제 건너와서 결혼을 하고 아버지는 징용 가시고. 그래서 어머니는 그냥 혼자 사시고. 그러다 그러다가 이제 큰집에 사시더라고. 둘째 큰집에 둘째 큰집 한 분만 할머니 모시느라고 거기 남아계시고. 그래서 그러니까 그 해방이 된 다음에 한참 후에 돌아오셨대요. 아버지가. 한참 후에 돌아오셔서. 그러니까 큰 둘째 큰어머니가 자꾸만 죽었으니까 시집가라고….

최승호 : 아, 안 돌아오니까?

권춘희 : 안 돌아오니까 해방이 되고 큰집 식구들도 다 돌아왔는데….

최승호 : 아버지만 안 돌아오니까.

권춘희 : 아버지만 안 돌아오시니까 그러니까는 그러면 시집가라고. 근데 안 갔대요. 안 가고 있었는데 돌아오셨대요. 그래서 돌아오신 후에 이제 동네 동네 어귀에 사람들이 많이 모인 곳에서 인제 연설을 하셨는데 그게 그게 잘못돼가지고 그것 때문에 이제 쫓겨 다니신 거죠. 피해 다니신….

최승호 : 피해 다니시고?

권춘희 : 피해 다니시는데 이제 저 어머니 고향 친정에 인제 대구 신천 그쪽에 사셔서 거기에 이제 방을 내줘가지고 거기서 저를 낳고 거기서 이제 사시다가 이제 피해 다니는 분이었으니까 그러니까 다시 피해 다니시니까 그분들이 또 거길 들이닥쳐가지고 그래서 어머니하고 이제 아버지 외갓집이 부산에 계세요. 그래서 아버지 외갓집에 이제 엄마하고 저하고 아버지하고 갔어요. 거기 가 살았대요. 방 하나를 얻어서. 방 하나를 얻어서 이제 그러니까 이쪽도 저쪽 저쪽, 저쪽이 뭔지는 모르겠는데 거기도 관련된 저기가 잡으러 다녔다고 하더라고요. 이쪽도 잡으러 다니고 저쪽도 잡으러 다니고. 그래서 그냥 거기로 피해 가서 그러니까 저희 가족만 위해서 살겠다고 거기를 갔는데, 거길 갔는데 다시 또 친구가 친구가 와서 가지를 않고 그 좁은 방에 같이 살았대요. 그리고 또 한 친구는 화가 친구인데 그 화가 친구는 늘 같이 이제 있어 줬던 화가 친구가 그려준, 그림도 그려주고 그렇게 있었다고 하더라고요. 거기서. 그러니까 바닷가에, 외갓집이 바닷가에 저 송정….

최승호 : 송정. 해수욕장 있는 데 예?

권춘희 : 그쪽인 것 같아요. 숲이 옛날에 제가 어렸을 때 가봤는데 소나무 숲이 되게 많은. 그래서 거기서 이제 사셨는데 그분이 안 갔고 그렇게 사시다가 엄마가 외갓집을 이제 저 업고 의성 외갓집에 부산에서 의성 외갓집을 오니까 그 사이에 그 친구가 신고를 했어요.

최승호: 신고를 했어요? 친구가?

권춘희: 친구가. 그래서 아버지는 엄마가 이제 내려가 보니까 여기서 볼일 보고 이제 내려가니까….

최승호: 의성에서 이제 다시 부산 가보니까.

권춘희: 예. 가보니까 그냥 방은 다 그냥 다 흩어져서 다 이제 그림 그려준 거고 뭐고 하나도 없이 쫙 그냥 그냥 가져갔대요. 그분이 가져가고 그러고서는 저기 아버지는 붙들려 가고.

최승호: 아버지는 경찰, 경찰에 붙들려 갔나 아니면 군에 붙들려 갔나요?

권춘희: 모르겠어요. 헌병한테 붙들려 갔는지 군에 갔는지 그건 제가 엄마한테 아주 자세히 안 물어봐서.

최승호: 엄마도 보지 못했으니까 누가 갔는지 모르겠네.

권춘희: 그러니까 그렇게 해서 엄마는 다시 또 이제 여기 대구로 올라와서 대구 이제 외갓집에 거기 살던 곳에 다시 있으면서 저를 업고 다니면서 떡장사를 하셨대요. 저기 형무소 앞에. 떡장사를 하면서 그러니까 면회를 하시고. 면회하시고 또 집에 갔다가 또 다음 날이면 또 떡 장사하러 오고. 그렇게.

최승호: 일부러 이제 아버지 보러 이제 떡장사를 하셨구나.

권춘희: 보러 다니고 그게 또 생활이 돼야 되고 먹고 살아야 하니까. 그렇게 하셨다고 하는 그러다가 그러다가 이제 한 떡장사를 하고 다시 이제 집으로 갔다가 그다음 날 가니까 면회 신청을 했는데 행방불명됐다고 말하더래요.

최승호: 행방불명됐다. 그때가 한 몇 월쯤 됐던가예? 더울 땐가?

권춘희 : 그거는 안 물어봤어 봤어요. 6.25 전쟁 나면서.

최승호 : 전쟁이 나고 낫죠.

권춘희 : 난 후 같아요. 그래서 그렇게 해서 찾을 길이 없는데 사람들이 그렇게 말하더래요. 트럭에 실고 갔다고. 밤에. 트럭에 실고 저 저 갔다고. 그래서 엄마는 나를 업고 많이 찾아다녔대요. 많이 찾아다녔는데 찾을 수가 없어서 그냥 그러니까 전쟁은 났고 그러니까 큰집이 의성, 큰집도 의성이고 엄마 친정도 저기 뭐여 의성이에요. 의성이고. 아버지는 우리 외할아버지는 장로님이시고 우리 저기 외삼촌도 장로님이시고. 근데 외할아버지는 돌아가시고 엄마 어렸을 때 돌아가시고 외할머니도 어렸을 때 1년 사이로 돌아가셨대요. 그러고서는 그렇게 해서 결혼을 했는데 그래서 큰집도 피난을 가고 작은 외삼촌네도 피난을 가고. 그러니까 의성을 내려오니까 갈 곳이 없어서 애는 울구 갈 곳은 없고. 그래서 요만한 보따리를 해서 물건을 해가지고 이고 이렇게 동네마다 이렇게 다니면서 건너서 갔는데 아마 의성에서 저쪽에 안동 쪽으로 가셨는 것 같아요. 지금. 그래서 거기서 누가 말을 해서 아들 하나 있는 그 사람한테 재혼을 권해서 절 데리고 거기로 이제 재혼을 하고 예천, 저 산골에… 그것까지 다 말 안 해도 되죠?

최승호 : 예. 하시고 싶은 얘기만. 어머니가 그렇게 이제 사셨네 예.

권춘희 : 그렇게 해서 사셨고 그 후에 동생도 나고 그리고서는 이모가 이제 대구에 사니까 그러니까 저기 뭐야 다시 한 번

거기를 형무소를 가서 열람을 해보니까 그냥 행방불명됐다고 다 모른다고. 그렇게 해서 돌아오시고 또 그 또 한참을 지나서 또 한 번 가….

최승호 : 형무소에 또?

권춘희 : 여기 대구를 와서 다시 한번 찾아봤는데 그때도 그렇게 말했다고 하더라고요. 그래서 그 후로는 이제 동생들도 나고 그래서 안 가셨어요. 그 후로 그렇게 몰랐어요. 그러니까.

최승호 : 그러면 이번에 이제 진실화해위원회에 신고한 거는 누가 하셨어요?

권춘희 : 신고는 제가… 그 알게 된 게 알은 게 아니고요. 제가 어딘가에는 죽였으니까 있을 거 아니에요. 행방불명됐다고 해도 누가 그거 믿어요. 그니까.

최승호 : 기록이 있을 거다. 어딘가는?

권춘희 : 어딘가에. 외삼촌도 한 분 계시는데 그분 참 외삼촌이 아니라 친삼촌, 삼촌이 한 분 계시는데 그분도 군대 장교 그였는데 순천 뭐 저거에 연루…. 그게 휘말려서 그분도 돌아가셨는데 죽게 됐어, 총 쏴서 죽었다고 누가 그러더래요. 그래서 할머니가 꿈에 나는 산골짜그에 있다고. 할머니 꿈에. 아들 둘을 그렇게 잃어버렸으니까.

최승호 : 아, 산골짜기에 있다.

권춘희 : 있다고 그래서. 그래서 그냥 엄마가 그 얘기 해서 어느 산골짜그에 그냥 있을 거라고 생각했어요. 그렇게. 그래서 그게 이제 KBS 다큐를 오늘 자다가 오늘 잠이 깨져서 잠이 안 오길래 테레비를 틀었더니 여기 광산….

최승호 : 코발트광산.

권춘희 : 예. 거기에 그 식구들 그 사람들이 울고 하면서 그 인터
뷰도 하고 그런 얘기하고 코발트광산 안에….

최승호 : 흙포대 있는 거.

권춘희 : 포대에 쌓여 있는 그걸 유골을 보여줬어요. 그걸 이렇게
보니까 와 그냥 눈물이 그냥 쏟아져….

최승호 : 아버지구나 이런 생각이 바로 드셨어요?

권춘희 : 예. 아니 아버지라는 것보다도 그냥 막 눈물이 하도 많이
나서 많이 울었어요. 그런데 그러고도 이제 2~3년 어떻
게 알아보는지를 몰라가지고 방법을 몰라서 어떻게 알아
보지. 아니면 어디다 전화해 해봐야 되나. 제가 수원 사
니까 수원에 김진(표) 의장님 계시잖아요. 저희 지역구에
요. 근데 그 저기 뭐여 거기를 이제 맡으니까 원수동 사
무실이 있더라고요. 그래서 혹시 거기다가 얘기를 해볼까
그런 생각도 해봤어요. 그러 그러다가 딸 보고 우리 나
그러니까 우리 한번 거기 좀 알아봐 달라. 내가. 이런 이
런 일이 있으니까 그게 한 번 보여주고 그다음에 또 한 번
보여주고 이렇게 해서 그제도 한 번 봤다고 하더라고요.
그래서 그 그래서 그러면 우리 이제 여기 좀 가보자.

최승호 : 코발트 가보자. 경산에.

권춘희 : 예. 그래서 여기를 와서 애들 손녀딸 둘을 데리고 꽃다발
들고 여기를 왔더니 그 플랜카드에 회장님의 그 전화번호
거기 적혀 있었어요. 그래서 제가 연락해서 받게 된 거예
요.

최승호 : 그럼 이번 2기 때 신고를 하셨잖아예 그죠?

권춘희 : 예. 그렇게 된 거예요.

최승호 : 예. 하 이거 참 아버지가 사셨던 쌍계리 거기는 큰 마을입니까?

권춘희 : 아주 큰 마을이었는데 지금도 지금도 많이 사시지만 옛날에는 엄청 큰 마을이에요.

최승호 : 아버지가 본관이 어디입니까?

권춘희 : 경주 이씨.

최승호 : 경주 이씨. 그 마을이 그러면 이제 경주 이씨 집성촌입니까?

권춘희 : 그러니까 형제들 뭐 육촌들 뭐. 그리고 오빠도 그냥 거기에서 사세요.

최승호 : 사시고. 그러면 쌍계리에 혹시나 인민위원회 활동하거나 사회주의 활동을 하거나 일제시대 때 그렇게 활동하신 분들이 좀 있었습니까?

권춘희 : 저는 몰라요. 그러니까 나는 어렸고 우리 엄마는 또 그렇게 말을 많이 해주는 분이 아니었고. 그리고 여기하고는 연락이 크게 닿은 적이 없기 때문에.

최승호 : 아버지가 그러면 일본에 유학 가신 거는 그 집안사람도 일본에 살았기 때문에 가신 거잖아예.

권춘희 : 큰형님이 먼저 가시고 인제 다 불러들여서 저기 송정에 계신 분이 외삼촌인데 외삼촌이 배를 하셨대요. 바닷가에. 그래서 그 배 태워가지고 일본으로 들어갔다고 하더라고요.

최승호 : 거기서 그러면 이제 동경대에 이제 성악부를 졸업하시고 나와서 이제 결혼하자마자 이제 다시 강제징용돼 갖고 가

215

셨다. 그죠? 강제징용은 어디로 끌려갔다고 하십니까? 혹시 탄광이나 아니면 뭐.

권춘희 : 탄광 같고 북, 추운 쪽인 것 같아요. 어디라고 지명은 안 했는데 북해도 쪽에 얘기를 많이 하셨고. 그냥 거길 갔단 말은 아니고 그냥 추운 곳이라고 그렇게….

최승호 : 추운 곳이라. 혹시 몇 년쯤 계셨는가요? 아버지가.

권춘희 : 전쟁 막바지니까 한 2년? 3년?

최승호 : 2년, 3년. 그러니까 이제 한 43년 정도에 가셨다. 그죠? 해방되기 전에 가셨잖아요. 그죠? 43년 정도에 가셔서 45년 해방됐는데도 안 들어왔다.

권춘희 : 그러니까 엄마가 열일곱 살에 결혼해가지고 저기 뭐야 나를 스물하나에 낳았으니까 고 정도 걸리지. 그렇게 좀 걸렸을 것 같은데 2년이나 뭐 3….

최승호 : 43년도에 결혼하고 가셨으니까 네 살. 그러면 한 47년도 요때쯤 들어오신 걸로. 해방되고 한 2년 후에.

권춘희 : 1년 후에 들어, 그러니까 46년도에 들어오셨는지 어쨌든 해방되고서는 바로 안 들어왔….

최승호 : 바로 안 들어오고.

권춘희 : 갈 곳이 없어서 올 곳이 없어서 그런 것 같기도 하고 그냥 그렇게 생각이 돼요.

최승호 : 혹시 거기 강제징용 있을 때 어머니한테 온 편지나 이런 건 없었어요? 편지.

권춘희 : 편지를 받았다는 그게 그렇게 되면서 정황 없이 그걸 챙기지는 못했던 것 같은데요. 뭐 받았다는 얘기는….

최승호 : 혹시 아버지가 거기서 일하고 노임으로 받았던 뭐 돈이라

든지.

권춘희 : 그거는 모르겠고요. 손가락은 엄마가 그러는데 손가락이 없대. 이렇게 짤려, 저게 돼 손가락이….

최승호 : 왼손 검지? 약지?

권춘희 : 왼손인지 오른손인지 손이 없어가지고 저를 저를 항상 이렇게 손 이거 가리고 다니셨다고. 저를 안고 다니셨다고.

최승호 : 거기 강제징용 당시에 이제 손을 하나 다쳤다.

권춘희 : 그랬는지는 몰라요. 근데 그렇게 말을 하셨어요. 근데 오빠한테도 물어봤더니 오빠도 뭐 일본에서 태어나신 분이니까 그건 잘 모르겠다고 그런 얘기 못 들었다고 그래.

최승호 : 그러면 이제 쌍계리 마을로 돌아오셔갖고 살면서 이제 마을 농민들 다 모아놓고 연설을 하셨다.

권춘희 : 예. 모인 곳에 가서 연설했다고 그렇게 말하더라고.

최승호 : 연설했다…. 연설이 내용은 잘 모르실 거고. 그렇죠. 아마 제 생각에는 그때 당시에 뭐….

권춘희 : 사회주의 뭐 그런 거 하셨던 거 같아.

최승호 : 사회주의 뭐, 김구 선생님같이 이제 통일을 하자, 토지 개혁을 하자, 이런 거니까 아마.

권춘희 : 그리고 제가 저기 뭐야 나중에 그러니까 엄청 보고 싶어서 아버지가 결혼 후에 이제 저도 결혼 후에 이제 아버지가 보고 싶어서 생각을 저기 뭐야 많이 했더니 꿈에 나타나셨는데 아버지가. 그러니까 두루막을 입으시고 재색 두루막에 빨아서 좀 바래진 그런 빛감인데 그러니까 그게 그게 그렇게 기억에 남아요. 두루마기 이제 그 얼굴을 이렇게 보니까 진짜 우리 외삼촌 또 막내 저 오빠처럼 얼굴

이 그렇게 좀 그렇게 개롬하게 그렇게 생긴 분인데 그냥 말없이 쳐다만 보고 있더라고요. 그래서 저도 그냥 봤는데 엄마한테 얘기했더니 두루막을 입고 다니셨대요.

최승호: 아 평상시에도?

권춘희: 예. 평상시에도 그렇게 두루막을 그렇게 그렇게 입고 다니셨다고 재색, 재색 나는 두루막을 해서 늘 입고 다녔다고.

최승호: 그러면 구체적인 활동이나 이런 것들은 못 들어보셨을 거고 어떤 얘기를 하셨는지도 이제 듣지는 못했다. 그죠?

권춘희: 예. 저는 그러니까 엄마도 사느라고 바쁘셨고 자식들을 거기 가서 많이 낳았으니까 그렇죠. 저도 집안을 큰집을 거쳐서 뭐 여러 군데로 남의 집으로 돌아다니며 컸으니까.

최승호: 그러면 그 송정에 같이 있었던 친구 한 사람은 화가였고 한 사람은 뭐 하던 사람이던가예?

권춘희: 그 사람은 얘기 안, 엄마가 얘기도 안 하고 그냥 원망만 했어요.

최승호: 화가가 신고한 건 아니고 화가 말고 다른 친구가.

권춘희: 다른 친구.

최승호: 이 화가는 그러면 아버지하고 같이 일본에서 같이 공부하신 분인가요?

권춘희: 그런 얘기도 안 하셨어요.

최승호: 안 하시고.

권춘희: 그러니까 다른 얘기 내가 아는 얘기는 이게 다예요.

최승호: 다시고. 그럼 따님 성함이 어떻게 되신다고요? 집에…

권춘희 : 춘희인데 이춘희인데 권춘희로 살아가고 있어요.

최승호 : 권춘희로….

권춘희 : 호적에다 올리지를 못해서. 그런데 제 이름은 아버지가 지어준 이름. 유명한 일본의 저기 뭐야 무용수가 춘희라는 이름이 된대요. 그래서 나보고 커서 무용가가 되라고 했는데 저는 상관이 없어요.

최승호 : 그러면 아버지 아버지 밑에 따님은 이제 혼자 자식은 혼자잖아요. 그지요? 근데 이제 어머니가 재혼하면서 이제 권춘희가 된 거죠. 그러면 이번에 신고하실 때 누구 이름으로 신고하셨어요?

권춘희 : 큰오빠 이름.

최승호 : 큰오빠 이름으로.

권춘희 : 큰집에 큰오빠 이름.

최승호 : 그러면 권춘희 씨 제적등본에는 아버지 이름이 나오죠? 아버지 제적등본에는 따님이 혼자밖에 없는 거죠?

권춘희 : 거기에 없어요.

최승호 : 다른 사람. 거기에도 없어요?

권춘희 : 거기에 저는, 혼인 신고를 안 하고 그냥 그렇게 가버렸기 때문에 결혼을 하고 갔고 여기 여기 누가 없어서 그걸 해줄 사람도 없고 큰아버지가 그거 못 돌려줘서 미안하다고 그렇게 말하더라고요.

최승호 : 그러면 아버지의 호적에는 아무도 없, 엄마는 올라가 있습니까?

권춘희 : 올리질 못했으니까.

최승호 : 엄마도 엄마도 없고.

권춘희 : 예. 엄마도 엄마도 혼자 또 혼자. 혼자예요 그냥. 하는 거를 나중에 큰오빠가 저기 뭐야 저거 사망 신고를 했다고 하더라고요. 그것도 나중에 아주 많이 나중에.

최승호 : 이한우는 그러면.

권춘희 : 오빠예요. 큰오빠.

최승호 : 큰오빠. 예. 큰오빠가 이제 삼촌?

권춘희 : 그러니까 큰아버지의 아들.

최승호 : 아들이죠. 큰아버지 아들. 저기 큰오빠는 지금 어디에 사십니까?

권춘희 : 지금도 거기 사세요. 그 동네에.

최승호 : 이한우 씨는 쌍계리 거기에. 쌍계리에. 그러면 이제 이한우 씨는 이제 그 마을의 어떤 분위기 어떤지 이런 것들은 큰오빠가 잘 알겠다 그죠?

권춘희 : 오빠는 어려서 오빠도 그 일본 살다가 해방돼서 와서 자세히 그런 일들을 몰르더라고요. 오빠도. 해방되고 넘어왔을 때도 어렸고 그래서 오빠는 전혀 제 일도 잘 몰라요. 삼촌 일도 잘 몰르더라고.

최승호 : 잘 몰라요. 제가 여기 자료에 보니까 아버지가 그 징역 3년 이렇게 보안법으로 이렇게 형무소에 가셨더라고예.

권춘희 : 예. 엄마가 3년 받았다고 하더라고요.

최승호 : 3년 받았잖아요. 그죠? 아마 그게 국가보안법 위반으로 3년을 받았는데 그러면 형무소에 있는 거는 몇 년을 계셨는 거죠?

권춘희 : 엄마 말은 거의 15개월 반, 반 그러는데 여기는 그렇게 안 돼 있던데요.

최승호 : 3월 달에 나간 걸로 고래 돼 있네예. 3월 달에 50년 전쟁 되기 전에.

권춘희 : 예. 전쟁 되기 전에 들어갔, 들어갔죠.

최승호 : 예. 전쟁 되기 전에 3월 달에 들어가서 그래 한 전쟁이 6월 달에 났으니까 한 석 달 정도 형무소에 계시다가 그래 갖고 이제 이제 군인들한테 넘어가서 그래서 이제 돌아가셨는데 7월 30일 날 코발트광산으로 오셨거든예. 3월 달에 들어가서 그러니까 한 4개월 정도 이제 거기 계셨는.

권춘희 : 근데 엄마 기억은 아니던데 그게 뭐 어떻게 되는 건지는 전 모르겠고 그렇다고 하더라고요.

최승호 : 엄마 기억으로는예?

권춘희 : 예. 엄마가 하시는 말은 그렇게 받았는데 거의 반을 했다고.

최승호 : 반을 했다고 그래요?

권춘희 : 예. 그랬는데 재(권춘희의 딸)가 그러던데 여기는 그렇게 돼 있다고.

최승호 : 예. 지금 여기 기록에는 3월 1일 날 형무소에 들어가셨다가 7월 30일 날 인제 돌아가신 걸로 그렇게 자료가 되어 있습니다. 아마 저 형무소 구치하기 전에 아마 계속 법원에 왔다 갔다 하셨을 거예요. 그래서 그 기간까지 다, 그 기억 때문에 그랬을 수도 있겠습니다. 참 힘들고 어렵게 사셨는데 우리 정부나 뭐 이런 분들한테 원망스럽지 않습니까?

권춘희 : 저는 원망할 틈도 없이 살았어요. 그거 그게 뭔지도 모르고 엄마도 자세히 안 알려줬고 어리고 그러니까 별로 안

말 안 해줬고. 그런데 이제 다른 사람들한테 좀 여기 큰 집에 와 있을 때 좀 바뀌는 저기 집은 엄마는 안 가르쳐 줘서 몰라요. 얘기도 잘 안 해주시고 그건 이제 그다음에 이제 그런 얘기해 주시고. 그래서 크게 뭐 저기하고 그러진 않았어요.

최승호 : 그래도 여태까지는 엄마는 이제 어떻게 돌아가셨는지도 모르고 어디서 돌아가셨는지도 몰랐고 돌아가셨는데.

권춘희 : 어머니는 몰랐어요. 어머니는 그냥 어느 산 골짜구에 있을 거라고 그렇게 말했어요.

최승호 : 그런데 이제 따님은 이제 아버지가 어떻게 돌아가셨는지 알았잖아요. 지금 마음이 어떻습니까?

권춘희 : 많이 슬프죠. 그러니까 자기가 이런 꿈도 한 번 펼쳐도 못허고 이모부가 새벽 이모부도 또 저기 요즘 여기 교회에 저기 할 때 새벽에 찬송을 부르시면 그렇게 감동이었다고 그러던데 그거 꿈도 못 펼쳐보고 그냥 가서서 마음이 아파요. 엄마도 고생을 하도 많이 해서 엄마도 안 됐지만 아버지도 참 안 됐다 싶어요.

최승호 : 동경대에서 성악을 전공하셨을 정도 같으면 노래도 참 잘하셨을 것 같은데.

권춘희 : 예. 잘하셨다고 해요. 이모부가 그랬어요.

최승호 : 국내에 오셔서는 그러면 성가대에 노래 부르시고.

권춘희 : 새벽에 새벽에 그렇게 이모부가 전도사님으로 이제 계시는 그 교회 새벽에 그렇게 부르면 참 좋았다고 그렇게 말했어요. 그냥 그거 전부예요. 아는 거는. 사진도 한 장 없고 아무것도 없어요.

최승호 : 아버지가 남겨주신 건 지금 기억할 수 있는 건 아무것도 없네요. 그지요.

권춘희 : 이름 하나요.

최승호 : 이름 하나. 이 자 기 자 인 자.

권춘희 : 저 이름 제 이름요.

최승호 : 제 이름. 아, 춘희.

권춘희 : 예. 지어주셨고 외숙모가 인제 들려주는 이야기는 엄청 이뻐했다고. 나중에 잘 살 거라 그러고 지금 고생이지만 나중에 잘 살 거야. 내가 집에서도 많이 학교를 다니고 그랬어요. 학교도 처음에는 큰집에 왔다가 거기 큰집 아이들이 그러니까 아버지 형제가 6형제였는데 두 형제가 그렇게 되고 그 나머지 4형제가 거기 사니까 사촌들이 많고 그런 설에서 제가 갔더니 저 그렇게 살, 그렇게 갔다가 학교도 못 다니고 저 부산으로 큰집에서 보내버려 친척집을 그 친척 저기 그 아버지 외갓집 친척들을 통해서 누구를 그것도 집안이신 네 집 가서 아홉 살 때 그 집에 가가지고 살았어요.

최승호 : 아버지가 몇 남 중에 몇째입니까?

권춘희 : 6남에서 그러니까 다섯째요. 그리고 또 누나가 두 분 있었어요.

최승호 : 그러면 여순 사건으로 돌아가셨던 그 삼촌은 몇째입니까?

권춘희 : 막내요.

최승호 : 막내. 그분은 성함이 어떻게 혹시 기억나세요?

권춘희 : 이인이라고 그러던데요. 이인. 이인이고 그분은 잘생기

셨고 키도 크고 그래서 그 헌병대에 어떤 분이 그 동네에 있던 분이 어떤 분이 그 총 맞은 저기 사살된 현장에 자기가 거기를 봤는데 그분이 그분인가보다 삼촌인가보다고 오빠 보고 그렇게 말하더래요.

최승호 : 아, 보신 분이 있다. 그죠?

권춘희 : 예. 보신 분이 있다고 하더라고요. 예. 인이라고 하는 것 같았어요. 저 내 정신이 없어서 삼촌 이름까지는 잘 기억 못 하는데 그렇게 말하는 것 같았어요. 이름.

최승호 : 누나가 두 분 계시고. 아버지가 다섯째고 이인 여섯째고. 그럼 아들 두 사람이 더 있었는데 그분들은 잘 어떤 일을 하셨는지는 못 들으셨다. 그지예.

권춘희 : 아, 농사도 짓고 장사도 하시고 장사는 이제 장날마다 이렇게 장사도 하시고 그렇게 사셨, 두 분이 아니라 아들이 넷이 있었어요.

최승호 : 아들 넷이죠. 그리고 누나 둘이니까. 나머지 두 분은 이제 농사짓고 장사하, 평범하게 사셨네. 그죠?

권춘희 : 나머지 네 분요.

최승호 : 네 분.

권춘희 : 6형제인데 막내 둘이 그렇게 되고 4형제가 있었어요. 그 동네에서 다 사셨어요.

최승호 : 그러면 누나까지 8남매네. 그죠. 우리 이제 따님한테 이제 오늘 따님한테 얘기해 주셨듯이 이제 다 하셨는데 혹시 심중에 못다 하신 말 하 이거는 내가 꼭 좀 하고 해야되겠다 싶은 말씀 있으면 해주십시오.

권춘희 : 저는 그러니까 아버지 성으로 살지 못한 게 좀 마음에 있

고 그 외는 그냥 이렇게 알게 된 것만으로도 감사하고 그렇게 살아요. 저는.

최승호 : 아버지 그리는 그 배롱나무 심으셨죠. 매년 내려오셔갖고 배롱나무 크는 잘 크는지 보러 오십시오.

권춘희 : 네. 거기다 이춘희라고 써놨으니까. 그게 그러면 돼요.

최승호 : 예. 어려운 말씀 다 해주셔서 고맙습니다.

권춘희 : 저 하다 보니까 다 했네요.

최승호 : 생전에 오늘 아니면 이제 다시 이런 말씀하시기 어려우니까.

권춘희 : 맞아요.

최승호 : 남겨놓지 말고 다 하십시오.

권춘희 : 난 그게 늘 마음에 있었어요. 이거를 그냥 묻는 게 마음이 많이 많이 저기 속상했었어요. 그냥 그렇게 한 사람이 왔다가 그냥 그렇게 이름 없이 가는 게 너무 안타까웠어. 근데 말하게 돼서 좋아요.

최승호 : 이제 좀 그래도 좀 마음이 놓이십니까? 아버지한테.

권춘희 : 네네. 그래서 제가 태어난 것 같다고 생각을 해요.

최승호 : 마지막으로 여기에다가 아버지 이름 한 번만 좀 불러주세요.

권춘희 : 아버지 이기인 씨 딸로 태어나서 감사해요. 전 그걸로 돼요.

최승호 : 어머니한테도 한 말씀.

권춘희 : 어머니 김봉기. 엄마한테 너무너무 감사해요. 내가 위기에 빠질 때마다 다른 데서 위험할 때마다 엄마가 찾아와서 부산까지 찾아와서 나 데려가고 또 다른 데서 또 술집

어떤 집에서 가게 일 보다가 다른 집으로 갔는데 거기 또 술집이어서 위험했는데 엄마가 찾아와서 나 데려가고. 그렇게 해서 몇 번씩이나 데려다가 나 결혼시켜줘서 이렇게 살게 해줘 감사해요. 그리고 우리 어머니는 진짜로 진짜 진짜 하는 그 장로님의 딸로서 역할을 다하고 7남매나 저 말고도 7남매인데 그 자식들 다 믿음 안에서 잘 키워서 호미 자루 하나로 큰 저하고 두 동생 그 밑에 동생 이제 셋 셋은 공부를 초등학교도 못 마쳤지만, 우리 아버지 새로 얻으신 아버지도 막 돌아다니시고 그래서 책임을 다하시지 않아가지고 엄마가 그걸 그 자식들 다 키워냈어요. 그러니까 나머지 밑에 네 애들은 그래도 고등학교까지 마치고 대학도 보내고 막내는 대학까지 보내고 아무것도 없는 빈, 그래서 여기 예천에서 살다가 경기도로 올라가 강원도로 갔다가 막 또 거의 1년을 떠돌면서 아버지가 그러고 다니시다가 저기 뭐야 그 자리를 잡게 돼, 우리 남편이 사는 동네에 자리를 잡게 돼서 그렇게 만나게 됐고. 그 자식들 다 장가들이고 해서 사셨어요. 우리 어머니 진짜 대단해요. 저도 어머니 진짜 존경하고 우리 형제들은 다 엄마를 엄청 좋아해요. 저기 뭐야 훌륭하다고 생각해요.

최승호 : 아휴, 제가 진행하는 제가 자꾸 눈물이 나서. 어머니 고생하셨습니다. 우리 우리 이춘희 할머니 그동안 너무 마음속에 힘드셨는데 오늘로서 좀 더 조금 편하게 사셨으면 좋겠습니다.

권춘희 : 예, 그렇게 살 거예요.

최승호 : 예, 고생하셨습니다.

권춘희 : 수고하셨습니다. 그냥 되도 않는 말을 들어주셔서.

최승호 : 잘하셨습니다.

이기인 결정문

이기인은 1950년 대구형무소 군헌병대 인계자 명단에 보안법 위반혐의로 1950년 3월 1일 수감 돼 7월 30일 군헌병대에 인계된 것으로 확인됨. 법무부 대구교도소 자료에는 진주로 이감된 것으로 기록됨.

정부기록보존소에 보관된 1950년 생산된 형사사건부 자료에는 이기인은 동년 3월 1일 포고령 2호 위반으로 체포, 5월 29일 징역 3년 형을 선고받고 5월 31일 수감된 것으로 기록됨.

24. 남효덕 구술증언(2차)

남효덕(남극환의 아들) 유족
2024. 01. 22. 월 오후 6:53 / 62분 19초

최승호 : 지금부터 경산 코발트 유족회에서 남효덕 유족으로부터 이야기를 듣도록 하겠습니다. 먼저 선생님 성함이 어떻게 되십니까?

남효덕 : 남효덕. 효도 효 자, 큰 덕 잡니다.

최승호 : 몇 년생이시지예?

남효덕 : 호적상 47년으로 돼 있는데 46년 3월 19일입니다.

최승호 : 46년 3월 19일생이고 그 형제는 몇 형제십니까?

남효덕 : 옛날에 다 그 마이썩 됐는데 3남 3녀 6남맵니더.

최승호 : 6남매 몇째십니까?

남효덕 : 제일 끝입니다.

최승호 : 끝이고예. 태어나신 데는 어디십니까?

남효덕 : 태어나서 요새는 이제 대구 시내에 들어왔지만 옛날에는 경산 관하 신매, 매전동 캐가지고 송정 카는 데 있습니

다.

최승호 : 송정 몇 번지인지 아십니까?

남효덕 : 괴전동 15번지.

최승호 : 괴전동 15번지. 거기서 그러면 초중고등학교를 졸업하셨
습니까?

남효덕 : 이야기가 좀 긴데 초등학교는 물론 거 나왔고예. 중학교
는 아버지도 안 계시고 해서 못 나왔습니다. 그래서 검정
고시를 쳐 가지고 장학금 받아가면서 그래서 고등학교 나
오고 석박사하고 그래 하고 있습니다.

최승호 : 석사 혹시 논문은 뭐로 받으셨습니까?

남효덕 : 원래 제가 사대 가서 사대 물리과에 졸업했거든요. 대학
원은 우리 전자물리 캐가지고. 물리 중에 전자가 제일,
옛날에는 전자가 따로 없었습니다. 물리과 선생님들이 전
자를 가르쳤거든요. 그중에 앞서 전자물리를 했고요.
석사를 2개 했습니다. 또 영남대학에도 전자공학과. 거는
정식으로 전자공학과가 생겼기 때문에 전자공학 했고. 박
사 과정은 또다시 경북대학교에서 박사 과정을 밟았습니
다.

최승호 : 경북대에서. 그러면 이제 박사학위를 받으시고 나서 학
교로 가셨습니까? 아니면 직장을 거서 구하셨습니까?

남효덕 : 직장도 학교입니다마는 저는 학교 외에 다른 직장을 가져
본 적이 없어요.

최승호 : 대학에서 이제.

남효덕 : 그러니까 학교 다니면서 아르바이트했고, 대학원을 다니
면서 야간학교 교사를 해서 그 당시에는 야간학교 교사하

면서 주간에 대학원 공부를 할 수 있었거든요. 그래서 마치고 전문대학 영남전문대학을 거쳐가지고 영남대학교로 왔지요.

최승호: 영남대 교수로 몇 년도에 부임하셨습니까?

남효덕: 제 졸업 연도에 비해서 좀 일찍, 저는 제가 70년도에 대학 졸업하고 72년도 대학원 졸업하고 74년에….

최승호: 박사를….

남효덕: 74년에 영남 전문대학 교수하고 박사 과정은 84년에 했고요.

최승호: 영남대학은 몇 년도에 들어가셨습니까?

남효덕: 고게 89년돈가.

최승호: 89년 그러면 이제 거기서 정년을 하셨네예.

남효덕: 거기서 이제 정년을 한 셈이지예. 그동안 제가 한 일이 많습니다. 하도 제가 어렵게 공부해서 어려운 아이들을 위해서 장학회를 만들고 그다음에 또 어려운 학생 대안교육 카는 특성화 고등학교를 만들었고.

최승호: 특성화고?

남효덕: 혹시 들으셨는지 모르겠는데 달구벌고….

최승호: 달구벌고. 예.

남효덕: 고거를 제가 설립했습니다. 그걸 설립하다가 보니까 학교 사정 때문에 대학은 좀 한 해… 이랬지. 그래도 총 49년 동안 교사를 했습니다.

최승호: 49년 동안?

남효덕: 교장도 하고. 책을 제가 하나 드리겠습니다. 제가 살아온….

최승호 : 예. 거기에 다 들어있겠네 그지예. 그러면 아까 2남 5….

남효덕 : 3남 3녀. 6남매의 막내지예.

최승호 : 형제들은 다 어떻게 공부를 다 했습니까?

남효덕 : 그러니까 큰형님이 저보다 열세 살 위고 누님은 열여섯 살 위 옛날에는 안 그랬습니까. 나이가.

최승호 : 차이가 많죠.

남효덕 : 많지요. 그래서 아버지가 큰 수익은 없으면서도 고향에 봉사하고. 이래 하는 분은 동네에 없었습니다. 그런데 아버지가 돌아가실 때가 형님이 중학교 2학년이거든요. 그러니까 중학교 2학년이니까 그때부터는 캄캄하이 집안에 공부 카는 건 뭐 계속 이어갈 수가 없었을 정도로 그랬는데 아버지가 면에서는 유명할 정도로 유가 도리를 하고 그다음에 사회 활동을 했거든요. 9대 종손입니다. 형님은 10대 종손이지예.

최승호 : 형님이 큰형님이?

남효덕 : 10대 종손이면 대단하지 않습니까? 그러니까 제사 범절에 대해서 아주 철두철미하게 훈련을 받았는데 작은아버지가 보시니까 형님이 돌아가시고 난 뒤에 조카 하나 키우면 이제 형님 일을 안 하겠나.

최승호 : 도리를 다 한다.

남효덕 : 그래서 억지로 이를 대학을 시켰어요. 그러니까 이제 중간 형은 저보다 세 살 우인데 저하고는 공부할 방법이 없어서 뭐 드갔다 나갔다 뭐 이래가지고 공부를 했고예.

최승호 : 중형부터는 이제 공부를 못 했네예.

남효덕 : 그래 저는 공부를 결국 다 했지. 어렵게 했지만.

231

최승호 : 어렵게 했지만.

남효덕 : 다 했고. 중형은 결국 대학을 못 나왔지.

최승호 : 그러면 거기 오늘 증언해 주실 돌아가신 분은 소개를 좀 해 주십시오.

남효덕 : 저는 아버지 기억을 못 합니다. 아주 어릴 때 아버지 밥상 앞에 응가 했는 그 기억 외에는 아무것도 기억이 안 납니다.

최승호 : 아버지 함자가 어떻게 되십니까?

남효덕 : 극 자 환 잡니다.

최승호 : 극 자 환 자. 남씨가 본이 어딥니까?

남효덕 : 원래 삼남인데 영양 남씨,

최승호 : 영양 남씨.

남효덕 : 그다음 으령 남씨, 고령.

최승호 : 고령?

남효덕 : 으령, 고령. 그런데 우리는 영양 중에서 제일 많은 형이지.

최승호 : 아, 영양 남씨입니까?

남효덕 : 고령이 아니고 고성.

최승호 : 그러면 아버지 고향은 어디십니까?

남효덕 : 6대를 그쪽에서 살았어.

최승호 : 6대를 괴전동에서. 그러면 거기서 이제 아버지 형제 할아버지 혹시 기억나십니까?

남효덕 : 할아버지 기억은 못 나지만은 알지예.

최승호 : 할아버지는 거기서 뭘 하셨어예?

남효덕 : 할아버지 그냥 농사지었지예.

최승호 : 농사지으시고.

남효덕 : 옛날 사람들이 다 우리 동촌에서 9대 조상이 그리 가가지고 거서 쭉 살았어요.

최승호 : 동촌에서 괴전으로 가서서 9대조 때 가서서 살았고.

남효덕 : 동촌 비행장 뜯기가 가지고 그때 우리 남씨들이 다 흩어졌어요.

최승호 : 그럼 아버지 형제는 몇 형제입니까?

남효덕 : 삼 형젭니다.

최승호 : 삼 형제. 삼 형제 중에 아버지는 몇째입니까? 맏입니까?

남효덕 : 맏이지예.

최승호 : 아버지가 맏이네, 그지예. 아버지가 그러면 돌아가실 때가 아버지 연세⋯ 아버지가 몇 년생이시지예?

남효덕 : 적혀 있는데 하여튼 서른일곱 살에 돌아가셨어요.

최승호 : 서른일곱 살에. 네. 1911년 10월 16일생이라고 하는데.

남효덕 : 맞을 겁니다. 그런데 먼저 번에 했는 자료들은 제가 정확하게 했습니다.

최승호 : 예. 서른일곱에 돌아가셨는데 그러면 결혼은 아버지가 몇 살 때 하신 겁니까?

남효덕 : 열여섯 살.

최승호 : 열여섯 살에 하셔서. 그러면 큰형이 나왔고.

남효덕 : 큰누나가 나왔고. 큰누나 딸이 내캉 같은 동기라.

최승호 : 열여섯 살에 결혼해서 이제 그러면 20년 정도를 결혼생활 하셨네, 그지예. 아버지 돌아가시기 전까지.

남효덕 : 그러셨지예.

최승호 : 그 20년 동안 괴전동에서 아버지가 어떤 일을 하셨습니

까?

남효덕 : 그래서 제가 나중에 참고 되실란가 싶어가 형님이 아버지에 대해서 단편적으로 책을 굉장히 자세히… 더군다나 고마을에 하셨던 일, 그다음에 억울하게 돌아가신 일, 고기에 굉장히 그냥… 사실 그걸 아는 게 사실에 근거해서 쓰신 게 있거든예. 그런데 아버지가 원래 그렇게 넉넉하지 못하지만, 옛날 향교 갔다 카마 그래도 서당 가는 사람들보다 공부를 많이 했습니다.

최승호 : 예. 향교.

남효덕 : 그래서 마을 사람이나 무슨 집회가 있으면 그걸 다 서류를 그래 하시고 수무 살에 구장을 했습니다.

최승호 : 구장. 이장. 마을 이장.

남효덕 : 마을 이장. 그리고 마을에 무슨 뭐 있으면, 숙천초등학교 설립하는데 수물 초반에 그 뭐고 총무를 해가지고 그 일을 다 하고. 뭐 하여튼 마을에 중요한 그리고 또 글을 다 아시니까 그 주위에 글 모르는 분들 뭐 이럴 때 해 주시고요.

최승호 : 괴전 마을에는 고성 남씨들만 살았습니까? 아니면 다른 성씨들도 있었습니까?

남효덕 : 우리가 희성이지예. 그 당시에 우리는 거서 또 또 흩어졌으니까.

최승호 : 희성이다. 그때 그 마을에 제일 거기 큰집안은 어떤 집안이었습니까?

남효덕 : 그래도 우리가 큰집이지예.

최승호 : 제일 큰집이었습니까?

남효덕 : 그리고 우리하고 6촌, 5촌 아재 되는 분이 아버지와 같은 일로 돌아가셨어요.

최승호 : 그때 남씨가 몇 집이나 살았습니까? 그 마을에.

남효덕 : 그 마을에는 두 집이고 그다음에 이제 지체들은 물 게 없으니까 전부 다 마산에 가 뭐 농업도 하고 뭐 이런 일을 하고 또 그 이웃 마을에 살고 해서 우리 두 집은 살았지예.

최승호 : 이웃 마을하고 같은 마을에 이제 남씨도 살았는데 그분도 돌아가셨다. 그지예?

남효덕 : 다 돌아가셨지예.

최승호 : 근데 그 당시에 거기 당시 일제 때 그 마을에 독립운동을 하거나 이런 이런 게 있었습니까?

남효덕 : 특별한 분이 없었고예. 연도하고 이제 다 적히 있는데 60년에 우리 6.25 나왔으니까….

최승호 : 50년.

남효덕 : 59년 그 무렵에는….

최승호 : 49년?

남효덕 : 예. 사회가 어수선했지 않습니까? 낮에는 빨간 깃발 들고 들어오고….

최승호 : 밤에는.

남효덕 : 낮에는 경찰 들어오고 그래 수난을 당했지예.

최승호 : 아 그 마을도예?

남효덕 : 그래니 배고파서 쌀 내라 카는데 안 내는 집이 어디 있습니까? 그럼 그 이튿날 경찰은 왜 거 부역했노? 이런 일이 있는데 아버지는 그 당시에도 공직은 아니지만도 사회 면

사무소에 일하시고….

최승호: 면서기였습니까?

남효덕: 나중에는 정식 서기 됐는데 임시직으로 해가지고 활동을 했거든예. 그러니까 집중이 되이께 그 대상들 포섭의 대상이….

최승호: 아 포섭 대상자가 됐다.

남효덕: 그래 당연하게 안 되겠습니까.

최승호: 그럼 이제 인민위원회나 남노당에서 이제 아버지를….

남효덕: 가입을, 아버지는 결정을 안 했는데 아버지를 잘 아는 분들이 잡혀 드가나이까네 그 명단에 아버지가 들어가 있는 기라예.

최승호: 그 한마을에 가면 그 명단에 몇 명이나 있었다 합디까?

남효덕: 몇 명은 이웃 마을하고 여러 가지 그랬는데 우리 마을은 쬐맨한데 일곱 가정이 코발트 사건에 들어갔어예.

최승호: 일곱 가정이나. 그때 당시에 괴전리에 몇 호가 살았습니까?

남효덕: 그 당시에 한 수무 호가 안 되지예.

최승호: 스무 가구. 스무 가구 중에 일곱 가구가.

남효덕: 수무 가구하고 좀 다른 이웃 동네하고 하이까네 그 근방에 일곱 가정이 이래….

최승호: 근방으로 치면.

남효덕: 일곱 가정.

최승호: 근방에 마을은 스무 가구인데 근방까지 다 쳐서 일곱 가정에서 코발트로 끌려가셨다.

남효덕: 오번에 우리 회원들 중에 한 사람 외에는 다 결정문 나왔

습니다.

최승호 : 결정문 나왔지예? 그러면 이제 그 마을에도 남로당원이
나 아니면 부역했던 사람들이 뭐 중심되는 사람들이 좀
있었습니까? 좌익활동을 한 사람이.

남효덕 : 적어도 제가 주관적인 그지만 아버지는 이 어느 쪽에도
가입돼서는 안 된다. 그 상황을 그래도 좀 파악하시는 분
아인가 봐예. 그래 했는데….

최승호 : 중도. 중간에서.

남효덕 : 아버지가 워낙 사회 활동을 하시니까 좀 지식이 있는 분
들은 아버지한테 묻고 그러나 이제 거기에 또 중심되는
분이 이름까지 다 나와 있어예. 이런 분이 붙들리 가면
또 불어 카면 또 불 거 아입니까.

최승호 : 같이 왔던 사람이 누구고 이렇게 물으면?

남효덕 : 거기다가 명단이 나와 뿌이까네. 그리고 또 숙모님이 억
지로 만들은 시계 하나를 그때 시계 그기 얼마나 중요합
니까? 그 빼앗겼는데 그것을 뭐고 선물했다 이카고 뭐 하
여튼 그런 등등으로 했는데. 아버지가 그렇게 하시다가
결과적으로 형무소까지 가셨습니다. 처음에는 아버지가
붙들려가지고 경찰서에서 '당신이 여 와 왔노?' 이런 정도
로 돼 있고 웬만한 거는 그냥 몇 번 드가도 다 무고로 드
갔는데. 아버지는 제사 겉은 거는 굉장히 엄하게 지냈는
데 아버, 조부님 굉장히 귀한 제사인데 제삿날도 집에 안
오시는 기라예.

최승호 : 음… 조부님 제사 때 안 오셨다.

남효덕 : 굉장히 큰일이지예, 우리로 봐서는. 그때 경찰이 확 들이

닥치는데 어디 갔노 우리도 모른다. 알고 보니까 그 열흘 전에 벌써 경산경찰서에 가셨던가 봐요.

최승호: 열흘 전에.

남효덕: 그래서 아버지는 아주 태연하게 내가 뭐 잘못한 게 뭐 있노 그렇게 하다가 아무 손도 못 쓰고 대구형무소로 오셨지.

최승호: 경찰 경산경찰서에 갔다가 대구형무소로 끌려갔습니까? 죄목이 뭐였다고 합디까?

남효덕: 그래 그때 죄목이 하나도 붙일 데가 없어가지고 10.1, 10.1폭동.

최승호: 10.1 사건.

남효덕: 대구폭동사건이지예. 폭동사건 바로 고 날인데 고 날 아 퍼가지고 면장하고 유지가 전부 다 아버지를 병문안을 왔대요. 그 정도보다 더 확실한 게 없는데 한번 붙이뿌이까네 그기 병명이….

최승호: 아 10월 항쟁 때 아버지가 병원에 가셨습니까?

남효덕: 그때는 병원이 없으니까 하도 어럽어가지고 어럽고 이래 있는데 동장하고 그때 면장이 면회 올 정도로 봤는데 그럼 확실히….

최승호: 알리바이가 되네 그지예.

남효덕: 되지요. 요새는 아무것도 아니지요. 그 당시에는 안 할 말로 돈 있으면 빠지고 돈 없시마 숫자 때워야 되고 드가고. 아버지는 자기가 좀 잘못했으면 무슨 방법이라도 썼을 낀데 하도 면에서도 믿고 동네 사람도 믿고 그러니까 나는 겁 없으니까 너거는 걱정하지 마라 이런 정도로 됐

는 걸애요.

최승호 : 그러면 10월 항쟁 때 10월 폭동 때 그 마을 사람들이 얼
마나 참가했나요?

남효덕 : 없었습니다.

최승호 : 참가한 사람이 없었습니까?

남효덕 : 없었어예.

최승호 : 주동자도 없었고?

남효덕 : 주동자든 아이든 그 마을에 그런 기미가 없었어예. 다만
속된 말로 자잘한 사람들만 거기 있었지. 주도적으로 나
가서 활동하고….

최승호 : 10월 항쟁에 참여하자, 노조 활동하거나 이런 사람은 없
었다 그지예?

남효덕 : 없었어예. 내가 알기로는 그랬는데. 우리가 어릴 때니까
사실 들은 이야기가 다고. 형님이 워낙 한이 돼가 거기에
대해서 굉장히 많이 연구하시고.

최승호 : 형님이 썼는 글에는 그때 마을에 누가 주동자였다 이런
얘기는?

남효덕 : 없어예.

최승호 : 없어요? 거기도.

남효덕 : 듣기도 많이 듣고 했는데 다만 그 당시에 보도연맹 있을
때 조금만 이상하면 잡히갔지 않습니까? 그럼 나 앞으로
그런 모임에 안 가겠습니다 카면 그럼 니 보도연맹에 가
입해라. 예 하지요. 대략 그런 사람들이지.

최승호 : 그러면 실제로 이제 아버지는 이제 10월 항쟁 때 참여 안
했는데 참여한 것처럼 이제 돼갖고 보도연맹에 가입하게

됐네. 그지예?

남효덕 : 그전에도 의심을 많이 받았지요. 왜 그러냐 하면 워낙 활동을 많이 하니까 저 사람 같으면 가겠네. 그리고 또 상황이 그래 놓으니까 뭐 오만 그걸 봐이지예. 근데 이제 아버지는 오직 자기는 형이나 이런 거 받으면 안 되지. 전부 다 노동현장에 사시는 분이 아니고 공직에 살아야 될 분인데 그렇게 됐어요.

최승호 : 그러면 아버지가 집에서 마지막으로 나갔는 날이 언제입니까?

남효덕 : 모르지예. 제가 아까 아까 이야기 안 했습니까. 그래 몬 오신 날이고 오신 날이고 작은아버지가 대구 중앙통에 점빵을 했거든. 째맨하이 옛날 양 많고 왜….

최승호 : 예. 점빵을.

남효덕 : 그런데 주로 이제 그런 사건이 있으면 작은아버지 집에 갖고 옵니다. 왜 그러냐 하면 안 없씰라고. 그런데 아까 종조부님 제삿날 같으면 틀림없이 오실 분인데 안 왔는 거 봐서 어데 자의적으로 어디 가지는 않았다.

최승호 : 붙잡혀 있거나.

남효덕 : 그래 그런데 붙잡히 갔다고는 생각을 안 했지예. 어데 숨었다 이렇게 생각했는데 알고 보이 그때 현재 열흘 전에 벌써….

최승호 : 경찰서에 가 있었던 걸 연행돼가 있었네. 그지요?

남효덕 : 그러셨던가 봐예.

최승호 : 종조부님 제삿날이 언제입니까? 음력으로.

남효덕 : 여기 날짜가 여 다 있는데. 1월 4일 들인가 59세… 근데

그날은 별로 중요한 날이가 아니라예.

최승호 : 종조부님 제삿날이 여름입니까, 겨울입니까? 계절….

남효덕 : 그거하고 거의 비슷한 날이라예. 우리 한창 6.25 때.

최승호 : 여름이네 그지예?

남효덕 : 그렇지예. 1월 4일쯤인가 다음에 별도로 빼놨는데.

최승호 : 이거는 말고 이거는….

남효덕 : 이거는 아버지… 제가 썼는 책이고. 요고 말고 내 요걸, 요걸 보시기 좋도록.

최승호 : 예. 그거는 이따가 나중에 제가 가서 다시 읽어보겠습니다.

남효덕 : 날짜 정확하게 그냥 뭐 하는 게 아니고. 예. 말씀을….

최승호 : 그러면 인제 마지막으로 나가시는 거는 못 봤고.

남효덕 : 그리고 인제 그 당시에도 어수선했지만 면회는 됐는가 봐요.

최승호 : 면회를 하셨어요?

남효덕 : 면회는 하는데 형님이 그 당시에 중학교 2학년이니까 사실상 알라 아입니까 그지예. 알라지만은 워낙 아버지한테 교육을 잘 받아가지고 모범 그거라야 되는데 아버지 면회를 가니까 '나는 아무 죄 없다. 너거 조금도 걱정하지 마라' 그렇게 해가지고 그때 거기에 담당 형사가 '느그 집 안에는 그렇게 사람이 없나. 느거 아버지는 아무 죄가 없다. 그런데 내일 교도소로 참 이송된다' 교도소로… 형무소로 이동된다. 고때 한번 만났고 교도소에서 교도소이자 형무소에서 마지막으로 한번 만났어예.

최승호 : 형무소에는 누가 갔습니까?

남효덕 : 형님이 갔지예. 아 어머니 어머니도 얼굴은 한번 봤답니다. 아버지를. 그래서 이야기하길래 '누구누구는 무슨 죄를 지었는데도 괜찮은데 나는 걱정 없다' 오히려 아버지가 하시던 숙천초등학교 동창회 일 우예 하느냐 뭐 뭐 하느냐 그런 것들이 전부 다 하시고. 어느 책은 어데 있고 어데 책 있고. 아버지 책이 굉장히 많았었거든요. 그런 것만 부탁하신 거예요.

최승호 : 그러면 그 형무소 면회 갔던 게 몇 년도입니까? 전쟁 나기 전입니까?

남효덕 : 바로 직전이지예. 그래가 얼마 안 돼가주고 6.25 터지고 그다음에는 그 후에는….

최승호 : 형무소에서 1심에서 징역을 받았다고 했잖아예.

남효덕 : 그 죄목이 10월 폭동 그기 참가라예.

최승호 : 10월 항쟁 참가. 10월 폭동에 참가해서 1심에서 1년 6개월을 받았잖아예.

남효덕 : 아버지 말로서는 얼토당토않은 죄목이거든요.

최승호 : 그래가 항소를 했잖아. 그지예?

남효덕 : 항소만 안 했시면 미결수라서 미결수는 다 살았다 카네예. 그러니까 판단이 정부에서 판단이, 미결수는 아주 진짜 글자 그대로 미결순데 형을 받았다 그 말은 좌우간 그런 일이 있었다. 그래서 형을 아주 길게 받든지 짧게 받든지 그거 형 받은 사람은 무조건 처단이고….

최승호 : 기결수는 처단이고.

남효덕 : 예. 아버지는 기결수지만은 항소했으니까.

최승호 : 항소 중이었으니까.

남효덕 : 미결수.

최승호 : 음. 그때 뭐 변호사를 선정하거나 했습니까?

남효덕 : 그 이야기가 자세히 나오는데 외삼촌이 경산에 있습니다.

최승호 : 외삼촌이?

남효덕 : 예. 살기도 어지간히 사시는 분인데 이거 좀 일 좀 처리해라 카이께 외삼촌이 외삼촌이 아무캐도 작은아버지하고는 다르지 않습니까? 그래 내 요래 요래 해놨으니까 그하라. 얼마 카다가 대구로 넘어갔는 기라예.

최승호 : 아, 외삼촌이 손을 좀 써놨다고 얘기했습니까?

남효덕 : 쓴다고 썼는데 내가 보기에는 그렇게 적극적으로 썼는 거 겉지는 않애요. 그런데 작은아버지 그 대구에 오면은 내가 남씨 변호사도 구해놨다. 그것도 해놨다. 형무소 오기만 오마 뒷 문제는 아무것도 없다.

최승호 : 작은아버지가 하겠다 캤구나.

남효덕 : 작은아버지도 공부를 못 하신 분이거든. 옛날에는 맏이마 공부시기고 나머지는 그래도 워낙 이분이 판단력이 좋고 똑똑하시니까 그렇게 했지. 그래 했는데 그런 진행되는데 결국 법 집행되고 그라고 최후 그거 하기 직전에는 거의 희망이 있었어요. 희망이 있었는데 어느 날 하루아침에… 그래서 그러니까 저희들은 언제 돌아가신지도 몰랐지. 다만 그 당시에는 그런 데 참가했다 카면 벌써 사람들이 이상하게 보지 않습니까? 그 자손들까지 이상하게 본다고. 그래서 말도 못 하고 지낼 때가 굉장히 많지예. 많은데 고 뒤에 이야기인데 그래가 4.19가 났지 않습

243

니까?

최승호 : 예 예. 10년 후에 4.19 났지예.

남효덕 : 4.19 나고 난 뒤에는 인자 전부 다 일어났는 기라. 왜 그
랬노. 그전까지는….

최승호 : 죽고 나도 말도 못 했죠.

남효덕 : 못 해. 그래서 혹시 정리하시면 편리하실까 싶어가지고.
이거는 아마 기억하고 계실 끼고.

최승호 : 아, 진실규명결정섭니까?

남효덕 : 예. 요거 요거는 우리 집안에 아버지 형님 그기고. 아버
지의 그 지역적으로 위치가 어떤 분이라 카는 거고 인품
이 어떤 분이고 이런 이야기고. 그다음에 주민 공직 생활
을 하면서 마을 사람들한테….

최승호 : 면에 다니시면서 했던 거.

남효덕 : 그다음에 일대 시대 엄마한테 들었었는데, 예를 들어 옛
날에는 농사 뭐 감독하는데 뭐 고레를 비라 이렇게. 이
거북해서 도로 나와버리고 그런 일까지 하고 그런 이야기
를 그때. 그것도 이렇게 해놨어. 요렇게 해놨으니까예.

최승호 : 예. 제가 읽어보고 참고하겠습니다. 요걸 제 주시는 거지
예? 그러면 이 책은 원본이 어디에 있습니까? 책은?

남효덕 : 형님이 수기를 썼는데 그 수기 중에 아버지에 대해서 쓰
는 거를 발췌했습니다.

최승호 : 발췌했습니까? 그럼 이분이 아버지입니까? 여기 다 압니
까?

남효덕 : 아버지입니다.

최승호 : 아버지 사진이 큰 사진이 있습니까?

남효덕 : 그 사진 이기 단데. 내가 학교 가만 아버지의 표창장 뭐 그런 상 많이 있는데 그거 뭐 제가 아버지가 옛날 글로 글을 많이 남겼어요. 그중에서도 옛날 그러이까네 요새 사람….

최승호 : 한자로 돼 있습니까?

남효덕 : 한글로예. 그래서 이거를 제가 오늘날 아들이 읽어 볼 수 있도록 제가 첨부다….

최승호 : 번역을 해서.

남효덕 : 번역이라기보다는 해석하고 요새 안 쓰는 말… 다들 이거 내 드릴게.

최승호 : 요거는 아버지가 직접 쓰셨는 글입니까?

남효덕 : 예. 그리고 아버지….

최승호 : 말록. 이거 문집이네 그지예?

남효덕 : 문집이지예. 글자 그대로 오만 거 다 있는데 제일 앞에 거는 어머니가 시집와서 어느 만큼 고생했고 그 이야기는 눈물겹도록…. 그라고 또 젊은 나이에 그 당시에 그 만주 저쪽으로 그리 비료공장 청주 비료공장까지 같이 했다 카면 대단한 분이잖아. 그래서 돈을 벌어와가지고 먹고 살았다 카고 이런 이야기들. 그다음에….

최승호 : 여기 적혀 있습니까?

남효덕 : 적혀 있습니다. 내 혹시나 싶어 하나 빼드립니다.

최승호 : 예 예. 빼주시고. 요고는 그러면 큰형님이 썼는 수깁니까? 요기에 인제 말록 안에 다 들어있습니까?

남효덕 : 말록 중에 요게 한 페이지지.

최승호 : 말록 중에 한 페이지고. 네.

남효덕 : 책자는 별도로 있습니다.

최승호 : 두껍은 게 있어예? 아버지 사진을 그 저 액자에 있거나 이런 건 없습니까?

남효덕 : 이걸 액자로 했었지.

최승호 : 요거. 요 사진을. 원본은 어디 있습니까?

남효덕 : 옛날에 뭐 주민등록 등본.

최승호 : 거기에 있습니까? 혹시 아버지가 그때 가지고 있던 주민 등록증이라든지 공무원증 이런 것들은 가지고 있는 거 없 습니까?

남효덕 : 없어예. 집안이 그 당시에 풍지박사이 됐으이 뭐.

최승호 : 그러면 이제 아버지가 서른일곱 살에 이제 나가시고 돌아 가시고 나서 어머니는 재가하셨습니까? 아니면 계속….

남효덕 : 재가 못 했지예. 제가 막내인데 말은 웃으면서 니 없었시 마 재가했을 낀데 이카고.

최승호 : 음 니가 없었으면…. 그때 몇 살이었습니까? 교수님은.

남효덕 : 네 살 때.

최승호 : 네 살 때. 막내이 보고 인제 사셨네 그지예. 혹시 이제 교 수님이 교수 임용되거나 할 때 아버지로 인해갖고 뭐 연 좌제에 걸리거나 이러지는 않았습니까?

남효덕 : 이야기하면 긴데예. 저는 처음부터 교사 외에는 안 한다 캤기 때문에 중간에 별로 걸림이 없었는데 형님은 옛날에 국회의원 초대 국회의원 할 때 찬조 연설해가 하고 뭐 이 런 거 하고 이라이까네 벌써 정치성이 있지 않습니까?

최승호 : 국회의원 선거 찬조 연설했어예? 그게 50년, 52년인데 예.

남효덕 : 52년쯤.

최승호 : 48년도 제헌 의회.

남효덕 : 예. 그런 정도로 해갔는데 그러고 굉장히 똑똑했어예. 그니까 포섭이라 카까 그런 대상이 됐는데 내조 그 그거로 억울한 옥살이다 캐가지고 그러니까 붙들리가 2개월 동안 경산경찰서에 구류 살았어예.

최승호 : 아 형님도?

남효덕 : 예. 그거는 죄목이 아버지 때문에 한 게 아니고 자기 활동을 했기 때문에 물론 아버지하고 연관이 돼 있지예.

최승호 : 형님은 성함이 어떻게 되십니까?

남효덕 : 효도 효 자에 심을 식 자예.

최승호 : 효식. 효식은 몇 년생입니까? 형님은.

남효덕 : 내보다 열세 살 우에니까 우에 되노 연도별….

최승호 : 열세 살 많으신데 형님이 그라면 구류 살았, 이를 며칠 살았다고요? 구류를.

남효덕 : 2개월.

최승호 : 2개월. 죄목은 뭐였습니까?

남효덕 : 죄목은 유족회 활동.

최승호 : 유족회의 활동으로.

남효덕 : 유족회 그 굉장히 그때 심하게 했잖아.

최승호 : 60년도에 그지예.

남효덕 : 형님은 인제 아버지는 이미 돌아가신 기고 더 이상 활동은 안 한다 카는데 워낙 해나이 이 사람 아버지 형님 이름이 빠질 수가 없어예. 그런데 내조 조사해보이 아무것도 없어가 2개월 만에 나와쁫고. 그리고 그래서 형님은 또

247

내 교육 외에는 아무것도 안 한다 캐서 계속해가 교장 하고 대구시내 계명대학 동창회 회장 이사장, 이사 이런 것까지 다 하신 거예요. 그라고 이자 중간 형은 저보다 세 살 우엔데 공부할 방법이 없어가 뭐 군에 갔다 왔다 했는데 하도 할 일이 없어가지고 내한테 나는 이제 아르바이트하니까 아는 사람이 있잖아. 내 경찰에 함 드가 볼란다. 그래 내 아르바이트하는 주인한테 카이께 그런 뭐 문제없다 틀림없이 이야기해 줄게 이래 됐는 기라예. 그래 딱 보이까네 나주 발표되는 날 나를 부리더라고. 혹시 아버지 우에 돌아가셨노. 아차….

최승호 : 음….

남효덕 : 그래 내 아버지, 형님이 자동적으로 합격이 됐답니다. 그래서 빠졌어예. 그래서 형님한테 이제 우리 포기하자 이거 우리가 항거할 방법이 없다. 그래서 형님은 내조 학교 서무과 하고 저는 쭉 사범대학 나왔고. 뭐 그래 했는데 저는 그냥 넘어갔는데 집사람이… 집사람은 뭐 아무 관계 없지 않습니까? 집사람이 임용되는데 혹시 시아바지가 무슨 일 있었나 묻더랍니다.

최승호 : 임용 시에?

남효덕 : 물론 뭐 결과적으로 불이익을 받았던 건 아닌데 그만큼 연좌제가 철두철미했다.

최승호 : 사모님은 어디 사범대를 졸업했습니까, 어디 졸업하셨습니까?

남효덕 : 사범대 나와서 경산대학교 한의과대학 교수했습니다.

최승호 : 한의대 교수를 하셨어요? 무슨 과 교수를 하셨습니까?

남효덕 : 영양과예.

최승호 : 영양학과. 혹시 사모님 성함은 알 수 있습니까?

남효덕 : 박찬성이예.

최승호 : 박, 찬….

남효덕 : 성. 찬성 반대 칼 때.

최승호 : 예. 중간 형님은 성함이 어떻게 되십니까? 경찰 갔다
가….

남효덕 : 효도 효 자 통달할 달 자 효달이.

최승호 : 효달. 그라면 결국은 이제 중간 형님은 이제 경찰을 못
했네 그지예.

남효덕 : 경찰도 못 되고 서무직에 좀 있다가 농사짓고.

최승호 : 서무직에 있다가. 그러면 이제 주로 인제 형님도 그렇고
인제 교육 쪽에 다 계셨네요.

남효덕 : 그러니까 우리는 더 이상 바람을 안 탔지.

최승호 : 교육 쪽은 그쪽 옛날에도 뭐고 유족회 활동 이런 걸로 문
제를 안 삼았습니까? 교육 쪽은?

남효덕 : 삼지예. 삼는데 활동이 앞장서고 그런 건 안 했거든요.

최승호 : 아 교육계는….

남효덕 : 거기 중에서도 우리가 활동을 하고 그러지는 않았거든
요. 그냥 그런 사실이 있었다고 하….

최승호 : 학생들 가르치고 뭐 이랬기 때문에.

남효덕 : 다만 띠면은….

최승호 : 띠면은.

남효덕 : 나오지.

최승호 : 정치 활동을 하거나 뭐 이런 것도 아니니까.

남효덕 : 형님이 교장 되는 데 지장이 있었지예.

최승호 : 아 교장 되는 데도 지장이 있었어예?

남효덕 : 안 그렇겠습니까? 교장이라 카는 기 옛날에 그런….

최승호 : 남효식 큰형님이 교장 되는 데도 힘들었다 그지예.

남효덕 : 그래도 형님이 워낙 교육계에 활동을….

최승호 : 많이 하서갖고.

남효덕 : 많이 하시니까 그 정도로 넘어갔지예.

최승호 : 야 이 연좌제 카는 게 참 무섭다 그지예?

남효덕 : 아유 무서워요. 내 딴 거는 몰라도 여 우리 집사람은 태어나지도 않았을 때 돌아가시고 더군다나 결혼해가지고.

최승호 : 3남 3녀 같으면 딸 여동생이 있었습니까, 누나가 있었습니까?

남효덕 : 제가 막내입니다.

최승호 : 누나들이 있었네. 자형들은 뭐 괜찮았습니까?

남효덕 : 자형은 큰자형은 아버지 돌아가기 전에 결혼했으니까.

최승호 : 음 괜찮고.

남효덕 : 둘째 자형은 뭐 그냥 세탁일하고 하니까.

최승호 : 자영업하니까 별 문제 없었고.

남효덕 : 제일 막내 자형이 경찰이었거든예.

최승호 : 경찰.

남효덕 : 그때 애먹었습니다. 애를 뭐 특별히 애먹었다보다도 신경을 많이 썼지예.

최승호 : 정리를 해보면 아버지가 10월 항쟁에 참여했는 걸로 이제 의심을 받아갖고 그래가지고 보도연맹에 그래갖고 이제 감옥에 갔다 왔고. 1심에서 1년 반 받고 인제 항소를

하는 중에 전쟁이 나갖고 이제 기결수, 미결수로 군에 인계돼갖고 코발트광산에서 돌아가셨다. 그렇게 되네 그지예. 그러면 그때 당시 대구형무소에 1402명이 경찰에 인계가 됐는데 그때 명단에 있습디까?

남효덕 : 있어예. 제가 저는 사실상 어리니까 아버지를 기억도 잘 못 할 뿐만 아이라 그 형님은 중학교 때고 그 뭐고 얼마나 한이 맺혔겠습니까? 그래서 4.19 나가주고 명단이 나왔는데 그 신문을 놓쳐뿟는 기라예. 형님 걱정하지 마이소. 내 신문 우에 찾아도 내가 찾으께 그랬는데 찾을….

최승호 : 지금 매일신문에 가면 찾을 수 있습니까?

남효덕 : 다 찾아… 내가 관계되는 거 이만큼 찾아가 이제 필요 없는 거는 다 없애고 다 찾았어예.

최승호 : 찾았어예. 한번 펴보시소. 성함이, 제가 가지고 있는 거하고 똑같네예.

남효덕 : 날짜까지.

최승호 : 요 중에 어느 어디 어디입니까?

남효덕 : 요게.

최승호 : 보입니까? 남극환.

남효덕 : 아마 그날이나 그 이튿날이나 고 근바 돌아가셨겠지.

최승호 : 보안법, 보안법으로 하셨네 그지예. 국가보안법으로 해가 7월 30일 날 인계됐네.

남효덕 : 그날 돌아가셨다고 봐야 안 되겠십니까?

최승호 : 7월 30일 날 돌아가셨다고 봐야되겠지.

남효덕 : 나머지 우리 마을에 있는 사람들은 이걸로 안 하고 코발트로… 우리는 이때까지 코발트는 생각 안 하고 자꾸 형

251

무소에서 가창에서 돌아가셨다 이렇게 생각했거든예.

최승호 : 아마 이 1402명은 대부분이 코발트에서 돌아가셨고 일부는 또 가창에서 돌아가셨어요.

남효덕 : 형님이 장로인데 저도 장로입니다. 근데 하여튼 그거 근바 가마 그쪽 방향을 안 보시예.

최승호 : 아 못 보겠어예?

남효덕 : 예. 내가 삼덕교회 장로인데 삼덕교회도 안 오십니다. 그당시 형무소였거든예.

최승호 : 그렇지 거기가 형무소죠. 그러면 혹시 국가기록원에 아버지 기록을 한번 넣어봤습니까? 거기에 뭐라고 기록돼 있습니까?

남효덕 : 그냥 제소자 뭐 그런 정도로 해가. 특별히 해놨는 거 제가 기대하고 봤는데….

최승호 : 기록원에는 요 보안법에 관련된 건 없습디꺼?

남효덕 : 내가 볼 줄을 몰라서 그런데…. (서류를 뒤적이며) 제가 이런 걸 굉장히 잘 알뜰히 챙기거든예.

최승호 : 혹시 뭐 손자들 중에 아들 중에 이 자료를 계속 이렇게 보관하고 찾고 하는 사람은 없어예?

남효덕 : 하하 없어요 없지. 제가 막내인데.

최승호 : 아니 아니 교수님 아들 자녀들.

남효덕 : 요새 아들이 그런 그런 거 있으마 아 그런 일이 있었는가….

최승호 : 장조카는 장조카는 관심이 없습니까?

남효덕 : 장조카도 벌써 뭐. (서류를 보며) 이기 인제 우리 대대로 있었던 예 뭐 족보, 족보하고 그다음에 이거….

최승호 : 이거 예전 거네. 그지예.

남효덕 : 하여튼 하여튼 국가기록원에도 있었어예.

최승호 : 기록원 그 표지 한번 볼 수 있어예? (서류 찾으며) 국가기록원은 내용이 뭐고 노랗게…. 경산경찰서 대공 자료에도 아버지가 있었네예. 대공 바인더 대공 자료 그리고 대공 바인더 이게 전부 다 경산경찰서에서 다 나왔습니다. 또 하나 더 있을 것 같은데 아 그렇지 이게 인제 이게 국가기록원에서 나온 거거든요.

남효덕 : 예예. 제가 직접 대전까지 갔어예.

최승호 : 극환. 예. 보안법으로 돼 있네예. 이게.

남효덕 : 그래 보안법으로 되겠지예. 그래 됐… 그래이께네 형님은 아버지를 누가 고소했다 하는 걸 다 알거든예.

최승호 : 아버지는 진주로 이감된 걸로 그래 돼 있는데?

남효덕 : 그런데 그게 안 맞다 카이까네. 어떤 거는 진주고 어떤 때는….

최승호 : 여기 보면 진주로 이감이 된 걸로 나와 있거든예.

남효덕 : 진주에는 받은 적이 없다 카거든예.

최승호 : 진주에는 받은 적이 없다 캐예?

남효덕 : 예. 그럴 때는 뭐 숫자만 세아가 몇이 나갔다 그거 뭐 그러고 된 것 같아예.

최승호 : 그래서 지금 이제 국민일보에서 나중에 해보니까 2500명이 사라졌어요. 아마 그 아버지는 이미 이제 1402명 명단에 밝혀졌으니까. 그 사람들 말고도 또 더 있었다는 얘기거든예.

남효덕 : 더 있었겠지. 그러니까 저는 이것을 한으로 따지고 원한

을 따지면 한정 없지만은 우리 민족의 비극이다 이렇게 하고 되도록이면 이 일로 인해서 더 이상 그거 안 했으면 싶다 이런 생각이 들어요. 그거 뭐 이거 따지가 우야겠습니까 지금. 물론 물론 보상 문제나 이런 거는 별개의 이야기지만은. 이렇게 잔인하게… 내가 제일 원망하는 거는 그럼 돌아가셨시만 돌아가셨다는 말이라도 해주든지 시신이라도 넘기주든지 어머니는 20년 동안 밥을 떠놨어요. 아버지 아버지 밥을. 그런 사람 많습니다.

최승호 : 돌아오신다고 생각하고 그지예.

남효덕 : 그라고 또 물으면 제삿날이 언제다, 저는 정확하게 날짜 요거를 알아가지고 7월 30일로 하자. 또 엄마가 어데 가가 물어도 7월 30일에 그날이예. 나는 뭐 이 근거를 해가 있으니까. 그래서 이제는 어머니도 돌아가셨고 형님 돌아가셨고 위에도 다 돌아… 이거에 대해서 관심을 가질 사람 아무도 없습니다. 얼마 전에 조카들 모아놓고 이런 일이 있었고 요고는 내가 보관한다 이런 이야기를 했었지예.

최승호 : 하니까 생각이 없어요?

남효덕 : 가들은 뭐 생각이 있기야 있겠지마는 아 그래 억울한 일이 있었구나 우리나라 그런 비극이 있었구나.

최승호 : 아버지가 어쨌든 이제 보안법으로 이제 형무소에 형을 1년 반을 받았고 근데 이 보안법이 당시에 10월 항쟁에 참여했던 사람들이 보안법도 있고 포고령 2호 위반 또 두 가지가 있거든예. 물론 보안법이 많이 있었습니다마는.

남효덕 : 10월 항쟁 그거는….

최승호 : 그때는 아버지가 어떤 뭐 10월 항쟁 관련된 거는 전혀 없다고 이야기하셨지예?

남효덕 : 그러이까네 거 안 갔다 카는 기 증명이 돼버렸으니까.

최승호 : 10월 1일 날 안 갔는 게. 그때 이제 면장하고 이런 분들이 면회를 왔으니까 병문안을 왔으니까.

남효덕 : 그라이까네 면장급은 아이라도 그런 분들이 병문안 올 정도의 활동을 했고….

최승호 : 그날이 10월 1일입니까? 2일입니까? 아니면 3일입니까? 병문안 왔을 때가. 그 날짜도 있습디까?

남효덕 : 그 날짜는 없는데 나중에 알고 보니 그렇더라 이렇게 해났거든. 아까 거 그게 10월 4일인가 모르겠어.

최승호 : 10월 4일. 「다시 부르고 싶은 이름」 여기 있습니까?

남효덕 : 형님은 이 날짜를 다 기억을….

최승호 : 형님은 언제 돌아가셨어요?

남효덕 : 한 10년 넘었는데.

최승호 : 10년. 형님한테 얘기를 들었으면 다 상세하게 알 수 있는데 그지예.

남효덕 : 형님도 뭐 제가 아는 범위보다 조금 낫겠어예. 감정이 다르지. 요 딱지 거 보시면….

최승호 : 이 글들을 저희들이 책을 만들 때 누가 했던 글이라고 해서 이렇게 넣을 수도 있겠지예? 넣으면 되지예? 이걸 다시 읽을 수는 없고 읽는 것보다는 저희들이 찾아가 쓰는 게 더 낫겠네. 그지예.

남효덕 : 그렇습니다. 이거는 뭐 참고가 될런지 모르겠는데….

최승호 : 말록(수기) 주시면 제가 함 읽어보겠습니다.

남효덕 : 이거를 옛날 글이 그대로 살아 있습니다. 그거 다 복사할라 카이 그라고 그래서 참 아버지 문장이 대단하신 분인데 그 만주를 가시면서 기찻간에서 붓글로 일기를 써가지고 그 글이 다 남아 있어요.

최승호 : 만주를 아버지가, 청주에 가셨다 카던데.

남효덕 : 충주? 청주가 청주. 예.

최승호 : 몇 년도에 청주를 가셨는지 아십니까?

남효덕 : 고기 다 나올 겁니다.

최승호 : 나옵니까?

남효덕 : 여기에 한 줄만 읽으면 어머니가 얼마나 고생했느냐를 알겠어예. 가소로운 여자 신세 출가외인 원망이라. 한 많은 시집살이 가난한 시집살이 이래까지 우리 집에서 얼마나 고생했는지 시할아버지 시할머니 시어머니 있는 거 자식 그다음에 친정 가서 애먹었는 거 이런 거를 아버지가….

최승호 : 아버지가 다 기록을 해놓으셨네.

남효덕 : 아마 남편 중에 그런 기록한 사람이 그렇게 안 많을 거라예. 그래서 내가 요곳만 복사했는데 안 되겠다. 이 뒤에 것도 내가 안 쓰면 이제 고칠 사람 아무도 없다 카고 다시 고쳐가지고….

최승호 : 혹시 마을에 미군이 해방 때 해방되고 나서 전쟁 전에 미군이 나락을 공출받아가거나 그런 거는 없었어요, 그런 얘기는 못 들었어예?

남효덕 : 없었어예. 다만 우리 6.25 다 끝나고 난 뒤에 그분들이 포수하러 와라 카면서 왔는 거 그기네.

최승호 : 그런 것도 없었고. 혹시 뭐 빨치산이 그 산 뒤에 있었다

는 얘기도 못 들었습니까?

남효덕: 가까운 데는 없었고요. 그런데 우리 마을에 나타났어예.

최승호: 나타났었어예?

남효덕: 예. 그라고 아시는지는, 박사동 사건 아십니까. 박사동 사건에 우리 고모부가 돌아가셨어예.

최승호: 박사리에 사셨어요. 그때?

남효덕: 글때 사셨는데 이래 지금 박사동 회장님이 우리 윤성해 우리 사촌이 고종사촌입니다.

최승호: 고종사촌 성함이 어떻게 되십니까? 박사에 돌아가신 분이.

남효덕: 윤성해

최승호: 아니 아니 돌아가셨는 분 고모부?

남효덕: 잘 모르겠는데예.

최승호: 고모부가 이제 박사리에서 돌아가셨다.

남효덕: 그래서 그럴 때 집 잃고 집 태아 다 돼뿌고 고모부 잃고.

최승호: 박사리하고 괴전동하고는 거리가 얼마나 됩니까?

남효덕: 지금이야 얼마 안 되지만 제법 멀었지. 옛날에는 하양까지 가가 하양에서 박사동 거 갈라 카마 굉장히 멀었지.

최승호: 산으로 치면은 얼마? 산 두 등 넘으면?

남효덕: 어쨌든 그까지 가려면 하루 일이래.

최승호: 그러면 이제 빨치산이 가까운 데 주둔한 것은 없었고 그라고 미군이 이제 식량을 공출해 가거나 그래가 또 반대하는 그런 행위도 없었고. 인민위원회, 부녀동맹, 민청 이런 것들도 그런 활동을 하시는 분도 없었다 그지예?

남효덕: 그런 건 없었어예. 마을은 쬐맨한데 하고 그라고 또 그런

거를 할 정도 겉은 겉으면은 야심도 있고 공부도 좀 글도 좀 아는 사람이 돼야 돼. 아버지는 그런 걸 할 의심은 받을 사람이지만 일체 다 그걸 안 했거든. 내가 어느 쪽에 걸리가는 안 되겠다.

최승호 : 가족 중에 이제 혹시 그런 활동하는 사람 없는 거예요? 친척 중에서.

남효덕 : 친척 중에….

최승호 : 6촌 돌아가신 분?

남효덕 : 5촌 아재지.

최승호 : 5촌 아재 그분 성함이 어떻게 됩니까?

남효덕 : 이분 이걸 해결 빨리해야 되는데 거 영화 영호.

최승호 : 영호.

남효덕 : 이분도 내가 요분에 신청을 해야 되는데, 딸 하나 놓고 가뿌고 형수는….

최승호 : 재가해버리고.

남효덕 : 재가해뿌이께네 딸 거는 작은아부지한테 크면서 작은아버지를 아버지로 불렀거든요. 제보다 한 4살 밑에인데 그래 제가 니도 신청해봐라 캤는데 근거가 없었어예. 자기 그런 사실 자체도 이제야 알았는데.

최승호 : 이제 알았고. 아 남영호. 이거 신청은 했는데 아직 진실 규명은 못 받았다 그지예? 이분은 같은 마을에 살았지예?

남효덕 : 바로 집이 붙어 있….

최승호 : 5촌 아재다 그지예. 이분은 무슨 활동을 안 하셨는가요?

남효덕 : 그케 그분네는 어른이 안 계시이 모르겠는데 고 국가기록

원에 보니까 쌀 한 가마에 한 말 공출됐다 카는 고기 기록에 있더라.

최승호 : 쌀 한 말 공출됐다.

남효덕 : 밥 머, 쌀 이래 내라 카면….

최승호 : 그러면 이 부역 혐의로 인제 이렇게 돌아가셨네 그지예.

남효덕 : 그럼 혐의를 따지면 그렇지예. 그라고 그 어떤 사람들은 보만 일하는데 딜로 가가지고 그 질로 몬 들어완 사람 많다 카거든.

최승호 : 그럼 일단 그 동네에는 아버지하고 5촌 아재가 돌아가셨고 그라고 그 인근에 한 여섯, 다섯 명 정도 더 돌아가셨다 그지예.

남효덕 : 7촌 되는갑다.

최승호 : 7촌. 어쨌든 괴전동 지금 그때는 뭐 오지니까 인제 빨치산도 많이 출동을 했었고….

남효덕 : 그런 것도 없었고예.

최승호 : 그런 것도 없었는데. 그래도 5촌 아재는 부역 혐의, 공출로 부역 혐의 같으면….

남효덕 : 그러이끼네 그것이 자발적으로 했는 건지 안 그라면은 아무 집에 드가가지고 쌀 내라….

최승호 : 강제로 했는지는 모른다. 그지예?

남효덕 : 아무 집에 드가가 쌀 내놔라 카면 안 내놓을 사람 어디 있어예?

최승호 : 그러면 아직 이제 이 남영호 씨는 이제 딸이 신청을 했는데 아직 받지 못했고.

남효덕 : 제가 무신 근거를 붙일라 캐도….

최승호 : 근거가 없어서.

남효덕 : 돌아, 다가 돌아가셨는데 살았을 때 있는 사람은 내보다 나이 든 사람 다 죽었는데.

최승호 : 남영호 씨도 맨 저 뭐고 대구 매일신문에 자료 있었어예?

남효덕 : 없어 없어예. 아무 근거도 없어예. 다만 우리가 알고 있는 기 마을 사람 누 집, 누 집, 누 집, 누 집 그래가 돌아가셨다.

최승호 : 그 정도로만 알고 있고. 그분들도 제사를 한 날 지냅니까? 아니면 다 다르게 지냅니까?

남효덕 : 다 다르지. 박사는 같은 날이니까 제삿날 같이. 그라고 그 지주 아재는 어릴 때 뭐 아 하나만 그 했으이까네 동생이 키아뿌고. 그 가족이 있는 그 자체 족보에 있는 자체도 몰라예.

최승호 : 이 딸은 그러면 뭐 유복자입니까? 아니면.

남효덕 : 유복잔지 안 그라면 알라 때 뭐 한두 살 됐든지.

최승호 : 지금은 어디 삽니까? 이 딸은.

남효덕 : 저 대구에 사는데 산격동인가 뭐.

최승호 : 이분은 뭐 아무것도 모르겠다 그지예? 지금도.

남효덕 : 모르지. 그런 사실 자체도 내가 설명하이 아 그런가….

최승호 : 우리 저기 경산 코발트 여기 유족회는 언제부터 활동하셨어예?

남효덕 : 유족회는 사실상 활동해도 전에도 한 번 연락이 한 번 오던데. 제가 어쨌든 사심이 있어 그런 게 아이라 이제 이 문제를 가지고 더 이상 사회를 원망한다든지 국가를 원망한다든지 그래 할 일이 아니다. 나는 아버지 하신, 못 한

일을 내가 한다. 그래서 안 했어예. 안 했는데 나중에 1차 거 나왔는 거 박사동에 그 형이 그건 안 그렇다. 네가 밝힐 거는 밝히고 단념할 거는 단념하고 이래. 그래서 2차 그거 할 때 제가 제일 먼저 갔었지예.

최승호 : 1차 때도 알았네. 그지예? 알았는데 신청을 못 했네. 그지예.

남효덕 : 1차에 알았다기보다도 신청했는다 카던강 뭐….

최승호 : 어렴풋이 듣기는 들었다.

남효덕 : 함 모이라 칼 때 내 안 갔지. 뭐 또 내래 해꾸지, 혜택이, 참 해가 올까 싶어서 안 간 것도 아니고. 저는 처음부터 대학교수만 쭉 해가지고 왔기 때문에 뭐 특별히 걸릴 기라든지 뭐 그런 거는 없을 거라예.

최승호 : 예. 이제 마지막으로 이 사건을 이제 앞으로 어떻게 처리했으면 좋겠는지 우리 국가나 사회에 하시고 싶은 말씀 있으면 한 번 해주십시오.

남효덕 : 글쎄 근데 그걸 내가 오늘 참 오시기 전에 내가 많이 생각했는데 우리가 국가의 기본 사명이라 칼까 민주주의의 원칙이라 칼까 하면 당연히 다 보상이 돼야 되지. 그러나 어느 국가나 어느 시대나 전쟁 나면 희생당한 사람 희생당하고 특히 부녀자 뭐 그런… 된다. 다만 지금 우리나라의 경제 사정이 이만큼 되고 또 진실 화해 하는 이런 게 구성이 돼 있는데 지금 예를 들어 내 비교하는 건 아닙니다. 4.3 사건이라든지 이런 데서 보상을 해주고 하는 거에 비해서 너무 소홀하지 않느냐 이런 생각이 들거든요. 들고 그다음에 액수를 고하고 이미 시

작했으마 우리 겉이 명확한 사람들은 말할 것도 없고 이름만 빠졌는 명단에 그런 분들한테도 어떤 형태든지 간에 국가에서 결국 돈이 들겠지만은 해결을 좀 해줘야 된다. 지금 많은 원망 중에 5.18 보상은 어떻게 하느냐 이런 문제는, 옳고 그런 거 나는 하고 싶지 않애요. 하는데 그래서 요약해서 말씀드리면은 이 문제를 더 이상 사회 문제를 하지 않는데 국가에서는 최소한의 의무라 칼까 그래 해야 된다. 그라고 또 하나는 우리 유족회들도 이거로 인해서 너무 욕심을 하지 마라. 돈 가지고 해결되는 문제는 아이다. 결국 사람들이 끝에 가서는 돈 문제가….

최승호 : 귀결되지요.

남효덕 : 귀결됩니다. 심지어 요분에 같이 했는 사람들도 니도 그 해라. 내가 참여 안 하지 않겠는데 그거 가지고 너무 카지 말자. 자칫 잘못하만 지는 묵고 사이까 이제 그런 거 아니냐. 그거하고는 다르거든요. 그런 뜻으로 제가 정리하면 좋겠습니다.

최승호 : 예 감사합니다. 오늘 긴 시간에 우리 옛날 기억하고 싶지 않은 얘기를 들려주셔서 고맙습니다. 고생하셨습니다.

남효덕 : 예.

최승호 : 이것으로 우리 3차 유족 구술 증언을 모두 마치겠습니다. 오늘은 대구시 수성구 신매동 에덴타운에서 우리 남효덕 우리 유족들로부터 아버지의 돌아가신 상황들을 들었습니다. 이것으로 남효덕 씨에 대한 구술 증언 채록을 모두 마치겠습니다.

남효덕 : 감사합니다.

최승호 : 고생하셨습니다.

남극환 결정문

(진실규명결정서) 신청인 남효덕 [1946년 생으로 남극환(1911년 생)의 아들]의 진술에 따르면, 남극환은 경산군 안심면 괴전동에 거주하고 있었다. 신청인 남효덕은 아버지 남극환의 연행과 희생 등에 대해 어머니 채덕순과 형 남효식에게 들었다.

남극환은 면사무소와 동사무소 등에서 서기 업무를 했고, 각종 마을일을 도왔다. 해방 후 좌익들이 밤에 집에 찾아와 식량을 요구했다. 좌익들은 남극환을 회유하려 했고, 검거된 좌익들이 경찰조사과정에서 남극환의 이름을 대서 곤란할 때가 많았다. 남극환은 경찰조사를 받을 때마다 무죄로 방면되었다. 이후 좌익들로부터 회유와 협박이 점차 심해졌다. 남극환은 1949년 음력 3월 말경에 경산에 일을 보러 간다고 집을 나간 후, 남극환의 증조부 제사인 음력 4월 1일까지 집에 돌아오지 않았다. 증조부 제삿날 경찰들이 집안에 들이닥쳐 남극환의 행방을 물었는데 알고보니 남극환은 열흘도 더 전에 경찰에 연행되어 경산경찰서에 구금되어 있었다. 남극환은 대구10월 사건에 연루되었다는 혐의를 받았으나, 대구10월 사건 당시 남극환은 심한 목병을 앓아서 집 밖에 나간 적도 없다. 남극환의 아들 남효식이 경산경찰서에서 남극환을 면회하였다. 당시 경산경찰서의 형사반장이 남효식에게 "너희 집안에는 그렇게 사람이 없느냐. 너희 아버지는 큰 혐의가 없는데 내일 대구로 이송된다"라며 '돈 쓸 사람이 없냐'고 하였다. 남극환이 대구형무소로 이송된 후 남극환의 동생이 변호사를 구해 남극환의 재판을 치렀고, 남극환은 사상범으로 몰려 징역 1년 6개월 형을 선고받았다. 남극환은 항소를 해서 2심을 기다렸고, 남효식이 대구형무소로 면회를 다녔다. 한국전쟁 발발 후 남극환 등 대구형무소에 있던 사상범들이 모두 가창골에서 희생되었다. 남극환과 비슷한 시기에 재판을 받은 청천의 정OOO와 하양의 OOO은 남극환보다 더 큰 형량을 받는데 한국전쟁 발발 직후에 희생되지 않고 형을 다 산 뒤 살아 돌아왔다. 남극환은 항소를 했기 때문에 희생된 것 같다. 옆집에 살던 7촌 아재 남호환은 한국전쟁 전에 형무소에 형을 살고 돌아왔다가 국민보도연맹에 가입되어 한국전쟁 때 사망하였다. 남효식은 1960년 피학살자유족회에서 잠깐 일을 했다가 5.16 군사정변 직후 두 달 간 옥살이를 하였다. 남극환의 제사는 음력 6월 15일(양력 7월 29일)에 지내고 있다.

진실규명대상자 남극환의 사건경위와 희생사실은 다음의 기록에서 확인된다.

1) 대구지방경찰청 형사사건부(1950)에 남극환이 국가보안법 위반 등의 혐의로 1950년 2월 1일에 구류되었다고 기재되어 있다.

2) 대구형무소 재소자명부(1950)에 남극환이 국가보안법 위반혐의로 1950년 2월 1일에 구치 되었고, 1950년 7월 30일 군경에 인도되었다고 기재되어 있다.

3) 대구매일신문(1960.6.7.)에 남극환이 국가보안법 위반혐의로 대구형무소에 수감되어 있다가 1950년 7월 30일 군경에 인계되었다고 기재되어 있다.

4) 제4대 국회보고서에 남극환이 1950년 7월 20일 형무소에서 군에 인도됨이 판명됨 이라고 기재되어 있다.

5) 5.16 직후 피학살자 유족회 탄압사건(진화위, 2023)에 남효식(남극환의 아들)이 남극환아 한국전쟁 발발 직후 억울하게 희생되었기에 유족회 활동을 하였다고 기재되어 있다.

6) 족보에 남극환은 1950년 음력 6월 15일(양력 7월 29일)에 사망했다고 기재되어 있다.

이상을 종합해볼 때 진실규명대상자 남극환(2다-11432)은 1950년 2월 1일 대구형무소에 입감되어 수감생활 중 1950년 7월 30일 군경에 인도되어 경산코발트광산 또는 가창골 소재 계곡 등에서 희생되었다고 판단된다.

25. 문태주 구술증언(2차)

문태주(양재선의 며느리) 유족
2024. 02. 17. 토 오후 9:07 / 40분 36초

최승호 : 안녕하십니까, 저는 경산유족회 최승호 이사입니다. 오늘 나오신 분 성함이 어떻게 되십니까?

문태주 : 저는예 문태주입니다.

최승호 : 몇 년생이시지예?

문태주 : 저예 49년생입니다.

최승호 : 몇 월며칠생입니까?

문태주 : 7월 29일생이요.

최승호 : 49년.

문태주 : 7월 29일.

최승호 : 29일생. 그러면 돌아가신 분은 어떻게 되시죠?

문태주 : 시아버지 양재선.

최승호 : 양재선. 아 시아버지입니까? 시아버지는 몇 년생이시지예?

문태주 : 우리 시아버지가 그렇게 몇 년생이고? 2천 몇 년생이고. 거 보면 있을 건데. 거 안 나왔어예?

최승호 : 그러면 시아버지는 그 고향이 어디십니까?

문태주 : 청도. 청도군 풍각면 안국. 예.

최승호 : 시아버지 돌아가셨고 그러면 시아버지 밑에는 아들은?

문태주 : 시아버지 밑에 아들 양철석.

최승호 : 양철석. 아들이 몇이가 있습니까?

문태주 : 그 아들이 둘이었는데 한 사람은 완전히 서출이라고 우리 하고 연결이 안 됐어예. 그러이끼네.

최승호 : 그러면 이제 우리가 양철석 씨의 부인이다. 그지예? 양철석 씨는 실례지만 몇 년생이십니까?

문태주 : 거도 49년. 9월 14일생.

최승호 : 9월 14일생이고. 양철석 씨는 돌아가셨습니까?

문태주 : 돌아가셨습니다. 예. 2011년도.

최승호 : 2011년도에 돌아가셨고. 그러면 아버지 양재선 씨 밑에는 이제 양철석 씨 아들 하나만 있다. 그죠? 누나 딸이나 이런 사람은 없고. 예.

문태주 : 족보에는 서출이라도 나오던데예. 거는 관계없지예?

최승호 : 예예. 그러면 아버지가 그러면 뭐 재혼을 하셨는 겁니까?

문태주 : 아니 아니 우리 어머님이 애기를 13년 동안 못 낳아가 아버님이 공무원 생활하면서 김천서 시청에 계시면서 그 여자를 하나 알아가 애기가 가지고 우리 어머니보다 애를 먼저 낳았지요. 아 그 서출이지. 그러니까 우리 집에 오지도 안 하고 제사도 모르고 산….

최승호 : 우리 양재선, 안국리가 양씨들 고향….

문태주 : 예 집성촌예.

최승호 : 집성촌입니까? 무슨 성씨 본관이?

문태주 : 본관이 남원 양가.

최승호 : 남원 양씨. 한 몇 세대쯤 됩니까?

문태주 : 제가 시집갈 때 100세대가 넘더라고요.

최승호 : 100세대. 100세대가 대부분 다 이제 남원 양씨다. 집성
촌이네 그지예?

문태주 : 예. 집성촌이 내가 시집갈 때 타성은 몇 집 안 살더라고
예.

최승호 : 거기에 뭐 재실도 있고 서원도 있습니까?

문태주 : 예. 다 있습니다. 재실 있습니다.

최승호 : 그러면 시아버지는 당시에 공무원이었다 하셨….

문태주 : 공무원. 김천시청에 근무하셨어예.

최승호 : 김천시청에 근무하셨습니까? 그런데 그 청도에 계시는
분이 어떻게 김천으로 가셨는가예?

문태주 : 아 대구서 고등학교를 하고 해가지고 김천시청으로 가셨
지예.

최승호 : 그러면 김천시청에 계실 때는 나이가 얼마쯤 됐지예?

문태주 : 제가 그거는 모르지예. 거는 젊었으니까 우리 애기 아빠
가 세 살 때 돌아가셨다 카니까.

최승호 : 세 살 때.

문태주 : 예, 그렇겠네. 고 빼마 될 겁니다. 그러끼네 우리 어머니
가 서른네, 서른한 살에 우리 애기 아빠를 낳았어. 맞다.
서른에 14년 만에 낳았으께 서른에 낳았고 우리 아버님
이 한 살 위라. 그러께네 서른세 살 때 우리 아버님이 그

래 서른네 살 되겠지 그지예?

최승호 : 그라면 고등학교 졸업하고 바로 공무원 시험이 됐십니까?

문태주 : 예. 바로 가셨어예.

최승호 : 공무원 시험 돼 갖고 김천으로 발령이 났네 그지예. 그러면 김천 공무원을 시청 공무원을 몇 년 정도 하셨습니까?

문태주 : 제가 알기로는 몇 년 했는지는 모르겠고 그러키네 우리 애기 아빠가 태어나고 세 살 때 봉산동에서 그날 토요일 날 오셔가지고 일요일 아침 따라 잡혀갔다 하더라고요. 여름에. 예. 50년도.

최승호 : 50년도. 전쟁 땝니까?

문태주 : 전쟁 그때 전쟁이 발발할 때인가 봐예. 그러이끼네.

최승호 : 여름에. 봉산동에는 무슨 일로 오셨습니까?

문태주 : 봉산동이 집이예요, 그때.

최승호 : 원래 예.

문태주 : 우리 어머님이 그때 이제 아들 두고 봉산동에 아버님이 일주일에 한 번씩 오셨는가 봐예.

최승호 : 이제 청도에서 봉산동으로 이제 살림을 나신 거지예. 그래서 학교도 뭐 대구에서 다니셨고. 근데 공무원 하시면서 어떤 일을 하셔갖고 경찰이 잡아가셨죠?

문태주 : 저는 그걸 모르는데예.

최승호 : 들어 듣기로 어머니한테.

문태주 : 듣기로는 공무원 그때는 똑똑한 사람이 잡혀갔는데 우리 어머님하고 우리 고모님들은 뭐를 생각하나 카마 그때 이름은 금촌에 재령 이씨들이 금촌에 이제….

269

최승호 : 청도 금천에.

문태주 : 예. 이서에 거 금촌에 우리 숙모님이 동생들이 전부 다 학교 교장하고 이랬거든예. 뒤에. 그 교육자 집안이란 말입니다. 그래가 거서 우리 시삼촌이 처갓집에서 그 해가지고 그 이제 빨갱이도 아닌데 똑똑하니까 이제 몰려가지고….

최승호 : 사회주의 활동이나 뭐.

문태주 : 했는가 보지요.

최승호 : 좌익 활동이나 이런 거 하셨어요?

문태주 : 그거는 안 했는 걸로 아는데 그래 어쨌든 간에 연관돼 가지고 그렇게 돌아가셨다고 그래가 우리 난제 나옵니다. 우리 시삼촌 총살당했어요.

최승호 : 아, 시삼촌 시삼촌 성함이 어떻게?

문태주 : 양재갑. 그분으로 해가 우리 아버님도 잡혀갔는 거라예. 형제간이다 보니까.

최승호 : 아 양재갑이 시삼촌, 형제간입니까?

문태주 : 예. 형제가 다 고등학교 나오가 우리 시삼촌은 도청에 근무하셨고.

최승호 : 시삼촌은 양재갑은.

문태주 : 예. 도청에 근무해 가지고 그분은 잡혀가가지고 청도 거기에 머슨 동도 있던데 그거 먼저 다 써였어예. 그 동네하고 그게서 그게 폭포수가 있는데 거기에서 총살당했답니다. 잡혀가 총살당해 당해 가지고 우리 할아버지 조부님하고 일꾼 들고 가가 우리 시숙모가 시신을 찾아오가 산속 풍각에다 매장을 했는데 이제 우리 아버님은 그 질

로 잡혀갈 때 아침에 일요일 아침 잡숫다가 잡혀갔는데 우리 시고모가 이제 만나러 간다고 연락이 오고 우리 시고모가 어디 있었나 카마 지금 옛날에 명성예식장 자리 시청 있는데 거기에 대한통운 관사에 살았어. 왜냐하면 우리 고모부가 대한통운에 근무했거든. 그래갖고 관사에 사는데 전화가 왔더래예. 이제 면회 좀 오라고. 그래가지고 이제 고모가 아침에 밥 잡숫고 그때가 9시 좀 넘었다 하더라고예. 그래가지고 고모가 이제 대구형무소가 내나 대구예식장 옛날 있잖아. 동인동 거다 보이끼네 글로 가니까 누가 막 부르더랍니다. 차에서 이 추럭에서. 그래 보이께 오빠가 이제 타고 나가다, 우리 시아버지가 그래가….

최승호 : 아 여동생을 오라 캤구나.

문태주 : 예예. 면회할라고 오라 캤는데 그래 고모가 오빠 오빠 이 카이끼네 내 부산으로 간다, 부산 갔다 오게 카문 그때부터 함흥차사였어.

최승호 : 부산으로 간다.

문태주 : 예예. 그러이께 그게 코발트, 나주 보이 코발트 일로 가 바로 총살당했는가 봐예. 그래서 이제 우리는 그 코발트 갔는 것도 요번에 알았어예.

최승호 : 요번에 알았어예?

문태주 : 예예. 그때까지는 우리 어머님은 우예가 돌아가셨는 것도 모르고 돌아가신 날짜도 모르고 평생을 인자 제 시집오니까 5월 초하룻날 제사를 지내더라고요.

최승호 : 5월 초하루. 왜?

문태주 : 왜냐하면 음력 설 음력 5월 초하룻날이 우리 아버님 생일 이었는가 봐예. 그날 이제 항상 기일을 정해가 우리가 제 사를 지냈어예. 우리 시삼촌은 그래끼네 시월 수무여드 날이가 그러께네 수물이레 날이다. 그날 시삼촌 제사 지 내고 그 이튿날 우리 아저씨 음력으로 생일이거든예. 그 러케 양력으로 9월 14일이라도 우리 아저씨가 음력으로 10월 20 여드레 날 자기 생일이었다 카이. 그래가 제사를 우리 집에서 내동 모시고.

최승호 : 시월인데 왜 음 5월 초하루….

문태주 : 시아버지는 제사를 고날 지냅니다.

최승호 : 고날 지냅니까? 예. 그라면 시어른 몇 형제입니까?

문태주 : 그러끼네 3남 2녀.

최승호 : 3남 2녀. 그라마 재선 씨가 몇째입니까?

문태주 : 그러이끼네 누나 있고 누나 계시고 그 다음에 형님 계시 고 우리 아버님이 세 번째지요.

최승호 : 셋째. 그러면 재갑이 넷째?

문태주 : 아이지. 맞다. 넷째. 우리 고모가 다섯째 막내이니까.

최승호 : 고모가 막내 다섯째고.

문태주 : 거 대한통운에 내나 거.

최승호 : 다녔던 분이. 그마 시아버지는 이제 형무소에 있다가 이 제 경찰이 군경에 넘어가서 이제 돌아가셨고 시삼촌은 경 찰에 바로 총살당했고 현장에서. 재갑 시삼촌은 무슨 죄 로….

문태주 : 우리도 그거 몰라예. 빨개이로 몰리가지고 그래 죽었다 카던데. 우리 아버님이 그거로 이제 형제간이니까 그날

아침에 잡혀갔다 하더라고예.

최승호 : 이제 시삼촌 때문에 이제 시아버지까지 빨갱이로 인제 몰렸다. 근데 이제 시삼촌은 이제 재령 이씨들하고 관련돼 가 있어갖고.

문태주 : 그게 관련돼 가지고 그리 생각을 했다고 우리 어머님하고 전부 다. 그랬는데 이제 요번에 이제 저거 뭡니까. (국가기록원에) 저거 띠로 가보니까 예예.

최승호 : 금천에는 시삼촌하고는 어떻게 관계됩니까? 금천면에 재령 이씨들하고.

문태주 : 금천면에 그래 재령 이씨가 처갓집이지. 우리 시삼촌 처갓집.

최승호 : 아 시삼촌 처갓집.

문태주 : 시숙모가 이제 처가가 이춘하 씨가 금촌 사람이거든예.

최승호 : 양재갑에 처가가 이제 금천의 재령 이씬데 재령 이씨들 중에서 이제 거기서 활동하시는 분이 있어갖고 이제 시삼촌이 이제 연결됐고.

문태주 : 연결돼가 우리 아버님이 연결됐고 우리 큰아버님도 쫓겨 다녔고. 우리 큰아버님이 양재영 씨가 있었는데 그분이 그분이 뭐 했노 카이끼네 세무서에 다니시다가 마지막에는 저거 했습니다. 그래도 우리 그 큰아버님은 살아가 정신이 약간 동생들 따무레 산으로 산으로 막 도망댕기고 밤에는 숨고 낮에는 이제 내려와 밥 한 그릇 얻어먹고 올라가고 막 이렇게 총소리에 놀래가 정신이 약간 이래 됐어예. 뭐 했노 카이끼네 영천 거게 군청에 거 지적 뭐라 합니꺼?

최승호 : 지적공무원.

문태주 : 지적공무원은 공무원인데 와예 별도로 나가 측량하는 소
장을 하셨어. 그래가지고 대통령상도 받고 그랬어예. 자
개상도 받고 정신은 돌았는 거 맨트로 술만 췌면 영 돌아
삐는 기라. 아침에는 괜찮는데 그래가.

최승호 : 그래 보통은 이제 연좌제 때문에 부모 형제들 다 피해 입
었는데 큰아버지는 좀 괜찮았네 그죠, 그래도.

문태주 : 그래도 할아버지가 그때 면장을 해가 좀 그거를 어떻게
좀, 좀 괜찮은 것 같았는 것십니다.

최승호 : 할아버지가 그러면 어디 매전면장을 하셨어요? 어디?

문태주 : 풍각면장을 잠시, 우리 할아버지 청도 거 예식장에 가면
공적비가 굉장히 큽니다. 강석진이보다 더 큽니더. 동명
합판 강석진이 거 비석보다 더.

최승호 : 할아버지는 한자가 어떻게 되십니까?

문태주 : 우리 할아버지예. 양 자 경 자 환 자.

최승호 : 양 자 경 자 환, 경환 밑에 이제 재영, 이제 재선, 재갑 이
래 있었네. 그죠? 어쨌든 재영 큰아버지는 큰 피해가 없
었고 아버지는 돌아가셨고 재갑 씨도 돌아가셨고 삼 형제
가 다 어떤 피해를 입었었네. 그죠?

문태주 : 피해를 보고 입고 그래가지고 우리 어머님이 너무 우리
아저씨 세 살 때 네 살 들면서 그리 됐으니까 혼자서 늘
남편을 그리워하면서 저는 마음이 아팠던 게 제가 결혼을
해 보니까 우리 어머님이 맨날 우리 아버님 두루막 있잖
아. 모시. 모시 두루막과 모시적삼을 내가 매 해마다 빨
아가 그걸 풀을 해가지고 농에 였다가 뺐다 하시더라. 그

어느 날 내가 물었어예. 물으이께 아버님 어머님 왜 그 거를 자꾸 놔, 버리시지 카이께네 아이다 카미 이 양반 이 죽었는지 살았는지 나는 모른다. 연락도 받은 적도 없 고 어드로 갔는지 그 질로 나가 함흥차사였어. 그러다 보 이끼네 온 동네가 이제 마 빨개라고 이제 막 그랬겠지예. 그래가지고 우리 아저씨도 대학을 갈 수 없었던 게 우리 조부님이 아들 둘을 그래 잃고 나니까 이제 손자는 원손 이잖아예. 정말로 저는 우리 조부님한테 사랑 많이 받았 거든예. 귀한 원손이라고. 우리 할아버지로 봐가는 원손 은 우리 아저씨밖에 없어예. 우리 작은아버지는 자식도 하나도 모, 낳으마 죽어버리고 하나도 없고 우리 백모는 또 딸만 자꾸 낳다가 후처로 들오가 아들 둘 낳아도 낳으 께네 옛날매도 원손 적손 와예 그런 거 많이 찾잖아예.

최승호 : 우리 재영 씨한테는 딸이 아들이 없었구나.

문태주 : 아들이 나중에 있었지. 이제 후처 들여가지고 후처 들어 가 있었고 그리고 우리 아저씨가 이제 그 집안에 원손이 다 보면 온 집안에서 우리 집으로 다 연락이 왔거든예.

최승호 : 아저씨 재선이 이제 원손이니까.

문태주 : 이제 우리가 우리 아저씨가 고 세 가문에 원 핏줄은 우리 아저씨밖에 없으니까 이제 옛날에는 서출은 안 쳐줬거든 예. 그러다 보이께네 그래가지고 하다 보께네 할아버지가 자식 이 손자 이거 공부시키면 아무 필요도 없다. 연좌제 묶이가지고 앞으로도 니는 어디 가 취직도 해도 공무원도 못 하고 공부는 하지 마라, 그래 상고만 나오가 니는 직 장에만 다녀라. 그래가 우리 아저씨가 상고 나왔다 카이

275

께네. 나와가지고.

최승호 : 상고 졸업해 갖고 이제 김천시청 공무원이 됐….

문태주 : 아이지. 거는 우리 아저씨. 아들. 아들이지.

최승호 : 아아 양경환.

문태주 : 양재선 씨 이제 그러이께 아들이 우리 아저씨고. 양경환
씨가 이제 우리 아저씨가 손자인데 공부하지 마라.

최승호 : 하지 마라 캐갖고.

문태주 : 대학교 나와도 공무원 시험도 몬 보고 육사도 몬 가고 못
가고 그러이끼네 니는 장사를 하든지 그래가지고 이제 우
리 아저씨가 남선경금속에 거기에 이제 뭐 있다가 자기
사업한다고 나가 사업하다가 실패도 하고 그래가.

최승호 : 1기 때는 신고를 왜 안 하였어요?

문태주 : 몰랐어예.

최승호 : 아 몰랐어예.

문태주 : 내가 청도를 군청에를 한번 갔더니 어느 날 테레비 연좌
제 이거 풀리면서 와 이거 신고하라고 나오길래….

최승호 : 아 tv 봤어예?

문태주 : 예. 청도로 갔는데 청도군청에서 우리 아버님을 여니까
청도 운문댐 있는데 거기도 있고 있는데 여기는 없다고
코발트로 가봐라. 코발트가 어디고. 경산이라 카더라고
예. 그런데 그때 내가 2000 그때가 8년도인가 9년도인
가 그런데 가봐라 카는데 그때 내가 여기 와가지고 경산
코발트 전화를 한번 했어예. 하니까 그때는 뭐 돈도 내야
되고 뭐 어쩌고 저쩌고 근데 또 있는지 없는지 모른다 하
더라고예. 전화를 하니까. 사무실이 여기 오거리에 있었

다 카던데. 그래서 우리 아들이 엄마 이제 우리 재준이하고가 엄마 할아버지 돌아가신 것도 오래됐는데 우리가 지금 찾는다고 해가지고 배상이 나온다고 해가지고 저것도 없고 하이께네 그기 만약에 사실은 국가에서 책임을 지면 우리한테 연락을 해줘야 되는데 그걸 안 해줬으니까. 그래가지고 있었는데 작년 재작년에 계속 자목에 자막에 12월 말까지 끝난다고 그래가지고 제가 이제 그러마 한 번 등록해 보자 있는지 카고 그래가 이제 제가 (코발트유족회 나정태) 회장님한테 갔었어. 가가 이제 회장님이 그때 저보고 그러면은 조사관이 오시니까 와서 한번 인터뷰 해보자고 캐가 그래 우리 아들하고 둘이 갔어예. 가가 우리 아들이 전부 다 인터뷰 했어예. 그래 그분이 다 적어 갔어. 그래가지고 내보고 인자 마지막에는 회장님이 대전에 국가기록원에 가가지고 띠보라 캐가 띠가지고 그래 제출했습니다. 하니까 아버님이 코발트 그 광산으로 갔는 게 확인이 됐어요.

최승호 : 기록원에는 어떻게 돼 있습디까? 거기 저 국가보안법입디까? 아니면….

문태주 : 그러이 그러이끼네 우리 아버님이 뭡니꺼, 어 김구 선생님 밑에 운동할 때 박헌영이씨 있지예. 박헌영 씨. 그지예. 그러이끼네 지금으로봐서 이제 좌파지. 거게….

최승호 : 좌익 활동을 하셨어예?

문태주 : 그 본인은 그렇게 안 했는데 우리 할아버지가 좀 했는 걸 드라고예. 할아버지가 등록을 시키가지고 해났는데 그래가지고 그게 이제 잡혀가 형무소에서 이제 이관돼가 인자

부산으로 간다고 다 부산으로 갔는 줄 알아예. 그래 갔는데 그게 부산으로 안 가고 그때 코발트 일로 가가 막 총살당해 그때 돌아가신. 그러면 이제 우리 아버님 같은 경우는 자기가 살아있으면 부산을 갔으마 여동생한테 또 전화를 한다고예. 매제한테 매부 뭐야, 우리 고모부가 대한통운에 계셨으니까 그랬는데 연락도 안 오고 그 질로부터 인제 소식이 없으니까 분명히 죽은 거는 죽은 건데 행방불명이잖아예. 그러니까 우리 어머니는 돌아가시는 날까지 마음속에는 남편이 안 돌아가셨다고 마음속에는.

최승호 : 아직까지 돌아올, 그래갖고 이제 모시적삼을 계속 이제 손질을 했구나.

문태주 : 내 손질하고 정말로 우리 어머님은 고생도 너무너무 많이 했어. 내가 이랬어요. 우리 어머님이 고생했는 거는 국가에서 보상을 할라카마 말도 못 합니다. 우리 어머니 그 아들 하나 두고 나는 그 소리 하다 내가 눈물이 나. 나는 호강스럽게 커가 부잣집에서 이리 시집 왔지만 우리 어머님은예 밤을 낮을 삼아 일을 하고 아침에 말이 동네 사람들이 달 뜨마 나가면 밤에 달 뜨마 들온다 카더라고예. 그 정도로 참 농사 지으마 까꾸리 까꾸리 해가 뭐도 심고 혼자 그래가 아들 키운다고 아 있십니꺼. 그래 고생해가지고 남편 갔는 것도 그래서 제가 이 말을 했다고. 우리 어머님이 2000 그러이께네 2006년도인가 돌아가셨거든요. 그래 맞지 싶으다. 2003년도에 돌아가셨는 갑다. 그래 돌아가실 때 제가 조금만 일찍이 저거 해도 우리 어머님이 남편이 저게 코발트 사건에서 계류돼가 죽

었다고 했으마 거기라도 가가 우리 어머, 우리 아버님 묘도 없어요. 그게 없어가지고 늘상 우리 어머님이 묘가 없어가 삼촌 묘는 있는데 우리 아버님 묘는 없어요. 그래가이제 어머님이 돌아가실 때 이제 집안에서 큰 우리가 화장을 할라 그랬는데 집안에서 큰 어른이기 때문에 그러면 안 된다고 산소를 써야 된다 캐가 그래 풍각 안국에 그 뒤에 산에다가 산소를 썼어요. 써가지고 우리 아버님 혼백하고 해가 봉합을 합봉을 했습니다. 처음으로 그때 이제 산소가 생긴 거예요. 그래서 산소도 없이 홀로 그래서 제가 그 코발트 거기 갈 때마다 마음이 아팠어요. 그리고 우리 작은아들이 하는 소리가 엄마 할아버지 유골이라도 나와가지고 DNA 검사해가지고 우리 할아버지 카마 증명만 돼도 즈거가 그거를 어떻게 해가지고 납골당 해가 지 아들한테 할아버지가 나쁜 사람이 아니고 어 지금 세대를 보면 아들한테 우리 할아버지는 진짜 훌륭한 사람이고 그때 세월에 학교도 많이 했고 똑똑하고 그래서 제가 결혼해가 올 때 먼저 그카이께 그분은 알더라. 그 74년도 제 결혼해가 오니까 대구일보 대구 대구 매일신문사 사장이 허 뭐더라. 이제 세월이 가니까 나주 이자뿌는데 그분이 우리 아버님 밑에 급사로 있었대요. 급사로 있었다 카지 싶으다 그분이. 나도 이래가 신문사 사장까지 왔는데 자네 아버지가 살았으마 굉장히 높은 사람 똑똑하고 높은 사람이 됐을 건데 그래 갔다고. 그분이. 설마다 우리가 3년을 세배 갔었거든예. 그러고 나서는 마 우리도 아도 생기고 하니까 이제 세배 가는 것도 친척도 아이고 하이께 잊어버렸는데 그래가지고 이제 끝나고 제가 이제 찾아가 등록도 하고 이랬는데 그 기록원에 이제 가보니까 그게 다 나오더라고요. 아버님이 형무소에서 7월달에 끌려가가 절로 가는 것까지 부산 간다 카다가 부산을 안 가고 그 차가 절로 갔는 것까지 나왔어요.

최승호 : 형무소에 몇 월, 언제 수감됐습디까? 기록….

문태주 : 기록부에 그 나 그거를예 내가 여사로 봤는데.

최승호 : 기록부 안 갖고 오셨지예?

문태주 : 기록부 거 넣었잖아예.

최승호 : 넣었어예? 오늘은 안 갖고 오셨어예?

문태주 : 오늘은 안 갖고 왔지. 난제 우리 재주이한테 물으마 거 있을 거예요.

최승호 : 재준 씨한테 전화를 해볼게요. 그러면 할아버지 경환 씨가 좌익활동을 했다 카는 거는 주민들 얘기로.

문태주 : 몰라. 그래서 우리 아버님하고는 어차피 잡혀갔으니까 어쩔 수 없고 큰아버지면 활동할 수 아 있어예. 돈이 많았어예. 우리 아버님, 우리 할아버지가 부자였어요. 그래서 청도에 가마 학교도 학교도 세 개 설립하고 국민학교 하고 저수지도 자기 자산으로 저수지도 세 개 그거 하고 그리고 거기 금곡에 거기 불 나가지고 자기 사비로 집도 다섯 채 짓다 카던가 그래가 공적비를 지았어예. 거 청도 군수가 우리 찾아왔더라고예. 찾어와가 이 할아버지는 학교 공로도 많고 하니까 공적비를 세워야 되겠다 이래가지고 그때는 풍각 예식장이 아이고 이제 강석진하고 전부 다 와 공로 있는 사람 비가 다 섰더라고. 그래서 우리

가 그때 70, 80년도인가 그때 우리가 그 공적비를 시았어
예. 시울 때 군에서 그날 우리 보고 돈을 한 150만 원 찬
조하면 안 되겠나 이래가 보조하고 군에서 그때 이제 칠
십 살 이상 되는 사람 청도군에 노인들 그때 칠십은 상노
인으로 쳤거든예. 그래가 개 일곱 마리인가 잡고 미나리
를 하이튼 이 니아까로 한 리아카 하고 막걸리를 수무 몇
통 먹었다 캅다다. 그래가 그날 잔치를 했어요. 우리가.
우리 집 사진도 있어요. 먼저 사진하고 다 제출했어요.
공적비 있는 거.

최승호 : 혹시 시아버지 사진이나 이런 것도 있습니까?

문태주 : 있어예. 우리 시아버지 수정 도장도 드렸고 사진도 있고
고등학교 다닐 때 사진도 있고 다 있습니다.

최승호 : 그 자료는 다 제출했습니까?

문태주 : 그거 제가 다 제출했죠.

최승호 : 예. 지금 그게 이제 유족회에 있습니까? 아니면은 저기
조사관한테 줬습니까?

문태주 : 조사관이 했죠.

최승호 : 조사관한테 갔습니까?

문태주 : 예. 유족회 보내달라 카면 사진이 있어예. 있을 깁니다.

최승호 : 그러면 나중에 우리 재준 씨한테 저한테 국가기록원 자료
하고 사진하고 사진 하나 휴대폰으로 찍어갖고 저한테 좀
보내주라고 그렇게 해 주십시오. 예.

문태주 : 그래 이 세상에서 저는예 물론 나라가 없으니까 그때 전
쟁이 났을 때 뭐 그거 하겠습니까마는도 기록으로 남아
있는데 어떻게 이런 사람을 이렇게 외롭게, 죽은 날짜라

도 알고 간 곳만 알아도 사람들이 마음의 위로가 되잖아 그지예? 우리 어무이가 몇 살에 돌아가시가 팔십아홉에 돌아가셨어요.

최승호 : 그때까지 모르고 계셨어요.

문태주 : 모르고. 모르고 늘 남편을 그리워하고 정말 그거는 우리가 살아보기에 그렇더라고예. 참 남편이 얼마나 큰 기둥인지 새삼 느낄 만큼 그래서 저는 우리 어머니만 생각하만 눈물이 나고 또 우리 그 이름 머꼬 우리 고모들도 우리 어머님만 생각, 작은어매만 생각하만 마음이 아파 못 살아요. 너무 젊은 날에 청춘에 그래 돼가 우리 시숙모도 젊은 날에 그리 됐잖아. 삼촌이 그리 됐으니까.

최승호 : 삼촌은 자식은 없습니까?

문태주 : 자식이 없어예.

최승호 : 그분 신청은 신고는 누가 하셨어요?

문태주 : 우리가 하지예. 왜냐하면 작은 작은아버지 제사를 우리가 계속 지냈으니까.

최승호 : 작은엄마는 지금 살아계십니까?

문태주 : 그러께네 조금만 알았더라도 저거 저 언제 돌아가셨노 카이 이제 돌아간 지 4년 됐어요.

최승호 : 작은엄마. 1기 때 했으면 작은엄마는 다 됐겠네. 그지요.

문태주 : 그 얘기인데 그러이끼네 4년 됐는데 작은엄마도 그거를 모르고 포기했죠.

최승호 : 아 알고는 있었어예?

문태주 : 예. 그래가지고 작은어머님은 이자 아버님이 그리 돌아가셨는 걸 아니까 그래도 이제 자기 남편 산소가 있으이

끼네 그래가 이제 자기가 팔십이 다 돼 가니까 작은 어머
님이 구십넷에 돌아가셨거든예. 딱 되이끼네 산소를 없애
더라고예. 고향에 거 화장했잖아예. 자기가 살았을 때 없
앤다고 자식도 없고 그래가 우리가 이제 그 작은엄마를
이제 우리 어무이하고 두 분이, 그러이끼네 우리 재준이
가 왜 그렇게 명확하게 아나 하면은 할머니들이 우리 집
에 다 모인다고 우리 어무이 계실 때. 청도 우리 백모도
아들이 없으니까 오시면 우리 집에 오시고 또….

최승호 : 할무이 세 분이 인제.

문태주 : 우리 어무이 우리 숙모는 동서 왔다 카면 우리 집에 오시
고, 우리 고모 오시고 또 인제 작은엄마도 또 인제 후처
작은엄마 큰엄마지 거도 우리 집에 오시, 우리 집에는예
노인이 바글바글 끓었어예. 그러이께네 재준이가 그런 거
다 기억하더라고예.

최승호 : 재준이가 몇째입니까?

문태주 : 재준이가 저로 봐서는 이제 첫째죠.

최승호 : 첫째 몇 살이지예?

문태주 : 올해 사십아홉 됐지 인제.

최승호 : 사십아홉. 그래도 할머니들한테 얘기 들었는 건 좀 마이
있겠네.

문태주 : 마이 압니다.

최승호 : 마이 알지요. 안 그래도 내가 오늘 오시라 하니까 엄마가
더 안 낫겠습니까? 카면서.

문태주 : 지도 마이 압니다. 그날 진술은 지가 많이 했습니다. 그
러이끼네 회장님이 왜 우리 아들 이름을 알겠습니까? 너

283

무 세밀하이 아니까. 그게 그래서 우예 하노 카이 저녁만 먹고 모이만 할매들이 앉아가지고 인제 옛날 얘기하면은 이제 할아버지는 우예가 갔는데 똑똑했는데 할아버지가 뭐 우예 하고 그런 걸 늘 이야기를 하니까 지가 이제 그거를 명심하지, 그러이끼네 우리 작은아들도 마이 알아예.

최승호 : 아들 둘입니까?

문태주 : 예. 아들 둘이라예. 그러이끼네 딸도 있고 저도 딸도 있고 이래 있는데 우선은 이제 재준이하고 저하고만 들어가가 인제 있고 나중에 갈 때는 이제….

최승호 : 뭐 어차피 소송하게 되면 다 전 가족들이 다 들어가야 되니까.

문태주 : 그래 저거 했으니까 너무 지나고 보면 지금은 시대가 아만 좋다 카지만은 그때는 힘들고 역겹고 이럴 때는 어떻게 살았는지 우리 어무이도 몰라. 너무너무 고달프게 살고 그 우리 아저씨는 이내 중학교만 졸업하만 대구로 유학 와버렸께네 와가 고모 집에서 이제 고모집에서 그래 있으매 고모집에서 이제 식구가 여섯 명이 되다 보이끼네 아들 딸 여섯 명이다 보잉께네 외삼촌이 서장 했거든예. 청도군청에 거 경찰서장도 했습니다. 최윤목이라고 최윤욱 씨라고 거는 난실 사람이 고향이 난실이거든예. 근데 우리 어머님이예 부잣집 딸입니더. 우리 어머님이 난실 거서….

최승호 : 난실.

문태주 : 예. 난실 최씨.

최승호 : 난실 최씨.

문태주 : 예. 난실에 경주 최씨 거 거게예 외할아버지도 면장하고 각남면장하고 우리 할아버지가 풍각면장 하미 두 사람이 사돈 했다 안 캅니까. 그래가지고….

최승호 : 각남이 난실에 있습니까?

문태주 : 예예. 각남 안에 난실이 있지예. 그러다 보이끼네 이제 됐는데.

최승호 : 풍각에 안국리가 있고 그면 이제 풍각에….

문태주 : 흑석으로 드가지예 안국으로 안 드가고. 흑석리로 드갑니다. 그게 이제 우리가 부를 때는 안국이라 카기도 하고 모계동이라 카는데 흑석리로.

최승호 : 흑석리.

문태주 : 양경화 씨 도의원 한 사람 있잖아예. 아시지예. 거 우리 아재 아입니꺼. 지금.

최승호 : 그 뭐고 버섯 공장 크게 하는 사람?

문태주 : 예. 더 잘 압니더.

최승호 : 거기가 다 이제 남원 양씨들 집성촌이구나.

문태주 : 예예. 답니다. 거 우리는 저도 사실은 이제 이런 말씀은 안 드리고 싶은데 우리가 중매를 했잖아예. 우리 고종 오빠하고 이제 중매를 했는데 옛날에는 엄마들이 선을 보러 가면은 그 집을 가보잖아예. 신랑 집에를. 그래가 이제 고모가 날 잡아 가는데 그때만 해도 옛날에는 저 버스를 타고 가잖아. 그지예. 버스를 타고 그때 이제 12월달에 이제 그 집을 간다고 가는데 버스 안에서 양재경 씨하고 사촌가인강 그래예. 그 사람이 대구에서 양복점 했는데 그래 인제 엄마가 이제 여기 안국이 어디냐고 버스 타

고 가미 물으니까 그분이 거 어째 가는데요? 그래 됐는
기라. 그러니까 우리 엄마가 거기에 손자가 있다 캤어.
그래서 선보러 간다 이카이끼네 아 면장 어른 아저씨 집
에 손자 있지요 이라더랍니다. 그러끼네 그래 그 집에 이
제 선 신랑 우리 딸하고 그라이까 그 아저씨가 그 집이 빨
개이 집인데 왜 딸 줄라 카는데 그래가 우리 엄마가 놀래
가지고.

최승호 : 빨개이 집이다.

문태주 : 예. 아인데 동네에 소문을 그래 났는 거라예. 그래가 우
리 엄마가 중간에 내리가 이모하고 내려가 그 집 안 간다
고 그래가 왔는데 이제 우리 오빠가 법대를 나왔거든예.
그래 엄마 연좌제는 걸리도 앞으로 연좌제도 풀릴 것이고
그러이께네 이제 2세는 괜찮다. 우리한테 2세는 이제 괜
찮으니까 이제 엄마가 하도 걱정을 했어요. 고모는 괜찮
다 카고 고모도 이제 대한통운 소장이 대구에서 말 처음
있는 집이라예. 승마가 있어가 우리 캐나다 가 있는 고종
시동생 승마 타고 영대 여 다녔다니까. 그만큼 부자였어
요. 자가용도 있고 이래가. 그래가지고 이제 했는데 와가
지고 엄마가 이제 놀래가 큰오빠는, 우리 큰오빠 면장했
어예. 면장 우리 큰오빠 33년 했어예. 그래가지고 엄마가
이제 큰오빠한테 캐가 오빠가 면장을 하기 위해 갔는 기
라. 그래 가이끼네 엄마 빨개이라도 괜찮다 이캄시랑 이
제 그런 건 관계없고 마 신랑 똑똑하마 되이끼네 뭐 혼인
하자 이래가 우리가 혼인을 했다 카이. 그래 됐심다.

최승호 : 그럼 한 대가 지났는데도 벌써 그때까지도 빨갱이라고 얘

기합디까?

문태주 : 그 사람들이 이제 선보러 가는데 소문이 그래 났으께 그
래 우리 어머니가 하는 소리가 이제 우리 시숙모는 시집
에서는 말도 몬 하지예. 친정에서 건너왔는 걸로 알고.
그래 그러이께네 이제 이거를 들여다보니까 남로당 카는
데 거기에 우리 할아버지가 거기 기록부에는 나와 있더라
고예.

최승호 : 아 할아버지가 남로당 당원이었었어예?

문태주 : 당원에 거기에 이제 마 조사관이 그래 얘기를 합디다. 우
리는 모르는데 조사관이 여는 뭐 말하자면 할아버지가 여
를 뭐 가입을 시켰네 카고 뭐 이카더라고예. 그래 이제
그게 뭐냐 카이끼네 김구가 만약에 살아가 정권을 잡았더
라면은 우리 아버님 같은 사람들 출세를 하는데 근데 이
제 이승만이가 들어옴서 전부 차단했잖아예.

최승호 : 김구파들은 다….

문태주 : 예. 다 죽있잖아예. 잡아가 무조건 그렇기 때문에 안 그
렇겠나 카미 조사관이 그래 얘기를 합디다. 우리가 뭘 압
니까 어데.

최승호 : 어쨌든 그때 당시에 이제 이승만은 이제 미국의 사주를
받아가 있었으니까

문태주 : 그래도 거기에서 제가 어느 날 무슨 드라마 말고 하나 볼
때 최 뭡니까? 그 사람 아들이 이북 갔는 사람 있잖아예.
제일 먼저 그 사람이 최 뭐고 그 사람이 거창 가가 사람
제일 먼저 죽있대예.

최승호 : 최종원?

문태주 : 최종원? 최종원이가. 최종원 아인데 최 뭐더라. 시초에 그 사람이 그 이승만 밑에 비서 그거 하면서 그 사람이 만주에서 토벌대장 했더만.

최승호 : 아 김종원. 김종원 아입니까?

문태주 : 김종원 말고. 김종원 아입니다. 최 뭐….

최승호 : 최 뭐라 합디까?

문태주 : 예. 그 사람이 어디까지 왔노 카이끼네 박정희까지 왔어예. 와가 이승만 시대에 이름 뭐야 이거 전두환 때 약속이 어긋져가지고 이북으로 갔더만은.

최승호 : 전두환 때 갔다고요.

문태주 : 그 사람이 그랬대예. 나오기는 그래 나옵디더. 그때. 그러이께 거창에서 제일 먼저 그러이께 구디 파가 사람 막 묻고 할 때 TV에서 시초라 카대예. 토벌대장을 해나이 사람 죽이는 거는 그 사람은 겁없이 쥑인다 카대예. 그 난리, 이 뭐야 그것은 알고 싶다에 나와가지고 이거를 얘기를 하더라고. 그래서 그거를 보면서 참 우리가 참 가슴 아픈 일이고 그렇지만은 국가가 너무 우리를 그지예.

최승호 : 그렇죠. 국가가 할 일이 사실은 뭐 생명을 보호하고 만약에 또 그런 사상적인 일로 일어나서 돌아가시고 하면 언제 어디서 어떤 걸로 죽었다고 통보하는 게 맞죠. 근데 지금은 우리가 유족들이 찾아내야 되니까 더 억울하죠.

문태주 : 그래 그래 됐습니다. 그래가지고 이제 기록부가 글로 올라갔으니까 그래가 먼저 조 뭐더라 그분이 또 우리 아버님이 계실 때는 형무소 사건 아닌 줄 알고 그거 했다가 난제 그게 또 형무소 사건 넘어가니까 대구형무소 사건에

그분이 담당하는데 (결정문) 곧 나갈 겁니더 이러더라고
예.

최승호 : 그러면 우리 양, 시삼촌도 진실규명결정 아직 못 받으셨
습니까 그분은?

문태주 : 아직도 못 받았어. 같이 등록을 했는데 그래 이제 그분이
이제 우리 아들 집 와가 인터뷰할 때 그 조사관이 왔더라
고예. 올 때 자기가 이제 우리가 내가 신청을 했으마 내
이름으로 했으만 나이가 있기 때문에 빨리 왔는데 이 사
람이 우리 재준이가 해나놓이 나이가 젊잖아예. 그러께
뒤로 미뤘다 카이 젊으니까 천천히 한다고. 그래 이분이
전화받고 영덕에서 내 나이를 말했더니 놀래가지고 바로
대구로 왔더라고. 와가지고 인터뷰를 하고 그래 미안하다
고 우리는 아들만 재준이만 생각했지 모친이 살아있다는
거는 차라리 모친이 이렇게 등록을 했더라면은 나이 순번
대로 빨리 가는데 재준이가 어리니까 뒤로 거기 인터뷰하
는 게 미뤄졌다 이러더라고예.

최승호 : 문태주 님이 며느님은 문 자 태 자 주 자고, 49년 7월 29
일생이죠. 원래 친정이 어디입니까?

문태주 : 화원예.

최승호 : 화원.

문태주 : 예. 인흥입니다.

최승호 : 인흥.

문태주 : 본리동.

최승호 : 본리동. 예 거기가 본리동. 그마 저기 저 남평 문씨입니
까?

문태주 : 거도 우리도 저거로 살았잖아예. 집성촌으로 살았는데 이제는.

최승호 : 그렇죠. 남평 문씨들. 문희갑 시장 맨 그 집안입니까?

문태주 : 예. 오빠 집안.

최승호 : 시집갈 때 빨개이 소리 듣는 집안에 가실 때 용기가 있었네. 그때만 해도.

문태주 : 저는 그걸 몰랐지.

최승호 : 몰랐고. 어머니만 알으셨네.

문태주 : 엄마하고 이제 오빠 큰오빠하고만 아고 이제. 그러니까 우리도 집안에서 잘 골라 간다고 갔는데 원캉 우리 조부님이 쫄아 붙이니까 고모하고가 이제 고모가 대한통운 소장을 하고 고모부가 할아버지가 계신 거. 이제 그때만 해도 집안을 보잖아예.

최승호 : 집안끼리 이제 하시니까. 좀 이렇게 사회 활동 하시거나 사회주의 활동하시는 것들은 뭐 집안끼리는 뭐 흠이 안 되니까.

문태주 : 예. 양반이라고 예. 그래 하고 그랬지. 뭐 우리는 양반도 아이지만은.

최승호 : 이제 이제는 저 국가가 이제 진실규명결정만 남았고 이제 할아버지가 시아버지가 어떤 일을 하다가 돌아가셨다 하는 것도 다 알게 됐잖아요. 그렇죠. 이제 어머니 입장에서 어머니가 계셨으면 제일 좋았을 건데 어머니 대신에 우리 며느리가 어머니 이 목소리를 빌려서 한번 이렇게 시아버지한테 한 말씀 함 해보시소.

문태주 : 아 우리 시어머니 대신해서 남편들한테 어떻게 인사합니

까?

최승호 : 아니 시아버지한테.

문태주 : 아버님한테는 제가 하고 싶지예.

최승호 : 하실 말씀 함 해보시소. 마지막이고.

문태주 : 아버님 정말 편안히 가 계시고 우리 걱정하지 마세요. 그리고 어머님이 늘 아버님을 그리워하면서 한세상을 살다가 가셨는데 지금은 같이 계시는지 모르겠습니다. 같이 두 분이 만나서 손잡고 잘 계셨으면 좋겠고 원하는 건 평생을 원하던 남편이기 때문에 부디 만나가 행복한 그 나라, 저승에서라도 행복하게 지냈으면 고맙겠습니다. 여자로서 살아보니까 정말 남편이 어떤 존재인지 더 확실히 알 수 있는 그런 인생을 살아가는데 얼마나 어머님이 외롭고 고달프고 그리웠고 그랬겠습니까? 못다 한 건 지금도 다 해주세요. 감사합니다.

최승호 : 아 고생하셨습니다. 혹시 또 국가에 대해서 하실 말씀 있으십니까?

문태주 : 국가에 한다고 국가가 나한테 저거 합니까? 보상이나 뭐 마음의 보상이나 해줬으면 좋겠습니다. 정신적으로 마음의 보상을 좀 해줬으면 좋겠습니다.

최승호 : 예. 하루빨리 진실규명결정이 내려갖고 빨리 다른 유족들 같이 소송을 해서 국가의 배상을 받으시기 바랍니다.

문태주 : 감사합니다.

최승호 : 오늘 고생하셨습니다.

양재선 결정문

청도경찰서가 보관 중인 〈대공인적위해자조사표 3-3〉에 의하면 양경환(청도군 풍각면 흑석동 1447번지)의 자 양재선(1918. 5. 1.생)은 1950년 7월경 남로당 가입해 활동하다가 행불된 자로 기록됨.
동 경찰서가 보관 중인 〈대공바인드1~3〉 보도연맹원명부에는 부 양경환이 남로당 평당원으로 기록되어 있음.

26. 이영대 구술증언

이영대(이출이의 아들) 유족
2024. 01. 27. 토 오후 5:05 / 46분 27초

최승호 : 안녕하십니까? 오늘은 우리 유족 3차 구술채록 날입니다. 오늘은 2024년 1월 27일이고예. 오후 2시 경산 코발트광산 유족회 사무실입니다. 저는 채록을 맡은 최승호 이사입니다. 오늘 나오신 분 성함이 어떻게 되시지예?

이영대 : 저는 이영대라고 합니다.

최승호 : 몇 년생이십니까?

이영대 : 1950년 9월 27일.

최승호 : 50년 9월 27일. 주소가 어떻게 되시지예?

이영대 : 영천시 직동길 94-1.

최승호 : 그럼 오늘 증언해 주실 분은 성함이 어떻게 되시죠? 돌아가신 분.

이영대 : 이 출 자 이 자 그래 됩니다.

최승호 : 이 출 자 이 자. 그분하고 어떻게 관계가 되십니까?

이영대 : 원칙적으로는 삼촌인데 제가 양자를 갔기 때문에 우리 아버지나 다름없습니다.

최승호 : 아버지한테는 다른 자식은 없습니까?

이영대 : 예. 딸이 한 명 있는데 저보다 4살 위에 서울서 살고 있습니다.

최승호 : 예. 그러면 이제 아들이 없어서 이제 양자로 가셨네요.

이영대 : 예 맞습니다.

최승호 : 그러면 이출이 아버지의 형제간이 몇 형제입니까?

이영대 : 두 사람이 있었습니다.

최승호 : 삼촌이 그러면 두 사람.

이영대 : 저희 친아버지하고 삼촌 한 키 하고 그래 됩니다.

최승호 : 돌아가신 이출이 씨는 몇 년생이시지예?

이영대 : 저보다 32살이 많으니까 1918년.

최승호 : 1918년생이십니까?

이영대 : 예 맞습니다. 제가 알기로는 그렇십니다.

최승호 : 삼촌이, 아버지가 돌아가실 때가 연세가 얼마나 되시지예?

이영대 : 그러니까 서른두 살….

최승호 : 서른두 살 때 돌아가셨어예?

이영대 : 그렇죠. 예 예 맞습니다.

최승호 : 서른두 살 때 돌아가셨어요? 그때 아버지가 결혼하셔서 이제 딸이 하나 있었다 그지예?

이영대 : 예 맞습니다.

최승호 : 어머니 성함은 어떻게 되십니까?

이영대 : 박 상 자 수 자.

최승호: 박 상 자 수 자.

이영대: 박상수.

최승호: 박상수. 엄마는 어머니는 몇 년생인지 아십니까?

이영대: 그거는 지금 구십여섯 살쯤 되니까 내가 계산적으로는 잘 못….

최승호: 구십여섯 살이시고. 지금 살아계십니까?

이영대: 예. 대구 대명동에 살고 있는 걸로 알고 있습니다.

최승호: 대명동에 살고 계신다. 그러면 이제 어머니가 계속 영천에 안 사시고 이제 재가를 하신 겁니까?

이영대: 예 맞습니다.

최승호: 재가했던 거기는 자녀가 얼마나 됩니까?

이영대: 삼사 명 되는 거로 내가 듣고 있습니다.

최승호: 왕래는 없으십니까?

이영대: 왕래는 없습니다.

최승호: 왕래는 없으시고. 그러면 이리 아버지 고향이 어떻게 되시지요?

이영대: 영천군 화북면 용계리 833으로 알고 있습니다.

최승호: 용계리가 큰 마을입니까?

이영대: 산골인데 자연 부락으로 다섯 집, 열 집 이래 한 5~6개 부락으로 집단으로 그래 돼 있습니다.

최승호: 그러면 총 합치면 한 100가구 정도 됩니까?

이영대: 한 50가구 정도, 50~60가구 좀 그래밖어 안 됩니다. 아주 산골입니다.

최승호: 산골인데 이제 작은 마을이 한 몇 개 된다 그지예?

이영대: 대여섯 개 모아서 이제 용계리라고.

최승호 : 용계리라고. 그러면 아버지가 사셨던 그 골짝은 이름이 뭡니까?

이영대 : 달산이라고 합니다.

최승호 : 달산. 달산에는 몇 가구가 살았어예?

이영대 : 제가 살 때는 한 스무 집 정도 가까이 살았습니다. 지금은 한 집도 없는 걸로, 절 하나만 들어서가 있십니다.

최승호 : 지금은 절밖에 없다. 아버지 사실 때는 그러면 달산에 한 스무 집 정도 살았습니까?

이영대 : 그렇지 뭐 한 17, 8가구 그래 살았는 걸로 알고 있습니다.

최승호 : 그러면 거기가 이제 이씨 집성촌입니까? 아니면 여러 성씨들이 살았습니까?

이영대 : 강씨 진주 강씨 집성촌인데 우리 할머니가 강씨거든예. 강씨 외손 됩니다.

최승호 : 할머니는 이제 진주 강씨고 그러면 이제 이씨는 어디입니까? 본은 어디입니까? 아버지는?

이영대 : 평창 이갑니다.

최승호 : 평창 이씨. 그러면 평창 이씨는 그 마을에 아버지 한 집밖에 없었네. 그지요?

이영대 : 친아버지하고 우리 둘째 작은아버지하고 삼….

최승호 : 형제간에 그래 살으셨네 그지예? 혹시 진주 강씨들 집성촌인데 거기에는 부자가 있다든지 공부를 많이 했다든지 그런 사람이 있었습니까?

이영대 : 골짝에 그렇게 뭐 그래 부자도 될 수 없고예. 토지가 전부 산골인데 등짐으로 다 지고 다닐 시절이라가지고 부자

가 있을 수가 없습니다.

최승호 : 진주 강씨는 그러면 한 몇 집쯤 살았어요, 거기에?

이영대 : 한 열두서너 집 정도 안 되겠습니까.

최승호 : 열두서너 집. 그러면 뭐 거의 진주 강씨 집성촌이네예.

이영대 : 전부 다 진주 강씨 외손들이고 관계되는 사람들밖어 없습니다.

최승호 : 우리 아버지도 그러면 그 이제 외손 중에 하나네 그지예. 혹시 저 아버지가 학교는 어디까지 나오셨습니까? 그때 당시에.

이영대 : 삼촌들이나 우리 아버지는 학교 근처도 가보지도 못한 분들이고예. 그래도 우리 친아버지나 지금 돌아가신 삼촌이나 글을 한문을 하고 배왔는 겐데 어떻게 배왔는지 참 놀랍다고 생각합니다.

최승호 : 한문을 아셨다. 혹시 그 마을에 서당이 있었습니까?

이영대 : 없습니다.

최승호 : 아 서당도 없는데. 그러면 용계리 다른 부락에는 다른 마을에는.

이영대 : 다른 부락에도 있을 수가 없습니다.

최승호 : 근데 그때 그 당시에 그러면 한자를 깨우쳤다는 거는 그 마을에 그런 공부를 가르칠 만한 사람이 있었다는 얘기입니까?

이영대 : 글쎄요. 그걸 제가 잘 모르겠습니다. 어떻게 배왔는지 우리 할머니 때부터 부잣집도 아니고예. 참 제일 가난한 축에 들었는데 저희 친아버지나 돌아가신 삼촌이나 어떻게 글을 그렇게 배워셨는지….

최승호 : 모르겠다. 그때 당시에 서당이 있었던 것도 아니고 그 안에 마을에 훈장이 있었던 것도 아닌데 그지예. 그러면 아버지가 글을 잘 썼다고 하시던데 혹시 뭐 다른 데 이렇게 유학을 갔다 오거나 이런 것도 아닙니까? 일본에 다녀오셨다는 얘기….

이영대 : 처갓집 끈으로 아마 일본에 가가 몇 년 사시다가 돌아온 걸로 내가 알고 있습니다.

최승호 : 어머니가 일본에서 오셨습니까?

이영대 : 밀양 박씬데 우리 박 상 자 수 자 어른이 그 처갓집 되는 집안에 아주 잘살았던 걸로 내가 알고 있습니다.

최승호 : 부잣집이었습니까? 그러면 이제 결혼하고 나서 그러면 이제 어머니하고 같이 일본에 갔었습니까? 아니면 혼자 가셨어예?

이영대 : 일본에서 아마 정략적으로 무슨 결혼을 한 것 같애요. 위안부 요새 말하자면 위안부 문제 때문 일본에서 결혼을 하고….

최승호 : 이쪽으로 오셨습니까? 일본에서 결혼을 하셨습니까?

이영대 : 예.

최승호 : 그러면 어머니는 일본… 어느 도시에 살았습니까?

이영대 : 그것까지는 잘 모르겠습니다.

최승호 : 혹시 저기 저 전에 아버지 사진에 보니까 오사카 대판이라고 있던데 혹시 그쪽에 사셨던가예?

이영대 : 아마 그럴 가능성이 있겠습니까? 그건….

최승호 : 오사카가 우리 한국 사람이 많이 살았으니까 거기에 살았을 가능성이 있네. 그쵸? 그러면 어머니하고 결혼해서 이

제 고향으로 오셨다 그지예?

이영대 : 그렇죠 예.

최승호 : 한 몇 년 정도 일본에 계셨던 걸로?

이영대 : 그것도 잘 모르겠습니다.

최승호 : 잘 모르겠어예. 그러면 한국에 나온 거는 몇 년도입니까? 어머니하고 아버지가?

이영대 : 그것도 잘 모르겠십니다.

최승호 : 잘 모르겠어예. 음 그러면 아버지가 돌아가시는 그 우째 갖고 이렇게 행방불명이 됐어요? 집에서 나가셨어요?

이영대 : 제가 알기로는 수차 얘기했습니다마는 저 글을 잘 쓰셨기 때문에 마을에서 이제 낮에는 말하자면 순경들이 오고 밤에는 그 당시에 산 사람이라 캤거든요. 산 사람들이 와가지고 산 사람 자기 아버지의 안부 편지를 써달라 그래가지고 써줬는 모양이래요.

최승호 : 편지 써달라.

이영대 : 그런데 이자 마을에 인자 그래도 나이 비슷한 라이벌 되는 사람이 있어가지고.

최승호 : 아버지하고 라이벌 되는 사람이.

이영대 : 예. 그 집에도 아마 글도 좀 잘 알고 나중에는 영천역장까지 한 걸 내가 알고 있습니다마는 라이벌이 되니까 이제 밀고한 거라고 생각됩니다. 내가 수차 들어가 알고 있는데 어른들인데.

최승호 : 혹시 그분 영천역장까지 하신 분 성함은?

이영대 : 강덕중.

최승호 : 강덕중. 이분은 아직 살아있습니까?

이영대 : 한 15년 전쯤 돌아가신 걸로 알고 있습니다.

최승호 : 사망하신 거 강덕중 씨 이분은 공부를 어디까지 하셨십니까?

이영대 : 그 학력까지는 몰라도 역장까지 할라고 하면 적어도 그 산동중학교라고 있거든예.

최승호 : 산동초.

이영대 : 산동중학교. 그 정도는 안 나왔겠나 이래.

최승호 : 고 부근에 산동중학교가 있습니까?

이영대 : 예. 삼창에 있습니다.

최승호 : 삼창에. 삼창이 그 화북면에 거기 뭐 면 소재지입니까?

이영대 : 옛날에는 화북면 소재지 안에 삼창이라 카는 데가 있었는데 지금은 화남 화복으로 삼창이 화남면 소재지로 돼 있습니다.

최승호 : 화남면. 처음에는 화북으로 있다가 갈라졌네 그지예. 거기가 용계리에서 삼창까지는 나이 얼마 정도 떨어졌습니까?

이영대 : 20리 산골길 20리.

최승호 : 버스 같은 거 이런 거는 옛날에 안 다녔겠네 그지예.

이영대 : 없었습니다.

최승호 : 그러면 이 강덕중 씨도 아버지하고 연세가 비슷합니까? 나이가.

이영대 : 제가 짐작컨데 한 한 3~4년 정도 후배가 되지 않나. 나이가 좀 적은 걸로 알고 있습니다.

최승호 : 서너 살 후배인데 이제 아버지한테 이제 편지를 써달라 카고 갔으니까 좀 그게 좀 자기가 자존심이 좀 상했다.

그지예 자기는 중학교도 졸업하고 했는데.

이영대 : 예. 그러니까 이제 산 사람하고 내통한다고 아마 그래 밀고가 됐을 겁니다.

최승호 : 산 사람하고 내통한다. 편지 한 번 써준 그게 이제.

이영대 : 그렇죠 예. 맞습니다.

최승호 : 혹시 그 산 사람들은 어디서 온 사람들이라고 들어보셨어예?

이영대 : 근데 거기가 산중이기 때문에 뭐 어든 곳 옆으로 가도 꼴짝이고 어디로 가도 골짜기 골짜기에서도 낮에는 숙식을 하고 있다가 밤에 이제 양식도 빼앗으러 오고 밤에 주로 많이 활동을 한 걸로 알고 있습니다. 들어서 알고 있습니다.

최승호 : 들어서. 그럼 그 사람들이 어디 소속인지 이런 것들은 못 들어봤네 그지요?

이영대 : 그건 모르지요.

최승호 : 혹시 그 용계리 부근에 제일 높은 산이 무슨 산입니까?

이영대 : 정림산입니다.

최승호 : 정림산 골짜기가 많이 깊습니까?

이영대 : 정림산이 한 790m 정도 되는 산인데.

최승호 : 보현산 부근입니까?

이영대 : 맞습니다. 팔공산 보현산 가운데라고 생각하면 됩니다.

최승호 : 팔공산하고 보현산하고 사이에.

이영대 : 예. 거리상 가운데쯤 된다고 생각하면 됩니다.

최승호 : 그러면 이제 영천에 있는 빨치산들이 이제 정림산을 거쳐서 팔공산으로 왔다 갔다 하는 도중에 마을에 내려왔을

가능성이 높네. 그지예?

이영대 : 그건 정확하게 모르겠습니다.

최승호 : 모르겠습니까? 보통 이제 보현산 팔공산 운문산 이런 데 빨치산 주둔지가 있었다고 들었거든예. 그러면 이제 보현 산에 이제 주둔하던 빨치산들이 이제 팔공산 가는 길이나 아니면 이럴 때 이제 마을에 내려왔을 가능성이 있네예.

이영대 : 예 맞습니다.

최승호 : 편지 내용은 어떤 거라고?.

이영대 : 아무, 이제 그 당시에는 산 사람들이 글자를 잘 모르니까 아마 우리 아버지인데 그 부탁하러 온 걸로 알고 있습니 다.

최승호 : 아버지가 글 잘 쓴다 카는 거는 들어서. 자기들 소문에 이제 들었구나. 근데 그걸로 그러면 이제 강덕중 씨가 밀 고를 했다는 거죠. 어디로 밀고를 했습니까?

이영대 : 아마 순경이 두 사람이 와가 붙잡아 갔다는데 아마 뭐 영 천 경찰서든지 뭐 그래 안 되겠습니까?

최승호 : 거기 가까운 지서는 어딥니까? 삼창지서?

이영대 : 예. 삼창지서.

최승호 : 삼창지서에서 이제 두 사람이 나와서 아버지를 이제 끌고 갔다. 그때가 언제입니까? 몇 년도.

이영대 : 제가 태어나기 전이니까 한 48년이나 9년쯤 이래….

최승호 : 48년 또는 49년. 몇 월입니까?

이영대 : 제가 결혼하고부터 지금까지 제사를 음력 2월 15일날 보 름날을 지내거든예.

최승호 : 음력 2월 15일날.

이영대 : 예. 그 인자 관례상 집에 나간 날짜를 계산돼가지고 그날을 제삿날로 지내고 있습니다.

최승호 : 아 나간 날 제삿날. 그러면 그날 이제 경찰에 연행돼 가서 어디로 갔다고 들었습니까?

이영대 : 대구로 간 거로 알고 있는데 대구에 이제 그 재판장 되는 사람이 입회할 사람을 이제 그 당시에는 동장을 요구를 했던 모양인 같애요.

최승호 : 입회자 동장을?

이영대 : 예. 강대중이라 카는 사람이 그 마을에 이제 동장질을 하고 있었는데.

최승호 : 강대중. 아까 그분하고는 덕중하고는 뭐 집….

이영대 : 4촌 정도 되는 걸로 인자. 그란데 우리 이제 할머니가 그때나 지금이나 뭐 참 가난하기는 가난해서 돈을 이제 여비를 지금 말하자면 그때 돈이 별로 있었겠습니까마는 한 돈 10만 원이든지 20만 원 이래가 이제 좀 재판하는데 참석하고 오라고 이제 돈을 줘놓으면은.

최승호 : 강대중 이장한테.

이영대 : 예. 삼창이나 능계, 저저 신안물탕 카는데 이제 그런데 옛날에는 색시집이 많이 있었던 모양이래요.

최승호 : 아 신안물탕. 삼창. 신안물탕은 어디쯤 있습니까?

이영대 : 용계리에서 삼창 가는 중간쯤 한 10리쯤 가운데 있다고 삼창하고 우리 마을하고 중간쯤 있는데 근데 그런데 색시집에 가 인제 놀음도 하고 뭐 이래 하다가 한 2~3일 있다가 돈 다 써버리고 재판하는데 가지도 안 하고. 몇 번을 그런 걸로 내가 듣고 있습니다.

최승호 : 몇 번을.

이영대 : 예. 우리 할머니나 우리 아버지인데.

최승호 : 근데 왜 안 갔냐고 이렇게 딱 한번 따져보지 와예. 그 이 장한테.

이영대 : 글쎄. 그걸 뭐 참 부탁하는 입장에서 그런 사람한테 마 따질 수도 없고 대충 넘어간 것 같아요. 내가 볼 때는.

최승호 : 근데 이제 동장이 입회하라 카는 이거는 어떻게 소식을 어디서 들었습니까? 입회해야 된다 카는 얘기는?

이영대 : 재판장, 재판관이라 캐야 되나. 그 사람 성함을 우리 아 버지가 친아버지가 옛날 이름을 댔는데 그거까지 내가 한 열 살, 열다섯 살 이때 들었는 수무 살 때까지 들었는 게 있는데 그것까지 재판장 성함은 내가 기억을 못 하겠습니 다.

최승호 : 판사? 재판장 아….

이영대 : 판사라 캐야 됩니까? 그 사람이 수차적으로 오라 캤다는 얘기를 내가 들었습니다.

최승호 : 수차례…. 아버지한테 오라 캤겠네 그지예. 친아버지한 테 와가 마을에 이장이 입회해야 된다. 그런데도 이제 이 장은 이제 여비까지 받아 놓고 가서 이제 증언도 안 하 고 그래버렸네 그지예.

이영대 : 10리 20리 그 안에서 놀다가 뭐 노름도 하고 술도 묵고 막 이래 올라와버리고 올라와버리이까네 방법이 없었는 것 같아. 요새 같으면 마 저 같으면은 재판장에 내쫓아가 가 빨리 재판해달라고 칼 수도 있었지 싶은데 촌 어른들 은 그 당시만 해도 너무 동장만 믿고 한마디로 우리 아버

지나 우리 그 당시 삼촌이나 좀 뭐라 할꼬. 좀 우둔하다 캐야 될까요? 좀 너무 선량하다 캐야 될까요? 그런 점이 아 있었겠나 싶어요.

최승호 : 너무 그래갖고 예. 그러면 이제 48년인지 49년인지 모르지만은 그때 나가셔갖고 집으로 영 안 돌아오셨다. 그죠? 그러면 아버지가 집을 나가시고 나서 면회를 간다든지 이러지는 못했습니까? 면회 가본 사람 없어예?

이영대 : 그런 걸 일절 들어본 적 없습니다.

최승호 : 면회도 못 가셨고. 재판에 나오라 카는데 그러면 그 어떤 혐의로 뭐 때문에 이제 재판이 있으니까 나오라 이런 얘기는?

이영대 : 대충은 감은 잡고 있었죠. 산에 사람들하고 이제….

최승호 : 내통했으니까.

이영대 : 예. 아마 쉽게 말하자면 빨갱이 요새 말하자 빨갱이 때문에 그래 안 됐겠나 짐작은 하고 계셨겠지요.

최승호 : 부역 혐의로 마 갔을 것이다. 그런데 실제로 아버지가 빨치산하고 이렇게 낮에 만나서 시국 얘기를 하거나 이런 것들은 있었던가예?

이영대 : 그런 거는 농사짓는 사람이 그런 걸 할라 카면은 집을 떠나서 그 사람들하고 아예 동거를 하면서 뭘 해야 되지. 농사짓는 사람이 무슨 그 사람들하고 그래 하겠습니까?

최승호 : 그 마을에 혹시 아버지하고 같이 붙잡혀 가거나 그런 분은 없습니까?

이영대 : 아버지 외에 세 사람이. 두 사람은 형무소에서 죽어가 왔고 한 사람은 살아서 나온 걸로 알고 있습니다.

최승호 : 두 사람은 형무소에서 돌아가셨고 한 사람은 생존해 돌아 오셨고 그러면 그 마을에서 네 명이 이제 잡혀가셨네 그 지예. 국가기록원에 이번에 진실규명결정서에 보니까 국 가기록원에는 보니까 보안법으로 아버지가 50년 4월 19 일날 보안법으로 이제 잡혀 있었다 카는 게 기록에 나와 있던데 그때 당시에는 이제 아버지가 뭐로 있었는지 이런 것도 또 몰랐네 그죠? 나중에 이제 이걸 알게 됐네.

이영대 : 아마 잡혀간 날로부터 내가 볼 때는 아마 저 빨갱이하고 연관 때문에 잡혀간 걸로 대충 짐작은 하고 계셨을 것 같 애요. 어른들이.

최승호 : 바로 재판을 갔지 않을 것 같고 중간에 경찰서나 이런 데 감금돼 있었지 싶은데 그 얘기는 못 들으셨어요?

이영대 : 못 들었습니다.

최승호 : 못 들었어예. 구류를 이제 좀 살았다고 이렇게 기록되어 있던데. 그러면 이제 전쟁이 나고도 아버지가 안 돌아오 니까 아버지가 돌아가셨다고 생각한 건 언제쯤입니까?

이영대 : 근데 전혀 그거는 눈치는 못 챘는 같애요. 우리 할머니도 제가 아홉 살 되던 해에 돌아가셨고 그때까지만 해도 할 머니는 장 눈물을 흘리면서….

최승호 : 기다리고 있었어예?

이영대 : 곧 돌아올 걸로 기대를 하고 있었고. 근데 요 근래 와서 내가 여 유족회 이래 다니면서 그때 돌아가셨구나 머 우 예 돌아가셨구나 이래 알고 있지 그전에는 코발트광산이 든지 이런 데서 돌아가셨는 거는 전혀 눈치를 몬 채고예.

최승호 : 눈치를 못 챘다. 어딘가에 살아있거나 뭐.

이영대 : 살아있다기보다는 초대에는 아마 살아있는 걸로 이렇게 생각했는데 나중에는 자기 무덤을 자기가 파라 캐가지고 파고 그래가 우예 안 죽었겠나 이런 얘기를 어른들이 많이 하십디다.

최승호 : 할머니는 그러면 아버지 돌아온다고 밥을 차려놓거나 밥상을 이렇게 차려놓거나 이런 걸 보셨어요?

이영대 : 밥상을 차려놓는 거는 못 봤고예. 항상 눈물을 흘리는 거 뭐, 우리 서울에 이제 딸이 모희거든예. 집에 이름 모흰데 모희 느거 애비는 어디가 죽었는지 살았는지 만날 이래 눈물을 흘리면은 우리가 그때는 한 일고여덟 살 되만은 그 흉내를 할머니 보는 데서는 몬 카고 이불 덮어씨고 할머니 볼까 싶어가지고 우리끼리 이제 만 사촌들하고 서너키 모대가 그런 장난은 많이 친 것으로 내가 기억되고 있습니다.

최승호 : 그러면 어머니는 그러면 이제 아버지 안 돌아오시고 바로 이제 재가를 하신 겁니까?

이영대 : 한 7~8년 정도 뒤에 재가를 한 걸로 알고 있습니다.

최승호 : 그러면 한 50… 전쟁 끝나고 한 57년 8년 이때쯤. 이제 어머니도 이제 기다리다가 기다리다가 이제 안 도라오시니까 아이고 아 뭐 잘못됐다 이렇게 이제 생각하셨네.

이영대 : 그러면서 딸을 이제 서울 수유동에 있는 무슨 대학교 교수인지는 모르겠습니다마는 교수 집에 이제 시집 보내주는 조건으로 일고여덟 살 된 딸을 그리 보내버렸어요. 보내뿌고 자기는 아마 재가를 한 걸로….

최승호 : 재혼을 하신 거. 거 서울에 있는 교수집에 딸을 보낼 때

는 그분 어떻게 아는 친척입니까?

이영대 : 친척은 친척의 친척을 통해가 이제 보냈는데 결혼시켜주는 조건으로 참 어설프게 그것도 요새 겉으면 월급을 받는다든지 이래가 보내야 되는데 결혼을 시켜준다는 조건으로 보냈으니까 수물여덟 살에 우리 누나가 시집을 갔거든예. 그러이 일고여덟 살 됐는….

최승호 : 20년간 그러니까 식모살이를 했네. 그지요. 그 교수댁에서.

이영대 : 예. 그리고 이제 결혼 비용이라든지 그걸 해주기 달린 거 아입니까? 전북 익산에 가가 결혼식을 했는데 그때 내가 참석을 했거든예. 겨우 참 결혼만 시기줬지. 20년 동안 그 보상이라 칼 거 그게 없었다고 봐야 됩니다.

최승호 : 그러면 서울에 식모살이 할 때 동생하고 누나하고 계속 이렇게 왕래를 했습니까? 집에도 한번 가보셨어예?

이영대 : 예. 했죠. 내가 제주도에 있으면서도 밀감도 보내주고 또 내가 한 수무 살 때는 내가 서울로 이제 취직하러 간다고 갔을 때 수유동에 누나가 살았는데 그때 가이까 교수 댁에도 그 당시에도 연탄불을 피우고 살고 있는 걸 내가 기억하고 있거든예.

최승호 : 그러면 오늘 아들 이영대 씨는 50년에 태어나셨으면은 학교는 어디까지 다니셨습니까?

이영대 : 저는 국민학교밖에.

최승호 : 초등학교 졸업하시고. 그러면 쭉 그 마을에 용계리에 살았습니까? 아니면 외지로 나갔습니까?

이영대 : 수무 살 때 대구 신암동으로 취직.

최승호 : 스무 살 때 대구 신암동으로.

이영대 : 예. 취직하러 갔었죠.

최승호 : 취직했습니까? 혹시 취직할 때 뭐 아버지 때문에 취업이 어렵거나 그러지는 않았습니까?

이영대 : 그거는 제가 목공으로 이제 취직을 했기 때문에 개인 공장에 이제 목 견습공으로 갔기 때문에 그 뭐 어려운 그런 건 없었습니다.

최승호 : 혹시 사촌들은 사촌들은 아버지 돌아가신 것 때문에 연좌제로 힘들게 사시거나 그러지 않았고예?

이영대 : 사촌 형님들도 다 농사짓고 이렇기 때문에 그런 애로점은 없었습니다.

최승호 : 애로점은 없으셨고. 그러면 스무 살 때 이제 대구로 나가서 취직해갖고 결혼은 언제 하셨습니까?

이영대 : 수물일곱 살 때니까 몇 년도 계산 안 해봤는데.

최승호 : 스물일곱 살 때 결혼하셨고. 지금 자녀는 몇입니까?

이영대 : 아들만 둘입니다.

최승호 : 아들 둘. 혹시 아들들은 할아버지가 이렇게 돌아가신 걸 얘기를 해줬습니까?

이영대 : 제사는 늘 모셨는데 저작년에 제가 참 이거 신청도 하고 사실 이러이러한 어른을 우리가 제사를 모신다 이 얘기는 했지예.

최승호 : 응. 그러면 아버지가 이제 억울하게 돌아가셨던 거는 이제 어머니한테 들어서 할머니한테 들어서 알고 있다가 그냥 쭉 다른 데 경찰이나 영천시청에 가서 얘기도 못하고 그냥 쭉 사시다가 살으셨네요. 마음속에만 늘 있다가 그

러다가 어떻게 이 신고를 하게 됐습니까?

이영대 : 처음에는 제가 제일 초대 코발트 유족회 회장님 이 누굽니까? 이….

최승호 : 이태준 회장.

이영대 : 그 어른이 제일 시작할 때 내가 한번 찾아가 봤어요. 현장에.

최승호 : 현장에 평산동에예?

이영대 : 예. 그런데 우리 사촌들이 한 다섯인가 이래 되는데 사촌이나 친형이나 내가 그거를 신청할라고 생각해 보니까 이 보상 문제가 돈이 탐이 나서 자가 저카지 싶다 이런 얘기 듣기 실버가지고 욕 얻어먹기 싫어가지고 그 당시에는 아예 신청 안 했습니다. 안 하고 있다가 2차 가만히 생각해 보니까 억울하게 돌아가셨는데 내가 이걸 안 밝히면 누가 밝히겠습니까? 2차에는 용기를 내가 이 사무실에 찾아왔습니다.

최승호 : 음 용기를 내서. 그때는 사촌들이나 형들이 얘기를 뭐라고 얘기를 안 했습니까? 그때는?

이영대 : 그 얘기가 나오면 뭐 내삐러라 그걸까 뭐 인지 그카노 자꾸 이런 방향으로 흘러싸 더 이상 나도 욕 얻어 물 거 갖고 그래가 더 이상 자꾸 얘기를 못 했지예.

최승호 : 못 했는데 이제 2기 때는 이제 나도 이제 나이도 있고 이제 지금 지금이라도 밝혀야 되겠다. 이렇게 생각하셨네 그지예?

이영대 : 그렇지예. 예.

최승호 : 할머니는 언제 돌아가셨어예?

이영대 : 제가 아홉 살 드는 해에 돌아갔습니다.

최승호 : 그러면 뭐 할머니 돌아가시고 그러면 어머니 이제 재혼하시고 그러면 이제 친엄마하고 아버지하고 이렇게 사셨네 그지예. 그 딸 어차피 누나도 이제 서울 가고 없고 그 집은 그러면 이제 대가 끊겨, 끊겼지만 이제 그래갖고 이제 양자로 들어가신 거네예.

이영대 : 예. 맞십니다.

최승호 : 지금도 이제 계속 제사 지내시고. 혹시 아버지 그 사진을 혹시 갖고 계십니까? 한번 보여주실 수 있어예?

이영대 : 예. 이것도 이제 내가 신청하고 이라니까 서울에 있는 누나가 이거 이제….

최승호 : 가지고 있습니까?

이영대 : 예. 주소하고 이걸 가지고 있다가 인자.

최승호 : 혹시 요 사진은 아버지가 몇 살 때 사진인지?

이영대 : 일본에 사실 때 사시면서 일본에서 찍은 사진으로 알고 있습니다.

최승호 : 나이가 그때 한 몇 살쯤 됐겠습니까? 20대 그죠?

이영대 : 20대 후반이나 이래 안 됐겠습니까.

최승호 : 교복을 교복 같은데 혹시 그때 당시에 학교 다니셨던가예?

이영대 : 그거는 모르겠습니다. 일본에서 무슨 제복인지.

최승호 : 제복인지. 혹시 졸업장이라든지 이런 건 안 갖고 계십디까?

이영대 : 이런 건 전혀 못 들었습니다.

최승호 : 못 들었고예. 혹시 요고는 어떤 겁니까?

이영대 : 제가 볼 때는 주소록 같은데 우리 친아버지 주소도 있고
예. 영천군 화남면 이래. 모르겠습니다. 이건 뭐 사이가
어예 되는 사이인지는 내가 모르겠십니다.

최승호 : 근데 그걸 이제 누나가 갖고 계십디까?

이영대 : 예. 서울에서 인제 보내왔는 겁니다.

최승호 : 보내왔는 겁니까? 안에 한번 펼쳐보시지예. 음. 이게 이
제 그 당시에 이제 주소록 같은 그런 거다. 그지예?

이영대 : 예. 맞십니다.

최승호 : 아버지 주소가 어디입니까?

이영대 : 여 여가 우리 살던 친아버지….

최승호 : 이 정 자 갑 자가 친아버지입니까? 요 주소다 그지예? 용
계리 용계동 833번지. 달산리 이래나 있네예 그지예.

이영대 : 맞습니다.

최승호 : 그라고 여기서 혹시 이름 중에서 아는 이름은 있습니까?

이영대 : 전혀 없습니다.

최승호 : 없어예. 혹시 일본 주소 이게 이거는 궁성현 이렇게 돼
있는데 이거는 어떤 주소지예. 아십니까?

이영대 : 그것도 모르겠습니다.

최승호 : 모르겠어예. 혹시 여기에 거기 외삼촌이라든지 이런 분
혹시 있습니까? 박씨 박인출이라고 있는데 청송군 현서
면 그분 아닙니까?

이영대 : 아입니다.

최승호 : 그러면 박춘실 의성군.

이영대 : 그분도 모르겠습니다.

최승호 : 모릅니까? 여기 그러면 이제 아버지 친아버지 말고는 아

는 분이 없다 그지예. 이성덕 송규헌 일본 사람들도 많이 있네예. 이 글씨가 이제 아버지 글씨라는 거지예?

이영대 : 예. 맞습니다.

최승호 : 아버지 글씨. 그러니까 이제 이렇게 글을 잘 썼으니까 이제 밤손님들이 편지를 써달라 했지 않겠나?

이영대 : 그렇지예 그렇지예. 소문을 듣고 아마 찾아왔겠지예.

최승호 : 이렇게 필체가 좋으니까. 예 알겠습니다. 이번에 2기 때 신고하셔갖고 진실 규명 결정은 받으셨지예?

이영대 : 예. 결정문 받았습니다.

최승호 : 받았습니까? 그러면 앞으로는 어떻게 하실 생각입니까?

이영대 : 그거는 저저 제가 하고 싶다고 어떻게 되는 것도 아니고 예. 빠른 시일 내에 무슨 판, 결정이 뭐 있어야 안 되겠습니까? 내가 뭐 우예 할 수도 없는 문제고.

최승호 : 혼자 하실 수는 없고 유족회하고 같이 이제 소송을 하든지 하시겠다는 거지예.

이영대 : 예.

최승호 : 아마 유족회에서도 2월달에 변호사하고 이렇게 협의를 해서 소송을 시작할 것 같은데 그때 참여하실 겁니까?

이영대 : 예. 당연히 참⋯.

최승호 : 당연히 참여하셔야 되죠. 그래서 지금 우리 코발트광산에 배롱나무를 심어서 돌아가신 분을 추모하는 그런 공간이 있던데 배롱나무도 심으셨어예?

이영대 : 예. 작년 가을에 내가.

최승호 : 작년 가을에. 혹시 저 누님은 지금 연세가 얼마나 되시지예?

이영대 : 우리 옛날 나이로 칠십아홉….

최승호 : 칠십아홉. 누님은 여기 평산동 위령탑하고 한번 오셨어
예?

이영대 : 다리가 옳찬해가지고 잘 못 걷기 때문에 한 번도 아직 참
석을 못했습니다.

최승호 : 언제 그래도 한번 현장에 한번 와보셔야 될 것 같은데.

이영대 : 물론 내가 작년에 수차 내가 캐도 '야야 내가 걷지도 몬하
는데 우예 가노' 다리가 무릎이 관절 수술을 해야 될 상황
이라 가지고.

최승호 : 그래도 먼발치라도 한번 보게 한번 내년 올해 위령제 때
는 한번 모시고 오시소.

이영대 : 당연히 자꾸 권고를 하고 있습니다. 내 혼자 설치기보다
그래도 누나가 있어가지고 이논도 할 수 있고 아마 좀 더
쉬워지겠나 싶습니다.

최승호 : 그렇죠. 뭐 누님 피붙이, 형제간인데 그지예. 이 글씨는
누가 쓰신 겁니까?

이영대 : 아까 저 금 자 수 자 우리 제일 맏누님. 아 그걸 갖고 계
시는 거?

최승호 : 서울에 거기 이제 교수 집에 갔다 카는 그 누님입니까?

이영대 : 으으응 아입니다.

최승호 : 그 누님 말고. 이 누님은 그마 사촌 누납니까?

이영대 : 아니 친누난데 제일 큰누님인데 맹 지금도 화남면 용계리
에 생존해 계십니다.

최승호 : 큰누나 아직 사시고 큰누나는 올해 연세가 얼마나 되는?

이영대 : 구십여섯.

최승호 : 구십여섯. 그러면 뭐 큰누나는 엄마 나이하고 비슷하네 그지예?

이영대 : 예. 같은 또래입니다.

최승호 : 아, 출 자 이 자 삼촌이 억울하게 돌아가셔갖고 이제 큰 누님이 이제 편지를 쓰셨네예? 이거는 어디에 보냈는 겁니까? 호소문은.

이영대 : 이거 처음에 신청할 때.

최승호 : 신청할 때. 여기 보니까 대통령님 꼭 생전에 억울함을 풀어달라고 이래 쓰셨던데.

이영대 : 글자가 제대로 쓰여졌는지 모르겠습니다마는 누님도 학교 이런 데는 전혀 나온 게 없고 아마 집에서 독학으로 배운 글씨일 겁니다.

최승호 : 그래도 받침 몇 개만 틀리고 다 잘 쓰셨네예. 그래도 이제 한 70년 75년 이상 억울하게 사시다가 이제 진실 규명 결정받았으니까 억울함이 좀 이렇게 풀려지셨습니까?

이영대 : 글쎄 아직까지는 뭐 참 결정난 거는 결정문밖어 안 받았는데 완전히 이기 끝이 나야 안 되겠습니까.

최승호 : 끝이 나야. 보니까 이제 아버지가 어떤 일로 보안법에 이제 보안법으로 인제 형무소에 사셨는지 잘 모르겠는데 그 부분은 앞으로도 이렇게 밝히기가 어렵겠다. 그지예? 아시는 분들이 좀 있겠습니까?

이영대 : 아시는 분들은 없고예. 제가 우리 아버지나 할머니나 여러 사람들인데 어른들인데 들은 얘기로 종합해 보면 참 편지 한 장 써준 게 이래 죄가 돼가지고 억울하게 돌아가셨다. 이게 참 말 그대로 억울한 거 아입니까? 시대가 그

래서 그러니까 누구 나무랄 수는 없는데 그래도 이게 빨리 진실이 밝혀지고 끝맺음이 돼야 안 되겠습니까?

최승호 : 마을에 혹시 형무소에서 돌아가신 두 분은 자식들이 있습니까?

이영대 : 예 있습니다.

최승호 : 그분들도 신청을 했습니까?

이영대 : 그분들은 한 사람은 내가 보상을 받은 그 부산에 그 대학 교수도 있고 그 사람 자제분들은예 다 받은 걸로 알고 있고. 한 사람은 외동딸만 있었는데 신청은 해가 됐는지 안 됐는지 그것까지도 내가 그도 서울에 살고 있는데 모르겠습니다.

최승호 : 그 마을에 살아 돌아오신 분은예? 그 형무소에서 두 분 돌아가셨고 한 분은 마을에 살아돌아왔었다 그랬잖아예.

이영대 : 돌아가신 분은 한 구십 정도까지….

최승호 : 사시다가. 그분은 그때 이제 형무소에서 돌아와갖고 다시 잡혀가지는 않았네 그지예.

이영대 : 예. 다시는 안 잡혀갔습니다.

최승호 : 그분은 진실 규명 대상자가 아니니까 그러면 이제 신청도 안 하셨을 거고. 아 형무소에서 돌아가신 두 분은 아마 한 분은 보상을 받았을 것 같고 한 분은….

이영대 : 받았고. 확실히 들었습니다.

최승호 : 부산에서 사시는데 들었고. 외동딸 있는 분은 어떻게 됐는지 모르겠다. 그 혹시 그분들 성함은 혹시 알고 있을까예?

이영대 : 그 자제분들 강혁중.

최승호 : 강혁준.

이영대 : 예. 혁중.

최승호 : 중. 부산에 있다 카는 분.

이영대 : 예. 자제분 되고예.

최승호 : 외동딸 이름은 혹시.

이영대 : 강정희.

최승호 : 강정희. 강정희 씨 아버지는 혹시.

이영대 : 그게 거가 죽어가 돌아가셨는 사람입니다.

최승호 : 강정희 씨가.

이영대 : 예. 그 어른이예.

최승호 : 강혁중 씨는 이제 부산에 있던 그분이고.

이영대 : 거는 4형제인지 형제가 여럿이 됩니다. 거가 제일 막내인
데 거는 교수, 부산에서 교수했데 거는 보상을 받은 거로
내가 듣고 있습니다.

최승호 : 그라만 돌아가신 분이 강혁중.

이영대 : 으으응 자제분 이름이 강….

최승호 : 자제분이 강혁중이고 아버지 이름은 모르고.

이영대 : 모르겠습니다.

최승호 : 모르고. 강정희는.

이영대 : 거도 딸, 딸이죠.

최승호 : 강정희 씨 아버지도 이름은 성함은 모르시네예.

이영대 : 강칠원.

최승호 : 칠원. 그만 강혁중 씨 강정희 씨 다 이제 형제간이다 그
지예?

이영대 : 아이죠.

최승호 : 아닙니까?

이영대 : 거는 뭐 한 6촌, 8촌이나 이래 촌수가 그래 되겠지예.

최승호 : 8촌쯤. 하기사 그 마을이 전부 다 이제 강씨들 집안이니까 다 그렇겠네 그지요. 그러면 마지막으로 혹시 우리 유족회나 아니면 우리 정부에 그동안 하시고 싶었던 말씀이 있으면 한 말씀 해주십시오.

이영대 : 예. 참 저는 뭐 2차로 이래 와가지고 신청만 하고 이랬는데 유족회 나정태 회장님이나 이사님들 여러분들이 알게 모르게 고생을 많이 하셨는 것 같습니다. 여 이래 보니까 하여튼 여러모로 고맙고예. 제가 참 한 번씩 이래 와 들여다보고만 가고 들여다봤는데 죄송한 마음도 있고 또 정부에서도 여러 할 일이 많겠지만은 한 지역에 이런 일이 있는 거를 마 질질 끌지 말고 빠른 시일 내에 딱 결정이 났으면 좋을 것 같습니다.

최승호 : 빠른 시일 내에 마무리했으면 좋겠다.

이영대 : 그렇죠.

최승호 : 아마 더 길지는 않을 것 같습니다. 그래도 소송을 하게 되면 한 2~3년 정도 걸릴 것 같은데 그때까지 건강하시고예. 그리고 특히나 누님하고 이런 분들이 또 한 번 좋은 세상 오는 걸 또 보고 그지예. 보상받는 걸 보고 또 돌아가셔야 원이 안 없겠습니까?

이영대 : 그렇지 않아도 서울에 있는 우리 누님이 칠십아홉인데 야 야 내가 언제 죽을지 모르는데 빨리 뭐 결정이 안 나나. 그건 내 마음대로 할 수 없는 기고. 아니면 누님 보고 캤십니다. 꼭 여 코발트 믿지 마고 그러면 누님 2, 3천만 원

들여가 그러면 재판 한번 받아볼래 이카이 그런 형편도 안 되고예. 내보고 조금 조급증을 내고 있는데 전들 어떻게 하겠습니까? 누님 조금 참으시오. 정부에서 어떻게 결정이 안 나오겠습니까 카고 있는 중입니다.

최승호 : 그래야 또 우리 큰 누님 금수 누님도 삼촌 억울하게 돌아가신 거 좀 풀리고 그죠. 그렇겠네.

이영대 : 예. 맞십니다.

최승호 : 하여튼 멀리 오셔갖고 말씀해 주셔서 고맙습니다.

이영대 : 아이고 이사님 수고 많습니다.

최승호 : 예 고맙습니다. 오늘 이 자료들은 유족회에서 가지고 있다가 나중에 이제 우리 자료관이나 만들어지고 할 때 그때 쓸 수 있도록 그렇게 하겠습니다.

이영대 : 하여튼 수고가 많습니다.

최승호 : 고생하셨습니다.

이영대 : 아이고 별말씀을.

이출이 결정문

신청인 이영대가 이출이의 연행, 구금, 대구형무소 수감, 희생 등에 대해 구체적
으로 진술하고 있는 점, 대구지방검찰청 형사사건부(1950)에 이출이가 국가보
안법 위반혐의로 1950년 4월 19일에 구류되었었다고 기재되어 있는 점, 대구형
무소 재소자인명부(1950)와 대구매일신문 (1960. 6. 7.)에 이출이가 대구형무소
에 수감되어 있다가 1950년 7월 30일에 군경에 인도되었다고 기재되어 있는 점
등을 종합해볼 때 진실규명대상자 이출이가 1950년 4월 경 경찰에 연행되었고,
1950년 4월 19일에 대구형무소에 입감되어 수감생활 중 1950년 7월 30일에 군
경에 인도되어 경산코발트광산 또는 가창면 소재 계곡 등에서 희생되었다고 판
단된다.

27. 최주홍 구술증언

최주홍(최두근의 아들) 유족
2024. 02. 04. 목 오전 11:35 / 55분 19초

최승호 : 예, 지금부터 시작하겠습니다. 저는 경산코발트광산유족
회 최승호 이사입니다.

최주홍 : 아 반갑습니다.

최승호 : 오늘 2월 4일 2024년 2월 4일 최주홍 유족님과 만나서
이야기를 나누도록 하겠습니다.

최주홍 : 네, 반갑십니다.

최승호 : 오늘 말씀하시는 유족분 성함은 어떻게 되십니까?

최주홍 : 최주홍입니다.

최승호 : 예. 생년월일은 어떻게 됩니까?

최주홍 : 44년 9월 21일입니다.

최승호 : 9월 21일시고예. 원래 태어나신 데가 어디지예?

최주홍 : 경산군 남산면 사림동입니다.

최승호 : 사림동. 사림동은 원래 거기 어르신부터 늘 사셨던 곳입

321

니까?

최주홍 : 예.

최승호 : 거기에는 우리 최씨들이 많이 살았습니까?

최주홍 : 예. 많이 살고 있십니다. 현재도 여러 사람 살고 있십니다.

최승호 : 몇 집이나 됩니까?

최주홍 : 그건 모르겠습니다.

최승호 : 그럼 최씨 인제 집성촌이네 그지예. 사림리가.

최주홍 : 타인들도 좀 섞여 있습니다. 지금은예.

최승호 : 지금은. 예. 혹시 지금도 거기에 친척들이 살고 계십니까?

최주홍 : 예예. 몇 분 살고 있습니다.

최승호 : 가까운 친척은 어떤 분이십니까?

최주홍 : 가까운 친척은 저 좀 저 칠곡에 있습니다.

최승호 : 칠곡에 있고. 그 마을에는 6촌 8촌 이렇게….

최주홍 : 없십니다. 멉니다.

최승호 : 그렇게 가까운 분은 안 계시고예.

최주홍 : 제 아버지도 외동이고 저도 외동이고 이래가지고.

최승호 : 아 외동이셨습니까? 예. 그러면 저기 진실규명 신청서에 보니까 할아버지, 할머니, 그리고 아버지, 그리고 고모. 이 네 분이 전쟁 때 돌아가셨다고 하는데 그 상황을 한번 얘기해 주시겠습니까?

최주홍 : 제가 듣기로는 제가 일곱 살 때 뭐 알겠습니다마는 철이 좀 들고 어머니인데 돌아가시기 전에 뭐 좋은 일이 아니라가지고 상세히는 잘 못 들었습니다마는 사림에 계실 때

여기 나오시기 전에 6.25 전시 때에 그 마을이 쭉 골짜기로 들어가면 사방이 산입니다. 입구만 열려 있지. 사방이 산이라가 산 위에 골짜기에서 적군이 점령해가 있다가 내려오셔서가지고 식사를 해달라고 요구를 하시기에 총부리를 갖다 대기 때문에 마지 못해서 어머니께서 식사를 제공하셨는가 봐예. 그래 듣고 있고 그 이후로는 아버지가 언제 집을 나가셨는지 어떻게 되셨는지는 전혀 모르고 들은 바 없고예. 할아버지, 할머니는 아버지를 경찰에서 잡으러 오시가지고 안 계시길래 그 할아버지, 할머니, 고모님을 데리고 가서 남산면 우검리 밀못둑 우에 거기 할아버지, 할머니를 사살했고 고모님은 남산면 우체국 뒤에서 사살했는가 봐예. 그리 알고 있습니다.

최승호 : 예. 그러면 그 사림리 골짜기가 뒤에 산이 무슨 산이지예?

최주홍 : 산 이름 모르겠습니다.

최승호 : 산 이름은 모르시고.

최주홍 : 제 일곱 살 때 나와가지고.

최승호 : 거기에 인민군이 있었습니까? 아니면 빨치산이 있었다고 그럽디까?

최주홍 : 하이튼 제가 알기로는 인민군이고 적이고 적군이라고 알고 있십니다.

최승호 : 적군이라고 들었습니까. 예, 그러면 그거는 이제 6.25 전쟁 전이잖아 그지예? 전해입니까, 아니면 그 전해입니까. 49년도?

최주홍 : 49년도인가 50년도인가 그쯤 됐을 기라예.

최승호 : 49년도 50년 정도.

최주홍 : 그런데 제가 알기로는 저 보도연맹에는 가입 아 한 걸로 알고 있습니다.

최승호 : 아, 부역 적군에 이제 부역했다. 그죠?

최주홍 : 예. 즉 말하자마 식사를 제공한 것 자체가 부역이 아니겠나 이런 생각 드네예. 제가 생각할 때는예.

최승호 : 그러면 그 식사 제공했는 거를 몇 번이나 하….

최주홍 : 그건 모르겠십니다. 여러 번 내리오고 이래 했겠지예.

최승호 : 그건 모르겠습니까. 총부리를 갖다 대고 이제 밥을 해내놔라 하니까 이제 밥을 해줬다. 그지요?

최주홍 : 예. 살기 위해서는 어쩔 수 없지 않습니까.

최승호 : 그럼 그거 밥을 해주는 거를 동네 사람들이 보고 경찰에 신고를 했습니까?

최주홍 : 저어 저희 최용익 아저씨라고 최용익.

최승호 : 최용익?

최주홍 : 아저씨라고 증인을 섰었거든예. 섰었는데 증인 아저씨 말씀에 의하면은 동네 사람들이 적군이 와가 있다고 경찰서에 가가지고 가서 연락을 해라 이래 됐는 모양이라예. 분위기가 그리 돼가지고 저희 집뿐만 아니고 다른 동민들도 혹시 가는 걸로 그래 제가 듣고 있거든예. 있는데 저거는 알기로는 저 고모님이 가서 이야기했는 걸로 그래 알고 있거든예.

최승호 : 고모님이? 고모님이 경찰에 가서 그러면 신고를 했단 말이지예?

최주홍 : 예예. 그렇게 알고 있거든예.

최승호 : 고모님이 신고해갖고 이제 경찰이 왔다.

최주홍 : 예. 와가지고 아버지 주 목적은 아버지를 잡기 위해가지고 경찰이 왔었는데 그 이후에 인자 적군이 물러가고 어느 정도 전시가 좀 안정이 되고 이래 됐을 경우에 경찰이 왔지 않았겠습니까? 와서가지고 이제 잡으러 온 동기는 경찰이 인자 신고를 해놓이 경찰들이 이제 올라왔는 모양이라예. 동네로. 올라와놓으끼네 인자 적군은 많고 경찰들은 적고 이래놓이끼네 경찰들이 사살이 됐는 걸로….

최승호 : 아 경찰이?

최주홍 : 예. 경찰이 사살됐는 걸로 그래 알고 있거든예.

최승호 : 아 전투를 했네. 그지예?

최주홍 : 전투를 했지요.

최승호 : 전투해갖고.

최주홍 : 사살이 됐지예. 경찰이. 적군은 저 산 우에서 내러다보고 쏘고 골짜기 올라가니까 내러다보고 쏘고 올라다 보고 있으이 인원도 적고 한데 뭐 되겠습니까? 택도 없지예. 아무리해도 사살되지 말아야지예. 그래 가서 이제 아버지가 뭐 동장님도 하셨고 뭐 집에 살기도 잘살고 이랬는가 봐예.

최승호 : 동장도 하시고 그 동네에서는 좀 부자 축에.

최주홍 : 잘 살고. 근데 최용익 아저씨의 말에 의하면은 저희 아버지께서 참 똑똑하신 분이고 좋은 면장감시라고 이렇게 말씀을 하시더라고예.

최승호 : 면장감이다.

최주홍 : 경찰에 조사받으러 갔을 때에 조사받는 중에서 그 아저씨

가 조사받는 사람이 말씀하시기를 그렇게 말씀하시더라고예. 그래가지고 제가 또 듣기로는 아버지께서 형무소에 경산형무소지 싶어예.

최승호 : 경산형무소. 경찰서 말고?

최주홍 : 경산형무소겠지예. 형무소. 그래가지고 코발트광산에 나가는 날짜를 제가 우예 알았던동 기억이 나예. 그게 7월 7일이더라고예.

최승호 : 7월 7일?

최주홍 : 언제 어예 누구한테 들었는지는 모르겠고. 그 방송에 나와 들었는지 어땠는지 그게 기억이 안 나요.

최승호 : 신문에 보셨습니까? 매일신문에 보셨지예?

최주홍 : 예예. 신문에 예. 그래가 제가 또 조사받으러 한번 갔을 때에 내 조사받는 사람이 옆에 두 분이 계시는데 한 분이 묻더라고예. 그래가 제가 7월 7일 날짜가 용케도 기억이 나더라고예. 그래가 그날 광산 코발트, 경산 코발트광산에 나갔는 날짜를 7월 7일이라고 이렇게 말씀을 드렸디만은 조사하시는 분이 휴대폰에 이래이래 보라고 하디만은 옆에 사람이 있는데 동료 조사관 있는데 보이시더라고. 보이시니까 제가 옆에서 보이까 고개를 끄덕끄덕하시면서 그러시더라고. 맞는 걸로 저는 인정이 되더라고예. 7월 7일 날 광산에 나가신 걸로 그래 인정이 되더라고. 그기 아마 경산형무소에서는 기재가 안 돼 있겠나 이런 생각이 들어서 그 사람들도 안 알겠나 이런 생각이 들더라고예.

최승호 : 맞습니다. 예.

최주홍 : 그래서 이자 목적은 이제 제가 고생한 걸 말씀드리자면은 처음에 그….

최승호 : 그러면 조금 이따가 제가 또다시 물어보겠습니다. 그러면 아버지가 이제 아주 똑똑하고 면장감이라고 그랬잖아, 그지예? 그러면 혹시 아버지가 젊을 때 공부를 어디서? 일본이나 이런 데 유학을 갔다 오셨습니까?

최주홍 : 일본 거 그거 강제징용 갔다 오셨어예.

최승호 : 강제징용.

최주홍 : 예. 그것도 요새 청구하고 있습니다.

최승호 : 강제징용 어디로 갔다 오셨습니까?

최주홍 : 그거는 모르겠습니다. 일본 갔다 카데 일본예.

최승호 : 일본에 강제징용을 갔다 왔다. 살아 돌아오셨네 그지예?

최주홍 : 살아 돌아오시가지고 인자 오분 껀으로 해가주고 이자 우리가 이제 코발트 경산 가기 전에 형무소에서 잡히가지고 거기 계시다가 코발트광산을 안 가셨겠나 저 짐작이라예.

최승호 : 그러면 아버지가 결혼은 징용 갔다 오셔서 결혼했습니까? 아니면 그전에.

최주홍 : 그전에 했겠지예.

최승호 : 그전에 결혼하고.

최주홍 : 그랬겠지예. 그래 생각이 듭니다. 제 생각에는예. 제가 일곱 살이니까 아버지 얼굴도 몰라예. 사진도 하나 없고 아무것도 없어예.

최승호 : 아버지가 강제징용 갔다 온 해는 언제입니까? 해방….

최주홍 : 그것도 그 모르겠습니다.

최승호 : 모르시고. 지금 저 어르신 생일이 44년이잖아. 그지예?

그러면은 44년 전에 그럼 아버지가 돌아오셨습니까? 아니면은 아버지가 오셨을 때 태어났습니까? 아니면 일본에 계실 때 태어났습니까?

최주홍 : 그것도 모르겠십니다. 그건 어머니가 이야기 안 해주셨으니까. 안 해주시고 교통사고로 돌아가셨거든예.

최승호 : 어머니가예? 아 강제징용 갔다가 와서 뭐 글자도 잘 쓰고 한자 이런 것도 잘 알고 하셨겠네예?

최주홍 : 물론 동네 이장질 하고 면장감이라고 말씀을 하시지만 실력도 있다고 봐야 안 되겠습니까.

최승호 : 실력도 있었기 때문에 혹시 또 이걸 또 시기해가 질투해가 아버지를 그런 동네 사람들은 없었던가예?

최주홍 : 모르겠습니다. 제가 일곱 살 때 이제 종손 할머니께서 어머니인데 '너는 아들 데리고 고마 나가거라' 이래 되셔가지고 어머니께서 저를 데리고 나왔어예. 나오고, 나오고 난 뒤에는 재산이고 사람이고 재산이고 풍비박산이 다 났지예.

최승호 : 재산도 어떻게 됐는지 모르겠고 그지예. 그러면예 아버지를 찾으러 경찰이 왔을 때 그때는 전쟁 전이잖아. 그지예?

최주홍 : 전쟁 후지예.

최승호 : 전쟁 후입니까?

최주홍 : 경찰이 경찰이 사살이 됐으니까 그것 때문에 잡으러 오신 거 아니겠나 이런 생각이 들거든예. 제 생각에는. 들은 건 아이고.

최승호 : 그러면 그래 경찰이 왔는데 아버지가 안 계시니까.

최주홍 : 경찰이 이 동네 사람이니까 고모가 아버지는 안 계시고 인자 신고를 했겠지예. 신고를 해나놓이 경찰이 그라마 적군을 잡으러 왔겠지예. 잡으러 오는 몇 명이 왔어놓이 끼네 그래 이제 적군하고 이제 서로 총칼, 총을 겨누고 쏘고 이렇게 전쟁이 붙었겠지예. 붙어놓으끼네 그 산 우에서 내라다 보고 쏘고 쳐다보고 쏘고 하이끼네 산 우에서는 엎드리가 쏘삐고 밑에서는 서가 쏘고 이래 했을 거 아닙니까? 저희들 생각에는 그랬으니까 당연히 게임이 안 되지예.

최승호 : 그러니까 이제.

최주홍 : 그래 경찰이 이제 사살이 됐으니까 이자 그 죄목 때문에 아버지를 잡으러 오신 거 아니겠나 제 생각이 그렇습니다.

최승호 : 예. 그러니까 그게 이제 한국 전쟁이 일어나기 전입니다. 전. 왜냐하면 아버지는 전쟁 나고 한 일주일 열흘도 안 돼갖고 돌아, 잡혀갔거든요. 7월 7일날. 전쟁이 6월 25일 날 났고 7월 7일날 잡혀갔으니까 그 전해에. 그 전해 되는 거지예. 그때 할머니하고 할아버지는 우검리 밀못둑이라고 그러셨습니까?

최주홍 : 예. 밀못둑예. 못둑이라예.

최승호 : 못둑이라예? 거 가면 인제 사림리 올라오기 전에 우검리 거기 말이지예? 그걸 이제 동네 사람들이 다 목격을 했습니까?

최주홍 : 모르겠습니다. 그래 하여튼 그 산소에 우리가 알고 몇십 년 후에 이제 제가 장성해가지고 모사 지내러 다녔거든

예. 다니는 바람에 이제 산주가 할아버지, 할머니가 합장 했는 것 같대예. 요 하나뿐이니까 묘도 봉우리도 자그만 하고 이래가지고 이제 그 산 올라가다가 좀 치거리에 도랑 우에 겨우 절 겨우 할 정도입니다. 안 그라마 왔다가 널찌기도 하고 그랬습니다. 그래가 그래 거 인제 산에 아직까지 벌초도 하고 그래 하고 있십니다.

최승호: 아 그러면 이제 그때 이제 돌아가시고 나서 마을 사람들이 할머니, 할아버지 이제 매장을 했네. 그지예. 그 동네에서.

최주흥: 그랬겠지예. 동네 사람들이 그냥 시체를 보고 놔둘 수가 없어가 묻었겠지예.

최승호: 동네 사람들이 이제 멀리 안 가고 원래 선산은 사림리에 있었을 거 아닙니까.

최주흥: 선산이 있었지예.

최승호: 선산에 안 묻고 그러면 우검리 거기 이제 돌아가셨는데 바로 옆에 산소에 묻으셨네. 그지예.

최주흥: 그래가 집안사람이 누가 이야기해가 산소를 샀습니다. 제가. 돈 얼마 돌라 캐가. 20만 원인가 얼만가 주고 그 아주머니인데 돈을 드렸어예.

최승호: 그럼 할머니, 할아버지 돌아가신 거는 한 몇 월달쯤 됩니까?

최주흥: 그건 모릅니다.

최승호: 모르고. 그러고 난 후에 고모도 우체국 뒤에 산양리 산양 우체국 뒤에서 이제 돌아가셨는데 고모는 경찰한테 신고도 하고 했는데 왜 돌아가셨, 왜 죽었을까요 그쪽에서?

최주홍 : 신고하는 바람에 올라가 경찰이 사살됐으니까 그 죄목이 안 크겠습니까? 신고를 아 했더라면은 신고를 안 했더라면은 경찰이 올라올 일도 만무하고 경찰이 죽을 일도 만무할 끼고 안 그렇습니까? 그런 생각이 듭니다.

최승호 : 그래도 적군이 온 거를 경찰에 신고했으니까 칭찬해야 되는데 왜 경찰이 그 고모까지 그렇게 희생시켰는지?

최주홍 : 고모가 이제 잘못 알고 그랬지예. 적군이 적군이 숫자가 얼마나 되며 산 우에 얼마가 있는지 그건 모르고 우선 몇 명이 와가지고.

최승호 : 있다.

최주홍 : 와놓으이끼네 경찰에 연락해 놓이끼네 경찰이 올라오는 바람에 그렇게 됐지예.

최승호 : 그라마 고모가 이제 정확하게 이제 적군 상황을 이제 파악을 해가 신고를 해야 되는데 몇 명인지도 모르고, 모르고 그냥 신고했다가 경찰이 자기들이 도리어 이제 당해 놓으니까 그래가 이제 고모까지 이제 돌아가셨다. 그지예?

최승호 : 아버지가 돌아가셨을 때는 몇 살입니까? 그때가.

최주홍 : 제가 일곱 살 때 나온 걸로 알고 있거든예. 할머니, 종손 할머니가 엄마야 보고 아들 데리고 나가라 캐놓으이 그 길로 엄마는 도피 생활을 했지예.

최승호 : 44년생이시니까 일곱 살 때 같으면 아마 아버지 돌아가시고 전쟁 나자마자 이제 돌아가셨으니까 이제 나왔네. 그지예?

최주홍 : 그렇지. 일곱 살 때.

최승호 : 원래 독자 같으면 아버지도 독자였고.

최주홍 : 저도 독자고.

최승호 : 그럼 혼자 이제 홀홀 엄마하고 둘이만 이렇게 나왔네예.

최주홍 : 아니요. 누나도 있고 동생도 있었는데 여동생도 있고 있 었는데 엄마가 도피 생활하면서 누나하고 동생하고는 어 떻게 했는지 모르겠어예.

최승호 : 몇 남 몇 녀입니까? 그러면.

최주홍 : 그러면 1남 2녀 택이지.

최승호 : 1남 2녀.

최주홍 : 모르겠고.

최승호 : 누나, 여동생은 우예 됐는지 모르겠고. 아들만 이제 데리 고 나와가 어디로 가서 살았습니까?

최주홍 : 그거는 이제 우리 왕고모님이 그 저 왕고모님하고 내외 간 되는가 하이튼 신암동 그 걸, 아 있습니까? 대구 신천 동이가 그 걸 곁에 그 집이 있었어예. 거기에 좀 머물고 했습니다. 그래 엄마는 촌 동내동 여기에 안심 동내동, 친정이 동내동이었었는데 그래 결혼했는데 그래가 여기 에 친정곳이라고 와가지고 이제 여기 이제 송면 삼거리 여 아 있습니까? 거기에 인자 초가삼간을 우예 마련해가 지고 살어왔어예. 살어오고 그 뒤에 이짜 도로가 넓히는 바람에 보상을 땅이 그때 80, 한 100평 가까이 됐어예. 80 몇 평 됐시예. 거는 보상을 좀 받아가지고 이 아파트 여기 도로 가에 아입니까? 여 집을 샀어예. 도로 들어가 는 바람에 보상받아가 여 집에 드가 사는데 또 이 아파트 를 짓게 됐어예. 지까 이거를 조건부로 했지예. 제가. 그

땅을 주는 대신에 아파트 이거 좋은 걸로 로얄층을 해도. 이렇게 돼가 남향 쪽으로 이거 이제 9층 로얄층이라고 이걸 해주대예. 그래서 여서 살기 됐어예.

최승호 : 예. 그럼 일곱 살 때 나와갖고 학교는 그러면 어디까지 다니셨습니까?

최주홍 : 학교는 초등학교 졸업하고 제가 장학생으로 중학교 능인 중학교 드갔습니다.

최승호 : 능인중학교?

최주홍 : 능인중학교 드가가지고 보이까네 1학기만 하고 돈을 그 공낙금을 내라 그러더라고예. 그래 제가 아마 생각하기에 거기에 능인중학교가 장학생들이 거의 한 3분의 1 정도 이상으로 전부 장학생 같아예. 그래가 저는 마 그 학점이야 못 따가 공납금을 내라 캐가 그 길로 책만 사가지고 아깝게 책값만 날리고 그 마 1학기만 배우고 학교 못 다녔어예. 그래가 저 아이큐는 그래도 제 자랑 같지만은 아이큐는 별로 나쁘지는 않고 좋은 편이라예.

최승호 : 아버지 닮으셨네. 그지예. 하하.

최주홍 : 그런 것 같애예. 지금 내 손녀가 지금 의대 다니고 아주대 의대 다니고. 또 손녀가 둘인데 손자는 없고 자손은 귀한 모양이라. 그거는 또 생명공학과 아주대 같이 드갔어예. 아 하나는 큰애는 의대 다니는 애는 다른 학교 다니다가 인제 휴학계 내놓고 의대 갈라고 공부를 다시 인자 해가지고 이제 그래 의대 갔어예.

최승호 : 그러면 이제 중학교 1학기만 하고 이제 나와갖고 그러면 바로 직장을 구했습니까?

최주홍 : 나와가지고 이제 이제 동네 내 친구 어른이 선비라예. 한 문을 좀 배았어예. 한문을 좀 배아가지고 이제 한문 천자 문 겨우 띠지도 올키 모하고 그래 공부를 했는데 그래 인 자 제가 인자 저 우에 사거리 우에 가마 큰 창고가 2천 평 짜리 창고가 있습니다. 창고 있는데 아까 왕고모님 안 캅 디까. 왕고모님 아들이 구태조 씨라고.

최승호 : 아 구태조 예?

최주홍 : 구태조 씨라고 도청에 다녔어예. 도청에 다니면서 경산 에 박주현 씨 국회의원 선거운동을 좀 하는, 도와주셨는 가 봐예. 그 건으로 해가지고 박주현 씨 동생인강 농림국 장 했어예. 도청에. 그래가 그 빽으로 창고 경비원을 들 어갔어예. 경비원을 드가가 또 제가 운이 따를라 카이 거 기 근무하는 도중에 또 농수산물 유통공사라고 국영기업 체로 이관되게 됐어예. 넘어가게 됐다 카이. 그래가 농수 산물 유통공사로 드가가지고 거기 가가지고 월급 받고 아 들, 제가 1남 3녑니다.

최승호 : 1남 3녀.

최주홍 : 아들 학교 규칙이 아들 저 공납금을 무료로 둘이나 무료 로 주게 돼 있었어예. 그래 대학교 둘, 서이 다닐 일은 만 무하고 하나 졸업하면 또 하나 드가고 하나 졸업하면 하 나 드가고 이래가 너이를 대학교까지 시켰어예. 그 가난 한 살림에서도 그래 시키고 지금 뭐 그래 삽니다.

최승호 : 그러면 할아버지도 독자이십니까?

최주홍 : 할아버지는 동생이 있었지예. 5촌 아재가 하나 있거든예.

최승호 : 할아버지는 동생이 있고. 그럼 아버지 독자고. 아버지 독

자고, 독자고, 아들 독자고. 지금 3대 독자네 그지예?

최주홍 : 예. 3대 독자….

최승호 : 아버지 돌아가시는, 아버지 돌아가시는 바람에 집안도 엉망이 되고.

최주홍 : 풍비박산이 났지예. 살림살이도 다 가져가뿌고 없고 집에 불 놔뿌고 와가 뭐.

최승호 : 불은 언제 났습니까?

최주홍 : 그 당시에….

최승호 : 그 당시에 그러면 가재도구도 하나도 없이.

최주홍 : 하나도 없었지예.

최승호 : 맨몸으로.

최주홍 : 맨몸으로 나왔지예.

최승호 : 아이고. 그럼 지금 할아버지 명의로 돼 있는 땅이나 토지 같은 거는 없습니까?

최주홍 : 지금은 없고 산소에 있는 거를 팔았다 캅디다. 팔고 그기에 증조할머니 산손가 거 지금 모시고 우리 얼마 전만 해도 제가 젊을 때는 하다가 또 집안에 저 아저씨 7촌 아저씨인데 7촌이지 아매. 7촌 아저씨인데 그 벌초를 시키가지고 돈 디리가지고 그래 쭉 해가 오다가 금년부터는 또 5촌 아재하고 같이 이제 6촌도 경산 있는데 사는데 서이 이제 가부해가 벌초값을 주고 이래 하다가 5촌 아재가 아할라 캐가지고 금년부터는 고마 벌초를 안 합니다.

최승호 : 마을에 사림리 마을에는 이제 묘지 묘지만 있다. 그지예. 전답이나 이런 건 없고 집도 없고…. 그래도 거기에 마을에 사촌이나 이런 사람이라도 있었으면 좀 지켰을 낀

데 그죠? 그런 것도 없고. 그래도 그 5촌 아재가 있었으면….

최주홍 : 5촌 아재가 저보다 나이가 어려예. 어리가 몰라예.

최승호 : 그러면 그 사림리 마을에 그때 당시에 아버지 말고 또 이렇게 그때 6.25 때 돌아가신 분이 있습니까?

최주홍 : 오씨라고 한 사람 있다고 들었습니다.

최승호 : 오씨. 여도 인제….

최주홍 : 여도 오씨라고 밑에 좀 우리 마을에는 또 좀 올라가 있고 좀 밑에 그 마을에 오씨라고 사는갑십디더. 오씨가 거 몇 집 사는 모양이라예. 그런데 오씨라고 있는데 신청을 아 했는 걸로 알고 있어예.

최승호 : 신청 안 했다. 이분도 맨 아버지하고 맹 같은 날 돌아가셨어예?

최주홍 : 모르겠심다 그거는. 어리니까 모리고예. 그거는 인자 바로 증인 섰는 최용익 아저씨 편에 들었지예. 오씨가 그랬다 카는 거는예.

최승호 : 아 최용익 아저씨. 최용익 아저씨는 지금 그 마을에 살고 있습니까?

최주홍 : 경산에 삽니다.

최승호 : 경산에. 올해 한 연세가 얼마쯤 됩니까?

최주홍 : 연세 잘 모르겠십니다. 제가 묻지도 모했심다. 저보다는 나이 많지예.

최승호 : 많지예? 그럼 이번에 이제 증인을 이분이 이제 서주셨다. 그지예? 여는 한 집안 몇 촌쯤 됩니까?

최주홍 : 그거는 저 우리 파가 아이라예. 딴 파라예.

최승호 : 아 파는 다르고.

최주홍 : 동네는 그 웃동에 살으셨다 카대.

최승호 : 사림리 웃동에.

최주홍 : 사림리 동네에 있고 저 우에 동네가 있으이 골짜기 돼가 찔쭘 안 하겠습니까?

최승호 : 저수지 밑에 사림지 밑에 으음. 사림리가 큰 동네잖아. 그지예?

최주홍 : 큰 동네지예. 꼴짝 치고는 큰 동네지예.

최승호 : 그럼 그 동네에 아버지 말고 뭐 젊은 사람들이 좀 배우고 뭐 이래 했던 사람들이 있어예?

최주홍 : 최진복이라고 지금 아재가 있어예. 딴 판데예. 최진복이 라고 아재 있어예. 그 내보다 한 서너 살 더 먹었지 싶어 예. 지금 한 뱀띠인가 한 팔십너인가 그쯤 됐을 거라 올 설 쉬마예. 근데 그 사람들도 내용을 잘 모를 기라예. 제 보다 세 살 더 머었으니까 더 좀 많으니까 아무리 캐봐야 제가 일곱 살, 열 살 됐는데 뭐 아겠습니까? 그 위에 사람 들 거의 다 별세 다 했어예.

최승호 : 다 했고. 그래서 이제 그 동네에 그때 당시에 뭐 배운 사 람이 있어갖고 저 10월 항쟁 때 이렇게 가담하고 뭐 그런 얘기들은 거의 못 들으셨겠다. 그지예?

최주홍 : 못 들었지예. 근데 어디서 들었는가 하이튼 보도연맹에 는 가입 아 했다 카는 거를 듣고 있어예.

최승호 : 보도연맹에는 가입 안 했다. 근데 한국전쟁 때 보면 보도 연맹에 가입하신 분들이 쭉 나와 있거든예. 대부분 다 이 제 경찰서나 아니면 형무소로 끌려가셨는데 혹시 요번에

참 그거 진실규명결정서 받으셨지예?

최주홍 : 예. 결정서 받았어예.

최승호 : 혹시 한번 보여줄 수 있어예?

최주홍 : 보여드리라. (결정서 찾는 소리) 근데 선생님께서는 어떻게 나오셨습니까?

최승호 : 저는예. 저는 뭐 2000년 때에 2000년도에 이 사건을 알고 그래가 기사를 썼더니 이제 유족들이 이제 그 기사를 보고 찾아와가 그래서 이제 유족회 만들고 그래서 지금까지 한 24년간 이제 계속 유족회하고 같이 활동하고 있지예.

최주홍 : 아이고 예, 고맙습니다.

최승호 : 한번 결정문…. (결정문을 보며) 각각 다 받으셨네. 그지예. 할아버지하고 서이.

최주홍 : 아버지는 따로 받고예. 최 두 자 근 자.

최승호 : 예. 최두근이고. 이거는 할머니, 할아버지, 고모는 한꺼번에 받았네예. 다른 내용도 혹시 이제 할아버지, 아버지 관련해서 뭐 국가기록원이나 이런 데 기록이나 이런 거는 찾아보지 못했습니까?

최주홍 : 예. 몬 찾아봤심다.

최승호 : 모르고예. 단지 이제 요고만 왔습디까 통지문이? 아, 책을 한번 보여주시소. (책에서 명단 확인하는 소리)

최승호 : 할머니는 어디서 시집 오셨어예? 그때 당시.

최주홍 : 할머니는 모르겠십니다.

최승호 : 할머니는 모르고. 고모는 그때 당시에 결혼을 했습니까?

최주홍 : 했습니다. 하고 그 이혼해가 있는 상태에서 끌리갔어예.

최승호: 아 그때. 고모 자식은 없었고예?

최주홍: 자식은 없어예.

최승호: 고모는 그때 돌아가실 때 당시에 나이가 얼마였습니까?

최주홍: 모르겠습니다.

최승호: 젊은 상태였고. 할아버지 할머니는 그때 당시에 연세가 얼마나 되셨어예?

최주홍: 모르지예.

최승호: 연도수가 여기에는 보니까 그 할머니가 제적등본에는 49 년, 39년생 이렇게 돼 있네.

최주홍: 39년생이겠지예. 39년도 더 됐지예.

최승호: 여기에 보니까 뭐 다른 기타 자료는 별로 없네예. 대공 바인더라든지 이런 것도 없고. 보통 보면 남로당원이었 다, 아니면 형무소에 있었다 뭐 그런 게 있는데 그런 자 료가 없네예. 할매, 할아버지하고는.

최주홍: 저는 안타깝게도 눈이 안 좋아예. 눈이 어둡고 머리가 어 지럽고 이래가.

최승호: 아 눈이 녹내장이라서.

최주홍: 전부 집사람이 다 읽어보고 저한테 들려주고 그랍니다. 눈도 더 나빠질까 봐 보지도 안 하고요.

최승호: 7월 7일 날 돌아가셨다 하는 거를 그런 거는 제 생각에 저기 저 뭐고, 옛날 신문에 있을 것 같은데 그 신문이 혹 시 구할 수 있어예?

최주홍: 그거 우예 구합니꺼.

아내: 태조 아재가 7월 7일날 돌아가셨다고 연락을 해줘가 그 날 짜에 우리 제사 지냅니다. 아버님 제사를.

최승호 : 누가 가르쳐줬다고예?

최주홍 : 아까 저 취직시켜준 아저씨.

최승호 : 아저씨 성함이 어떻게 되시지예?

최주홍 : 아버지하고는 내종간인데 구태조예.

최승호 : 구태조 씨 용성분 아닙니까?

최주홍 : 용성 맞아예.

최승호 : 옛날에 농협 조합장도 하고. 도청에 있다가 조합장 근무
했지예. 구태조 씨하고 내….

최주홍 : 아버지하고 내외종간이지.

최승호 : 아버지하고.

최주홍 : 아버지 고모님의 아들이지예. 저희 아버지 고모님의 아
들이지예.

최승호 : 그렇구나. 그분이 이제 아버지가 7월 7일 날 돌아가셨다
고 얘기를 해 주셨어예?

최주홍 : 우리 양력으로 지냅니다.

최승호 : 아버지가 그렇지. 엄마는 그러면 이제 그 이후로 이제 아
버지 7월, 그때 당시에는 7월 7일날 돌아가셨는지 몰랐
잖아예. 엄마는 언제 언제 그러면 아버지가 7월 7일날 돌
아가셨다는 걸 알았어예?

최주홍 : 구태조 아저씨가 알려줬다 카이까예.

최승호 : 그때가 그때가 한 몇 년쯤 됩니까?

최주홍 : 모르지예, 어리니까.

최승호 : 제사를 언제부터 지냈습니까? 아버지 제사를.

최주홍 : 오래됐습니다. 그때 듣고부터는 지냈지예.

최승호 : 장가가기 전에 결혼하기 전에부터 지냈습니까?

최주홍: 결혼을 저가예? 결혼하고 난 뒤에지예.

최승호: 결혼하고 난 뒤에. 결혼을 몇 년도에 하셨어예?

최주홍: 결혼하기 전에, 결혼하기 전부터 지냈지 싶어.

최승호: 결혼을 몇 년도에 하셨어예?

최주홍: 하하. 그것도 기억 안 납니다.

최승호: 몇 살 때 하셨어예?

최주홍: 제가 수물두 살에….

아내: 지금 칠십일곱인데.

최승호: 칠십일곱. 그럼 55년 전에.

최주홍: 그때 처음에는 어릴 때서 나무하러 여 산꼴짜기 어머이하고 같이 나무하로 댕겼어예. 나무 해가지고 때가 밥해 먹고 그랬어예. 초가삼간 살 때에 저 삼거리에 살 때예.

최승호: 진실규명결정서에는 보니까 여기 양동댁이라 카네예.

최주홍: 예. 들어는 봤심다.

최승호: 들어봤어예. 어머니 이름은 지분남이고 맞습니까?

최주홍: 예예.

최승호: 60년도에, 60년도에 거기 국회에 신고를 했던데 그때 신고는 누가 하셨어예? 전쟁 나고 나서 10년 후에 국회 양민학살특위가 있었거든예. 거기에 아버지가 돌아가셨다고 신고를 했다 카던데 그 신고는 누가 하신 거예요?

최주홍: 아마 우리 엄마 오빠가 했지 싶어예.

최승호: 엄마 오빠가. 외삼촌이네. 그지예.

최주홍: 예. 외삼촌이.

최승호: 외삼촌 혹시 성함을 어떻게 되십니까?

최주홍: 지현종입니다.

최승호 : 지현종. 그거는 제가 한번 찾아볼게예.

최주홍 : 벌써 돌아가시고 없십니다.

최승호 : 벌써 돌아가셨겠지예. 엄마 친정이 아까….

최주홍 : 동래동예. 동래동 살았지예.

최승호 : 신서동? 동내동 음. 거기서 인제 남산으로 시집오셨네. 그지예? 그때 결혼은 아버지하고 결혼은 어떻게 하셨는 고예? 중매였습니까? 소개하신 분이 있었습니까?

최주홍 : 모르겠습니다. 저야 어리니까 모르지예.

최승호 : 모르고. 어머니는 언제 돌아가셨습니까?

최주홍 : 교통사고로 돌아가셨는데. 교통사고로.

최승호 : 교통사고로. 그때 돌아가실 때가 연세가, 팔십다섯 살에. (살아계셨으면) 백두 살쯤 되셨겠네예. 근데 이 85세까지 사시면서 아버지 이야기라든지 옛날얘기들 좀 많이 안 해 주셨어예?

최주홍 : 안 해주셨어예. 엄마 엄마가 좀 무식했어예. 무식하고 그 글자는 한글은 깨우쳤는데 엄마도 아이큐는 괜찮았었나 봐요. 한글은 깨우쳐도 공부를 안 했지예.

최승호 : 공부를 안 했고. 그래도 왜 아버지 나가는 거….

최주홍 : 큰외삼촌은 뭐 선비라고 그래 들었어예.

최승호 : 큰외삼촌이 선비였고. 그럼 그 삼촌이 신고하신 그 외삼 촌입니까?

최주홍 : 아입니다. 거는 둘째고예. 둘째 외삼촌이고예.

최승호 : 지현종은 둘째 삼촌이고. 큰외삼촌은 이제 선비였고.

최주홍 : 전부 다 진량에 살았어예. 저기예. 진량 저.

최승호 : 어머니가 젊었을 때 아버지를 잃고 이러면 가슴에 한이

돼서 아들한테 이렇게 계속 말씀하셨을 낀데.

최주홍 : 저가 어리니까예. 이야기할 자랑할 것도 못 되고 뭐 슬픈 얘기니까 가슴 아픈 일이니까 이야기했겠습니까? 가슴 아픈 일인데. 재산이고 사람이고 전부 풍지(비)박산 났는데 그 얘기를 어데 가가 하겠습니까? 저인데도 아 했을 뿐만 아이라 남들인데도 안 했지예.

최승호 : 남들도 안 하고 그냥 모르고 살다가 그러면….

최주홍 : 가난하게 사이끼네 나무하러 댕기고 뭐 그래 살았으이끼네 산에 나무하러 저하고 저 어릴 때 스무 살 미만 때 나무하러 열대여섯 살 먹었을 때 나무하러 같이 다니고 저는 나무 할 줄도 모르고 집에 쪼매난 거 하나 만들어가 엄마 해났는 거 엄마 이고 저 짊어지고 이래 니리와가 때가 밥해 먹고 그래 살았지예.

최승호 : 예. 이거 이 사건을 알고 유족회 활동은 언제 시작했습니까?

최주홍 : 활동했는지 지금 몇 년 안 됐십니다. 이제 한 3년….

최승호 : 3년. 그전에는 유족회가 있는 줄도 몰랐습니까?

최주홍 : 처음에 1차로 할 때 1차는 받았거든예. 1차로 할 때 여경산에 사는 아까 용익 아저씨가 신청하라 그라더라고예. 하라 그라는 거 저도 그리고 그래가 신빙성도 없고 이래가 안 했어예.

최승호 : 1차 때는 알았는데 신청은 안 했습니까?

최주홍 : 아재가 하라 캐가지고.

최승호 : 그때가 2005년이거든예. 그때는 알았지만….

최주홍 : 안 했어예. 신빙성도 없고 이래가. 그라고 그 이후로 받

고 난 뒤에 1차로 받고 난 뒤에 바로 했어예. 신청을.

최승호 : 그라고 나서 인제 2차 때 이제 신청….

최주홍 : 아재가 또 제 여 전화번호도 모리는데 저 사림에 가마 정 고이 아재라고 있어예. 7촌 아재가 정곤, 최정고이.

최승호 : 최정곤.

최주홍 : 거는 우리가 산소를 맡기기 때문에 전화번호를 알고 있 거든예. 거밖에 몰라예. 제 전화번호를. 그 아재가 거 가 가 물어가지고 제인데 전화를 해가 이제 신청하라 그라더 라고예. 그래가 아재가 또 우리가 좀 고생하고 살고 이런 걸 뭐 아셨는지 모르셨는지 하이튼 뭐 도와주려고 애썼어 예.

최승호 : 최용익 아재가 참 고맙네. 그지예.

최주홍 : 고맙고 말고지예.

최승호 : 두 번이나.

최주홍 : 그런데 오씨는 신청하라 카이까네 아직 아 할라 캅디다. 마음을. 오씨라고 있었는데. 지금 일하러 오신 분인가 누 가 그 사람들 좀 신고를 해주지 와 카이 아직 아 할라 캐 예. 저는 집안이니까 집안이고 아주 안타깝고 이러니까 그렇게 신고하라고 애써가지고 도와주셨지예.

최승호 : 최용익 아재가 올해 연세가 한 얼마쯤 됩니까?

최주홍 : 저보다는 한 한 일곱 살이나 그쯤 더 안 자셨겠습니까?

최승호 : 올해 하마 한 구십 다 되셨네예.

최주홍 : 구십까지는 안 됐지 싶습니다. 경산에 함분 가봤는데 그 저 사과 과일 장사하고 이랬… 그리고 집은 그 부근에 있 고예.

최승호 : 집은 부근에 있고. 혹시 그 전화번호를 혹시 아십니까? 전화번호를 좀 가르쳐 주십시오.

최주홍 : 해나 또 아들인데 피해 가까봐 걱정됩니다.

최승호 : 할배한테는 피해 갈 일 없습니다.

최주홍 : 걱정하실까 봐. (전화번호 찾아서 불러주는 소리) 밝은 눈에 함 보시소. 최용익이라고. 요.

최승호 : 예. 맞습니다. 이분이 과일 상회 하십니까?

최주홍 : 예. 과일 상회, 쪼고만하이 해가 합디다 경산에.

최승호 : 시장 안에예?

최주홍 : 예. 시장 안에예. 귀찮게 하시지 마이세이. 저인데 고마운 분이신데.

최승호 : 제일 고마운 분이네예. 이 진실규명결정 받았다고 아재한테 얘기해줬어예?

최주홍 : 예. 그라고 아재인데도 오셨다 카던강 왔더라 카던강 합디다. 진실규명… 그카는 겉지 싶습니다. 저는 어 제가 받아나 놓이까네.

최승호 : 그러면 이제 마지막으로 아버지 돌아가시고 할아버지, 할머니 돌아가시고 고모 돌아가시고 참 힘들게 어렵게 살았는데 그동안 국가에 대해서 서운하시기도 했을 거고 그랬을 건데 한번 말씀 한번 해봐 주십시오.

최주홍 : 근데 처음에는 명예 회복을 했으만 싶은 생각이 들고요. 아버지 명예 회복을 싶으고. 또 할아버지, 할머니, 고모님 안타깝게 돌아가셔가지고 가슴에 참 메입니다. 아버지는 말할 것도 없고 가슴이 병이 안 났으이 다행히도 여태까지 살지. 그리 어렵게 살면서 얼마나 고통스러웠겠습니

까? 그러이까 우선 현재도 지금 빚이가 좀 있습니다. 빚이가 있고 이래가 아들, 손녀, 손자들 공부시키고 이래가 하니라고 빚이가 지금 한 몇억 됩니다. 그래가 피해 보상이라도 속히 나왔으면 하는 그런 바램입니다. 지금 현재로 봐서는 좀 각박하니까예. 그래 언제 될지는 모르지만은 선생님께서는 혹시 뭐 예측을 하실지는 모르지만은 혹시나 해서 한번 여쭤보고 싶습니다. 언제쯤 될라고예. 국회에 통과된다고 그래 보고 있는데 국회에 지금 일보고 있는 나경태….

최승호 : 나정태.

최주홍 : 나정태 회장님께서 4월, 참 2월 17일날 회의도 있고 22일날도 있고 거 가서 보마 신청해가지고 변호사 사가지고 일 보신다고 그렇게 알고 있습니다.

최승호 : 안 그래도 2월 17일날 조인호 변호사한테 오셔갖고 소송 관련해서 설명을 듣기로 했거든예. 했는데 그때 오셔갖고 한번 들어보시면 한 언제쯤 끝날 거다 생각이 될 겁니다. 근데 금방 되지는 않습니다. 왜냐하면 우리 요번에 유족들이 한 30명쯤 되거든예. 진실규명 받은 사람이. 그래서 그분들 다 이제 서류 만들어서 이제 신청 소송을 하면 법원에서 또 판결을 해야 되는데 판결하기 전에 또 검사가 또 자기들이 또 뭐 자기들도 어쩔 수 없었다 이런 식으로 이제 또 변명을 할 겁니다. 그러다 보면 시간이 좀 걸릴 수도 있습니다.

최주홍 : 제 좁은 소견으로서는 1차에 일단은 지불을 했으니까 2차는 당연히 해야 되는 거 아이겠나 그런 생각입니다.

최승호 : 예. 배보상은 반드시 됩니다. 되는데 좀 시기가 빨리 되면 좋은데 그거는 시기는 우리가 장담할 수는 없고 아마 되는 거는 제 생각에 확실히 한 100% 배보상은 받을 겁니다. 근데 금액이나 시기나 이런 거는 정확하지는 않습니다. 하튼 그때까지 건강 관리 잘 하셔갖고 꼭 배보상 받아야 됩니다.

최주홍 : 예. 감사합니다. 그런데 거기에 주소를 좀 적어주실랍니까? 17일날 회의하는데 저희 아들 차 가지고….

최승호 : 아 그날예? 오시는 데?

최주홍 : 장소 주소….

최승호 : 제가 여기 하나 적어드리께예.

최주홍 : 17일날. 22일날도 하는데 22일날은 거게 기차역 있는데 동사무소라 카는 데.

최승호 : 평산동 652-9번지입니다. 이쪽으로 찾아오시면, 651로 찍어도 됩니다. 둘 중에 하나 찍으면 그 차로 이렇게 네비로 해가 오실 수 있을 겁니다.

최주홍 : 감사합니다.

최승호 : 예. 하여튼 건강하시고예. 건강 관리 잘 하셔갖고 꼭 배보상 끝날 때까지 건강하게 살아계시소.

최주홍 : 네. 고맙습니다.

최승호 : 오늘 이걸로 구술채록 모두 마치겠습니다. 고생하셨습니다.

최주홍 : 선생님께서 더 반갑고 고맙십니다. 고맙십니다.

최승호 : 고생하셨습니다. 이것으로 마치겠습니다.

최두근(子 주홍) 결정문

신청인 최주홍(44년생)은 아버지 최두근이 좌익들의 요구로 밥을 해주었다는 이유로 경찰이 잡으러 왔으나 피신해서 대신 할아버지 최계출, 할머니 김말숙이 우검리 밀못둑에서 총살당했고, 고모 최두련은 남산면 소재지 우체국 뒤 들판에서 총살당했다고 신고했다. 아버지 최두근은 나중에 친척이 (매일신문) 7월 7일 군경에 인계돼 코발트광산에서 죽었다고 이야기해줘서 매년 7월 6일 제사를 지내고 있다고 2기에 진실규명 신청을 했다. (1기 때도 친척이 신청하라고 했지만 하지 못했다.)

진실규명 결정서에는 최두근이 1) 대구지방검찰청(1949)에 국가보안법 위반 등의 혐의로 1949년 6월 11일에 구류되었다고 기재되어 있고, 2) 대구형무소 재소자명부(1950)에 국가보안법 위반혐의로 49년 6월 11일에 구치되었고, 1950년 7월 30일에 군경에 인계되었다고 기재되어 있다. 3) 대구매일신문(1960.6.7)에 최두근이 국가보안법 위반혐의로 대구형무소에 수감되어 있다가 1950년 7월 7일에 군경에 인계되었다고 기재되어 있고, 4) 제4대 국회보고서에 1949년에 국가보안법 혐의로 남산지서 순경에게 연행되었다가 대구로 이송된 후 행방불명되었다고 기재되어 있어 최두근은 국가보안법 위반혐의로 1949년 6월 11일 대구형무소에 입감되어 수감생활 중 1950년 7월 30일에 군경에 인도되어 경산코발트광산 또는 가창면 소재 계곡 등에서 희생되었다고 판단된다.

최계출 김말숙 최두련 결정문

〈내고장 대공투쟁사〉에 1949년 12월 18일 [재너머 남천면 생기산(선의산)에 주둔하고 있던] 무장공비 100여 명이 사림리 마을에 진입해 이 가운데 두목 이현남이 마을사람들에게 '이제 사림동은 해방되었소. 사림동은 우리 혁명투사들이 통치할 것이니 우리 뜻에 찬동하는 사람은 우리와 함께 혁명대열에 나설 사람은 남로당에 가입하시오'라고 했으나 아무도 나서지 않자 무기로 위협해 남로당 가입서에 도장을 찍게 하고, 마을에서 가장 예쁘고 똑똑한 여성을 여성동맹위원장(최주홍의 고모 최두련)으로 임명했다. 이현남은 최두련에게 공비 3명이 나타났다고 경찰에 위장신고하라고 해서 경찰 7명이 토벌대를 조직해 출동했으나 공비들의 총격으로 당시 박상호 경산경찰서장과 순경 4명이 사망했다고 기재되어 있다.

최주홍의 신고와 보증인의 증언, 책 내용으로 볼 때 고모 최두련의 허위신고로 경찰관이 사망한 데 대한 복수로 먼저 49년 12월 경 우검리에서 최두근의 아버지 최계출과 어머니 김말숙을 사살하고, 나중에 1950년 7월 경 남산소재지에서 누이 최두련까지 사살한 것으로 판단된다. 당시 최두근은 대구형무소에 수감 중이었고, 부인과 아들은 종부의 권유로 대구로 피신해 마을사람들이 최계출 김말숙의 시신을 수습해 그 자리에 가매장했고, 나중에 아들 최주홍이 무덤 자리를 매입해서 지금까지 관리하고 있다. 최두련의 시신은 수습하지 못했다.

활동가 및 목격자 구술

2007년~2022년

강창덕
김무술
박효열
안경치
유동하
최재림
김주영

1. 강창덕 구술증언

사건과의 관계 : 1960년 경산군 피학살자 및 피해자 실태조사회 회장
구술 당시 나이(생년월일) : 1928년 11월 30일
본적 : 하양읍 금락리 633번지

최승호 : 성함은?

강창덕 : 강창덕.

최승호 : 한자는?

강창덕 : 진주 강, 창성 창, 큰 덕.

최승호 : 생년월일은?

강창덕 : 호적상은 1928년 11월 30일. 해는 양력이고, 월일은 음력. 그러니까 원래 27년생이지.

최승호 : 태어난 곳은?

강창덕 : 경산군 하양읍 금락리. 본적은 633번지로 돼 있지. 안태 고향이니까 출생지라 해도 괜찮지.

최승호 : 현재 주소는?

강창덕 : 대구시 북구 동변동 68번지.

최승호 : 사시는 곳은?

강창덕 : 내 집은 아니라도 자택이지.

최승호 : 가족은?

강창덕 : 아들 3형제, 처는 사망.

최승호 : 초등학교는?

강창덕 : 하양초등.

최승호 : 입학은?

강창덕 : 35년에 들어갔지.

최승호 : 졸업은?

강창덕 : 41년.

최승호 : 중학은?

강창덕 : 대구상업.

최승호 : 입학은?

강창덕 : 46년도 대구상업 2학년 입학했지.

최승호 : 졸업은?

강창덕 : 48년에 중퇴.

최승호 : 몇 학년 때?

강창덕 : 3학년 때.

최승호 : 직장은?

강창덕 : 이것저것 많이 해가지고. 처음에는 경북도 도청 직원했고, 그다음에는 국회. 도청 직원 할 때는 미군정 때고, 정부수립 후에는 6·25 전에는 국회산업위원회 상무로.

최승호 : 전쟁 후에는?

강창덕 : 55년 결혼하고부터는 진량중고 교사.

최승호 : 과목은?

강창덕 : 뭐라카노. 국사, 역사, 공민…. 그만둔 거는 56년 5월 초순 진보당 대통령 후보 조봉암 경산군 선거사무장 그거

할라고 학교 사퇴했어. 그다음에 56년 9월경에 영남신문사 공채 1기 기자, 그다음에 58년 대구 매일신문사로 옮겼지. 그다음에 4·19 후에 초에 사직했지.

최승호: 사직하신 이유는?

강창덕: 그때는 내가 사회운동과 혁신운동을 해보겠다고.

최승호: 정당은?

강창덕: 사회대중당.

최승호: 직책은?

강창덕: 위원장인데 그때는 대표 총무위원이라고 지금 위원장이지.

최승호: 어느 지구당?

강창덕: 경산이지. 당시에 피학살자에 대한 운동을 시작했지. 그거는 사회대중당 만들기 이전이라. 당은 7월달에 만들었고. 5월, 6월 두 달은 경산군하 피학살자 및 피해자 실태조사회를 조직했지.

최승호: 회장은?

강창덕: 회장은 내가 맡고 같이했던 사람은 정종소. 대표적으로 소개하자면 통혁당사건 무기수. 원래 사람인데 하양에 우거해 살았지. 다음은 조희식이라고. 기쁠 희 자. 배인규, 손동수 등 5명 정도 됐어. 각 면별로 신고처를 두고 간판 붙이고 진량, 하양, 압량… 모두 붙여 놓고 신고받도록 했지. 그 당시 한 개 읍, 열 개 면에 조사회 간판을 붙였지. 그런데 조사회 사업은 60년 5월 10일(실제 6월 1일) 대구 매일신문에 광고를 냈는데 회장 강창덕 이름으로 취지문하고 신고양식하고 광고를 냈어. 그다음에는 그거를

본떠가지고 전단 1만 장을 만들어 군내 방방곡곡에 배포를 했는데 확성기를 달아가지고 이승만 치하 때 저지른 반인권적 학살 만행 규탄 그리고 신고를 권유하고… 그랬더니 신고가 들어왔어.

최승호 : 몇 분이나 들어 왔습니까?

강창덕 : 이(태준) 회장 말을 들으니 한 3백 몇 명?

최승호 : 354명인데 그게 나중에 국회 양민학살 특위로 접수가 됐습니다.

강창덕 : 그래. 그걸 우리가 우예 제출하게 됐냐면 민주당 정권이 수립된 후에 양민학살특위 그때는 소위 양민을 붙였어. 우리는 양민 안 붙이는데…. 근데 민주당 정권에서는 양민을 붙였어. 그 특위 조사관들이 전부 도청에 왔어. 그때 내가 신고서를 제출했어.

최승호 : 유족회는 어떻게 조직하셨습니까?

강창덕 : 그때 조사회 사업을 다 하고 유족회를 조직했지요. 조직을 했는데 각 면별로….

최승호 : 그때 유족회 회장님은?

강창덕 : 그때 회장님이 김종석. 진량에 김종석이 했지.

최승호 : 하양 회장님은 누구셨습니까? 각 읍, 면 회장은 기억나시겠습니까?

강창덕 : 기억 안 납니다. 나는 고문을 했어. 나는 직접적으로 유족이 아니니까 고문 맡았어. 그래 그걸 조직을 하고 바로 7·19 선거가 있었어. 7·19 선거를 치루고 나서 합동위령제를 계획을 했는데 그때 생각으로 장면 정권이 성립되기 전에 해야 되겠다. 성립된 후에는 못 할지도 모르겠다.

그런 염려를 했어. 왜 그런 염려를 했는가 하면 한민당의 후신이라 할 수 있는 당시 민주당 정권은 학살사건에 간접적인 관련이 있다고 보았기 때문에 그래서 어떤 방해가 있지 않겠나 그래가지고. 장면 정권 수립하기 전에 아마 한 8월 10일 전후가 아니겠나 싶다.

최승호 : 저번에는 8월 7일이라고 말씀하셨는데?

강창덕 : 그래. 그 정확한 날짜는 모리겠다. 그래 그 경산 중앙초등학교 처음에는 광산에서 할까 논의도 있었어. 여러 가지 사정을 고려해서.

최승호 : 그때 몇 명이나 모였습니까?

강창덕 : 내 생각에는 각 면별로 학교 마당에 쭉 앉았거든. 앉았는데 재단은 그 당시에 중앙초등학교 교문 들어가면 오른쪽에다가 제단을 차렸고, 동남쪽으로 앉았으니까 내 생각에는 한 200여 명. 사람이 많이 앉았더라고. 잘 모르겠는데 한 400명 가까이 될는지도 몰라. 운동장이 거의 반 가까이는 찼으니까. 그래가 인자 위령제를 지냈지요. 그때 사회는 정종서 씨가, 그때 그 정종서 씨는 고문.

최승호 : 조사는 누가 했었습니까?

강창덕 : 조사는 뭐… 일단 조시(弔詩)는 내가 읽었는데 김소월의 초혼을 낭송했어. 조시를 낭송하고 김종석 회장하고 청천에 서동수 선생님께서 추도사를 했지. 서동수 선생님은 죽었어. 그랬던 기억이 납니다. 그랬는데….

최승호 : 이원식 선생님은 그때 오셨습니까?

강창덕 : 그때 경북도 유족회에서 많이 참여했지예. 이원식 선생을 비롯해서 도유족회 간부들이 왔지.

최승호: 그때 조시를 삼미그룹에서 부회장 했던 서상록 씨가 했다던데?

강창덕: 서상록이가? 그때 그 서상록이는 그 전에 7·19 총선거 당시 4, 5대 이형우 씨 선거에서 선거유세 했는 사람인데 이형우 씨는 그날 참석을 안 하고 서상록이는 그날 참석을 했는지 기억이 별로 안 나.

최승호: 기억이 안 나시고?

강창덕: 그런데 뭐 어데 그런 기록이 있는지 모르겠다. 뭐 서상록이가 우옜다 카는데 서상록이는 선거 후에는 유족회 사업에는…. 그분들이 대략 한계가 있다. 한계점이 있어가지고 유족회 사업에는 크게 동참을 안 하고 방관적인 그런 입장을…. 최규태 씨는 그때 유가족이라 도유족회에 간부로 학생 중에서 활동을 했거든. 그래서 구속됐지. 형은 안 받고 끝났는데 서상록 씨는 기억이 잘 안 나고 최규태는 그 당시에 상당히 협조를 많이 했심다. 서상록이는 이형우 계보인데 잘 모르겠습니다.

최승호: 그 이후에는 활동 없었다?

강창덕: 그렇지. 우리 유족사업에는 별로 협조한 게 없다고 봅니다.

최승호: 유족회 결성했을 때 회원이 몇 분이나 됩니까?

강창덕: 그래. 그때 신고서가 한 350명쯤.

최승호: 전부 회원이라고 봐야 되겠습니까?

강창덕: 그렇지. 그라고 그때 뭐 신고 안 한 사람 많지 뭐. 글쎄 몰라가 안 한 사람 많지.

최승호: 처음으로 코발트학살 현장에 가셨을 때 어떻게 가게 되셨

357

습니까?

강창덕 : 어떻게 가게 됐나 하면 그때 내가 기자하러 갔을 땐데.

최승호 : 매일신문 기자로 몇 월달입니까?

강창덕 : 그게 내가 사직하기 조금 전이니까 5월 초에.

최승호 : 5월 초?

강창덕 : 기사를 찾아볼라고 매일신문사에 가서 찾다가 못 찾았어. 우리 유족회에서 조사 광고 낸 거는 있는데 내가 그 원본을 오려가지고 매일신문사에서 1만 부를 찍었지 싶어. 만 부를 찍을 적에 그래 그걸 오렸어. 오려가지고 그래가 본판 뜨는데 그래가 요게 빠꼼해. 빠꼼한데 요걸 그 내가 입수할라고 내가 경대 도서관에 한번 가보니까….

최승호 : 매일신문사가 아니고?

강창덕 : 매일신문사에는 그 날짜에 있는데 내가 빵구났어. 고걸로 내가 본판을 떠버려서.

최승호 : 그럼 날짜는 정확하게 모르십니까?

강창덕 : 날짜는 5월 10일자로 내가 신문에 광고를 냈어.(실제는 대구매일신문 1960년 6월 1일자 1면)

최승호 : 그럼 기사는 며칠 잡니까?

강창덕 : 기사는 아마 5월 초지 싶어. 내가 퇴직하기 바로 직전이거든. 직전이니까 내가 우예 가게 됐노 하면, 그때 편집부장이지 싶다. 박영돈 선생이 계셨어. 언론계는 내보다 더 선배지. 대구사범 출신이고 진보적 이념이…. 시국이 안 좋을 때는 예비검속도 당하고. 내가 4·19 당시에 보니까 남대구경찰서에 와 있더라고. 박영돈이가 내한테 출장 명령을 하더라고. 그래서 나도 평시에 같은 사건에 대한

예비지식도 좀 있었고, 그래가 내 소위 기자 일이고 해서 내가 흔쾌히 하겠다고. 그래가 신문사 지프차를 내서, 매일신문사의 지프차를 달라고 해서 경산에 갔지.

최승호: 사진기자도 같이 갔습니까?

강창덕: 안 갔지. 내가 카메라 가지고 단신으로 취재를 했는데….

최승호: 마을의 주민들이 알아보셨습니까?

강창덕: 그 마을에 들어갔어. 어떤 노인한테 물었지 싶어. 물으니 자꾸 사방을 훑어보면서 확실히 모르겠다 그래. 코앞에 놔두고…. 알고 보면 바로 코앞인데 확실히 모르겠다 해. 그래서 또 한 분, 인자 할머니지 싶어. 할머니를 붙들고 그래 옛날에 6·25 때 사람 많이 데려다 총살하고 했는 그 자리가 어디냐고 물으니 그 할매가 '요리 올라가면 그 꼭대기에 있어예.' 올라가니 굴 같은 데가 있는데 가르쳐 준 데로 올라갔어. 그리 올라갔는데 마을에서 좀 더 얘기 좀 들어볼라 하니 모두 다 말 상대를 안 해줘. 이승만이가 하야한 지 별로 한 며칠 안 됐거든. 4월 26일 하야했는데 불과 한 열흘도 안 돼 내가 가니 모두 눈 둥그러니 해가. 그러다 내가 현장을 찾아가 올라갔지요. 올라가서 보니 인자 사진도 찍고…. 그때는 보니 흙이 덮여 있는데 꼭 그 세멘 밑에 흙을 그 만질 수 있었어.

최승호: 시멘트 밑으로 한 1미터도 안 됐네요?

강창덕: 1미터도 채 안 되지. 그래 내가 만질 정도라. 그때 유해 같은 걸 내가 본 거 같은데….

최승호: 덮여 있었습니까, 완전히?

강창덕: 조금 높게 돼 있어가.

359

최승호: 눈에도 보였습니까?

강창덕: 그래 내가 사진도 찍고 했지 싶은데…. 그리고 어떻게 뭐 할 방법이 없어 사진 찍고. 근데 뭐가 이해가 돼야 할 건데. 그래가지고 망연자실하고 있는데 어떤 사람이 한 삼십 중반쯤 됐지 싶다. 아래위로 꺼먼 작업복, 광부복 같기도 하고. 벌집 모자를 씌고 있는 사람이 서성대더라고. 서성거리더라고. 그래 내 생각에 저분이 뭔가 하고 싶은 이야기가 있어가지고, 그런 마음이 있는 사람같이 보이더라고. 그래서 내가 손짓을 해가지고 보이소, 보이소 하면서 거 좀 있으이소 하고 내려갔어. 내려가서 그 사람 붙들고 둘이 앉아가 나는 매일신문사에서 왔는데 옛날에 여 혁명인자 취재하러 왔는데 도저히 이해할 수 없다. 그 당시 알고 있는 거 이야기 쫌 해주소. 이렇게 얘기하니 그쪽에서도 그 당시 상황을 이야기하더라고. 그래 아마 그 사람이 얘기해주고 싶어서 그 산 중턱까지 올라왔지 싶어. 이건 인자 그 사람 말인데, 그때 인자 트럭에다가 사람을 실고 어데서 왔는지 모르지만은 트럭에 사람을 실고 거다 거기다 가빠를 덮었더라. 가빠를 트럭 위에다 덮었다 그래. 트럭 화물칸에 뭐라 카노, 헌병들이 총을 메고. 어떤 때는 네 사람이 서가 있을 때도 있고, 어떤 때는 두 사람이 타고 있을 때도 있고. 그런 차가 그 당시에 몇 날 며칠 동안 수없이 왔다는 거라. 수없이 오는 거를 자기가 봤다. 그라고 총소리는 그 당시에 많이 들었다 했는데 자기가 아는 바로는 그 묶은 사람들을 그 출입구에, 그 세멘 가에 앉혀놓고 군인들 보고 뒤에서 발포를 하게 했다

카더라. 그라고 또 어떤 때는 총도 안 쏘고 그냥 밀어버렸다 카더라. 비가 올 때도 실고 올 때도 있고 비 안 올 때도 실고 오고.

최승호 : 취재를 다 마치고는?

강창덕 : 다 마치고 그리고 나서 기사 썼는데 전국 신문에서 학살 현장에 대한 기사는 아마 처음이었어. 처음이 아닌가 싶어. 그런데 그 기사를 찾아야 되겠는데….

최승호 : 당시에 다른 신문 영남일보나 이런 데는 기사 안 썼습니까?

강창덕 : 안 썼을 꺼라.

최승호 : 선생님 기사가 처음이었고?

강창덕 : 매일신문에도 박영돈 같은 사람 또 내 같은 이가 있어서 서로가 의기가 투합이 됐어. 그런데 그 당시에 대구에는 도유족회 사업이 약간 시작이 됐는가, 이원식 씨하고 시작될 무렵이 아닌가 싶어. 그러니까 그다음에 우리가 합동위령제를 8월 초순에 지내고….

최승호 : 가창골 위령제가 8월 10일인가요?

강창덕 : 또 하나는 위령제를 경산중앙초등학교에서 할 때 일부 사람들은 코발트 현장에서 하자 그런 말이 있었어. 그런 말이 있었는데 그때 어떤 사건이 있었는가 하니 창녕에서 그런 사건이 발생했어. 그래 그 진보적인 행사들 하고 유족들하고 경찰하고 충돌을 하고 그런 일들이….

최승호 : 위령제까지 지내셨어요?

강창덕 : 위령제까지 지냈는지 내가 기억이 잘 안 나. 그때 창녕에서 사건이 있었거든. 그러자 경산도 코발트광산 현장에

나가 하면 유족들이 흥분해서 어떤 사건이 발생할지 모른다. 그렇게 되면 우리 유족회 사업에 제약이 있다카이. 문제가 있지 않겠나. 그래서 그런 생각도 있고 해서 경산 중앙초등학교 운동장에 가서 했거든요. 그렇게 했는데도 불구하고 위령제를 할라 그러는데 경찰들이 소대를 데리고 오는 거라. 아차 싶데.

최승호 : 그래서 학교 안까지 들어왔습니까?

강창덕 : 그래, 정문 근처까지 오는 기라. 오길래 내가 인자 쫓아 나가서. 인솔자가 경위라. 이 안에 못 들어온다. 거서부터 실랑이가 생겼지. '와 못 들어가노? 우리는 서장 명령이다.' 그래서 나는 '당신네들 여기 들어 오면 오늘 경산 시내 완전 피바다 된다. 그러니 못 들어온다.', '그래 와 피바다가 되노?', '오늘 학교 안에 있는 사람들이 어떤 사람들인 줄 아나? 경찰한테 참 영문도 몰리 끌려나가 가지고 전부 죽은 목숨들 아이가. 경찰에 대한 원한이 사무친 사람들 아니가. 왜 여기 오노. 충격적인 사건이 생긴다. 우리 경산은 어떤 희생이 날지 모른다. 그러니깐 못 들어온다. 유족들 눈에 너거가 안 보여야 된다. 안 보여야 될 끼다.' 내가 그랬거든. 그러니 안 된다는 거라. 명령받고 왔다 이거라. 그때 나는 '마 학교 안에 못 들어온다.' 그러니 내가 그때는 점잖게 했어. 그랬더니 임마들이 일단 정지해가 있고. 그러고 보니까 그 누가 그새 본서에 갔던 모양이라. 그래서 와가 하는 말이 '그러면은 우리 유가족 안 보이는 데 가 있으면 안 되나.' 그래가 내가 '뭐 땜에 그래야 되노?', '만일 사태가 있으면은 우리가 진압을

해야 될 꺼 아니가. 그래서 온 기다.', '그래, 안 보이는 데 와가 있을려면 그까지는 내가 못 막겠다. 그러면 저 학교 뒤에 가서 있거라.' 그래가 학교 뒤에 가 있고. 그러자 임 마들이 데리고 가더라고. 그때 그 임원님이라 그럴까 거물이라 그럴까. 경찰서장 빼고는 군수, 교육장인가 뭐 끄나풀을 보냈어.

최승호 : 서장 빼고는 당시 기관장들은 다 왔네요.

강창덕 : 기관장들이 그 조일…. 그런데 참 그 4·19 같은….

최승호 : 그리고 그 위령제 끝나고는 특별히 유족들이 활동은 안 했습니까?

강창덕 : 그래가 영령을 어루만지는데 뭐 초혼도 하고 했지요. 그래 제일 어려운 말이 뭐고 하니 그 지방을 지방 떼고 제단을 모두 불태웠거든. 참 그땐 마음이 아퍼. 그때 준비하는 사람들, 억울한 사람들….(울먹여서 잘 안 들림) 그리고 한 가지 더 말씀드릴 거는 남천면 유족들이 경찰서 지나가면서 약간의 투석이 있었어.

최승호 : 마치고 돌아가면서?

강창덕 : 해산해가지고. 회장님도 있고 다 있지만은 주동하기는 내가…. 경찰에서 내한테 연락이 왔어. 그래 이런 경우에 경찰에서 앞으로 학교(감옥)로 보내주겠냐고 하니까, 아무 걱정 마라. 알고 있으면. 그래도 그 정도 한 게 약과다. 안 그러면 여 모가지가 한 개만 있나? 그날 경찰한테 돌 한번 던진 거 가지고 카지 마라. 그거 가지고 이래저래 카면 일 커진다, 하고 끊었어예. 그것 가지고 문제 삼을라 카더라꼬. 마치고 난 후에, 그 후에 유족회 사업은

없고 계속 신고받는 일 그 작업을 했지요. 그 작업을 하다가 올라왔지. 그리고 몇 달을 한 후라. 8월부터 다음 해 5·16까지는 한 8개월 정도 됐고. 그 당시에 강직했던 사람은 경산경찰서고 뭐고 회수를 당했어. 어느 정도 당했는지 나는 구속돼 있어서…. 나는 경찰서에 있었는 게 아이고, 대구경찰서에서 구속이 돼가지고 대구형무소에 수감이 됐는데 경산경찰서에서 얼마나 뭣을 당했는지 잘 몰라. 근데 기억나는 거는 김종석 교육부장, 정종희 씨, 그때 그리고 그 사람이 있었다. 반야월 사람인데 저거 아버지가 학교 다니가지고 나중에 그 경신고등공민학교 교장까지 했던 남효신이라고 있었다. 남효신이 그때 유족회 부장이라. 우리 유족회 사람이라. 그때가 학생인가 그랬다. 뭐 거들고 했다.

최승호 : 그 박재욱 씨 장인 아닙니까?

강창덕 : 그 당시는 남효신이가 안심면 배전동에서 고등초등학교 할 땐데 유족회 사업에 아버지가 많이 하고. 그래가 아까 조사하고 참여했던 일꾼들 유족회 사람인데 그때 회장은 김종석 회장이 하고, 청천에는 서동수 사장이. 그분은 숙천 안 동네 내곡동에 있는 분이고. 또 그다음에 송재성 씨라고 있었어. 송재성 씨는 청천역 뒤에서 과수원을 하고. 그분들은 해방공간에 농민회 운동을 했던 분들이라. 김종석 선생은 당을 했고.

최승호 : 정당을 하셨습니까?

강창덕 : 어. 해방공간에.

최승호 : 무슨 당을 했었습니까?

강창덕 : 그 남노지.

최승호 : 남로당? 해방 이후에 60년부터 70년대까지 경산지역의 진보정당 역사를 한번 얘기해 주시겠습니까?

강창덕 : 거 뭐 내 아는 대로…. 맨 첨에 인민위원회 생겼고, 그다음에는 농민조합 있고, 또 그다음에 민주청년동맹 있고, 조선민주청년동맹이라 정식이름은. 그런데 보통 민청이라 그래. 민청이 나중에 또 민애청으로 바뀌지. 민애청으로 왜 바꿨는가 하니 불구가 됐거든. 언제 불구가 됐노 하니 정판사 사건. 그런 사건 후에 불구가 되고 이름을 애국자라 붙였어. 그래가 민족애국적인 동맹이라 해서 민애청이 됐어. 그래 민애청이 있고, 부녀동맹이 있고, 거의 각 면별로 다 돼 있어. 그라고 그 위에 당이 있고. 처음에 남로당 만들기 전에는 그때는 알다시피 뭐 한민당이나 뭐 이런 당도 있고, 공당도 있고 인민당도 있고 그런 게 있었는데, 그 후예들이 남로가 됐지만은. 그래가 당이 있고 그 상하에 있는 농민이 있었지.

최승호 : 남로당은 그때 책임자가 누구였습니까?

강창덕 : 그건 확실히 모르겠다.

최승호 : 인민위원회는?

강창덕 : 경산 인민위원회는 누군지 모르겠고. 그런데 내가 하양 쪽은 알지.

최승호 : 하양 쪽은 누가 하셨습니까?

강창덕 : 하양 쪽은 위원장이 조휘정 씨라. 조휘정 위원장 하고.

최승호 : 농민조합은?

강창덕 : 농민조합은, 하양 농민조합 조합장은 누군지 모르겠는데

와촌은 보자, 그분이 황영식이 아닌가 싶고. 그라고 그 당시에 어디에 속했는지 모르겠는데 아마 당 쪽은 하양 쪽은 신학근 씨라고 있어 신학근.

최승호: 남로당에?

강창덕: 어. 그리고 그다음에 김종철. 훗날 경산 간부도 하고 민노당 간부도 아닌가 싶어요.

최승호: 김종석 씨는 그때 당시에 남로당에 직책을 맡고 있었는지?

강창덕: 직책은 어느 정도인지는 모르겠는데 나는 그분을 그래 4·19 후에 만났거든. 4·19 후에 만나노니 모르겠는데, 내가 알기론 김종석 선생은 남로당에 끌려가서 지하에 들어간 후에도 계속 활동을 했다 그래요. 후에도 계속 활동하고. 주요활동은 거점이 계속 박산, 금박산 밑에서 주로 몸담고 있었다. 그래 거 공당이 있었어. 지하당이지.

최승호: 지하당?

강창덕: 남로당이 그때 불법된 후에 나중에 전부 어렵게 된 후에는 부산 가서 피난 생활을 했어. 부산 가서 피난생활을 하다가 그래 4·19 후에 고향으로 돌아갔어. 그래.

최승호: 그때 동생은 한 분 돌아가셨거든요.

강창덕: 동생이?

최승호: 김인효 씨 한 분.

강창덕: 진량에서?

최승호: 예. 진량에서.

강창덕: 김종석 씨는 금박산에 피신해 살다가 거 부산 가가지고 피신했다 그래. 그래 살다가 대구 와가지고 그때부터 유

족회 활동 시작했지.

최승호 : 최초로 진보정당 하신 분들은 누가 있습니까? 경산이나 하양에서.

강창덕 : 그 정당 후에 가만 진보당…. 그때 준비위원회도 제대로 구성 못 하고 선거운동 체제가 있었어예.

최승호 : 몇 년도?

강창덕 : 당시 56년 5월 15일이 선거 날이거든. 우리는 4월 하순부터 선거운동 준비를 했지.

최승호 : 선거가 그때 5월 며칠입니까?

강창덕 : 5월 15일이니깐 운동을 아마 한 2주일 정도 한 거로 그래 알아예. 내가 학교 사직한 것이 4월 한 하순쯤 되지 싶어. 그래가 경산 사무장 맡았는데 조직이 따로 없었고, 1년간이나 없었어. 사무장이 지금의 본부장이라. 경산본부장. 그때 경산 쪽에서는 협상한 사람이 서자암 씨라고 있어. 서자암이. 그때 선거운동원이 대개는 하양 사람하고 진량 사람이라. 그라고 각 면에 조금씩 와가 있고, 주로 많이 거든 사람은 하양에는 거 하양이 본부라. 나 외에는 조희진이라고 조희진. 또 그 사람하고 거든 사람이 조원필이라고 있다.

최승호 : 조씨들이 진보활동을 많이 하셨네요?

강창덕 : 그때 그 선거운동을 많이 했지.

최승호 : 혹시 경산에서 진보 활동하시다가 보도연맹으로 돌아가신 분들이 얼마나 되시는지?

강창덕 : 얼마나 있었는지 군단위는 나는 모리고. 내가 하양 사람이다 보니 하양 쪽 움직임은 쫌 알아. 그러니까 신학근,

김종철이 등등 기억에 나는 사람들도 있지. 그 당시에 좌파운동이 알다시피 우리 유족회와 관계 있는 뭐 서정수, 손재성 뭐 이런 분들 모두 그때 다 하양 쪽에 있었지 싶어.

최승호 : 그때 당시에 저 우리 조봉암 후보가 경산에서는 표를 얼마나 얻었습니까?

강창덕 : 내가 하도 신기해서 안 적어놨나.

최승호 : 아 참 저번에 한번 저한테 말씀하셨지요?

강창덕 : 그래. 2년 전에 경산신문에.

최승호 : 표를 몇 표나 얻었습니까?

강창덕 : 조봉암이가 34,212표, 이승만은 11,614표, 장면 민주당 후보는 38,833표, 이기붕은 8,229표.

최승호 : 2등 했지만 이승만보다 3배 더 나왔네요.

강창덕 : 경산이 그랬다고.

최승호 : 경산에서 진보정당 지지율이 높았던 이유가 뭡니까?

강창덕 : 그래, 내가 신문 인터뷰에서도 얘기했는데 청도, 영천에 비해서 경작조건이 산악지대가 비교적 안 적었나. 팔공산도 조금 떨어져 있고. 근처 해봐야 밭밖에 더 있나. 성암산이 쬐매 있지. 완전 꼴짜기를 가면 모를까. 지형적 조건이 있고, 또 하나는 대구 문화권에 영향을 안 받았겠나. 너무나도 인접해 있기 때문에. 그 당시는 대구가 야당도시라. 그리고 진보세력은 청도, 영천에 비해서 그래. 쫌 막연하지만은 좌익세력이 영천보다 우세하다 그런 말은 별로 없지 싶고, 민심이 그렇게 피해의식이라든지 공포감이 덜 했지.

최승호 : 피해의식이 적었다는 거지요?

강창덕 : 피해의식이 비교적 적었다. 전부 다 그러니 애먹었다. 진짜 낮에는 대한민국 세상, 밤에는 빨갱이 세상 그 정도도 여기는 덜했지 싶다. 영천도 보면은 보현산하고 또 그쪽 옆에 화북면….

최승호 : 선생님이 출마하고 나서는 누가 그 진보계열 쪽으로 출마하셨습니까?

강창덕 : 사회대중당 이형우 4·19 후에… 이형우는 그러니까 자유당 때 나온 후에 한 번 더 있심더.

최승호 : 무소속 나와 떨어지고, 사회대중당으로 나와서는 어떻게 됐습니까?

강창덕 : 그래, 사회대중당에서 나서는 박주현에게 떨어졌거든. 사실은 사회대중당 공천자로 내가 출마 등록했심더. 등록했는 까닭은 그때 사회대중당에서 공천제도가 상향제가 돼서 밑에서 올라갔거던. 그래서 인자 경산군당에서 그때 내하고 이형우하고 또 그다음에 자인에 허모 씨라고 사업하는 사람이 있고, 그다음 와촌에서…. 근데, 경산에서 내가 공천됐거던. 그다음에 사회대중당 경상북도당에서도 또 공천심사를 했단 말이야. 그때도 그래 이형우보다는 내가 앞서서 (공천)됐단 말이야. 그래가 나는 이형우를 별 의식도 안 했거든. 이형우는 경북도당에서 떨어졌지를, 경산군당에도 떨어지고…. 그때만 해도 이형우 씨는 돈 있는 사람이니까. 그때 이형우 씨는 사회대중당에서 그냥 별로로 본 사람들이었거든. 활동도 없고…. 왜 그런가 하면 이형우란 사람이 인쇄업 청우출판사라는 걸 했거

369

든. 인쇄공장이 대구도 있었거든요. 그런데 이놈의 인쇄공장에서 3·15 부정선거 투표용지를 비밀리에 인쇄를 했거든. 그때 비밀리에 인쇄를 했는데 그게 4·19 후에 폭로가 됐단 말이야. 그래가지고 하야하고 나자마자 바로 반민족주의자로 대구지방검찰청에서 입건을 했었어. 그런 사람이 사회대중당 공천을 받을라고 했단 말이야. 해서 일사천리로 안 됐어. 도에서도 안 된다 그래서 나는 안심하고 선거한다고 애를 먹고 있었어. 군청 건너편에 작은 집에 당을 차려 놓고 인제 선거한다고 동원 안 하고 한참 운동을 했어. 근데 박해정 씨가 어떻게 나를 찾아와 출마를 안 하면 좋겠다고 내가 있는 매일신문사까지 찾아왔어. 내가 요번에 5선 후보쯤 되는데 5선이면 장관자리 되는데 우리 사이에 그렇게 있나, 내가 매일신문사 있을 적에 저거한테 업무가 많다고 그래서 경북도청서 정무과장하라는 것도 안 하고, 장면 내각 국무총리실에 정무비서로 올라오라 하는 것도 안 하고 내 갈 길 간다고 사회대중당 운동하기 시작한 건데. 그래 그때만 해도 내가 순수했어. 지금 같으면 모르지만은 그래 할 수는 없지. 거 꼭 좀 해야 된다고 해서 그래서 취하했잖아.

최승호 : 공천등록을 취하하고?

강창덕 : 그래가 사표를 냈지. 그래서 이형우 선거본부에서 내가 사무장을 맡았지요. 요번 선거 끝나고 나면 우리 합동위령제도 지내야 되는데, 이용우한테 천상 돈 쫌 얻어내야 되겠다, 또 경산유족회 사업하는 데도 쫌 뒷받침이 돼야 되겠다. 그래서 그 이형우하고 협상을 했어. 그래 너 그

약속 지킬래? 그 약속 지켜야 내가 선거 거들어준다. 그래 됐어. 그래서 그 약속을 잠깐 지켰어. 그래가 내가 합동위령제 진행했구만. 이형우는 부르지도 안 하고. 정식적으로 허가도 안 받고….

최승호 : 이형우 씨가 어디 사람입니까?

강창덕 : 그 사람 울산 기장 사람이라.

최승호 : 근데 어떻게 경산에서 출마하게 됐습니까?

강창덕 : 경산이랑 무슨 인연인지 모리겠는데 대구에서 청우출판사를 자유당 중반 때부터 했어. 중반 때부터 청우출판사를 하면서 경산에 무슨 지사 그런 거도 하고. 그래 하면서 경산에 이씨들 있거든. 처가 쪽도 아니고 어떻게 해서 경주 이씨들 하고 그렇게 됐는데 뜻을 갖고 경산에서 무슨 조합이다 농협이다 그런데 오고 가고 그래 했어. 52년 선거 땐가 54년 선건가 모리겠다. 아마 54년 그때지. 그때 무소속으로 출마를 하게 됐을 때 낙선한 일이 있었다. 첨에는 초대… (정확하지 않음), 2대가 방만수고 3대 때 했어. 그 사이에 박주현이 한 번 하고, 박주현이 할 때 내가 한 번 잡혀간 적이 있거던. 그게 1952년인데 그때 그 사람이 남대구 서장 했단 말이지. 남대구 서장을 하다가 54년 선거에 나왔나 보다. 그러다 자유당 공천으로 박해정이가 나왔는데 거기 54년 선거지 싶다. 그다음에 58년 선거 때 박해정이가 당선됐다. 그래가 한 2년 만에 4·19 안 그랬나. 그때는 국회의원 임기 4년 못해도 고기 해당 되니깐. 박해정이가 그때는 짝대기만 보고도 소위 민주당이다 하면은 될 때거든. 근데 이형우가 기어코 이번에도

자신 있다고 내보고 양보하라 하는 거라. 기어코 안 했거든. 안 해가 결국 군당에서도 이형우도 꺾고 그다음에 도당에서도. 이형우 절대 못 나오도록. 투표용지 사건으로 이형우가 입건돼가 있는데 그런 사람을 우째 진보정당이라고 공천을 준다 말이고. 말도 안 된다. 안 그래요? 그래가 안 됐는데 중앙당 가서 어떻게 됐는지 공천받아서 오니 참내 눈물을 머금고….

최승호 : 당수가 누굽니까?

강창덕 : 그때 위원장이 대구 출신 서상욱 씨가 아니, 서상연 씨가 있는데, 그때 이형우가 어디서 잘 하노 하니까, 내가 들어보니 윤길중이가 잘했었어. 진보당 당시에는 상주 출신에 김상우 씨라고…. 그래 내가 얘길 했지. 윤길중 씨한테 가서 경선을 해야 된다. 그랬는데 나는 돈도 없고, 그때 나이도 한 서른대여섯밖에 안 되고 그러니 함량이 부족하다. 검증할려면 그 이형우 정도는 돼야 되겠다. 그런데 사실은 흠이 있단 말이야. 결정적인 하자가 있는 사람을 모아 놓으면 4·19 분위기제, 거기다 민주당한테 어떤 공격을 받을지 모른다 아니가. 3·15 부정선거 용지 인쇄 때문에 검찰에 검거되어 있는 사람이 공천자라 해서 경산 바닥에서 어떻게 알 거냐 말이야. 근본이 택도 없는 사람이 나와서…. 그래도 어쩌노, 죽으나 사나 경산유족을 살릴라고, 또 거기다가 또 합동위령제도 할라니 뭐 돈이 있어야 될 거 아니가. 그래가지고 그 약속을 받았다. 니 그러면 선거에 떨어지기나 당선되거나 간에 경산유족회에 대한 조치를 해주고, 또 위령제에 대한 것도 쫌 도와줄래? 그래가 그때 50만 원인

가 내났다. 50만 원이 그때 큰돈이지. 국회의원 선거 공탁
금이 그 당시에 50만 원이라. 내 생각에 겨울에 아마 50만
원을 받아냈지 싶다. 그런 조건하에서 선거를 도와준다.
나도 니 선거 사무장 해준다. 그런 비화가 있다.

최승호 : 그럼 이형우 씨 나가고 나서 그다음부터는?

강창덕 : 이형우 나간 후에는 인제 서상엽이…. 근데 나중에 김대
중이 71년인가 대통령선거 때 안 떨어졌나. 71년에 떨어
지고 그래가지고 이형우가 금뺏지 단 거는 김대중 씨가
처음 나온 게 71년 4월 며칠인가 그럴끼라. 그해에 총선
이 있었지 싶다. 그래 맞다. 보혈단 사건이 난 것이 68년,
67년쯤 되는데, 그래 맞다 그전이다. 코발트 사건 후에
한 8, 9년쯤 됐는데 그때, 그때 선거가 있었어요. 그러니
까 박주현이가 나오고, 그 후에 나와가 그때 내보고 경산
보수 야당을 맡아 총선에 나가도록 그런 권유가 들어왔
어. 그래가지고 나는 그거 안 한다. 보수야당 안 한다. 그
때 아마 이형우가 왔었어.

최승호 : 어르신 그 오래된 걸 다 기억하시네요?

강창덕 : 그래. 그래가 이용우가 그래 그때도 또 떨어졌어. 4·19 후
에 7·19 선거도 떨어지고…. 김대중 씨가 대선에 71년 나
올 때 그때가 첨이거든. 그때 신민당 공천후보로 이형우가
국회의원 됐거든. 그때 내보고 하라 할 때 나는 안 한다고.
나는 보수야당은 안 한다 하고…. 그래, 그 이형우가 됐는
데 그때는 1등 2등 3등 뽑을 때던가. 그라고 코발트사건에
연루가 돼가지고 내가 서울 건국대학 교무처 학생과에 임
시직으로 근무하다 불리할 줄 알고 그 길로 내가 부산으로

피신을 갔지. 부산서 1년 반 가까이 피신하고, 그래 그 후로 다시 백천동 거 살게 됐는데 하양지서에서 내가 체포돼가지고 잠깐 조사를 받고, 알고 보니께 우리 관정자들이 나를 집어넣지를 안 했어. 안 하고 대구 지역에 정보기관에서 나를 틀림 없다고 보고 체포를 할려고 상당히 노력을 했거든. 했는데 그 용케도 빠져나왔지. 그래 그 후로 유신반대운동으로 무기형 받고 8년 8개월 복역하고 82년 12월 말경에 특사로 나왔지. 그때 형집행정지로 있다가 그 후에 노태우 정권 때 특사를 받았어. 특사를 받는데 복권 특사를 못 받았어. 복권 특사를 안 해줘가지고 감시 대상이 되고, 그래가 거 10년이 경과 돼서 자연 복권이라 하나. 그렇게 24년이란 세월을 보냈어.

최승호 : 복권될 때 연세가 어떻게 되십니까?

강창덕 : 그러니 82년에서 92년이네. 93년 돼서 내가 복권됐거든. 지금부터 한 15년 됐지. 그래 인생 다 보내버렸다. 인생 다 끝나고 복권돼서 뭐하노….

최승호 : 유족회 활동으로는?

강창덕 : 경산군하 피학살자 및 피해자 실태조사회 회장 했지. 대구 이복녕 회장도 도유족회 조사부장 했다고 박정희한테 10년 동안 감옥살이했지.

최승호 : 이원식 씨는?

강창덕 : 그래. 이원식이 사형. 도유족회 회장이지 싶다. 전국유족회장은 신문식입니더. 신문식 선생인데 참 대단히 혁명적인 분인데 자결해 버렸다. 이원식 씨는 그때 회장이 아니고 경주유족회….

최승호 : 경주서 그래 됐습니까?

강창덕 : 아니지. 마산. 그래. 마산유족회 회장이지. 그러고 마산 유족회 회장 끝나고 이원식 씨가 전국유족회 결성하실 때 그때도 가보고 했어. 서울 중앙병원 앞에 서울 무슨 농협 건물에 갔는데 마산서도 오고…. 그라고 부회장이 권준낙 선생이지 싶다. 권준낙 선생이 15년 받았다. 이원식 선생 은 사형 받고, 이봉녕이 10년 받고, 그 외에도 또 뭐 있었 다. 그거는 혁명재판에 상세하게 다 나와 있지. 그때 학 생부장 했던 김현구라고 있어. 김현구가 그때 경대 학생 인데 그다음에 여성으로서는 남창숙 여사 거도 유족이고. 남창숙 여사는 대구여고 나와가 학교 선생도 하고 했는 데, 거 말씨도 좋고…. 지금 내보다 2살 적은가 글타.

최승호 : 김종석 선생님은 그때?

강창덕 : 김종석이?

최승호 : 예. 경산유족회장.

강창덕 : 경산경찰서에 있다 풀려 나갔제. 도유족회 간부들만 그랬 지. 시군은 안 들어갔거든. 시군은 시급만 먹이고, 어떤 거는 보름 정도도 있었고.

최승호 : 김 회장은 남로당 활동도 했는데?

강창덕 : 군의 회장이라서. 고위 간부들은 처단하고 밑에 간부들 은….

최승호 : 어르신 혹시 생전에 이런 말을 꼭 해놔야겠다 하는 말씀 은?

강창덕 : 한꺼번에 다 해뿌면 안 되잖아. 주변에서 내 보고 기억력 이 좀 있다카이….

최승호 : 마지막으로 정부에서 발굴을 하고 있는데 민간인학살 진상규명을 어떤 쪽으로 해줬으면 제일 좋겠습니까?

강창덕 : 이거는 그냥 학살이거든. 이거는 분명히 학살인데 학살에 대해서 국가가 사과를 해야지를. 국민들에게 사과를 해야지. 지금 우리가 유족회 재건을 하고 있는 마당에 오늘날 국가에서 재판을 해야 하나? 학살 아닙니까. 그러니 인자 국가가 유족뿐만 아니라 국민 앞에 사과하는 게 맞고, 그 담에 유족이나 그 피해자에게는 어떤 형태로든 간에 밝혀 줘야 되고. 그라고 보상은 국가재정이 허락하는 한 해야 돼. 보상은 해야 돼. 해야 되지.

최승호 : 그분들 50년간 60년간 고통받아 왔는 데에 대한 보상은 해야 된다?

강창덕 : 위자료 형식이라도 보상은 해야 되고, 아까운 생명을 희생시켰으니 생명에 대한 보상도 있어야 되고. 근데 이거는 국가재정이 허락하는 한 해야 된다 이거야. 국가재정이 허락하는 한 해야 되는 거야. 언젠가는 해야 된다. 그라고 그다음에 위령탑을 반드시 건립해야 되고 또 그 다음에는 합동무덤. 합동무덤과 위령탑을 반드시 건립을 해야 된다.

최승호 : 경산 코발트광산 같은 경우에는 어떻게 보존하면 좋겠습니까? 거기는 거 일본 사람들이 수탈했던 현장이지 않습니까? 일제 잔재가 그대로 남아 있는데다 국가 공권력이 무고한 시민들을 죽이던 장소인데 두 가지 중요한 일이 있기 때문에 저희들은 반드시 보존을 해야 된다고 생각하거든요.

강창덕 : 그래. 그거를 흔적을 없애서는 안 되지요. 그거는 기념이

라 해야 하나, 기념 국립공원으로 후손들에게 물려줘야지요. 의미가 있단 말이야. 이거를 하나의 교훈으로 삼도록 해야 해.

최승호 : 유족분들이 역사평화공원으로 보존하고 싶다고 얘기하시거든요.

강창덕 : 그것도 적당하고 좋지요. 평화공원. 어떤 형태든 이거를 후손에게 알리고 또 이후에 어떤 법과 권력이 다시 재발을 안 하든 하든 간에 교훈으로 남겨야지요. 그리고 가해자 처벌까지 요구하고 해야 될 문젠데….

최승호 : 유족분들이 지금 처벌까지는 원하시는 게 아닌 거 같고 이제 시간이 많이 지났으니깐 화해하고 그 대신 진실은 밝혀야 되니깐 남은 여생 동안에도 지금까지 살아왔던 것처럼 그 허무하게 돌아가셨던 희생자들 유족들을 위해 남은 기간 동안도 많은 힘 좀 써 주십시오.

강창덕 : 우리가 힘이 있는 한. 그때 한창 운동할 때 그캤심더. 이승만이는 왜 재판 없이 사람을 무정하게 생명을 빼앗았습니까? 유가족 여러분, 이제는 4·19의 힘으로 이승만이는 거꾸러졌고 이제는 자유로와졌습니다. 그러니 겁내지만 말고 신고하이소. 겁내지 말고 신고하이소. 이제 이승만이 꺼꾸러졌심더. 이승만이가 학살했는 그거를 우리가 밝혀야 합니다. 겁먹지 말고 전부 다 신고하이소. 그러니깐 남천 꼴짜기에 젤 많이 남아 있거든. 희생자도 많고….

최승호 : 오늘 말씀 고맙습니다.

강창덕 : 또 뭐 조사할 거 없지요?

2. 김무술 구술증언

사건과의 관계 : 평산동 주민
구술 당시 나이(생년월일) : 1958년 5월 8일
출생지 : 경산시 평산동 437번지

최승호 : 지금부터 증언을 듣도록 하겠습니다. 성함이 어떻게 되시
지요?

김무술 : 김무술입니다.

최승호 : 생년월일은?

김무술 : 58년 5월 8일생입니다.

최승호 : 양력입니까?

김무술 : 음력입니다.

최승호 : 양력은?

김무술 : 양력은 모릅니다.

최승호 : 태어나신 곳은 어딥니까?

김무술 : 경산시 평산2동 437번지에서 태어났습니다.

최승호 : 현재 주소는?

김무술 : 현재도 동일합니다.

최승호 : 전화번호는 어떻게 되지요?

김무술: 휴대폰번호 017-507-****

최승호: 가족은?

김무술: 가족은 모친, 부인, 아들 1 딸 1입니다.

최승호: 1남 1녀입니까?

김무술: 예.

최승호: 초등학교는?

김무술: 남성초등학교.

최승호: 중학교는?

김무술: 경산중학교.

최승호: 그러면 평산동에 몇 년까지 살았습니까?

김무술: 지금까지 계속 평산동에 살고 있습니다.

최승호: 거의 50년 가까이 사셨네요?

김무술: 예.

최승호: 50년 사시면서 평산동 코발트광산에 얽힌 사연을 많이 들었습니까?

김무술: 예.

최승호: 그러면 당시 들었던 이야기를 어릴 적부터 기억나는 대로 말씀해 주십시오.

김무술: 코발트광산이 많이 개발되고 유족회에서도 많이 활동하시는데 제가 어렸을 때는 저는 나이가 어리기 때문에 학살 장면은 직접 못 보고 저의 부친과 부친 친구분한테 어릴 때부터 많은 이야기를 들었습니다. 어릴 때 이야기를 들으면 재미가 있고 밤새워 가며 그런 이야기를 들은 적도 있었고. 심지어 겨울방학 동안에는 어른들이 주무시지도 못하고 내가 이야기를 해달라고 하니까 답변해 주신다

고 어른들도 안 주무시고 얘기를 해주셨습니다. 그때 저의 부친이었던 분이 부친 친구분이 바로 그 내용을 잘 아는 분이 있어가지고 정말 많은 이야기를 들었습니다. 나이는 어린데 이렇게 증언을 하게 된 동기가 거기서 일어났습니다. 부친이 지금 살아계셨으면 85세입니다.

최승호 : 부친 성함이 어떻게 되십니까?

김무술 : 김 인 자 명 자입니다.

최승호 : 살아 계시면 85세이시고?

김무술 : 예.

최승호 : 부친 친구분 성함은 어떻게?

김무술 : 김 우 자 술 자.

최승호 : 그분 연세는?

김무술 : 같은 나이입니다.

최승호 : 그러면 김우술 씨와 아버지께 들었던 이야기를 좀 해주십시오.

김무술 : 저는 나이가 어린데 어릴 적에도 우리나라가 분단이 돼 있으니까 저도 모르게 저 부친한테 6·25 때 있었던 이야기를 많이 들으려고 노력했고, 부친이 살아온 역할을 얘기해 주시니까 자주 들었는데 듣다가 보니까 부친 친구분이 놀러 오셔가지고 그분한테는 우리 마을에 있었던 이야기를, 코발트광산에 학살에 대한 그런 이야기를 많이 들었습니다. 그러면서 얘기를 들어보니까 율한 사람도 많이 죽었다는 얘기를 들었습니다. 여자분도 돌아가셨다는 이야기도 많이 들었습니다. 그 당시에 빨갱이 사건에서 어떤 도리가 없이 억울하게, 지금 생각하면 정말 억울한 분

들이 많이 죽었다는 이야기를 참 많이 하셨습니다. 어떤 이야기가 있었느냐 하면 낮에는 경찰관이 내려와서 취조를 하고, 밤에는 빨갱이들이 내려와서 밥해 달라고 조르고 밤에 빨갱이가 내려와 총을 대고 밥을 해달라고 하면 해주고 낮에는 경찰이 와서 취조하고 억울한 사람들이 많이 죽었다고 합니다. 그때 학살 장면을 직접 목격한 사람들 이야기를 친구분이 하시는데 처음에는 사람을 우리 마을 수직 동굴 수직갱에 8명씩 엮어가지고 굴비 엮듯이 엮어가지고 사람을 세워놓고 처음에는 실탄을 8발씩 장전을 다 하더라고 합니다. 사격개시 하면 일제히 8명이 총을 다 맞게끔 했는데 나중에는 그것도 귀찮으니까 한 발 쏘면 나머지 7명이 살았는데도 떨어진다 이거죠.

최승호: 산 채로 생매장 된 거네요?

김무술: 예. 생매장된 거죠. 나중에는 그것도 귀찮으니까 개머리판으로 머리를 찍으니까 떨어져서 죽었다 그런 얘기를 합니다. 그분은 직접 그 자리에서 목격했답니다. 우리 마을 제일 위에 살았으니까. 그분도 못 볼 건데 동네분들은 당시 전부 학교로 피신을 가고…. 시기적으로는 여름이랍니다. 여름이라도 모내기하고 난 뒤랍니다. 들은 이야긴데 차량으로 1주일씩 실어 날랐답니다. 차로 실어 나르면서 사람을 포개서 실었답니다. 포개 실었다는 것은 차에 차곡차곡 장작더미 싣듯이 그렇게 실었답니다.

최승호: 나중에 그때 당시 사람이 얼마나 죽었다고 들었습니까?

김무술: 제가 듣기로는 약 3000명 이상 거기 죽었다고 들었습니다.

최승호 : 그때 당시에 총 쏜 사람들은 어떤 사람이라고 들었습니까?

김무술 : 총 쏜 사람은 아마 우리 경찰 아니면 군인이겠죠.

최승호 : 죽은 사람 중에 여자도 있었다고 들었는데….

김무술 : 예. 여자도 있고….

최승호 : 학생은? 교복 입은 학생도 있다는 얘기는?

김무술 : 못 들었는데. 사람이 많이 죽었다는 이야기를 들었습니다.

최승호 : 굴에서만 죽었습니까? 아니면 다른 곳에서 죽었습니까?

김무술 : 굴이 다 차니까 굴에서 다 못 죽이고 나중에 보니까 그 주변에도…. 우리 부친이 살았을 때는 앞산에는 가지 마라고 했습니다. 어린 나이에 초등학교 다닐 때는 앞산에 가지 마라 하는데도 불구하고 가지 마라 하면 호기심에 더 가고 싶어서 가곤 했는데 친구들이랑 앞산에 많이 갔습니다. 당시에는 과일도 많이 없었는데 산에 가보면 딸기도 많이 있었고 맛있는 열매도 많이 있었는데 군데군데 시신이 많이 있었습니다. 군데군데 여가 있었는데 지금 봐도 어느 부위의 뼈인지 알만큼 정확하게 합니다. 주로 대퇴부하고 두개골하고 많이 보였고 흉물같이 보여가지고 두개골이 보이면 엎어 놓기도 하고 낙엽으로 덮어 놓기도 하고 그렇게 생활하고 있었습니다. 그 당시에 앞산에 가지 마라 하는 이유가 뼈가 많고 우리가 어리기에 못 볼 거를 본다고, 그리고 그 주변에 동굴이 많이 있었습니다. 수직굴이 위험하니까 가지 마라고 한 거죠. 다치고 죽을 수 있으니까 가지 마라고 한 겁니다.

최승호 : 그 이후 평산동에 복숭아밭이 많은데 복숭아밭을 개간할 시기가 언제쯤입니까?

김무술 : 그 주변에 우리가 복숭아밭을 개간할 때는 약 60년도 초반이나 중반이나 안 됐겠습니까. 당시 소로 쟁기를 하면 소도 물아주어야 하고 하니까, 어릴 적부터 농업하고 같이 종사해야 하니까 부친들이 저희 어른들이 농사일을 해서 먹고 살아야 하니까. 소도 끌어주면서 밭을 갈다 보면 뼈도 나오고, 그 산에는 어느 골짜기 없이 아무 데나 가도 뼈가 많이 나왔습니다. 아까 이야기하다 말았는데 앞에 가면 뼈가 많이 나왔고 동굴에 가득 차다 보니까 다른 골짜기에도 사살했는데, 뼈가 얼마만치 많이 나왔냐 하면은 그쪽 골짜기는 욕 수숫대를 꺾어 모아 놓은 것 같이 뼈가 서로 엉켜가지고 쌓여 있는 그런 골짜기도 있었습니다. 거기 가면 실제 딸기가, 다른 데는 딸기가 팥알만큼 되면 그쪽에 시신 위에 난 딸기는 시커멓게 콩알만큼 컸습니다. 우리가 전에 일하러 갔다가, 밭 일구다가 내 동생은 금이빨도 주워가지고 팔아먹고 한 일도 있습니다.

최승호 : 현재 위치가 어디쯤입니까? 골프장 부지 안입니까?

김무술 : 그곳들이 지금 골프장에 다 들어갔습니다.

최승호 : 골짜기 이름은 뭡니까?

김무술 : 대원골입니다.

최승호 : 큰 원한이 쌓인 골 이런 뜻입니까?

김무술 : 예.

최승호 : 마을 아래 논이 많이 있는 걸로 압니다. 논농사를 지으려면 물이 많이 필요해 굴을 막았다는 소문이 있던데….

김무술 : 주위에 굴을 이용해가지고….

최승호 : 수평2굴이죠?

김무술 : 예. 도랑 위에 있는 그 굴입니다. 그 굴 입구에 물이 굉장히 차게 나왔습니다. 여름에는 손이 시릴 정도로 차고 겨울에는 따뜻한 물이 나오기 때문에 그 물이 가물어도 계속 나오고 하니까 이 물을 막아서 농업용수로 사용할 수 없을까. 동네 주민들이 궁리해서 70년도 중반쯤에 면에서 시멘트를 조금 보조받아서 주민들이 손수 모래 자갈을 구해서 굴 입구를 막았습니다. 물이 얼마만치 많았냐 하면은 시시한 저수지 하나만치 많았습니다. 그 물을 농업용수로 쓰곤 했는데 농업용수로 막기 전에도 우리 동네 주민들이 그 물 안 먹어본 사람이 없습니다. 우리도 산에 나무하러 갔다가 목마르고 하면 그 물이 시원하니까 한 모금씩 먹고 했는데 먹고 나면 왠지 찜찜하면서도 그 물을 먹게 됐다고요. 그 물이 깨끗하게 내려오니까 그 물이 뼛물이라는 걸 떠나서 알고는 있었죠. 알고는 있었지만 우리 눈으로 직접 안 봤으니까 먹어보자 싶어서 먹었죠. 먹어보니까 물은 어시 찬데 약간 비릿한 냄새가 났다고요. 그 물 자체도 그렇고 거기에 뼈가 그 계곡 말고, 한 계곡 말고 다른 계곡에서도 밭을 일구다 보면 포크레인으로 개간했는데 뼈가 얼마나 많이 나왔는지 정말로 많이 나왔다고요.

최승호 : 그때 나온 뼈들은 주로 어떻게 했습니까?

김무술 : 그때 당시에는 뼈들이 나와도 주민들이 어떻게 할 도리가 없어가지고 다 묻어 버렸다고요.

최승호 : 그때 억울한 사람들이니까 장사를 지내줘야겠다 이런 생각은 안 하시고?

김무술 : 그때 당시는 억울하다를 떠나가지고, 뼈 밀고할 당시에는 그런 의식도 없었고 나오면 묻고 그렇게 했죠.

최승호 : 그리고 그 당시에 땔감이 부족해서 굴에 들어가서 갱목을 꺼내 왔다는 이야기도 있던데 거기에 대해서 들은 적이 있습니까?

김무술 : 예. 거기는 저의 부친도 관련되는 이야깁니다. 저의 부친도 옛날에는 나무 땔감이 없어가지고, 주변에 모든 나무가 다 베어지고 하니까 동굴 속에 들어가면 그 침목, 갱목 그 나무가 땔감으로 상당히 좋답니다. 기름이 묻어 있고 때면 화력이 좋고 하니까 그 갱목을 베러 저의 부친과, 그분은 돌아가셨는데 로프를 묶어 놓고 내려갔는데 묶은 자리에, 바위에 묶었는데 바위가 빠져가지고 두 분이 떨어졌는데 저의 부친은 지금도 어깨 상처가 뒤에서 앞에까지 완전히 탈골돼 그때 당시 대구 대학병원에서 군의료진들이, 미군들이 대학병원을 운영했다고 하는데 그 팔을 잘라야 된다고 하는 걸 어떻게 좋은 분을 만나서 팔을 되살려 가지고 지금 상처만 많이 남았는데 그때 같이 간 사람은, 같이 떨어지신 분은 돌아가셨답니다.

최승호 : 그분 성함이 어떻게 되십니까?

김무술 : 저의 부친의 말씀으로는 한 용 자 철 자라고 쓰시는 분입니다. 저의 동네에 같이 사시던 어른인데 돌아가셔가지고 겨울마다 동굴에 김이 나면 또 우리 아버지가 밥 하신다 카고 그런 이야기를 하고 했습니다.

최승호 : 그분은 떨어져서 못 나오신 겁니까?

김무술 : 예. 저의 부친은 떨어지면서 바위에 걸려 신음하는 소리를 듣고 동네 분들이 내려가서 아버지를 모시고 올라왔답니다.

최승호 : 그때 당시에 갱목 캐면서 시신 같은 건 보신 적이 없는가요?

김무술 : 저의 부친 말씀으로는 들어가면 시신도 많이 있어가지고 한번은 갱목을 빼러 들어가니까 물이 꽉 찼는데 가슴까지 물이 차서 이리저리 다니면서 갱목을 찾으니까 시신이 둥둥 떠 있더랍니다. 떠 있는 시신을 저의 부친이 물 위로 밀고 나가서 물 없는 마른 땅에 옮겨놓고 나왔다는 그런 이야기를 들었습니다.

최승호 : 그러면 물에 있는 시신은 부패가 안 되고 그대로 있었다, 그죠?

김무술 : 물이 차기 때문에 부패도 안 되고 그대로 있더랍니다.

최승호 : 나머지는 뼈 상태로 있고?

김무술 : 다른 시신은 유골 상태로 있는데 그 시신은 물에 떠가 다니더랍니다. 일부는 부패되고 물속에 있는 부분은 검게 그냥 있더랍니다.

최승호 : 땔감을 한동안 그렇게 해 왔습니까?

김무술 : 갱목도 빼고 그 속에 네루, 철가치도 빼고 그랬답니다. 철가치는 팔아먹고 그랬답니다. 돈 되는 게 없으니까 네루 빼면 굉장히 고가의 돈을 줬답니다.

최승호 : 그때 당시 50년, 60년 정도 되겠네요?

김무술 : 전쟁 후니까 그 정도 되겠지요.

최승호 : 그때 당시 굴에서 살아나온 생존자 얘기 들어보셨습니까?

김무술 : 그때 저의 부친 친구분 김 우 자 술 자 쓰시는 분이 동굴에서 집까지 직선거리로 이삼백 미터 거리에 떨어져 있는데 거기 사실 때 그분 밭에서 호박을 뜯어 먹다가, 그 속에 갇혀 있다가 어떻게 기어 나와가지고, 수직굴에서 수평굴로 연결돼 있으니까 떨어지다가 수평굴에 걸려 거기로 나와가지고 얼마나 배가 고팠으면 호박, 생호박을 먹다가 엎어져서 죽어 있더랍니다. 그런 분도 발견했고. 또 어떤 분들은 하대에 계시는 분이라고 하는데 살아가지고 지금은 다 돌아가셨다고 하는데 살아 나오신 분들도 있답니다. 억울한 분들이 다시 살아나와가지고 사살된 분들도 있답니다.

최승호 : 수평굴과 수직굴이 다 연결돼 있네요?

김무술 : 수직굴하고 수평굴하고 다…. 수직굴 깊이가 얼마나 되는지 우리가 어릴 때 돌을 떨어뜨리면 밑에서 물소리가 나는 게 한참 있다가 났다고요. 굉장히 깊다는 얘기지요. 그 위치가 일제시대 때 코발트를 캐내던 중앙자리랍니다.

최승호 : 승강장?

김무술 : 예. 사방에서 코발트를 캐서 모아가지고, 뽑아 올려가 경산역으로 실어 나르는데 지금 체육중고 맞은 편에 보면 제련장이 있습니다. 그때 당시 케이블카 놓고 광석을 실어서 경산 체육고등학교 앞에까지 실어놓고 거기서 다시 제련해서 코발트 원석만 채취해서 경산역까지 실어 날랐답니다.

최승호 : 그러면 그 큰 굴이 전부 다 나중에는 시신으로 가득 찼다 이 말씀이죠?

김무술 : 옛날이야기 하시는 분들 이야기를 들으니까 그 굴이 꽉 차가지고 더 죽일 수가 없으니까 대원골 골짜기에 노상 사살하고 방위대들은, 이야기로는 방위대라는 분들이 동원돼서 죽은 시신을 삽으로 묻고, 묻어 놓으면 짐승들이 시신을 먹고, 묻고 캐고 그런 일을 많이 했답니다.

최승호 : 그때 어른들 말씀하시는 주제가 주로 어떤 것이었습니까?

김무술 : 저는 참 어린 나이에 지금 6·25 후세대인데 6·25 전쟁을 겪은 분만큼 반공교육이 저 스스로 철저히 됐다고 생각합니다. 부친은 6·25 때, 저의 부친은 고향이 원래 이북입니다. 월남하면서 겪은 6·25 전쟁에 대해서 엄청 많이 들었습니다. 저녁마다 아버지 혼자 계시면 전쟁 이야기 해 달라 그러고….

최승호 : 직접 참전하셨습니까?

김무술 : 예. 참전했습니다. 이북군으로 참전해가지고 내려오다가 반공포로로 잡혀가지고 그래서 반공포로가 어떤 분이고, 반공포로 역사에 대한 거는 남들보다도 더 잘 압니다. 인천수용소 거제수용소 갔다가 다시 이승만 대통령이 석방시켜줘서 나왔다는 그런 이야기를 들었습니다. 또 한쪽으로는 학살 장면에 대한 이야기입니다. 교대로 많이 이야기 들었는데 어느 누구보다도 반공교육은 철저히 받았습니다. 사람을 얼마나 죽였는지 우리 동네에서는 동굴 밑에 농업용수 막았던 그쪽 굴로 핏물이 벌겋게, 개울 전체

에 벌건 핏물이 계속 흘러 내려왔답니다.

최승호 : 얼마나 오래 내려왔습니까?

김무술 : 그게 뭐 한 몇 년까지 그렇게 개울물에 비릿한 핏물 냄새
가 계속 났답니다.

최승호 : 그 물을 농업용수로 이용했습니까? 논에 대거나….

김무술 : 그 이후로 핏물이 안 나오고 맑은 물이 나왔으니까. 저희
들은 핏물도 못 봤지만 맑은 물이 나왔으니까 그냥 흘려
보내기는 뭣하고 해서….

최승호 : 아까우니까?

김무술 : 그렇죠. 저희 동네는 전부 천수답입니다. 비가 안 오면 하
늘만 쳐다보고 있을 그럴 시점에 우리 마을 선배들이 그
물을 막아가지고 농사짓자 그래서 농업용수로 막았습니
다.

최승호 : 핏물이 내려올 때는 마을까지 내려왔습니까? 학교까지
내려왔다는 얘기도 있던데….

김무술 : 마을까지 내려왔답니다.

최승호 : 그러면 엄청나게 많이 내려왔네요?

김무술 : 그 핏물이 물하고 섞여 내려오니까 붉은 물이 내려 왔겠
지예. 그 물이 마을까지 내려왔답니다.

최승호 : 그리고 6·26 때 불발탄을 그 골짜기에서 폭파했다고 하
던데….

김무술 : 그거는 제가 확실히 압니다. 제가 직접 목격했고, 직접
목격했는데 군용트럭으로. 지금 군에 갔다 왔으니까 포
탄이 어떤 포탄인지 알지, 그전에는 무슨 포탄인지 모르
지요. 그전에는 무슨 포탄인지 몰라서 하여간 길더라, 굵

더라 그런 얘기를 많이 했는데 지금은 군에 갔다 와서 직접 포탄을 보고 나니까 106밀리 포탄도 있고, 80밀리 포탄도 있고, 지에무시(GMC) 포탄도 있고, 총탄 불발탄도 있고. 그거를 전부 모아가지고 그 골짜기에서 처리하는데 그때 군용트럭으로 오면서, 불발탄 처리하러 올 때는 공중으로 사격하면서 왔다고요. 그때 당시에는 우리가 산에 나무하려고도 많이 갔는데 산에 도토리도 주우러 갔는데 나물 뜯으러 갈 때도 있고. 봄에도 터트리고 가을에도 터트리고 시기가 없습니다.

최승호: 그때 나이가 얼마쯤 됐습니까?

김무술: 그때는 초등학교 5, 6학년 정도 됐을 겁니다. 내가 완전히 알고 있으니까.

최승호: 그러면 60년대?

김무술: 60년대 중반이라고 봐야겠네요. 60년대 중반쯤인데 군용트럭으로 올라오면서 사격을 막 하고 오는데, 그날 제 어머니하고 같이 도토리 따고 있는데 사격을 막 하면서 실탄을 공중으로 막 쏘는데, 산 쪽으로 쏘니까 우리 있는 쪽으로 막 쏘는 것 같더라고요. 어머니가 야야 총 맞을라 엎드려라 하더라고요. 그래서 바위에 숨었다가 총이 좀 조용하길래 내려왔는데 내려오다 보니까 불발탄을 모으고 있더라고예. 거기서 불발탄을 어떻게 처리했는가 하면 불발탄을 수북하게 모아 놓고 인계철선을, 전기선으로 발파를 하는데 발파를 할 때도 저는 발파장면까지도 정확하게 본 게, 그쪽 골짜기하고 우리 집하고는 반대편에 있으니까 반대편에서 보면 거리는 멀지만 확실하기 때문에.

그때 당시에는 그 골짜기에 포탄 껍데기가 많아가지고 그 거 주워가면 엿을 주니까 엿 사 먹고 그랬지요.

최승호 : 그거를 한참 동안 했습니까?

김무술 : 제법 몇 년 했습니다.

최승호 : 주변에 있던 불발탄입니까? 아니면 다른 데서 실어 왔습 니까?

김무술 : 다른 데서 실어 오더라구요.

최승호 : 이쪽에서는 전쟁이 없었으니까.

김무술 : 다른 데서 실어오는데 불발탄 때문에 저희 동네에 한 분 은 손가락도 다치고 저도 불발탄 가지고 어릴 때 개울에 서 목욕을 하고 있는데, 선배들이 안 터진 불발탄을 가지 고 놀다가 목욕하고 있는데, 옆에 시멘트에 두드리다가 터져가지고 동네에 누나뻘 되는 사람은 그 자리에서 즉사 하시고 터트린 분은 손가락도 다치고. 저도 어릴 때 입술 주위에 파편을 맞아가지고 처리하다가 못해가지고 지금 도 몸속에는 조그마한 파편이 남아 있습니다.

최승호 : 그리고 나서 80년대 중반에 골짜기 중간에 안경공장이 들어섰다고 하는데 안경공장 지으면서 유해가 나오거나 이런 얘기 들어보셨습니까?

김무술 : 그 안경공장 지을 때는 제가 아는데 그때가 몇 년도인지 모르겠습니다.

최승호 : 87년, 88년 정도 됐을 겁니다. 86년돈가?

김무술 : 그때 안경공장을 굉장히 크게 지었습니다. 대구에 있는 국제광학이라고 지금은 부도나서 다른 전로 쓰고 있는데, 굉장히 크게 지으면서 그 터를 밀면서 뼈가 무척 많이 나

왔습니다. 뼈가 얼마나 나왔는지 처음에 뼈를, 처음에 유골이 나왔을 때는 포크레인 기사가 뼈가 나오니까 작업을 못 하겠다고 하고, 현장소장은 작업을 진행하라 그리고. 그래도 못 하겠다고 하니까 그 현장에 있는 소장이 그러면 고사 지내고 할 테니까 이렇게 달래서 처음에는 제대로 장을 봐가지고 고사를 했는데 또 밀고 나면 또 나오고 또 나오고 하니까. 계속 나오니까 나중에는 소주 한 잔 치고 모으고, 그러다가 그것도 못 하면, 워낙 많이 나오니까 뼈만 나오면 어떻게 처리하자고 동네 분들을 데리고 인건비 많이 주기로 하고 하니까 동네 선배들이 일하신 분들이 있습니다. 뼈가 정말 많이 나왔습니다.

최승호 : 그 뼈들은 처리를 어떻게 했습니까?

김무술 : 그때 당시 뼈는 다 모아가지고, 제가 듣는 얘기는 자기들이 뼈를 모아주면은 그 뒷이야기는 자세한 전 모르겠습니다.

최승호 : 불로 화장했는지 어떻게 했는지 모른다?

김무술 : 아마 화장한 걸로 알고 있습니다. 그때 당시 자기들이 다 모아가지고 일괄로 화장하는 것이 안 낫겠나, 화장을 해 드리는 것이 안 낫겠나 그런 얘기가 나왔는데 아마 그분들도 사람인 이상 그냥 방치하지는 안 했을 겁니다. 화장을 했을 것 같습니다.

최승호 : 어떤 분이 이야기하기로는 뼈가 하도 많이 나와가지고 가마니 한 열 가마니 정도는 공장 바닥에, 기초 해야 되는 바닥에 묻었다는 이야기도 하시던데 그 얘기는 못 들었습니까?

김무술 : 그런 이야기는 잘 못 들었습니다.

최승호 : 그분들도 사람인데 양심적으로 처리했다고 본다, 그지요?

김무술 : 예. 그때 그 사람들도 국제광학이라는 큰 공장을 가지고 있는 분들인데, 안경을 만들어서 일본에 수출하는 그런 공장인데 그런 분들이 그렇게 쉽게 처리하지는 않았을 것으로 알고 있습니다.

최승호 : 그리고 자랄 때 주로 놀이터가 앞산이고 골짜기고 동굴 쪽이고 그쪽이었을 건데 혹시 노시면서 유해를 보거나 뼈에 얽힌 사연들 혹시 그런 것 있습니까?

김무술 : 많이 있지예. 지금 사람이 돌아가시면 시신을 만지고 하는데 다른 사람들은 접난다 하는데, 무섭다고 하는데 저는 어릴 때부터 두개골에 풀뿌리가 박혀 있는 것을, 어릴 때부터 두개골이 워낙 많아가지고. 그 뼈를 한 군데 모아 가지고, 뼈도 적은 뼈가 있고 작은 뼈가 있고 지금 말하면 장신 키 크고, 통뼈라 그럽니까? 저는 직접 봤습니다. 통뼈가 어떤 건지 느끼겠고, 통뼈는 두개골 두께가 엄청 두껍고 대퇴부의 길이도 길고, 통뼈도 굵은 것도 있고 가는 것도 있고. 이 뼈는 어떤 뼈다 알고 어릴 때는 이랬습니다. 그 뼈를, 흙을 평평하게 해 놓고 의사들이 때를 맞추듯이 두개골은 두개골대로, 목뼈는 목뼈대로 놓고 또 뼈를 조각대로 다 맞춰 봤습니다. 뼈 맞추기를 다 해봤다고요. 갈비뼈는 갈비뼈대로 이렇게 뼈를 다 맞춰 봤습니다. 지금도 뼈를 흩트려 놓으면 어느 뼈가 어느 뼈인지 다 알 수 있을 만치 다 맞춰 봤습니다. 뼈 놀이도 많이 했

습니다. 그리고 어떤 때는 이 사람은 이 뼈가 아니다, 다른 거 주워오라 하고 친구들하고 놀면서 뼈를 한 구씩 맞춰보고 놀았습니다. 지금 같으면 그런 놀이를 안 해야되지만 어릴 때는 아무것도 모르기 때문에 그래 뼈를 맞추고 그 시체 이빨도 양치질 시킨다 그리고 청소도 시키고 그래 놀았습니다.

최승호 : 그때 온전한 두개골도 있었습니까?

김무술 : 완전히 정상인 상태도 있고, 또 어떤 뼈는 보면 떨어지면서 찍혔는지 개머리판에 찍혔는지 모르지만 두개골이 깨진 것도 있고 총알 맞은 것도 있습디다. 총구멍도 있고. 어릴 때 정말 너무 많이 봐가지고. 그 골짜기 한 많은 골짜기다. 저 어릴 때도….

최승호 : 그래서 골짜기 이름도 대원골 아닙니까?

김무술 : 대원골이 한이 많아서 대원골이 되었는지 몰라도 대원골과 한 많은 사연이 연관이 되는 것 같다는 생각이 듭니다.

최승호 : 그러면 그때 당시 뼈가 주로 어떤 곳이 제일 많았습니까?

김무술 : 우리는 동굴 안에 있는 뼈는, 그 뒤에 85년 86년 굉장히 가물어가지고 농사 못 지을 정도로 가문 해가 있었습니다. 골짜기 물이 없어가지고 농사는 못 짓고 포기해야 되니까 동네 젊은 청년들 몇 사람이 이때 얼음굴에 시원하게 쉬는 장소나 하나 만들자 그래가지고 처음에는 하우스 파이프를 가지고 가서 우리가 시원하게 자려고, 여름이 돼서 낮에 뜨거워서 일을 못 하니까 시원한 데 가서 좀 쉬자고 하우스 파이프를 몇 개 해가지고 갖다 놓고 소주 몇

병 갖다 놓고 놀다가 보니까 놀러 오는 사람들이 제법 많아서 이러지 말고 우리가 동굴 앞에다가 제대로 세워놓고 시원한 얼음굴식당이라고 해보자 만들자. 그러면서 그때 한해 장사를 한 번 했습니다. 하면서 저는 그 전에 그 동굴 속에 뼈가 있다는 것을 알았습니다.

최승호 : 실지로 거기로 들어가 봤습니까?

김무술 : 예. 그때는 횃불을 가지고 뼈가 있는 굴에, 솜뭉치로 횃불을 만들어가지고 들어가서 그 굴에 뼈가 있는 것을 알았습니다. 알면서도 너무 시원하니까 심지어 온도가 얼마만큼 차이가 나느냐 하면 바깥 온도는 30 몇 도 될 때 그 냉기 온도는 13도니까. 시원하니까 하우스를 만들어가지고, 시원한 바람이 나왔으니까 하우스 만들어 놓고 그러고 나니까 장사를 한번 해보자 이래가지고 장사를 시작했는데 약 한 달 동안 가물어 그해는 40도까지 온도가 상승됐습니다. 그때 장사를 한다고 하면서 닭백숙도 하고 염소고기도 하고 부추찌짐도 팔고 했는데 외부인들 와가지고 여기가 뼈 있다 하는 거 아는 사람은 알고 모르는 사람은 모르고, 멋모르고 와서 장사하니까 먹고 간 사람도 있고 그랬습니다.

최승호 : 그러면 수평1굴에 유해가 있었고, 다른 데는 뼈 맞추고 놀던 데가 어떤 뎁니까?

김무술 : 제가 딸기 따 먹으러 내려가가지고. 한번은 밭에 일하다가 딸기가 밑에 새카맣게 익어가지고 딸기 따 먹으러 내려간다고 갔는데 그때는 여름인데 슬리퍼를 신고 내려갔는데 딸기를 정신없이 따 먹다보니까 슬리퍼가 풀 속에

빠졌는데 슬리퍼를 건진다고 건지는데 밑에는 전부 사람 뼛속에 내 슬리퍼가 걸려 있는 거라요. 그래서 슬리퍼를 빼내니까 밑에는 전부 다 뼈더라고요. 근데 다른 사람들 같으면 그 딸기 먹은 게 뭐해서 뱉어내거나 하겠지만 저는 그 당시에 이미 뼈를 많이 만지고 해가지고, 인골 뼈가 있던 자리에는 정말 딸기가 다른 데보다 영 굵더라니까요. 굵고 싱싱하고. 그 자리에 뼈가 정말 많이 모여 있더라고요.

최승호 : 지금 위치가 어디쯤 됩니까?

김무술 : 지금 위치가, 동네에 김원술 씨라고 그 복숭아밭 옆인데 거기에 그 계곡에….

최승호 : 지금은 골프장으로 없어졌지요?

김무술 : 예. 골프장으로 전부 다 들어갔습니다.

최승호 : 지금은 찾을 길이 없네요?

김무술 : 예.

최승호 : 혹시 당시 뼈 가지고 놀던 곳 중에서 골프장에 안 들어가고 바깥에 나와 있는 곳은 있습니까?

김무술 : 전부 다 골프장에 들어갔습니다. 안 들어간 부분은 공장을 지은, 현재 병원 자리 그 자리만 남았고 나머지 부분은 다 들어갔습니다.

최승호 : 그 밑에 섬유공장이나 언덕 위에 하얀 주택을 지은 곳에는 유해가 없었습니까?

김무술 : 거기는 코발트광산 공장 굴뚝 자린데 그쪽으로는 뼈가 없더라고요. 그쪽 반대편에는 있었고, 거기는 발견 못 했습니다.

최승호 : 그러면 직접 굴에 들어가서 뼈도 보고하셨네요?

김무술 : 예.

최승호 : 그러면 이때까지 유족회가 2000년 3월에 발족돼서 많은 활동을 하는 과정에서 중인, 김 사장님께서 상당히 많은 중언을 해줘서 진상규명을 하는 데 많은 도움이 됐습니다. 꼭 이런 얘기는 밝혀야겠다, 이런 사명감이 있었습니까?

김무술 : 사명감이라기보다도 저희 동네는 참 억울하게 죽은 그분들이 많지 않습니까. 묘가 없으면 화장을 해가 어떻게 처리해야 되는데 뼈가 나뒹굴고 다니니까 어릴 때부터도 흉물스럽게 보이고 보기 안 좋았습니다. 그리고 경산시유족회에서 일하고 하는데 제가 도움이 되었는지 모르지만은 찾는데 협조도 해드렸고, 위치도 정확하게 가리켜드렸고, 내가 파라고 하는데 파면서, 발굴하면서 안 나온 자리는 없었습니다. 정확한 그 기점에서 몇 미터 오차도 없이 바로 발굴한 자리에 뼈가 나왔고. 그렇게 한 이유는, 동기가 억울하게 가신 분들 그분들 정말 좋은 곳으로, 편안한 곳으로 가셔가지고 후손들한테 장애가 안 되고, 후손들 꿈에 안 보이고, 참 좋은 데 가셔가지고 억울한 누명이나 벗고 가시고, 편안한 그런 삶으로 환생하셨으면 하는 그런 마음으로 중언을 해드리고, 그런 목적에서 도와드렸습니다. 다른 취지는 없고 지금 현재 유족회에서 하시는 일이 정말 고인들 보람되게 하는 일이고, 후손들이 돼서 그런 일을 하신다고 하니까 이번 기회에, 정말 모든 가족들이 한뜻이 돼서 발굴하고 하는 것 보니까

너무 좋은 일이고 하루속히 모든 일이 정리돼가지고 고인들의 명복을 비는 차원에서 위령제도 지내고 얼마나 잘하시는지 모르겠습니다. 유족회에서 이사장을 맡고 계신 이태준 이사장님과 이사님들, 또 최승호 기자님도 얼마나 수고가 많았습니까. 이렇게 하시고 계시는데 하루속히 정리가 잘돼가지고 정부차원에서도 돈을 많이 해줘가지고 빨리 빨리 진행이 됐으면 좋겠습니다.

최승호 : 고맙습니다. 유족회나 시민단체에서 할 얘기를 김 사장님께서 다 말씀해 주셨네요. 그러면 혹시 지금까지 말씀하신 것 중에서 이거는 꼭 해야겠다, 아니면 잠깐 잊은 얘기가 있으면 말씀해 주십시오.

김무술 : 잊은 이야기가, 지금 물으니까 모르겠는데 갑자기 물으니까 잘 모르겠습니다.

최승호 : 기억나시는 것은 다 말씀하셨습니까?

김무술 : 예. 요점은 이야기 다 된 걸로 알고 있습니다.

최승호 : 그동안 유족회 때문에 시간도 많이 소비했을 텐데 고맙습니다. 앞으로도 많이 유족회 지원해 주십시오.

김무술 : 도울 수 있으면 도우겠습니다. 있는 그대로 말씀드리겠습니다.

최승호 : (옆에 있는 이태준 회장에게) 이사장님 사진 한번 찍어주십시오. 말씀 나누는 거. 오늘 사장님 긴 시간 동안 말씀해 주셔서 고맙습니다. 건강하십시오.

김무술 : 예.

3. 박효열 구술증언

사건과의 관계 : 평산동 주민
구술 당시 나이(생년월일) : 1932년 3월 1일
출생지 : 경산시 평산동 428번지

최승호 : 성함은 어떻게 되십니까?

박효열 : 박효열.

최승호 : 생년월일은?

박효열 : 32년 3월 1일.

최승호 : 출생지는?

박효열 : 출생지는 여기. 평산동 428번지에서 태어나서 437번지로 이사했다.

최승호 : 여기서 산 지는 얼마나 됐나요?

박효열 : 428번지 있다가 여기로 이사 왔지. 군에 갔다 오고 객지가 10년쯤 나갔다 오고. 3, 40년 살았지. 그래저래 이사도 다녔지만 늘 이 부근에서 살았으니까. 군에 갔다 오고 경기도에 10년 산 거 말고는. 경산에서 살았지.

최승호 : 코발트광산 얘기는 언제 들었나요?

박효열 : 소화 14년돈가 13년돈가. 내가 초등학교 2학년 때 코발

트광산이 생겼으니까. 그쯤 될끼다.

최승호 : 문을 닫은 해는?

박효열 : 해방되고 8월 15일 닫았지.

최승호 : 5년 후에 전쟁이 났는데요.

박효열 : 그렇지. 해방되고 5년 후쯤에 전쟁이 났지.

최승호 : 6·25사변 나고 여기서 사람들이 죽었는데 언제부터 언제까지 죽었습니까?

박효열 : 날짜는 모른다카이. 기록도 놓은 것도 아니고. 할 때 되마 학교로 소환(소개)시키뿌고.

최승호 : 현재 남성초교로?

박효열 : 예예. 해방되고 남성초등학교가 생겼거든.

최승호 : 그때가 몇 월 달입니까?

박효열 : 모리죠. 그때가 여름철인데.

최승호 : 기간은 얼마나?

박효열 : 모리죠. 기록을 안 해 놓으니까. 우리 일 같으면 모리지만. 여름철이라카는 것만 알아요.

최승호 : 그때 농사는 어떤 거 했습니까?

박효열 : 그때 논매고 그랬지.

최승호 : 하루에 차가 몇 대 왔나요?

박효열 : 피난 갔는데 알 수가 있나. 저녁에 들어오면 소환시키니까 모리지. 누가 하루종일 헤아리고 앉았는교. 그때 CIC 하고 헌병이 아랫마을에 있었는데 학교로 피란가라 카고 갔다 오마 밤으로 주로 그랬지. 낮으로도 그랬지만 주로 밤에 그랬지. 우리는 확실히 기억은 못 하거든요. 그 당시에는 입만 뻥긋해도 우예 되는 시절인데. 우리는 시키

는 데로 나가가 있다가 자고 마을에 들어와서 농사짓고
했지.

최승호 : 당시에 마을에 몇 호수가 살았습니까?

박효열 : 그때가 40, 50호 이상 살았지. 어시 많이 살았지.

최승호 : 광산 할 때는?

박효열 : 그때는 엄청나게 많이 살았지, 몇백 호 살았지요. 지금 성
화산업 있는 데도 주택이 있었고, 일성화학 앞에 거기도
집이 있었지. 그때는 몇천 호 살았는지 우리는 모르지요.

최승호 : 300호 정도 됐다고 하는데?

박효열 : 관리하는 사람들이나 알까 정확히는 모르지요. 한 줄에
열 집씩 살고 했는데. 여기서 내려가자면 오른쪽에 거기
쭉 한 줄 있었다.

최승호 : 그때 그대로 남아있는 집이 있습니까?

박효열 : 있지. 원체 오래되니까 수리해가지고 살지. 본 모습은 볼
라면 없지요.

최승호 : 뼈대는 남아있지요?

박효열 : 남아있지.

최승호 : 총소리는 들었습니까?

박효열 : 총소리는 들었지.

최승호 : 총소리는 언제 들었지요?

박효열 : 총소리는 주로 남성학교 가 있으면 저녁에 들었지.

최승호 : 총소리 길게 났습니까, 아니면 짧게?

박효열 : 그거 누가 기억합니까. 그저 소리 나면 나는갑다 했지.

최승호 : 나중에 사고 나고 나서 현장에 가본 적이 있나?

박효열 : 무서워서 우예 가노. 그때는 시체가 걸어다닌다 카고. 그

때는 사고 나고 얼마 안 됐거든. 우리가 열댓 살 됐으니까 잘 돌아다니고 안 했지. 가본 사람이 있나.

최승호 : 주로 죽은 장소는 어딥니까?

박효열 : 지금 일하는 데 거기지.

최승호 : 시멘트로 된 자리?

박효열 : 현재 세멘 해놨는 자리에. 그저 내려오는 전설이니까 우리는 모리는 거지.

최승호 : 수직1굴 말이죠. 거기 말고 다른 곳에서도 죽었습니까?

박효열 : 거기서 내리면 병원 있는 데(수평1굴) 나오고 거기서 다시 내리면 길 있는 데(수평2굴) 나오지. 거기 다 직선으로 돼 있을 거라요. 줄이 달려 있었거든. 광석 캐서 올라오는 기라.

최승호 : 수직굴 말고 사방공사한 데도 있었다고 하던데.

박효열 : 그 당시에는 묻어 놨으니까. 내 일이 아니면 모르지. 우리는 그때 어리고 겁이 나서 그 골짜기에 못 갔지.

최승호 : 복숭아밭 개간하면서 나왔다는 얘기 못 들었나요?

박효열 : 그런 소리 못 들었다. 지금 원술이 밭(대원골 A1지점 – 2005년 8월 기 발굴)쯤에는 있었지. 쑥 같은 것 많이 자리고 그 때문에 있는 줄 알았지. 나무나 해 때고 하면 발견이 되지만 나무 안 해 때면 모르지.

최승호 : 병원 지을 때 유해 나왔다는 얘기 못 들었나요?

박효열 : 못 들었지요. 나왔더라도 여기 뼈가지 나왔다고 얘기 하겠는교. 나왔으마 묻을라고 하지 나왔다고 얘기 하겠는교.

최승호 : 담배창고 같은 데서 산 넘어왔다고 하는데.

박효열 : 그 당시만 해도 솔이 꽉 우거졌는데 못 와요. 트럭으로 왔다면 모리지만. 길이 없는데.

최승호 : 길로 걸어서 오는 거는 봤나요?

박효열 : 사동 넘어가는 길이 하나 있는데 당시 장길이라고 여천 유곡동 사람들이 주로 장 보러 다닌 길이다. 그저 논두렁 길인데 걸어오는 거는 못 봤어. 아무래도 걸려왔겠나. 그런 소리는 못 듣고, 차로 왔다는 거는 알지.

최승호 : 직접 유해 본 적은?

박효열 : 뭐 좋은 거라고. 부모형제가 있다면 찾을라고 했겠지만 무겁기도 하고. 뼈도 아무나 만지는 게 아니잖아요. 거거 있으면 피해가지, 보러 가는 사람도 없습니다. 보통 강단 가지고는….

최승호 : 옛날에 그 굴 이름을 뭐라 했나요?

박효열 : 옛날에는 다데코라고 감석을 올리는 데거든요.

최승호 : 들어 올린 광석은 어디서 분류했나요?

박효열 : 병원 있는 데 비알집이 있었는데 여자들이 감석을 분리해서 그 밑에 제련장이 있었다.

최승호 : 지금 어디쯤인가요?

박효열 : 지금 일성화학 있는 그쯤일 거라.

최승호 : 땅을.

박효열 : 고랐부고 하니 위치를 모리는 거라.

최승호 : 제련 후에는 어디로 보냈나요?

박효열 : 제련 후에는 모르지요.

최승호 : 케이블카로 경산역으로 옮겼다는데.

박효열 : 케이블카 있었어요. 해방 후에도 있었다. 해방 후에도 여

기 감시가 있었잖아요.

최승호 : 케이블카 시작은 제련장입니까?

박효열 : 제련장이지 싶은데 경산까지 케이블카로 갔다. 경상병언 앞에 동산만데이 거기 많이 있었어요.

최승호 : 병원 맞은편 복숭아밭에 시설이 있는데 거기는 뭐하는 곳 이었나요?

박효열 : 아 굴뚝. 아 연통 높게 하나 있었다. 제련하는 굴뚝이 있 었다. 한 30, 40미터 가까이 됐다.

최승호 : 당시 CIC 본부는 어디 있었나요?

박효열 : 참마트 뒤에. 참마트 바로 옆에 2층집이 있을 때는 방위 군이 있었다. 지방도 지키고.

최승호 : 몇 살 때 이 마을에서 나갔나요?

박효열 : 23살 때 나갔나. 지금 살았으면 100살 넘은 사람은 잘 알 기라. 젊은 사람들은 군에 가고 그저 내려오는 말로 들었 지. 확실히 본 사람을 찾을려면 여서 힘들 끼라.

최승호 : 광산 할 때 가봤나요?

박효열 : 학교 다닐 땐데 주야 24시간 일하는데, 2교대 하는데 들 어가 볼 수가 있나.

최승호 : 굴에 들어가 보니까 높이가 60, 70미터쯤 되고 동바리를 대가.

박효열 : 가봤네요.

최승호 : 안에 들어가 봤습니까?

박효열 : 봤지요.

최승호 : 수평1굴은 들어가 봤나요?

박효열 : 들어가 봤지요. 거거 지나가도 쭉 있어요. 그때는 비었으

니까.

최승호: 그때는 뚫려 있었나요?

박효열: 예. 한참 들어가면 위에서 내려와서 막혔지.

최승호: 지금 당시에 일했던 사람 있나요?

박효열: 후손들은 몰라도 다 이사 갔지. 그때 살은 사람이 없어요.

최승호: 4·19 후에 10년 만에 발견됐는데 그전에 가본 사람 있습니까?

박효열: 가본 사람 있나.

최승호: 금이빨도 빼고 했다는데.

박효열: 하하. 그런 거는 떠도는 소린데 하나 있긴 있어요.

최승호: 그분이 돌아가셨다는데.

박효열: 돌아가셨어요.

최승호: 그게 60년도입니까?

박효열: 연도는 모리겠어요. 기억 안 나요. 편재학이나 살았으면 잘 알까. 내보다 4살 많아도 일하러도 다녔고.

최승호: 하루 일당은요?

박효열: 모리지. 우예 아는교

최승호: 이거 말고 어른들한테 들은 이야기 해주십시오.

박효열: 이거뿐이지 뭐.

최승호: 죽고 나서 도랑에 핏물이 3년이나 흘렀다는데.

박효열: 3년은 거짓이지만 죽고 어시 동안 도랑에 청이끼가 꽉 끼었다. 냄새나는데 거기 누가 가는교.

최승호: 죽고 나서 한참 동안 거기로 못 갔네요.

박효열: 밭 있는 사람은 몰라도.

최승호: 냄새는 마을까지 났나요?

박효열 : 이까지 났겠나. 도랑에 내려가면 났지.

최승호 : 나락에도 냄새가 나고 밥해놓으면 냄새가 났다고 하는데.

박효열 : 몰라. 그때 농사 다 지었는데 마실에 그 물로 농사 다지었는데 우리도 그 물로 한 마지기 지었는데 냄새난다는 말은 못 들었다. 당시에는 몰라도 그 물 막아서 이 동네에 많이 이용했어요. 그 물 막아가 덕 좀 봤어요.

최승호 : 못 하신 말씀 있습니까?

박효열 : 다 들은 이야기지요. 그때는 장난삼아 들어간 본 일도 있고요. 사건 나기 전에 없애기 전에는 들어가면 쭉 (뚫려) 있었어요. 그라고 굴 입구도 돌 있는 데까지 나무로 집을 만들어 거기 그때 무너진 거라요. 물 뺀다고 해서 그렇지 그전에는 막혀 있었어요. 오랫동안 막혀 있었지요.

최승호 : 막힌 거는 언제?

박효열 : 기억 안 나요. 앞에 나무 같은 게 무너진 거는 알지만 확실히 무너진 시기는 모르지요. 언제가 보니까 무너져서 무너졌구나 알지.

최승호 : 오늘 감사합니다.

박효열 : 이거는 전설에 불과해요. 확실히 본 거는 없으니까.

최승호 : 청방이 있었다는데.

박효열 : 당시에 지방 방위부대는 얼씬도 못 했다. 지서 근무하고 경비하고 그랬지. 지서 그 당시에 습격 한번 당했지. 지방 방위대장이 보리밥 떠거리 하나 대장이 있었어요. 당시 나는 16살에 소집장 받고 피해 다녔지. 붙잡히면 잡혀 갔지.

4. 안경치·유동하 구술증언

사건과의 관계 : 경산시 평산동 주민
구술 당시 나이(생년월일) : 1943년 7월 20일
출생지 : 경산시 점촌동 174번지

최승호 : 지금부터 우리 진실화해위원회하고 경산시에서 한국전쟁 시기 집단희생 사건 관련 구술채록 사업의 일환으로 수행하는 인터뷰를 시작하겠습니다. 2022년 10월 오늘은 10월 9일이고 오후 2시 지금 한 5분 전입니다. 장소는 경산시 평산2동 마을회관입니다. 구술자는 안경치 선생입니다.(구술자2 유동하) 면담자는 경산신문 최승호 그리고 촬영 및 면담 보조자는 뉴스민의 천용길, 온마을tv의 박선영입니다. 그럼 1회차 인터뷰를 시작하겠습니다.

최승호 : 우리 어르신 저기 성함이 어떻게 되십니까?

안경치 : 안 자 경 자 치 자입니다. 안경치.

최승호 : 생년월일은?

안경치 : 43년 7월 20일.

최승호 : 혹시 호적도 똑같이 이렇게 돼 있습니까?

안경치 : 예 그거 똑같이 돼 있어요.

최승호 : 호적도 동일하고. 원래 태어나신 데는 어디지예?

안경치 : 경산시 지금 점촌동 174번지.

최승호 : 174번지. 지금 농사지으시고. 그러면 학교는 초등학교는 그러면 여기서 다니셨어예?

안경치 : 초등학교도 여기서 다녔고 중학교도 여기서 다녔고.

최승호 : 남성초. 그리고 중학교는 경산중학교.

안경치 : 경산 그게 농예기술학교라고.

최승호 : 아, 경산농예기술학교.

안경치 : 네, 그때 거기 다니고. 그래가꼬 이제 경산고등학교가, 창선중고등학교 아시나 모르겠다.

최승호 : 창성. 아, 예예.

안경치 : 고게 중고등학교 있었는데 그때는 그 학교가 학생 수가 적어가지고 고등학교 다녔는데 고등학교 다니다가 2학년 하다가 폐교가 돼가주고 고등학교 다 몬 했지.

최승호 : 아, 못 하고 중퇴를 하셨구나. 그리고 나서는 쭉 이제 농사를 지으셨네요.

안경치 : 그리고 농사지었고 그다음에 이제 뭐 군에 가가주고 월남 갔다가.

최승호 : 월남을 다녀오셨어예?

안경치 : 66년도 갔다가 67년, 4월? 66년 4월달에 갔다가 66? 67 년 6월달에 왔어요.

최승호 : 6월에. 거기서는 부대는 어떤 부대였습니까?

안경치 : 거 맹호부대 기갑연대.

최승호 : 지금은 그러면 그 후유증이나 이런 건 없으십니까, 군에 갔다 오셔서. 베트남전 고엽제전우회 이런 거 있지 않습

니까?

안경치 : 아, 그런 건 없어예.

최승호 : 고엽제는 고엽 피해는 없고예. 아, 다행이시다 그지예.

안경치 : 예, 다행이지예.

최승호 : 그럼 44년도에. 형제가 참, 몇 형제입니까?

안경치 : 형제는 이제 우리가 8남매인데, 6남 2녀.

최승호 : 6남 2녀. 몇째입니까?

안경치 : 넷째입니다.

최승호 : 그 형제들도 다 이 부근에 사십니까, 아니면 다 멀리 갔습니까?

안경치 : 형님 두 분. 한 분은, 형님 둘이는 고인이 됐고. 누나가 요 자인에 살아예. 그리고 동생들은 서울에 살고.

최승호 : 아, 가까이인데 이제 누나가 사시니까. 가까이 형제간에 이렇게 우의를 돈독히 하셨겠다 그지예. 태어나셨던 점촌동 거기는 몇 살까지 사셨습니까?

안경치 : 거기 결혼하고 서른하나 서른한 살까지 살았어예. 그라고 분가해가지고 평산2동으로 내려와가….

최승호 : 점촌동 같으면 지금, 사셨던 데가 여기서 어디로.

안경치 : 요 바로 점촌하고 평산2동 하고가.

최승호 : 붙어 있죠, 도로.

안경치 : 그러니까 이제 도로 하나가 경계거든예. 개울이 하나인데 개울 하나가 경계고. 여기서 불과 한 100, 한 50미터?

최승호 : 바로 이제 이웃 마을에서 이웃 마을로 이제 오셨네예. 44년도에 태어나셨으니까 그때 당시에 어린 시절이라서 잘 모르실 건데 여기에 뭐 광산사택이라고 이렇게 들었는데.

혹시 그때 당시에 여기 광산사택에 사람들이 얼마나 살았습니까?

안경치 : 그런 거는 잘 몰라예.

최승호 : 아, 그런 건 잘 모르셔예.

안경치 : 그리고 그때는 우리가 나이가 어려가지고 점촌하고는 평산하고는 멀어도, 같이 놀아도 점촌 친구들끼리 놀고 평산 친구들은 평산 친구들끼리만 놀고 이런 놀았기 때문에. 불과 거리는 얼마 안 돼도. 뭐 빨개이 와가지고 저 우에 굴에 다 밀아여가 사람이 많이 죽었다 하는 그런 거는 알아도 들어도 딴 거는 몰라예.

최승호 : 음, 그런 얘기는 이제 들었습니까? 빨개이들 많이 델고 와서 죽었다. 그런데 거기에 그때 당시에 여기 평산동 여기 2동에 거기 지서가 있었다고 하던데. 평산지서.

안경치 : 아, 지서가 있었어예. 지서는 고기가 번지가 들뫼길, 우리 집이 88-6번지(*번지가 아니고 새주소 들뫼길 88-6)니까 한 88-5번지쯤 될 겁니다.

최승호 : 88-5번지. 예.

안경치 : 우리 집 앞에 있었으니까.

최승호 : 아, 지서가. 지서가 언제까지 있었습니까?

안경치 : 지서는 우리 뭐 조금 커가지고 없어졌제? 한 스무 살, 스무 살 안 돼가 없어졌제.

최승호 : 없어요. 있다 소리 듣고.

안경치 : 지서 있는 거는 알아요. 우리도 알아예.

최승호 : 아, 알아예.

마을사람 : 동하 오만 좀 잘 알 기다. 그 바로 앞에 사람 뭐 몇 명

죽고 뭐 카는 거 저 사람 먼저 저 함 MBC가 한번 취재하면.

안경치 : 우리가 열 살 조금 넘어가 없어졌지 싶다. 안 그러면 기억이 있어가지고 더 잘 알 건데 우리가 커가지고 얼마 안 돼가 지금 없어졌다.

최승호 : 그러면 거기에 지서에 형무소 대구형무소의 재소자들을 데리고 와서 거기서 분류 작업을 했다고 그러던데 그때 당시에 그런 얘기는 들어본 적은 없습니까?

안경치 : 그런 거는 못 들었어요.

최승호 : 그거는 이제 더 어른들 돼야 아시겠다. 그죠?

안경치 : 그렇지예.

최승호 : 그 당시에 여기에 혹시 마을 안에도 빨갱이 활동을 했던 사람들 아니면 10월 항쟁에 가담했던 사람 이런 사람들 있었습니까?

안경치 : 잘 몰라요.

최승호 : 그런 거는 잘 몰라예? 어르신 이제 그라마 거기서 이제 점촌동에 살다가 여기 내려와서 여기에 이제 정착하고 나서는 사실은 이제 저 위에 들미광산에 일어났던 일 이런 것들은 잘 들어본 적이 없잖아 그렇죠. 여기 농사짓고 하니까.

안경치 : 그리고 우리가 뭐 분가하고 그때쯤 돼가는 그런 일이 다 정착 다 돼뿌고 그런 이야기는 하나도 없었지예.

최승호 : 이야기도 없어, 이야기 자체가.

안경치 : 그저 그 이야기 있었을 적에가 우리 열 살 미만 때.

최승호 : 열 살 미만 때.

안경치 : 고때 이제 그런 이야기 좀 들었지. 그 뒤로는 그게 또 잠 잠해지고.

최승호 : 혹시 어른들 아버지나 이런 분들이 동네 어르신들 이런 분들이 코발트광산 관련해서 얘기하시는 거 이런 것들은 들어본 적 있습니까? 들었던 얘기. 내가 직접 보지 않았 더라도 어떤 사람들이 왔는지?

안경치 : 좀 사상이 이상했던 사람.

최승호 : 사상이 이상했던 사람?

안경치 : 그런 사람들하고 또 그 마을에서도.

마을주민 : 여 앉아라.

안경치 : 여 여 온나. 여기 와 봐라. 여 와가지고 같이 옛날이야기 좀 듣고 싶어가 이분들 오셨는데 같이, 네가 더 잘 알 거 아이가. 이 친구는 원래 여기 살았거든.

최승호 : 아, 평산2동에 사셨어예? 성함이 어떻게 되십니까?

유동하(*안경치와 동네 친구) : 유동하.

최승호 : 유, 동, 하. 몇 년생이십니까?

유동하 : 43년생.

최승호 : 43년생. 음 그러면 한 일곱 살 때쯤 됐으니까 이쪽에 사 람들 와서 죽고 하는 이런 것들 좀 보셨겠네예.

유동하 : 구경 좀 했지.

최승호 : 그때 하루에 몇 명씩 이래 왔었던가예?

유동하 : 몇 명씩 카는 거는 추측을 못하고 나이가 적으니까. 차로 싣고 가는 게.

최승호 : 차로?

유동하 : 쓰리코타 내지 지엠씨.

최승호 : 아, GMC?

유동하 : 쓰리코타하고.

최승호 : 예 쓰리코타.

유동하 : 군인들 양쪽에 몇 명씩 서가지고 수건 일 눈에 가라가 고개 숙이도록 해가지고. 싣고 올라가는 게 보통 하루에 일곱 차, 여덟 차씩 올라갔다고.

최승호 : 하루에 일고여덟 차.

유동하 : 이 길로 올라왔으니까.

최승호 : 그래가 며칠간 그런 일이 있었습니까?

유동하 : 거의 뭐 적게 올라갈 때는, 적게 올라갈 때도 있고 많이 올라갈 때도 있는데 한 보름 이상.

최승호 : 보름 이상. 그때가 언제쯤 됐습니까? 계절로 봐서 여름?

유동하 : 여름 계절이지.

최승호 : 여름, 초여름.

유동하 : 초여름이 아니고 늦여름이지.

최승호 : 늦여름 예. 그럼 그때 모내기 다 끝내고 그럴 때잖아 그지예.

유동하 : 모내기가 끝나고.

안경치 : 끝나지. 6월 한 중순쯤부터 모내기 시작하니까.

최승호 : 그때 여기에 이 동네 사람들은 끌려간 사람이 없습니까?

유동하 : 없심다. 여는 없어예.

최승호 : 예, 없고. 전부 다 이제 외지에서 온 사람들이구나.

유동하 : 저 남방 사람이 하나 있었는데 그머 엉뚱하게 붙들리고 와가지고 내가 아는 사람이 돼서.

최승호 : 아는 사람이예?

유동하 : 크고 나니까 이제 아는 사람입니다. 내보다 연세가 한 40살 많았나. 남방 사람인데 그 사람은 풀려났어예. 고문을 받다가 코발트광산 창고에서 고문을 했거든예. 일부는 고문을 하고 밤새도록 가암(*고함) 지르고 난리 나고 막. 잠을 못 잘 정도로 난리가 나고 그랬다고.

최승호 : 광산 창고가 어디 있었습니까?

유동하 : 창고가 지금 복숭밭이 돼가 있지예.

최승호 : 복숭밭?

안경치 : 고 번지가 437번지거든예.

최승호 : 437번지.

유동하 : 지금 그 437-1인가 2인가 모르겠다고.

안경치 : 고게 437번지그덩.

최승호 : 음 창고가 광산 창고가.

안경치 : 그래 이제 그 번지를 평산2동 사람들이 다 자기 번지인가 생각하고 자기 번지는 모르고.

유동하 : 고걸 또 광산 사무실 번호가 437번지입니다 그지예.

최승호 : 아, 사무실 번호가.

유동하 : 그러니까 전부 여기 일하는 사람들만 여기 와 있었으니까.

최승호 : 번지도 모르고 인자.

유동하 : 번지를 몰란 게 아니고 주소지가 437번지 사무실로만 갖다 놓으면은 퇴근하면서 거기 가서 편지를 전부 받아가니까 자기 집에까지 일일이 갖다줄 필요가 없잖는 기라 그지요. 그래가 전부 437번지가 됐어요.

최승호 : 지금 어디쯤 됩니까 그게?

유동하 : 내려가다 오른쪽 복숭밭.

최승호 : 오른쪽 복숭밭. 고기 식당 하나 있지 않습니까?

안경치 : 예 식당 맞은편.

최승호 : 아, 식당 맞은편 민물 메기?

유동하 : 장어집 맞은편. 복숭밭 그깁니다.

최승호 : 복숭아. 거기가 이제 코발트광산 사무실이고 창고였네 그 지예. 그러면 거기에서 그라면 이 사람들을 잡아놨다가 이제.

유동하 : 아니 그게 이제 시발점이었고 그때가. 그 뒤로 이제 차로 싣고 와가지고 학살을 했는데.

최승호 : 그러면 거기는 이제 지방 사람들을 이제 거기서 이제 고문도 하고 했고 이후에는 이제.

유동하 : 가까이 지방 사람들은 남방 사람 아는 사람 그 사람 하나밖에 없어요.

최승호 : 혹시 이름 기억나십니까?

유동하 : 기억 안 납니다.

최승호 : 이름은 기억 안 나시고.

유동하 : 이씨라 카는 것만 알지 이름은 모르겠어요.

최승호 : 그분은 뭘 해갖고 이렇게 잡혀왔는 거예요?

유동하 : 괜히 저거 뭐 밥해 달라고 내려와 가지고 난리를 치르다가.

최승호 : 아, 부역을?

유동하 : 네, 총 갖다 대니까 밥 안 해줄 수 있습니까. 그런데 밥 해주는 것까지는 부인들이 해조가 괜찮았는데 그기 같이 서가 있었다고 잡히가 와가지고. 아무것도 없는데 잡혀

와가지고 그 당시 그래 됐던 모양이지.

최승호 : 그래 그분은 결국은 풀려났습니까?

유동하 : 풀려났어요. 풀려났는 게 그 사람을 우예 아는고 카니까 내 모친의 친구, 내 모친이 남방 출신입니다. 생가가 거기 있으니까. 그 친구의 아들이라예. 그 때문에 내가 그걸 알지 그람 모르지.

최승호 : 남방 친구 아들. 여기서 그때 당시에 여기 저 뭐고 코발트 광산에 일하러 온 사람들이 얼마나 됐습니까. 사택이 많이 있었다고 그러던데 몇 채나 있었어요?

유동하 : 엄청 많았습니다.

안경치 : 사택이 지금 평산2동 가구가 55가구니까 거의 한 40가구가 넘었을 기라.

유동하 : 40가구가 넘지. 한 60가구 이상 돼. 3반에 하고 저 우에 2반에 하고 전부 거 아이가.

안경치 : 그래 2반.

유동하 : 그라고 점촌에도 길옆에 저 안 있었나. 거 와 너거 형 처음에 살았던 데 그쪽 내려가면서 거 안 있었나. 거 사택 집 아이가 그거.

안경치 : 아 그래 그래. 점촌이라도 그래 그것까지 하면 한 60가구 정도.

유동하 : 한 60가구 넘어. 엄청 많다고.

최승호 : 한 가구에 그때는 몇 명씩 살았습니까?

안경치 : 보통 그때는 애들도 많이 놓고 하니까 한 적어도 한 오륙 명씩.

최승호 : 오륙 명씩, 아 거기 가서 이제 결혼해갖고 일하러 와갖고

이제 거기서 결혼해가 살았구나 그지예.

안경치 : 그리고 요 우에 코발트광산이라고 있었거든예. 그때 광산에서 일을 참 많이 했거든예.

최승호 : 그치예. 광산에서.

안경치 : 코발트광산.

유동하 : 갱도에 들어가 가주고 코발트 캐내고 뭐, 한 철길 놓고 뭐 하는 데 전부 다.

최승호 : 그 사람들이 전부 다 어디서 왔던 사람들입니까? 이 동네 사람들?

유동하 : 아입니다. 전부 객지 사람들이지.

안경치 : 전부 외지 사람들.

안경치 : 아까 최웅석 씨 이야기했지예. 그분도 외지 사람이라.

최승호 : 아, 이분도예? 돌아가셨습니까? 이분이 안 그래도 처음 왔을 때 다른 사람들은 코발트 얘기를 잘 안 하는데 이분이 이제 하시더라고요. 자기 포도밭도 고 있다 이라시면서.

안경치 : 최웅석하고 편재학 씨도 있었고.

최승호 : 편재학 씨예.

유동하 : 그분도 그건 전부 거기서 이제.

최승호 : 그리고 한 분은 보니까 저기 뭐고 자기 아버지 산소가 미래대 뒤에 거기와 민묘. 거기에 있던 거기 공동묘지라 그러던데.

안경치 : 예, 공동묘지 있어예.

최승호 : 거기가 코발트광산에서 일하다가 돌아가신 분들이 주로 묻혔다 카던데.

417

안경치 : 고, 고기가 어디쯤 되는가 하면 비들만대이.

유동하 : 공동묘지.

안경치 : 그래, 공동묘지 있었거덩.

유동하 : 지금 아직 있잖아.

안경치 : 그래, 아직까지 있다.

최승호 : 비들만대이.

유동하 : 비들재지 인자. 만대이라 카는데.

최승호 : 거기 묘가 제가 보니까 한 4, 50기는 되겠던데.

유동하 : 좀 많을 기라.

마을사람 : 점촌동 끼가?

안경치 : 아니 그게 점촌동.

마을사람 : 점촌동 고가?

안경치 : 으으응, 점촌동 꺼는 학교 뒤에.

유동하 : 평산1, 2동. 평산1, 2동 공동묘지.

안경치 : 학교 뒤에가 점촌 공동묘지 아이가.

유동하 : 그거하고 요 코발트광산하고는 관계없어요.

최승호 : 그건 관계없습니까?

유동하 : 실컷 이야기하다가 죄송합니다만 어디서 나오셨어예?

최승호 : 저는 경산신문사에서 나왔습니다.

유동하 : 경산신문사. 아 예.

최승호 : 안 그래도 이 동네에 옛날얘기들을 좀 들어서 기록을 좀 해 놓으라 그래갖고.

유동하 : 내가 티부이에도 한 두어 번 나왔고.

최승호 : TV도 나오셨어요?

안경치 : 이 친구는 원래 여기 평산2동에 살아가지고 잘 알고. 이

친구(*마을사람)하고 내하고 저 우에 점촌동에 살았고.

최승호: 점촌동에 살으셨고.

유동하: 모자이크 처리해 달라고 그래가주고. 사진기를 자꾸 갖다 대사 촬영을 같이 해사 모자이크 처리해가 나왔는데 다른 사람들이 음성 듣고.

최승호: 알죠. 다 알죠.

유동하: 아이고 형님 거 나왔두마 캐샀고. 지방 TV 부산 지방에서 그 왔고.

최승호: 저희들은 이번에 어르신들이 더 연세 더 들기 전에 그때 당시에 이제 50년, 60년 이럴 때 당시의 얘기들을 좀 들어 놓으려고 그렇게 합니다.

최승호: 어른들하고 조금.

[구술자 좌석 새로 배치]

유동하: 그러니까 이제 그런 차로 싣고 올라갈 때 완전히 사형시키로 가는 거지예. 시키로 올라갈 때 어른들은 한 15세 이상 되는 어른들은 15세가 하이튼 20세 이상 되는 어른들은 전부 외지 저 비들재 있는 데까지 내보냈어예.

최승호: 아 마을 사람들을 다.

유동하: 보지 말라고. 우리는 이제 어리니까 열 살 밑이니까 이게 막 길에 막 뛰어다니고 막 놀았다고예. 그런데 막 이제 크락숑을 눌루코 차가 올라가고 그랬기 때문에 이제 자세히 봤는 기지.

최승호: 그때 어른들은 어디로 소개시켰습니까, 피신시켰습니까?

유동하: 저 저 남성초등학교, 지금 남성초등학교.

최승호: 남성초등학교.

유동하 : 그때 압량 남부국민학굔데.

최승호 : 압량 남부국민학교. 그러면 거기에는 이제 그러면 몇 시에 그러면 아침에 소개해 났다가 저녁에 다시 집에 오고 이랬습니까?

유동하 : 아니 출발할 때. 출발할 때 자기들끼리 연락이 되는 모양이지예. 그 인제 사람들이 어른들이 나가는 걸 보면은 우리는 이제 또 오늘 또 무슨 일이 있구나 이제 알고, 적어도. 끝나고 나면 총소리를 끝나고 철수하고 나면 이제 들어오고. 그런데 정해진 시간은 없지예. 적게 싣고 오면 적게 나가고. 일찍 들어오고.

최승호 : 하루에도 뭐 일곱 대, 여덟 대 같으면 최소한 한 100명, 200명씩은 됐겠네 그지예.

유동하 : 엄청 많이 올라갔어예. 한참 올라갈 때는.

최승호 : 그 사람들은 여기, 저기 광산 사택에서 분류 안 하고 바로 올라갑니까, 아니면 거 내려갖고.

유동하 : 분류 없어예. 외지 사람들이 여기 지금 갔다가 총살시킨 사람들이 전부 거의 뭐 외지 사람.

최승호 : 외지 사람들. 아무래도 저희들이 듣기로는 대구형무소에 있던 사람들이라고 이야기하던데.

유동하 : 그건 모르겠어요.

최승호 : 그거는 모르겠고.

유동하 : 가까이에 있는 근교에 있는 사람들은 아이고.

최승호 : 그라고 끝나고 나서 그러면 그 굴은 어떻게 됐습니까, 그대로.

유동하 : 그걸 완전히 넘치도록 했어예. 쏴 직이고.

최승호 : 넘치도록. 그러고 나면 그걸 그대로 덮었습니까, 아니면 그대로 놔 방치했습니까?

유동하 : 오리목이라고 하는 나무가 있어요. 오리목을 꺾어가지고 위에다 덮었어예. 덮어 놨는데 우리가 뒤에 올라가 보니까 거기 놀이터 비슷하게 우리가 그랬다고. 폐광되고 난 뒤에. 덮어 놨는데 그 뒤로 자주는 안 올라가 봤지만, 귀신 나온다 캐사코. 자주는 몬 올라가 봤는데 한 한 10년 이후에 올라가 보니까 위에 뽈록하게 덮혔던 게 저 밑에 내려가 있어예, 굴에서.

최승호 : 꺼졌어요.

유동하 : 그게 다데꼬 카면서 굴이, 일본말인데 다데로 이게 바로 직선으로 수직굴이거든예. 아주 뭐 엄청 컸어요. 굴이. 컸는데 그 굴 저 밑에까지 내려가 있더라고요 덮어놨는 게. 그러니까 이제 시체가 썩으니까 줄어드니까 부패 돼가 썩으니까 이제 그래 됐는 모양이제

안경치 : 굴이 옛날에 폐광 코발트광산을 채취했는 굴인데 그 굴에 시체를 밀어여가지고 죽였다는 말은 들었거든예.

안경치 : 거기다 세워두고. 총을 안 쏘고.

유동하 : 바로 쐈어요.

안경치 : 쐈다 카더나? 장대, 총알이 아까버가지고 저때 장대 쥐고 이때 장대 쥐고 밀아였다 카던데.

유동하 : 아니 그게 아니고 처음에는 한 사람에 한 방씩 쐈는데 뒤에는 총알이 아까워가지고 총알 감당을 모 해가지고. 여럿이를 세워두고 오륙 명씩 세워두고 한 방씩 쐈다 그래, M1으로. 칼빈 가지고는 안 되니까 M1으로 쐈는데 거쭈

서 살아나간 사람도.

최승호 : 살아나간 사람들도 있습니까 거기서?

유동하 : 한 사람 내가.

안경치 : 으은지예, 한 사람 저.

유동하 : 그 사람 저 달아나가지고 청도 운문사 거 운문사로 해가 지고 달아난 사람은 그 사람이 뒤에 자기가 잡혀가지고 자백을 해가 소설을 썼는데.

최승호 : 생존자가 있단 얘기 들었습니까?

안경치 : 저도 그런 이야기는 한번 들었거든예. 수직굴에 밀아였는 데 수평굴이 또 있거든예. 수평 있고 수직이 있고 수평굴 인데 그 수직굴에 밀아였는데 수평굴로 나왔다 그런 얘기 를 들었어예.

최승호 : 아, 수직굴로 들어갔다가.

마을주민 : 밀아여가주고 살아나왔다, 한 사람 살아나왔다 말은 있 다.

최승호 : 아, 한 사람. 그 사람은 여기 사람은 아니고 딴 사람이고. 그 사람이 그러면 이제 살아갖고 뭐 다시 붙잡히고 그러 지는 않았는가예.

안경치 : 그런 거는 없었는 거 같습니다.

최승호 : 60년도에 그라고 나서 저기 안에 그 굴에 들어가서 뭐 금 니 이걸 이제 빼갖고 빼고 들어간 사람들도 있다고.

유동하 : 이름 머 한용락인가.

마을주민 : 한용철인가 뭐.

안경치 : 한용철이가? 오래돼가 이름도 잘 모르겠다.

최승호 : 아, 그런 분들도 있었습니까?

안경치 : 그분이 망치 조그만한 거 들고 들어가가지고 이제 칸드랫 불이라고 있지예. 그 광산에 일한 사람들이 카바이트로 가지고 그거 써고 들어가가지고 죽은 사람 금이빨 뺐다 그런 이야기를 들었거든예.

최승호 : 그러면 그때까지도 이제 60년대 그때는 이제 굴이 그냥 이렇게 방치돼 있으니까 그 굴을 어떻게 들어갔지예?

안경치 : 사람은 여기 살았거든예.

최승호 : 아, 원래 이 동네 사람이니까.

안경치 : 요 우에 요 같은 평산2동이라도 평산2동이 1반, 2반, 3반 으로 나눠져 있는데 저 위에가 3반이거든. 3반에 살았거 든예 그 사람이.

최승호 : 그럼 그걸로 이제 생계를 유지를 한 겁니까?

안경치 : 그건 모르지.

최승호 : 아니면 그 농사 많이 없고 이랬는가요?

안경치 : 그 사람들도 보면 그 사람들은 그냥.

최승호 : 돈 된다 하니까.

안경치 : 최웅석 씨나 편재학 씨나 또 김인명 씨 그리고 그 아까 그 사람 한용철이 그 사람들은 점다(*전부 다) 외지에서 들 어온 사람들이거든요.

최승호 : 아 외지 사람들 한 동네.

안경치 : 동네는 우리 마을에 사는 한 동네인데 거기에 사택에 살 았어예.

최승호 : 사택 사람들이구나. 김상조 씨도?

안경치 : 예, 김상조 씨도. 상조도 고인 됐거든예.

최승호 : 아 돌아, 고인되셨어예? 김상조 씨 어른 거 산소가 여기

비들재 거기 공동묘지에 있다 그러시던데. 뭐 굴에 거기 굴을 막아갖고 거기 모내기할 때 그거는 언제입니까?

유동하 : 굴을 막아가 모내기, 박남수 씨 거.

안경치 : 그 물로 가지고 모내기하고 했거든 옛날에.

유동하 : 그게 통한다 카더라고. 그거하고 박남수 막았는 거. 그라고 옆구리를 뚫버놨는 굴이 또 있어요.

최승호 : 수평굴이 있지 않습니까?

안경치 : 수직굴 있고 수평굴 있는데 수평굴에 거 막아가주고.

유동하 : 이제 맞닿아 있으니까 앞에다 막아가지고 시멘트를 가지고 막아가 뚝을 해가지고 물을 고아가지고 그 물을 이제 농사짓는 데 쓰고 그래 그런 거지. 그런데 처음에는 한 10년 동안 못 썼어요. 그 물을 안 썼는데 그 뒤로.

최승호 : 안 썼다고요?

유동하 : 예, 십몇 년 후로 저 핏물이 내려오고 막 난리가 나기 때문에 못 썼다고요 이거. 마을에 막 인불이 막 날라다니고.

최승호 : 아, 인불이 날아가니까.

유동하 : 사람 죽이고 난 뒤 얼마 안 돼가주고.

최승호 : 그라고 그렇게 사람이 많이 죽었으면 동네에서 거기서 가서 이렇게 제사를 지내준다든지 진혼제를 지내거나 천도재를 지내든지 이런 것들은 없었어예?

유동하 : 없었심다.

최승호 : 시에서도 그런 건 안 하고, 군에서도 그런 건 안 하고.

유동하 : 지금 모양으로 이래 체계가 이렇게 잘 잡히가 있는 게 아니고 각자 자기 살기가 바쁘니까 뭐 그거를 염두에 두고

그런 그게 못 됐다.

마을주민 : 그때 자유당 시대 아이가.

최승호 : 못 됐다 인자.

유동하 : 그 뒤로도 총 맞고 달아나는 사람 또 쏴가지고 이제 죽었는 사람들 뼈. 그게 그 굴에만 한정돼가 뼈가 있었는 게 아니고 군데군데 그거 마, 여러 군데 있었어예. 있는 걸 우리가 주어다가 이제 그 굴에 갖다 넣고.

최승호 : 아, 다시 굴에 넣고?

유동하 : 땅에다가 묻어주기도 하고 그런 기억이 있어요.

최승호 : 우물이 있었는데 우물에도 유해가 가득 있었다. 그런 얘기 있었죠.

유동하 : 거기에는 우물이 없심다.

안경치 : 우울 업심다.

최승호 : 없어예? 지금 그러면 안경 공장 있지 않습니까. 지금 파티마 요양병원. 그거는 그전에는 어떻게 뭐로 되어 있었습니까?

유동하 : 그게 그냥 코발트광산 할 때.

안경치 : 산이 그대로.

최승호 : 그대로 산이었습니까?

안경치 : 그 사람 옛날 일본 사람들이 체광하면서 뚫브고 이쪽 굴도 뚫고 이쪽에 수직굴도 뚫고 수평굴도 뚫고 이래 뚫브면서 그 있던 그 옆에 국제광학인가?

최승호 : 국제공학, 아 국제광학.

안경치 : 국제광학 나오고 난 뒤에 지금 요양병원에 들어와가지고 파티마.

유동하 : 국제광학 자리는 그 기계 기계가 많이 좀 서가 있었어요.

최승호 : 여기는 광산 기계가 있었어요?

유동하 : 기계가 왜 있었냐 하면 여기서 경산 저거 우리가 지금 여기서 이야기하는 동산만대이 동산만대이 동산이라고 있어요. 거 삼북동.

안경치 : 고기 어디쯤 되나 하면은 병원에.

유동하 : 지금 중앙병원.

최승호 : 중앙병원, 상방동.

유동하 : 상방동이지예, 상방동.

최승호 : 상방동 거기가 원래 선광장이잖아요. 여기서 캤던 거를 글로 옮겨갖고.

유동하 : 그 데사코 카는 거 케이블이지예. 케이블카 그걸로 옮겨가주고.

최승호 : 네 맞아요. 거기에 보면.

유동하 : 세맨 만대이에서 이제 굴이 밑으로 이렇게 쫙 내려가 있었어요, 지금은 없어졌는데. 거기다 갖다 부우면은 그 밑에서 이제 받아가지고 실어가 경산 여기 대구선으로 지금 날끼는데 부산행 그게. 경산역이 생긴 게 아마 그것 때문에 그래 경산으로 내리왔다 이런 얘기가 있어요. 일본으로 그걸 실고 가기 위해 가주고 경산역이 영천으로 안 가고.

최승호 : 그거는 경산역이 생긴 거는 천, 마이 오래 전인데 그 전인데.

유동하 : 그러니까 그라고 난 뒤에 코발트광산도 오래됐잖아. 코발트광산의 채취물을 일본으로 운반하기 위해가지고 경산역이 생겼다.

최승호 : 경산역이 생겼다. 아, 그런 얘기가 있었어요?

유동하 : 안 그랬으면 영천으로 해가 내려갔으면 바로 뚫렸다고. 그리고 지금 상주가 김천에 뒤지듯이 옛날에는 상주길이 국도였는데 지금은 김천에 역이 생기고 나니까 더 커졌잖아요. 김천이 상주보다. 그런 식으로 돼 있다.

최승호 : 혹시 여기 음 신대나 남방동 부적동 이런 사람들이 여기서 평산 지서로 끌려왔다고 얘기를 들었는데 혹시 그 사람들 중에 혹시 아는 사람들 있어예?

안경치 : 몰라예.

유동하 : 아까 남방 이야기했던 그 사람들인데.

최승호 : 그 사람은 이씨고. 의송동 용암동 신월동 이런 사람들은 모르시죠?

유동하 : 많이 그랬겠지예. 그때 아무튼 끌려와가지고 취조받고 고문하는 걸 우리는 보지는 못했어요 소리만 들었어예. 낮에는 잘 모르고 밤에는 엄청시리 크게 들리니까 밤낮으로 그랬으니까 많은 사람들이 치조를 해. 그거 하고 이거 하고는 마 별개로 보시는 게 맞을 깁니다, 시기적으로.

최승호 : 그때 고문하는 거는 경찰이 했습니까, 아니면 군인이 했습니까?

유동하 : 경찰에서.

최승호 : 경찰이?

유동하 : 그 시체를 싣고 올라가고 했는 거는 군인들이 했고.

최승호 : 군인이고. 아, 형무소 사건 그거는 이제 군인들이 했고 고문하고 했는 거는 이제 경찰이 했고. 그때 CIC가 여기 있었다는 얘기는 못 들으셨어요?

유동하 : CIC가 나왔다는 얘기는 못 들었어예. 못 들었는데 그 사
람들도 그래 안 했겠습니까.

최승호 : 그렇죠. CIC가 아마 경찰이나 이런 사람들을 시켜갖고 했
을 가능성이 제일 높죠 그지요.

유동하 : 그렇겠지요.

최승호 : 그럼 이 동네는 이제 한국전쟁 그것 때문에 이제 사실은
조용하던 동네가 많이 시끄러웠네 그죠?

유동하 : 공비들한테 우리 지금 니 번인가 세 번인가 기습을 당하
고.

최승호 : 아, 여기가요?

안경치 : 파출소가 어디 있는고 하니까 회장 집 앞에 지금 돌공장
하는 데 있어예.

최승호 : 장어집 집 뒤에 돌공장?

유동하 : 돌공장 그 자리에 지서가 있었습니다.

최승호 : 지서였습니까?

안경치 : 아까 내가 그런 이야기 했거든. 그 번지 바로.

최승호 : 광산 사무실 옆에 고 지서가 있었네 그렇죠?

유동하 : 앞에가 사무실이고 작은 집 뒤에가 지서고.

최승호 : 장어집 앞에가 지서고 뒤에는.

안경치 : 아니 앞에가 사무실이고 뒤가 지서고.

최승호 : 장어집은 몇 번지입니까?

안경치 : 고개가 지금 88-5번지쯤 될 겁니다. 내가 6번지거든.

최승호 : 평산동. 예, 지금은 흔적은 없습니까?

안경치 : 흔적 없어예.

최승호 : 그러면 공비들이 이 지서를 습격을 했다는 겁니까?

유동하 : 그렇지 그 앞에 산 있지예?

최승호 : 예 쪼매난 산.

유동하 : 여서도 보입니다만 그 산에서.

최승호 : 총을 쏴갖고.

유동하 : 예. 총을 쏘고 우리는 뭐 이불을 막 동개 놔놓고 뒤에 막 숨고 또 뭐 저거 그러고 난 뒤에 이제 군인들이 그때 나락이 누렇게 익을 때 저 갑제 입구 거기서부터 이제 시작해가 왔던 모양이지예. 거 올라오는 걸 우리가 봐서. 저 뒤에 내가 살 땐데. 뒤에 총소리 다 끝나고 가뿌고 고 밑에다 달아나 뿌고 난 뒤에 마하로 오노. 군인들이 이제 연락을 받고 오면은 벌써 끝나고 난 뒤에 왔다 가고 그랬어요.

최승호 : 아 공비들 잡으러 이제 왔는데 이미 그때는 되면 이제 다 달아나고 없었구만.

유동하 : 다 달아나뿌고 없어예.

안경치 : 그때는 지서가 돌담으로 돼있었제 그쟈?

유동하 : 그 돌담을 안 싸고 그냥 있었는데 지서가 그냥 있었는데 이제 공비들이 기습을 하니까 마을 사람들을 전부 동원시키가지고 3개 동 마을 사람들 전부 동원시키가 돌담을 쌓았어예.

안경치 : 그래. 돌담을 쌓은 기라.

최승호 : 그때 뭐 이게 청년 방위군이라든지 민보단이라든지 이런 거 마을에 활동 안 했습니까?

유동하 : 우리는 그건 모르고 있어요, 몰라요.

최승호 : 몰라예.

안경치 : 예, 몰라요.

유동하 : 모르지.

최승호 : 그럼 주민들은 이제 지서에서 와가 돌 쌓아라 하니까 이제 나가가 부역을 하고. 부역하고 나면 밀가루라도 좀 주고 했어요? 그런 것도 안 주고 그냥?

유동하 : 없었는 걸로 압니다.

최승호 : 없었습니까? 어쨌든 그라마 평산지서 때문에 마을 주민들이 사는 생활하는데 좀 어려움들이 좀 있었네 그지예? 불편한 게 많이 있었네.

유동하 : 불편, 불편했지예. 공비 기습을 받았는 것부터 시작해 가주고. 뭐 좋은 거는 치안을 그때 지금 모양으로 잘 되어 있어가지고 했는 게 아이니까 오히려 그것 때문에 불편했지. 그 지서가 코발트광산 때문에 생긴 일이거든예. 첫 광산이 그거 되고 난 뒤에는 없어졌어야 되는데 그대로 존속해 있었어예. 그대로 있었으니까 오히려 우리한테는 그때는 불편했다는 거지.

최승호 : 근데 광산이, 광산 때문에 지서가 생길 일이 뭐 있습니까?

유동하 : 인원이 많아지니까.

최승호 : 아, 광산에 이제 광부들이 많으니까.

유동하 : 온 전국에서 못 먹고 사는 사람들만 전부 모이가주고 노가다 그때 이제 지금 말로 노가다지 그지예. 일용직으로 와가지고 이제 고정도 되지만은 일을 하다 보니까 뭐 서로 다툼도 있고 뭐 분쟁이 많이 심해가 심하게 일어나니까.

안경치 : 결국 이제 폐광되고 난 뒤에는 일부 사람들이 여기 정착하고 또 일부는 그다음에 다른 사람들은 다 이제 또 외지로 다 빠지고 그랬지.

최승호 : 정착한 사람이 한 몇 프로나 정착했을란가예?

안경치 : 정착 카는 고기 여기는 정착한 사람이 없고, 요 우에 상조 씨하고 최웅석 씨 살던.

최승호 : 고기가 3반입니까?

안경치 : 예, 고기가 3반인데 고기 사람들이 거의 정착을 다 했어예.

유동하 : 거는 거의 뭐.

최승호 : 3반이 한 몇 호쯤 되겠습니까?

안경치 : 스물 한 다섯 집?

최승호 : 그분들은 전부 다 이제 예전에 사택에 살던 사람들인데 대부분 다 정착을 했다 그지요? 집이 없거나 아니면 농토가 없는 사람들은 다 자기 고향으로 다 돌아갔을 끼고.

안경치 : 그때는 사택이니까 코발트광산에서 사택을 다 지어줬거든예.

최승호 : 공짜로 줬으니까 계속. 뭐 일본도 그때 패망하고 가버렸으니까 그냥 눌러앉아도 되지 않습니까?

유동하 : 그대로 눌러앉았는 기지. 다른 데 뭐 직업을 찾아가지고 집이 있고 뭐 고향이 있고 그런 사람들이 아이니까.

안경치 : 거는 전부 다. 그래, 최웅석 씨 그 다음에 김영민 씨 그라고 종호 이름 박호영 씨 박효열 씨.

유동하 : 그래 전부 다.

최승호 : 아, 박효열 씨.

안경치 : 박효열 씨, 박호영 씨 그라고 박호무이 즈거 아버지.

유동하 : 전부 다다.

안경치 : 김선일 씨.

유동하 : 거의 90푸로가 정착했다.

안경치 : 김인명 씨. 다다.

최승호 : 그러면 그때 당시에 정착하셨던 분들 중에서 지금도 살아 계시는 분들이 있습니까?

안경치 : 없어예. 없고 이제 자제분들은 거기 살아계시고.

최승호 : 자녀들은 있고.

안경치 : 무술이 캤지예? 무술이도 돌안(들어온) 사람이거든예.

최승호 : 아, 김무술 씨가 지금 가마 이제.

안경치 : 김무술 씨 아버지도 돌안 사람이고, 무술인 여기 와가주 고 태어났고.

최승호 : 그럼 김무술 씨는 아버지한테 들은 얘기들이 많이 있겠네 그지요?

유동하 : 그런 얘기를.

안경치 : 그래, 해주겠나.

최승호 : 거의 안 하지 음. 그게 꼭 뭐 기억하고 싶은 그런 게 아니 니까 그지요? 당시에 전쟁 나고 나서 일어났던 일들이니 까 동네 사람들도 꼭 오랫동안 기억하고 싶은 그런 기억 은 아니다. 그지예?

유동하 : 그렇지예. 그거 참사지예. 한마디로 참사니까 그걸 누가 기억해가지고 자식들한테나 이우제(이웃에) 이야기를 해 가지고 화젯거리가 될 수 있는 그런 그건 못 됐다는 거 지. 쉬쉬카고 넘어가는 기지.

최승호 : 다만 이제 이 동네는 이제 코발트광산 때문에 이제 그런 참사를 겪은 마을이지. 마을 안에 이제 보도연맹이나 이런 데 가입해서 죽은 사람 이런 사람들은 없다 그지예?

유동하 : 전혀 없습니다. 또 이 마을 평산2동 카는 자체가 코발트광산 때문에 생겼는 마을입니다. 원래는 평산동이었어요. 들매 캐가주고.

안경치 : 그래 이제 평산2동 아까 조금 전에 이야기했던 거 법정동이 아이고 평산동이지 평산.

최승호 : 아, 평산2동은 그냥 우리가 이제.

안경치 : 지금은 이제 지금은 동사무소 가도 평산2동으로 인정을 해주고 해 행정에서 다 인정을 해주는데 옛날에는.

최승호 : 옛날에는.

유동하 : 옛날에는 들매 캐가주고 평산밖에 안 됐어요.

안경치 : 평산2동이라는 게 없었지.

유동하 : 광산, 코발트광산 때문에.

최승호 : 광산 때문에.

유동하 : 평산2동으로 이제.

최승호 : 생긴 말이다.

마을주민 : 그 동장도 그때 있었고.

최승호 : 여기는 지금 그라마 1반입니까?

안경치 : 예, 1입니다.

최승호 : 1반. 1반은 몇 호 정도 살지예?

안경치 : 1반이 지금 스물 한 다섯 집쯤 될 겁니다.

최승호 : 스물다섯 집. 2반은예?

안경치 : 2반은 몇 가구가 안 돼요. 2반은 한 집, 두 집, 세 집.

최승호 : 2반은 어디를 2반이라 합니까?

안경치 : 2반은 점촌 우에 한의대 밑에 고기에 또 사택이 있어예. 고기 땅은 점촌땅인데 사택을 지어놨기 때문에 옛날에 사택은 전부 다 평산2동으로 인정을 했거든예. 그래가지고 거기에 다섯 가구인데 두 가구가 나이가 좀 많아가지고 고인 되셨고 그래 지금 세 가구가 있는데.

최승호 : 아직 사택이 남아 있어예? 건물이 안 없어지고?

유동하 : 건물은 지금 없심다.

안경치 : 다 새로 집을 다 착 다 새로 집을 지었고.

최승호 : 1반, 1반에는.

안경치 : 1반에도 없어예.

최승호 : 건물은 인자 없습니까?

유동하 : 와 있지. 여 지금 영민이 즈거집 이거 이것도 영배 즈거집 이것도 그대로 있제.

마을주민 : 김무술 집.

유동하 : 위에 스래트 새로 있지 전부 그대로 있다고.

안경치 : 영배 집하고.

유동하 : 전파상하고 우리 집하고 원술이 집하고 있잖아. 그대로 아이가?

안경치 : 아 그대로 있나?

유동하 : 고대로지. 뚜껑만 새로 하고 벽을 헐어뿌리고 그 새로 도라꾸로가.

최승호 : 그 형태가 그대로 안 무너지고 남아 있는 게 한 몇 집이나 됩니까?

유동하 : 다섯 집이가? 하나 둘 서이 너이.

안경치 : 너거 집하고 원술이, 넷 집.

유동하 : 성암이 즈거 집 있다 아이가.

안경치 : 거도 새로 했제.

유동하 : 성암이 즈거 집. 아니다, 새로 발랐지 그대로 아이가.

안경치 : 그라면은 그라면은.

유동하 : 저 옆에 창무이 집도 있고 제법 된다 와.

최승호 : 그럼 3반은 이제 아까 한 스무 집.

안경치 : 3반은 거의 다. 아, 3반도 새로 많이 지았다.

유동하 : 전부 다 새로 지았다.

최승호 : 여기도 사택이 남아 있는 게 없죠.

안경치 : 여게 옛날 사택 그대로 남아 있는 게 없고 전부 개조를 했습니다. 개조해가지고 이 친구 집하고 그라고 한 다섯 집쯤 되거든예. 다섯 가구가 집은 완전히 개조는 안 하고 그 지붕 새로 이든지 고렇고 했지예.

최승호 : 그러면 이제 당시에 이제 그 사건들을 기억하고 자세히 기억하고 있던 사람들은 거의 다 이제 돌아가시고 없네 그지요?

안경치 : 이 친구가 제일 마이 아지.

최승호 : 흔적만 남아 있고 어르신이 이제 제일 많이 알고.

안경치 : 그리고 여기에 우리는 점촌동에 살았고 이 친구는 요기 살았지.

최승호 : 요 동네 사셨으니까. 그러니까 사실 하기사 한 일곱 살, 여덟 살쯤 되면 기억이 생생하시겠다. 그지예? 초등학교 1학년 때니까 그지요. 1, 2학년 때니까. 어떤 사람인지는 다 모를 거고 그지예?

유동하 : 예, 그건 모르지.

최승호 : 네 전부 다 외지인이었으니까. 군인들이 이제 차로 몰고
와서 가버리고 했으니까.

유동하 : 살아갖고 도망갔는 사람 한 사람. 여러 사람 갔을 거야 아
무튼. 그 머 죽이도 또 확인까지 안 하고 넘어졌다 하면
은 빵 소리만 듣고 넘어지면 죽은 줄 알고 막 갖다 밀어여
버리고 그랬으니까 그중에서는 자기가 내가 아까 얘기했
듯이 그 책, 하 내가 이름을 알았는데 책도 내한테 있었
는데 그 사람이 책을 냈는 게 책 제목이『푸른 하늘에 침
을 뱉어라』.

최승호 : 『푸른 하늘에 침을 뱉어라』, 아.

유동하 : 그 사람이 여기서 도망가가지고 청도 운문사로 해가지고
저 일본까지 밀입국해가지고 그 소설을 썼는 사람인데.
그 사람은 확실히 내가 살았다는 거 도망을 나가 안 죽고
살았다는 그런 인정을 하는데. 아마도 여러 사람이 살았
을 거예요.

최승호 : 저도 이『푸른 하늘에 침을 뱉어라』카는 책은 처음 들었
는데 이걸 어디 시중에 구할 수 있습니까?

유동하 : 지금 모르겠어요. 고서점에 가가지고 그걸 구할 수 있을
지 모르겠어예.

최승호 : 이름이 혹시 글 쓰신 분?

유동하 : 최씨라는 것밖에 몰라예 저는. 이름은 기억을 못 하겠어
요.

최승호 : 그걸 찾을 수 있으면 그때 당시 얘기를 자세히 알 수 있겠
네 그지예? 그게 생존을 해온 사람이니까.

유동하 : 그때 당시 총을 쏘고 했던 거를 아마 기록되어 있을 거예요 그 책에.

최승호 : 이 책을 한 번 어쨌든 수소문해서 찾아봐야 되겠네. 그분도 여기 동네 사람은 아니죠.

유동하 : 아입니다. 내가 지금 책 그거를 보고도 다 잊어버렸는데 그 자기 태생부터 시작해가지고 험하게 살았어요 그 사람도. 험하게 살다가 교도소 가, 그걸 그 이야기를 듣고 나니 교도소 이제 그 이야기가 생각키네. 그 교도소 갔던 모양이지예. 교도소 가나놓이 잡히왔고 그렇게 했단 말 아입니까. 지금 여기 저 뭐라 그럽니까. 그 유족들 지금 거창하게 해놓고 장소 만들어 놔놓고 유족들이 와가지고 뭐 합동….

최승호 : 위령제?

유동하 : 위령제도 지내고 뭐 해샀는데 내가 보기에는 그 사람들이 자기들 가족이 여기 묻혔다는 확인이 확신도 없어예.

최승호 : 이제 코발트광산에 끌려가서 죽었다, 이런 얘기를 들었으니까 오는 거지.

유동하 : 그럴 것이다…. 그 코발트광산에 가 끌리가 죽었다는 그것도 없을 깁니다. 거창도 그랬지예. 거창 학살 사건도 그때 거 아입니까. 그때 당시에 낀데 그 사람들이 끌고 오면서 우리 평산 저거 들매마을에 가가지고 코발트광산 굴에 갖다가 직있다 카고 봅니다. 그냥 무조건 하고 잡아가지고 묶아가 차에 태아가지고 끌고 와뿟는 기 그러니까 어디 가 죽었는지도 모른단 말입니다. 대충 여기 아니겠냐.

최승호 : 아니겠느냐.

유동하 : 확신은 안 선다는 얘기지요.

최승호 : 여기 마을분들은 저기 저기 위령탑도 세우고 공원도 이렇게 만들고 할려고 하던데 그런 건 어떻게 생각하십니까?

안경치, 유동하 : 우린 뭐 반대하는 것도 없고, 찬성하는 것도 없고.

최승호 : 갈 수 있으면 뭐 굳이 뭐 거기 뭐 반대할 이유가 없잖아, 그지예.

안경치 : 예 없죠.

유동하 : 어떻게 현장에 가봤습니까?

최승호 : 예, 현장에 가봤어예.

유동하 : 굴에?

최승호 : 굴에도 가봤지예.

유동하 : 다데코에는 거 없어졌지.

최승호 : 그거는 지금 우에 막혀 있잖아요.

유동하 : 완전히 땅을 고라뿌리가지고 흔적이 없어져뿌렸지.

최승호 : 그라고 저 굴에 그게 이제 꽉 차니까 이제 지금 없어졌는 왜 저 골프장 때문에 없어졌는.

유동하 : 골프장이 아니고.

최승호 : 대원골에.

유동하 : 지금 저거 파티마, 요양병원 2차로 지었는 거 건물 있어요. 병원. 위에.

최승호 : 2차로 지은 거.

안경치 : 우에 큰 건물.

유동하 : 큰 건물. 새로 지은 건물.

안경치 : 바로 옆에 있거든요.

유동하 : 고 바로 옆엡니다. 직선이 있고 바로 옆에고 고 밑에 가면 도로 옆에는.

최승호 : 도로 밑으로는 수평굴이 있고. 골프장이 생기기 전에 그 안쪽으로도 왜 사람들이 죽어서 이렇게 묻어놓고 했다고 들었는데.

유동하 : 그거는 달아나는 사람들 쏴 죽있는 거지.

최승호 : 근데 그때 어떻게 달아납니까 거기서. 총을 다 쏴가 굴로 다 빠뜨렸는데.

유동하 : 그걸 알뜰이 뭐 쓰레기 쓸어 담듯이 그런 식으로 안 하고. 처음에 한 사람이 한 발씩 쏘다가 뒤에는 다섯 명, 여섯 명 쏴 세아놓고 쏘이까 죽은 듯이 자빠라졌다가 달아난 놈도 있으니까 따라가가 쏴 죽이야 될 거 아닙니까. 그러다 보이까 쏴 죽있는 거 죽었는 거 끌고 와가지고 그 자리에 갖다가 안 집어넣고 내버려두니까 그래가지고 썩었는 뼈를 갖다가 우리가 주워가지고 묻어주고 굴에 갖다가 넣고 그랬다고예.

최승호 : 아, 직접. 그라마 죽은 사람들 시신을 걸로 묻기도 했구나.

유동하 : 시신 근데 썩고 난 뒤에지.

최승호 : 썩고 난 뒤에 뼈만.

유동하 : 뼈. 군데군데 많았어요 그거.

최승호 : 그걸 나병 환자들이 좋다고 좋다고 해서 그걸 갖고 가서.

유동하 : 뼈를 일부러 가지러도 사러도 오고 했어요.

최승호 : 사러도 오고 했어예?

안경치 : 하이고 참.

439

최승호 : 세월이 참 그죠. 그런 세월을 평산동 주민들은 다 보고 왔는데 그 이후에 살면서 그런 얘기들을 마을 주민들끼리는 잘 안 하시죠?

안경치 : 안 합니다.

최승호 : 안 하고, 알아도 쉬쉬하고.

안경치 : 그라고 지금 알아도 우리 류 되는 사람들이 그런 걸 좀 알지. 그 밑에 사람들은 또 모르거든요.

최승호 : 군이 또 좋은 얘기도 아닌데 그걸 계속할 얘기도 없고.

유동하 : 옛날에 그 시체가 그 다데쿠에서 쌌을 때 밑에 굴에서 한 뭐고?

안경치 : 그래. 아까도 그 이야기를, 금이빨 빼고.

유동하 : 그래. 시체 밟고 다니면서 금이빨 빼가지고 팔아먹고, 매일신문사에서 나와가지고 그걸 촬영하러 나와가지고 걸리가지고 기자들이 발견해가 자기 집에서도 세 개나 나왔어요. 금이빨이. 그 뺐는 게, 결국은 그 사람이 거기서 죽었어요.

최승호 : 아, 거기서 죽었어예? 못 나오고?

유동하 : 못 나오고. 시체를 밟고 다니면서 거 시계도 빼고 이제 금이빨도 빼고.

최승호 : 그분도 맨.

유동하 : 한종? 하 보자.

최승호 : 한용철?

유동하 : 하, 한용철이라. 한용철이가?

안경치 : 오래돼가지고.

최승호 : 그분도 맨 그러면 이제 사택에 살던 사람입니까?

안경치 : 그렇지예, 예.

유동하 : 지금 박효열 씨가 살아가 있는데 저 치매가 와서 지금 물어봐도 모를 깁니다.

최승호 : 박효열 씨 거는 맨 거서 복숭농사도 짓고 했지 않습니까?

안경치 : 박효열 씨는 소 키우고. 우사하고 인제 소를 키우고 했고.

유동하 : 자기 아버지가 노가다 십장했고.

최승호 : 맨 거기 광산에서 일했습니까?

유동하 : 자기 아버지가 아버지가.

안경치 : 즈거 아버지도 외지 사람 아이가 돌안 사람 아이가.

유동하 : 그래, 박태근 씨.

최승호 : 지금은 이제 그러면 코발트광산에 기억들을 하고 있는 사람들이 아무도 없다. 그지요? 어르신 말고는.

유동하 : 나도 뭐 삼삼하이.

안경치 : 제일 많이 아지.

최승호 : 아까 참 성함을 말씀하신.

안경치 : 유동하.

최승호 : 유동하. 43년생. 주소는 어떻게 됩니까 평산동?

유동하 : 평산길 68-1.

최승호 : 평산길 68-1. 그래도 그때 당시에 일고여덟 살쯤 돼갖고 차에 싣고는 이 정도는 이제 보셨지만 이제 어떤 사람들이.

유동하 : 요 막 뛰다니면서 보고 그랬어요.

최승호 : 요 막 뛰다니면서.

안경치 : 집은 요 있거든예.

최승호 : 바로 여기 있으니까 집 앞으로 차가 지나가는 걸 보셨네

441

요. 그때도 맨 요 길이었습니까?

안경치 : 예, 그 도로지.

유동하 : 그 도로 그대롭니다. 그거보다 오히려 조금 넓었지예. 조금 더 넓은 육간 도로였는데 지금보다 조금 더 넓었다고 봐야지.

최승호 : 예, 알겠습니다. 하여튼 그때 당시의 기억들 때문에 여러 분들이 그래도 집단적으로 트라우마가 생기거나 이런 거는 없지예?

유동하 : 그런 거는 우리가 느낄 만한 나이가 못 되니까.

최승호 : 못 되니까. 지금은 이제 전부 다 이제 복숭, 포도 농사짓고 사시지요?

안경치 : 예.

유동하 : 단지 그때 기억으로는 무섭다. 귀신 나온다. 그런 정도였고 다른 거 없어요.

최승호 : 여기 특히 이제 이 동네 사람들이 죽은 사람이 없으니까 더더욱 기억이 잘 안 날 수 있겠다. 안 난다 그지요? 근교 사람들은 없었으니까. 억울하게 죽었다, 뭐 그 정도 기억들만 남아 있네 그지예.

유동하 : 그때는 우리는 억울하게 죽었다도 모르지예. 반동분자들, 공산분자들을 데리고 와가지고 총살시킨 줄 알았지. 가까이 있는 사람들이나 뭐 아는 사람들이 그런 거 겪으면은 뭐 그 사람 참 억울하다. 그 다른 사람들도 억울한 사람이 안 있겠나 이런 생각을 가졌겠지만은. 전혀 모르는 사람들이니까. 그 사형을 시킬 정도니까 저거는 뭐 공산분자다. 그런 식으로 생각을 했지요. 당연히 죽을 사람이

죽은 걸로 생각했지, 그건 모른다고.

최승호 : 예, 하여튼 장시간 얘기해 주셔서 고맙습니다. 고맙고, 또 이건 저희들이 특별히 다른 데 쓰는 게 아니고 우리가 이 기록만 가지고 있다가 나중에 혹시나 이제 어른들 다 돌아가시고 나면 이 동네에 그런 일이 있었을 때 어디에서 어떤 일이 있었는지 요런 것들을 이제 참고하려고 저희들이 이제 녹화도 하고 했는 겁니다. 하튼 긴 시간 말씀해 주셔서 고맙습니다. 고생하셨습니다.

5. 최재림 구술증언

사건과의 관계 : 경산시 하양읍 교리 주민
구술 당시 나이(생년월일) : 1938년 1월 1일
출생지 : 경산시 하양읍 교리

최승호 : 이 인터뷰는 진실화해위원회와 경산시에서 한국전쟁시기
집단희생사건 구술채록사업의 일환으로 수행하는 면담입
니다. 오늘은 2022년 10월 25일 화요일 오전 10시 30분
이며 장소는 대한노인회 경산시지회 사무실입니다. 구술
자는 최재림 선생님이십니다. 면담자는 경산신문의 최승
호, 촬영 및 면담 보조자는 뉴스민 천용길 대표, 온마을tv
박선영 편집인입니다. 그럼 1회차 인터뷰를 시작하겠습
니다.

최승호 : 회장님 저기 우선 간단하게 성함하고 나이, 연세하고 이
렇게 말씀해 주십시오.

최재림 : 예. 저는 최재림이고요. 경산지회장을 맡고 있는 사람입
니다. 올해 나이 86세입니다.

최승호 : 혹시 저 한자가 어떻게 되십니까? 성함 한자.

최재림 : 관향은 경주 최가고요. 항렬자도 있을 재(在) 자, 수풀 림 (林) 자.

최승호 : 있을 재 자, 수풀 림 자. 혹시 저기 호적이나 주민등록상 생년월일도 똑같이 돼있습니까?

최재림 : 호적은 틀립니다.

최승호 : 호적은 어떻게 돼있습니까?

최재림 : 내가 일제강점기 때 태어났는데 그 당시에 관행으로 봐서 본인들이 전부 다 보호자들이 출생 신고를 해야 되는데 그 당시에 그런 사정이 못 돼가 동네 인자 구장이라는 사람이 요즘 말이면 이장이죠. 이장인데 일을 해놓으면 제때 해주는 사람도 있고 또 잊어뿌리고 늦게 해주는 사람이 있어요. 그래서 저는 실제로 1900 양력으로 1938년 1월 1일, 1일생인데 그 호적을 1년간 늦어가 1939년 1월 1일로 돼 있어요. 그래서 그 당시에 보면 양력과 음력인 그 음력으로는 1937년생이죠. 근데 양력으로는 38년 1월 1일생이니까 그 실제 그 띠로 말하면 소띠고. 또 인자 양력 그거로 하면은 토끼띠가 되니까 두 살 차이가 나는 기죠.

최승호 : 그러네예. 그라면 인자 초등학교도 그라면 인자.

최재림 : 늦게 들어갔죠. 일제 때 저가 초등학교 일제 때 인자 지원을 했는데 나이 어리다고 안 해가지고 두 번이나 인자 그 입학이 와해되고 그리고 해방되고 인자 입학을 했는데 실제 집의 나이로 하면 두 살 늦게 입학을 했죠. 그래서 개인적으로 그기 굉장히 스트레스를 많이 받았어요. 많이

받았는데 그러면 사회에 나가서도 두 살 늦게 혜택을 받았냐만 받은 게 하나도 없거덩. 뭐 군에도 좀 늦게 갔고 그 다음에 퇴직도 내가 60에서 퇴직했기 때무래 한 2, 3년 정도 더 있을 것도 그 당시로 이래 내가 퇴직할 나이로는 한 70살 되이께네 거의 다 작고하는 사람이 많더라고. 그래서 뭐 이래 10년 생활 밖에 안 남았는데 더 할 필요가 없다 싶어서 60에 고마 사표를 냈어요.

최승호 : 미리 명예퇴직을 하셨네요.

최재림 : 그때는 명퇴하는 것도 없고 그냥 뭐 사표 내뿌고 끝이라. 퇴직금 더 주는 것도 없고 한데 그래 60에 내가 사표를 냈지. 그래 나이 때문에 혜택받은 건 하나도 없고. 그래서 그 당시에는 한 70 돼마 내 인생 인자 종착역이 가까이 온다고 생각하고 살았는데 인자 점점 나이가 인자 100세 시대로 가니까 덤으로 지금 살고 있는 기죠.

최승호 : 덤으로 사신 건 아니고 아직까지 우리 지역사회의 제일 주축이시지 않습니까.

최재림 : 주축은 될 수 없고 그저 마 그래도 주위 사람들이 도와주는 덕으로 이렇게 같이 생활하고 있는 기죠.

최승호 : 혹시 저 어르신 성함이 아버지.

최재림 : 최호습. 호경 호(鎬) 자에 불꽃 섭(燮) 자.

최승호 : 아, 호경 호자에 불꽃 습자. 아버지는 몇 년생이시지예?

최재림 : 어, 1907년생이죠.

최승호 : 1907년생. 그럼 어머니….

최재림 : 어머니도 마찬가지라.

최승호 : 1907년 동갑, 동갑이시고. 그러면 형제가 몇 형제십니

까?

최재림 : 내가 3남 1녀에 막내래요.

최승호 : 막내… 그러면 인자 하양초등학교 졸업하시고 하양초등
학교 몇 회십니까?

최재림 : 어, 해방 후 7회고 통산 41회죠. 일정 때 나온 사람들은
기수가 34회까지 있으니까. 해방 후에 칠러니까 통산 하
양초등학교 41휩니다.

최승호 : 41회시고. 그러면 인자 초등학교 졸업하시고 계속 하양
에서 생활하신 겁니까 아니면 다른 외지로 또….

최재림 : 아 뭐, 생활은 하양서 했는데 그 당시에 모든 생활권이 대
구이기 때문에 내가 대구 사범학교, 대구사범병설중학교
를 입학을 했죠.

최승호 : 초등학교 졸업하시고 예. 졸업하시고는 거기는 3, 4, 6년
젭니까?

최재림 : 그때도 역시 3년젭니다. 3년제 졸업하고 그다음에 인자
대구상업고등학교.

최승호 : 대구상고에, 상업고등.

최재림 : 그래서 하양은 한 번도 떠나본 일이 없어요.

최승호 : 공무원도 하셨고 교사 생활도 하셨는데 고 얘기를 좀 해
주십시오.

최재림 : 인자 첨에 저가 내가 학교 다닐 때 운동을 좀 잘했거든요.
그래서 인자 지방 학교에서 인자 그 당시에는 자격 관계
없이 체육 강사로 내가 선생을 좀 했어요.

최승호 : 체육교사. 예. 체육교사 한 얼마 정도?

최재림 : 한 2년 정도. 그래서 인자 군에 입대를 해가지고 34개월

정도 군 복무를 마치고 또 학교로 다시 가서 서무과에 내가 취업을 했죠.

최승호 : 교사를 하시다가 인자 행정 쪽으로 인자 가셨네. 어느 학교, 하양여중 하양여고?

최재림 : 하양여중고의 전신인 하양중학교.

최승호 : 하양중학교. 아, 하양중학교가 그때는 남녀….

최재림 : 남녀 공학을 했죠. 그래서 인자 무학중학 중고등학교가 생기는 바람에 인자 남녀 분리해서 남자는 무학중고등학교, 여자는 하양여중고로 인자 개편이 된 기죠.

최승호 : 그러면 무학중고가 설립되고 분리된 때가 몇 년입니까?

최재림 : 무학, 하양중학교는 설립이 1951년이고 무학중학교는 1966년이거든요. 그래서 무학중고등 중학교 설립하고 그 다음에 병설 고등학교가 생기고 하양여고도 한 80년경에 하양여고가 생겼죠.

최승호 : 하양에 근대 교육 역사는 뭐 회장님이 쭉 꿰뚫고 계시잖아요. 그죠?

최재림 : 대충은 뭐 내보다 한곳에 오래 있는 사람은 거의 드물죠.

최승호 : 제가 듣기로는 하양중학교나 이런 근대적인 학교가 만들어지기 전에 우리 향교나 유림에서 먼저 최씨 참, 관가정 파 최씨들이 설립한 학교가 있었다고 얘기를 하시던데.

최재림 : 어, 그게 인자 우예[*어떻게] 됐냐면 개방 후에 지방에 중학교가 없었잖아요. 그래서 저가 알기로는 우리 경산 지역에 자인중학하고 경산중학이 하양중학보다 먼저 설립이 됐죠. 설립이 됐는데 또 인자 해방되고 생겼으니까 그 당시에 국가적으로 지원도 없고, 사립학교기 때문에 개인

이 인자 투자할 여력도 없고 학교 시설이나 모든 게 빈약했죠. 그래서 하양중학교가 보다 점진적으로 좀 발전하기 위해서 인자 하양 거 소위 만, 천석꾼인 최문환 총장(전 서울대 총장) 집으로 인자 학교를 그래 인자 맡겨서 좀 발전하겠다고 해가지고 학교를 인자 최문환 총장집으로 다 양도양수를 했는 기죠.

최승호 : 최문환 여기 전 서울대 총장님께서 맨 한사리 최씨?

최재림 : 예. 뭐 같은 집안이죠. 내인데 아저씨빨 되죠.

최승호 : 그래서 거기서 인자 그러면 최문환 총장 댁에서 학교를 한참 운영을 했습니까?

최재림 : 한 시작하자마자 그 인자 또 분규가 생겨가지고 재판을 한 하양중학교에서 행정, 문교부 상대로 행정소송을 걸어가지고 한 6, 7년 정도 걸려가지고 한 6년 정도 송사를 해가 결국 학교 측이 이겨가지고 최 총장 집에서 이 학교 인수를 끝내 못 했죠.

최승호 : 음… 불발이 됐네예.

최재림 : 예. 그래서 그 인자 행정당국에서 행정소송에 졌으니까 그래서 인자 또 무학중, 중학교를 인자 설립하도록 종용을 해가지고 최 총장 집에서 설립해 놓은 그 재단에다가 무학중학교를 설립을 한 거죠.

최승호 : 아, 재단이 있었습니까?

최재림 : 재단을 설립해야 했죠. 그게 그 학원이 당초에 동산학원이라는, 동산학원이라는 그 학원을 세워가지고 이 학교를 인수할라 카다가 결국은 몬 했죠. 못 하고 그래서 인자 그 재단은 살아있으니까 이 재단은 학교, 학교 재단은

만약에 타 재단으로 인수인계를 하든지 그냥 못 하게 되면 결국은 국가에다 헌납을 해야 되니까. 그러니까 그 교육 당국하고 협의가 돼가지고 무학중고등학교를 이 재단으로 설립을 해라. 그래 무학중고등학교가 설립된 기죠.

최승호 : 그러면 그때 인자 이임춘 신부하고 인자 그런 얘기가 됐었고.

최재림 : 원래 이임춘 신부도 하양중학교 인수를 희망했거든. 희망했는데 최 총장 쪽으로 가뿌니까 몬 했지. 그러다가 인자 이 인수, 인수 과정에서 인자 그 문제가 생겨가지고 결국 소송꺼지 변해가 결국 학교를 인수를 몬 하니까 재단만 남아 있잖아요. 그래 인자 이임춘 신부는 그 당시에 그 무학산 개발을 했거든.

최승호 : 예. 무학농장하고.

최재림 : 개발하고 그때 그 돈 일부가 학교 설립하는 데 도움을 줬단 말입니다. 그래서 그 재원은 무학농장 개발하는 그 당시에 수산나 신부, 수녀 수녀. 수녀가 어느 정도 지원을 하고 그 재단은 동산학원 명의로 무학중학교가 생긴 기죠.

최승호 : 어쨌든 우리 한사리 우리 최씨 가문에서 하양의 근대 교육 기관들 만들고 하는데 큰 일조를 하셨네예.

최재림 : 결국은 하지는 몬했지만도 학교를 만들 수 있는 조성은 했다고 봐야지.

최승호 : 그러면 인자 당시 시대적인 상황들에 대해서 좀 여쭙겠습니다. 지난번에 8·15, 45년 8·15 해방 전에 전날 마을에 인자 뒷산으로 가자, 뭐 이런 소문이 막 떠돌고 하는 소

리가 있었다고 하는데 그건 무슨 얘기지예?

최재림 : 우리는 해방이 됐는지 그것도 인자 요즘처럼 메스콤이 발달 안 돼 있어가 잘 모르고. 아마 유추컨데 해방되었다는 소식이 인자 전국 방방곳[*방방곡곡]에 나고 그래 얼마 안 있으니까 동네에서 어느 날 저녁에 '일본 사람들이 이 동네를 습격해 올 모양이니까 피난을 가자' 그래요. 그래서 인자 동민 모두가 남녀 할 것 없이 애는 애대로 인자 서로 산으로 다 올라갔죠. 우리 동네 뒷산에 가면 좀 이래 펀펀한 산이 있어요. 거기 인자 전부 다 올라갔는데 올라가는 과정에서 나이 많은 사람은 지팡이를 짚고 올라가는데 애를 먹고 또 그 당시에는 애가 많으니까 업고 손잡고 이래 가는데 많은가 어떤 집은 니는 오지마라 카고 버리고 가는 사람도 있고, 우리가 또 같이 가면서 손잡고 올라갔는 그런 기억도 있거든요. 그래서 그날 저녁에는 아무 일이 없었는데 야간[*여하간] 해방되고 그런 소동이 벌어진 것도 사실입니다.

최승호 : 거기 그러면 산에 올라가서 밤새우고 내려온 겁니까, 아니면 며칠 머물었습니까?

최재림 : 그렇죠. 어, 8월달이니까 많이 춥고 이랬시마는 밤을 못 새울른지 모르는데 막 산에 올라가서 추운 그런 건 없고 그래서 인자 그 당시만 해도 전기도 없었잖아요. 그래 보이끼네 산 근처에 집에도 불도 없고 그래도 혹시 집에 인자 도덕[*도둑]이라도 들까봐 싶어서 우리 아버지 세대들 몇 사람은 동네에 니리가서 인자.

최승호 : 밤에 내려갔어.

451

최재림 : 밤에 가서 인자 요즘 말하면 뭐 무슨 보초를 서는 식으로 이렇게 니리갔다 오시고 우리는 밤을 거 산에서 새았죠.

최승호 : 밤을 새우고. 근데 아무 일도 없었습니까?

최재림 : 그날 저녁엔 아무 일도 없었고 사방 둘러보니까 뭐 대밭에 불이 반짝반짝 카는 그런 것은 보이는데 아마 짐승이 당긴[*다닌] 거 아니겠나 그래 생각을 하죠.

최승호 : 다른 동네 주민들은 피난 안 하고 한사리 주민들만?

최재림 : 우리 동네는 그래 했는데 다른 데도 그래 했는지 모르죠. 왜 그러냐면 이 소문이 읍면으로부터 인자 흘러들어왔거든.

최승호 : 응, 읍내에서 소문이 나서.

최재림 : 예. 흘러들어왔으니까. 인자 우리 동네도 인자 읍내를 인자 상시 드나드는 사람이 있으이꺼네 온지녁[*오늘 저녁] 읍내서 이런 기 소식이 있다. 우리는 피난 가자. 그래 됐겠죠.

최승호 : 거기 당시 한사리에 주민들이 한 얼마나 살았을까요?

최재림 : 우리 동네가 촌동네 치고는 원래 하양 한사리가 1715년까지 하양골 소재지거든요. 거기가.

최승호 : 아, 읍 소재지. 현 소재지.

최재림 : 그렇지. 하양현의 소재지였기 때문에 우리가 어릴 때도 한 100호 이상 됐죠.

최승호 : 100호. 원래 한사리 옆에 또 교리가 있고 고기가 중심이었다는 게 인자 그렇죠. 100호 같으면 여기에 인자 우리 최씨들이 많이 살지 않습니까?

최재림 : 그 당시에 우리 어릴 때는 한 한 60프로는 어디 우리 비

족이 살았지.

최승호 : 그러면 인자 거의 뭐 경주 최씨 집성촌이라고 할 수가 있네 그죠. 다른 타성들도 좀 있었습니까?

최재림 : 뭐 고 타성 중에는 인자 울산 박씨들이 좀 한 한 10호 정도 있었고 나머지는 인자 뭐 우리 최가들하고 관계 있는 외손이라든지 이런 사람들이 좀 살았고 아니면은 과거에 그 신분상으로 좀 하인층에 있는 사람들이 동네 살았죠.

최승호 : 그러면 그러고 나서 인자 해방이 되고 나서 해방 공간에서 46년 47년 이럴 때 도처에 거기 살인 사건….

최재림 : 근데 인자 해방이 되고 나니까 그 일본서 왔는 사람, 혹 만주서 왔다 하는 사람들이 동네 몇 가구 있었거든요. 그때 그 오씬가 집을 사고 올 형편은 아니고 동네 오면 인자 세 들어서 인자 돈도 안 주고 그냥 붙어가 사는 기지. 일가들 찾아와가지고 사는 사람들이 간혹 있었는데 그래 얼매 안 있으니까 골목에서 뭐 이래 서로 친척끼리 삿대질하고 싸우는 걸 우리가 봤거던. 고런 단계가 지나니까 인자 동네 뒷산 앞산에서 간혹 가다가 인자 '인민공화국 만세'를 부리고 또 인자 저녁 되니까 분위기가 좀 살벌해서, 우리 동네 가면 과수원이 하나 있는데 과수원 앞에 보마 묘지가 이래 펀펀한 밭에 묘지가 있는데 그 과수원에 주인이 우리 아버지 고종사촌이거든. 그래서 그 어른은 인자 저녁에 가서 과수원에 자면은 고 인자 바로 옆에 인자 미부랑이 거서 군사 훈련하듯이 그 뭐 몽둥이 같은 거 이런 거 쥐고 와가지고 하나, 둘 이렇게 번호를 붙이고 제식 훈련 같은 거 한다 카믄서. 그러면 인자 거는 겁

이 나니까 능금나무 밑에서 방에 안 있고 능금남 밑에서 인자 엎드려가지고 보고 했다는 그런 이야기를 우리한테 들려주더라고. 그래서 인자 얼마 안 있으니까 인자 도처에 인자 사람들이 뭐 어제는 뭐 어데 사람이 죽었다. 그다음에 누가 죽었다는 소리가 자주 들렸어요. 들렸고 대표적으로 와촌에 우대유라는 면장이 해방되고 경산군청에 회의차 가다가 새벽에 그 천주교 못 앞에 거기서 노상에서 피살 당했는 그런 사건. 그다음에 인자 우리 동네도 추석날 총소리가 나길래 가보니까 그 그날 밤에 이 사람이 양지동 동장을 찔러 지기고 와가 집에 있다가 체포돼가지고 총소리 났고. 그 집이 그날 새벽에 고마 불 질러 뿄거든. 그래서 집이 몽탕 타버리고 그 사람은 끌려가지고 인자 묶아가 있는 걸 우리가 봤어예. 봤는데 그 사람도 뭐 메칠 아 있다가 그 하양 갱빈[*강변]에서 총살당했다는 그런 소문을 우리가 들었어요.

최승호 : 그때 양지동 이장이 어떻게 우익 활동을 했던 겁니까, 아니면.

최재림 : 그래 인자 보통 동네 구장이나 이런 거 하는 사람은 지방에 또 유지고 또 아무래도 우파 성향이 안 많겠어요. 그래서 그런 사람들이 죽고 또 과거에 읍면 서기 했는 사람들 특히 그 징집 관계와 관계 있는 요즘 말하면 병사 사무를 봤는 사람들은 피해를 많이 봤어. 우리 동네도 읍사무소 병사 일을 봤는 사람이 있는데 그 집을 불로 질렀거든요. 그래 그 질른 사람은 누구냐 하면 또 우리 집안인데, 아들이 징용 가서 죽어뿟는 사람들. '느거가 보내가 우리

아들이 죽었다' 이거라. 그래서 그 집을 불태아 버리고 그 사람들이 대구로 쫓기 나가가지고 그 형제도 또 일부 같이 다 나갔어요. 나가, 어떻게 보면 전화위복이지. 하양서 면서기하다가 쫓기 나가지고 대구법원 앞에 그 법무사 사무실을 열어가지고 해가 결국 경상북도, 요즘 말하면 법무사 회장꺼지 했거든. 그래 그 어른들이 그런 수난을 겪고 대구로 쫓기 가가지고 그다음에는 고향에 대해서 와가 그래도 땅을 사고 해가 지금도 그 사람들 후손들이 땅 사가 마이 가지고 있어요.

최승호 : 그런데 거기 아까 첨에 처음에 말씀하셨던 그 와촌에 우대유 면장 이분은 와촌에서 어떻게 인심을 많이 잃었었던 가예?

최재림 : 뭐 인심 그거는 모르겠는데 와촌 덕천동 카는 데가 우씨들 집성촌입니다. 그런데 우씨들 그 당시에 인자 좀 사회적으로 덕망 있는 사람이 많았죠. 한때는 그 해방 이후에 어 그 우예종 하양초등학교 교장 했다가 성주군수도 했고. 그 형제가 4형제인데 한 분은 한의사, 둘째는 면장 농협장, 셋째는 초등학교 교장 군수, 또 한 분은 파출소장이래서 4형제가 와촌에 있는 거를 전부 다 다 장악했죠. 그 정도로 우씨들 집안이 살림도 괜찮고 좀 괜찮았어요. 그래서 인자 아무래도 면장을 하고 해놔놓이 우파 성향이라고 아마 좌파들이 죽인 걸로 그래 짐[*지금] 우리는….

최승호 : 그 지방에 있는 좌익들이겠네.

최재림 : 그래서 인자 와촌도 보면 산이 많잖아요. 그래서 인자 좌익 세력들이….

최승호 : 팔공산이 있으니까.

최재림 : 그래 봐야죠. 그러고 인자 현재 그 하양여중고 옆에 있던 배홍만이라는 분이 계시는데 그분도 하양면사무소에 인제 요즘 말하면 호병계를 보다가 해방되고 이웃 사람들이 그 집에다 또 또 역시 불을 질러뿠잖아. 그래 그 사람 거기 못 살고 인자 하양소재지로 나갔는 이런 일도 우리가 봤거든.

최승호 : 그때 저기 뭐고 그러면 거기에 인자 제가 생각하기에 좌익활동들을 했던 사람들이 한사리나 이 교리 이런 데 좀 부잣집도 있고 일찍 인자 신문물또 받아들이고 했기 때문에 아마 그런 좌익활동을 하신 분. 실질적으로 인자 좌익사상가나 이론가 이런 분들이 계셨을 것 같은데.

최재림 : 좀 있었죠.

최승호 : 있었습니까? 혹시 기억나시는 분이 있습니까?

최재림 : 이 우리 동네에서 좌익활동을 제일 심하게 한 사람이 최동섭이라는 분. 우리인데 아저씨뻘 되는 사람이 있어요.

최승호 : 예. 이분은 이 학교는 어디 졸업하싰는가예?

최재림 : 아마 거도 신학을 못 했을 거고 지금 살아계시면은 나이가 한 백, 한 열 살 정도쯤 안 되겠나. 백 살은 넘었으니까. 그 집 아들이 지금 팔십일곱인가 팔십여덟인가 그렇거든. 그러니까 한 백, 한 백열 살에서 수무 살 그 사이죠. 신학문을 모르고 야간[*여하간] 그분이 좌익에 거 했다 카는 거는 인자 동민들은 다 알아요. 그래서 그것 때문에 그리고 아들이 또 연좌제에 몰리가지고 못 살고 인천으로 가서 그래 피신해가 살았거든. 지금은 강원도 양

양에 살아있어요.

최승호 : 아, 가운데 아들이.

최재림 : 아들 살아있어요.

최승호 : 이 최동섭 이분은 그러면 돌아가실 때는 어떻게 돌아가셨습니까?

최재림 : 뭐 우리야 그분 돌아갔는 거는 전혀 모르고….

최승호 : 돌아가신 거 모르고.

최재림 : 야간[*여하간] 6·25 이후에 없어져뿠으니까.

최승호 : 이분이 뭐 남로당이나 이렇게 인민위원회 이런 데 어떤 간부 하시거나 이런 거는 못 들으셨어예?

최재림 : 그거는 우리는 모르겠는데 우리 동네에서는 최동섭 씨가 좌익계로서는 수장이다 그래 알고 있지.

최승호 : 그러면 그분이 인자 거기 우리 유격대 훈련도 하고 군사학과 훈련했던 이런 것들도 아마 이분이….

최재림 : 아마 그런 지시를 안 했겠어. 그 외에 인자 동네에 보면 곽씨 성을 가진 사람들도 거기에 참여핸 사람도 있고 저녁 되면 인자 모이가지고 그런 거 한다는 소문은 들었지. 해보고 또 그 초등학교 우리는 그때 1학년인가 그랬는데 한 4학년 5학년 6학년 되는 사람들은 동네 애들 모이놓마, '높이 들어라 뿔근[*붉은] 깃발을' 카고 노래를 막 해 대이께네 그때는 무슨 의미인지 모르는데 가만 보니까 공산당 찬양하는 노래라.

최승호 : 음… 공산당가 뭐 이런 좌익 노래입니다. 예. 그라고 저기 저 박치간 씨라고 혹시 아시죠. 그분이 돌아가시는 게 좀 이렇게 억울하게 사연이 있다고 하던데 혹시 그거는 들어

보셨….

최재림 : 박치간 씨가 돌아가신 것이 아이고.

최승호 : 박치간 아버지.

최재림 : 박치간 씨 아버지는 그 4형젠가 5형젠가 그런데 어 박치 간 씨는 인자 지금 법적인 아버지는 막내 삼촌이었는데 결혼을 해가지고 딸을 하나 놓고 그다음에 그 성함이 박 문로인가 그래요. 문로. 그런데 진량에 그 같은 집안에 인자 또 문로가 있는 모양이라. 그 사람이 그 공산당하고 무슨 관계가 있는데 그 사람을 체포하러 갔다가 이름이 같으니까 그래 억울하게 붙들렀죠. 진량 박문로 카는 사 람이 동명이인이라서 그 사람 때메 붙달리가지고 그 당시 에 소문을, 금호 사일못 있는 데에서 인자 못 가에서 총 살당했다는 그런 소문을 우리가 들었거든요. 그러니까 박 치간 씨는 그분이 죽고 난 다음에 나중에 인자 성인이 돼 가 그리로 양자를 들어간 것이지.

최승호 : 양자로, 삼촌한테.

최재림 : 예. 양자로 드갔지. 그래서 그 딸이 한 분 있었는데 대창 에 어데 방씨 집안에 시집갔다는 거는 아는데 그 후에 사 정을 모르지.

최승호 : 맹[*역시] 여기 박치간 씨도 여기 한사리 살았습니까?

최재림 : 한사리 살았지요. 한사리 울산 박씨네들 고 조부가 3형제 가 거 계셨는데 아마 한 10가구 이상 살았어요.

최승호 : 이 박문로 씨는 뭐 좌익활동하고 우익활동하고 전혀 상관 이 없는 분….

최재림 : 그런 거는 박문로 씨가 좌익활동했다는 건 우리는 몰랐

고. 그래 힘이 체구가 건장하고 힘이 씨다는 건 우리가 알지. 동 회관에 그 판자벽을 때리께네 딱 부러지가 나갔으이께 그 정도로 힘이 씻다고. 사회 활동을 했는지 안 했는지 우리는 모르고. 그래 억울하게 잡히가 돌아가셨다 카는 거는 우리가 알지.

최승호 : 그러면 그 진량에 인자 진짜 박문로 씨 이 사람은 좀 활동들을 했던 모양이죠. 그죠. 그러니까.

최재림 : 뭐 말은 그래 이야기카데. 진량에도. 진량에 저 양기동이나 부기동에 가마 울산 박씨들 집안 좀 삽니다.

최승호 : 아 거기 가보면 인자 그때 당시에 활동하신 분들 혹시 찾아볼 수도 있겠네요. 그죠.

최재림 : 글쎄요. 그다음에 고게도 우리 지금 박씨들 집안에 판검사도 좀 있을 긴데. 고.

최승호 : 거기가 울산 박씨들 세거지다 그죠.

최재림 : 맞아요. 원래 원래 울산 박씨가 하양읍 교리에 교리 명당골 카는 지역에 처음에 입향했는데 거기서 인자 한사리 와촌 진량 이렇게 서로 어 나나져가 살았지요. 우리보다 경주 최가들보다 먼저 들왔… 우리 최가가 지금 들온 지가 한 500 한 10년쯤 되거든요. 그보다 더 빨리 들어왔어요.

최승호 : 더 일찍, 제일 먼저 들어온 성씨들이네 그죠.

최승호 : 그러고 나서 저기 최종래 와촌면장 그분도 많이 곤욕을 당했다는 얘기….

최재림 : 최종래 할아버지는 저인데 인자 할아버지빨 되는데 내가 조사를 해보니까 와촌면장을 일제 때부터 해방될 무때[*

무렵]까지 17년을 했더라고. 그런데 인자 학력은 옛날 대구농림학교 속성과를 나왔는데 그 뭐래면 측량 기사라고. 그때는 공업학교가 없으니까 농고에서도 측량하는 이런 거를 가르치고… 대구농고 속성과 1회로 나왔는 분인데 와촌면장을 17년 했어요. 그라고 인자 면장 좀 하고 했으니까 살림은 큰 부자는 아니도 살 만하게 돼가 있거든. 있었는데 그때 인자 그 머슴으로 사는 사람이 머슴이 둘이 있었는데 머슴이 인자 그 공산주의 신봉하는 사람이거든.

최승호: 아, 머슴 중에 한 명이.

최재림: 큰머슴인데 둘째 머슴은 뭐 아아들 그저 물이 물이나 지고… 옛날에는 샘물 전부 길러다 뭇자네요. 그런 거 심부름하고 했는데 머슴이 인자 공산주의 관련돼가지고. 그래 말은 인자 그때는 지금 가 세월이 틀리기 때문에 먹는 거입는 거 이기 전부 다 자체 조달이 돼야 될 거 아니라? 그래 인자 식량이 모지래가 하면은 그 메세지를 그 일꾼을 통해서…. 옛날 머슴은 부엌에 가서 밥을 지가 갖다 먹어야 되거든. 먹고는 또 갖다 놓고. 그래 먹고는 숭눙 한 그릇 먹고 오는 그기 보통이단 말이라. 그래 밥을 갖다 나르니까 부엌에 마음대로 드나드니까 거다 메세지를 해가 솥에다 여놓는 기라. 그러면 아주무이가 솥 안에 있는 거를 인자 남편한테 이야기할 거 아이가. 그러면 그 메세지 중에는 뭐 쌀을 얼마 돌라는지 옷을 뭐 어떻게 해나라는지 안 그러면… 옛날에는 부자집이라야 미싱이 있지 보통 집은 없잖아요. 그 미싱이 미싱까 옷을 몇 벌 해내라든지

안 그라면 마 세탁을 우에 하라든지 이런 주문이 들어오마 그걸가 인자 이야기하마 협조가 될 수도 있고 안 될 수 있어가. 그래서 그런 집은 못 살아가주고 자꾸 해내라 카니께네. 그래 나중에 하양 소재지로 이사를 갔잖아요.

최승호: 음… 마을에 살다가 인자.

최재림: 마을에 도저히… 그러니까 그 최동섭 씨하고 최 면장 최상훈 씨라는 분도 나중에 민선 면장이 됐는데 그분들이 내가 어릴 때 보니까 골목에서 서로 삿대질하고 싸우더라꼬.

최승호: 최동섭 씨는 인자 좌익이고 최상훈 면장은 그래도 인자 우익 우파고.

최재림: 그렇다고 봐야지요. 최종래 씨 아들이 최상훈입니다.

최승호: 최종래 면장님 아들이.

최재림: 최상훈이라꼬. 최종래 씨는 저기 가만 좀 비가 하나 서가 있는데 와촌 소월지 못 큰… 소월지 그 입구에 드가마 우측에 송덕비가 서가 있어요.

최승호: 아, 이분이 최종래 면장입니까?

최재림: 그렇지. 와촌 가가지고 일 마이 했어요. 와촌에 어지간한 웬만한 못은 이 어른 재임시에 다 그 못을 막았다고.

최승호: 17년 했으니까 뭐 거의 많이 했겠네요. 잠깐만, 물 좀 회장님 따뜻한 물 좀 주세요.

최승호: 이분이 상당히 그러면 인자 지역에서는 인자 와촌지역에서는 존경받는 분인데 분이라노이께 그래도 죽이거나 그러지는 안 하고 못살게는 굴었지만.

최재림: 그렇지. 자꾸 내노라카니까.

최승호 : 내주니까. 자꾸 주니까 인자 이 사람들이 크게 해꾸지는 안 했네예.

최재림 : 그렇지. 그런데 인자 어떤 문제가 생깄냐면 최종래 씨. 할부지는 인자 연세가 많으이께네 해코지할 사람도 없고 그래 인자 우리 어릴 때 보면 매일 도시락을 싸가지고 대학동 가면 월장지이라는 못이 큰 못이 있어.

최승호 : 아 월장지예. 지금은 없어졌는.

최재림 : 그 안에 가면은 좀 소류지가 있었는데 그기를 인자 미아[*메워]가지고 매일 거 가서 돌 끌어내는 그런 작업을 매일 했다고. 내가 거다가 과수원을 일갔는데 그러는 사이에 인자 우리가 그 최 면장 손자가 내하고 인자 학교를 초등학교를 같이 댕깄는데 6·25 났을 때 미군이 진주해가지고 막 7월달부터 미군이 포항서 도착해가 막 계속 들왔거든. 그 당시에 우리가 여름방학 때가 7월 한 24일경에 여름방학을 했는데 6·25 사변 나고 첫 여름방학을 하는데 우리 인자 징집 1기생이 그날 그 소집돼 갔다고. 그때 징집 소집되면은 막 프랑카드 들고 환영 환송 그런 행사를 했거든. 그런데 내가 초등학교 아직 기억이 남는 건 초등학교 때 6·25 나가지고 첫 방학하는 날 징집 1기생이 인자 소집돼 가고. 그날 인자 최 면장 손자가 할아버지 집에 인자 큰집에 여 올라꼬 인자 내하고 약속이 돼가지고 가자고 인자 집에 가이끼네 배가 아파 몬 간다 카더라고. 그래 그 당시에 보면 우리가 여름 때 되믄 팬티 하나만 입고 이래 여름 지냈잖아요. 그런데 마침 지나가는 차가 미군이 깡통을 탁 던졌거덩. 그래 그 당시에는 깡통도

얼마나 귀했습니까?

최승호 : 시레이션 뭐 이런 거.

최재림 : 그래가 무심코 그 주로 뛰어 들어가는데 뒤차가 와 박아 뿠는데 현장에서 즉사해뿠거덩. 그래가 사람 죽었다고. 그게 지금 현재 도매약국 앞에 동산약국 하는 그때 그 당시에는 삼거리 아입니까? 거기 나 내가 처음에 사람 죽은 생판 처음 봤었다는데 여기[*몸통 아래]는 말짱하고 머리가 받쳤인데 탁 터졌는데 마 우리 와촌에서 회 상어회 해와가지고 무 썰이 가지고 그때 회 마이 무끄덩. 요즘은 회가 고급이 됐는 거. 우리 어릴 때 회 카는 거는 상어고기 사가 와가지고 썰이가 무시까 섞아 먹는 그게 최고 요리거든. 똑 그것처럼 허여이 보이더라고. 터졌는 기. 그리 봤어. 봤는데 누구 집 앤지 모르는 기라. 그래서 인자 엄마가 그때 그 당시에는 6·25 당시는 그 빨래를 전부 다 강가에 가가 했어요. 강에 가가 빨래를 하고 집에 와보이 끼네 아침에 갈아입히는 팬티가 인자 우리 아다. 그래가 인자 장례식을 쳤는데 우리 한사동 뒤편에 공동묘지 내가 장소꺼지 알지. 그래가 결국은 좌우익 대립 때문에 한사동에 살아도 될 사람이 나와가지고 결국 6·25가 나고 6·25 동란 중에 미군 차에 찡기 죽어뿠다고. 사람 인물도 잘생기고 공부도 잘했거든. 근데 그 집 손자가 첫째 손자가 그래가 희생돼뿠다카이.

최승호 : 최종래 씨 할아버지는 와촌면에도 많은 일을 했고 했는데 자손 손자는 좀 불행하게 그 때문에 그래 됐네, 그죠. 저기 뭐고 우리 삼종숙 가운데, 중에 최 호자 수자하고 창

자 수자 이분들이 계셨는데 이분들은 어떤 당시에 활동을 하셨습니까?

최재림 : 뭘 했는지 활동했는 그거는 모르고. 야간[*여하간] 좌익 계통에 있었는 거는 틀림없고. 우리 집에 매일 여름철 돼마 그 와가지고 우리 집 뒤안에 저 인자 감나무 밑에 거기에 보릿짚 피놓고 거기서 나주로[*낮으로]는 거기서 내도록 쉬고 있다가 밤 돼마 어디로 갔는지 모르지.

최승호 : 음… 밤에는 모르고.

최재림 : 그래가 우리 집에도 인자 걱정을 마이 했다고. 뭐 사상가는 사상간데 그래가 오래 있으면 또 우리가 또 피해를 볼 수 있잖에요. 그래서 좀 고만 왔으마 싶어도 집안 아저씨가 오이끼네 가라 소리는 몬 하고 좀 걱정스러웠… 면서도 그래 보고 있었죠.

최승호 : 근데 그때 회장님 집에 좌익이 숨어 올 오는 이유가 있었을 거 아닙니까?

최재림 : 그래 인자 우리 형님이 인자 면사무소에 인자 근무를 했으니까.

최승호 : 아 면서기였습니까.

최재림 : 예. 그래 좀 방패막이가 안 됐겠나 그래 생각하죠.

최승호 : 이분들이 인자 최동섭하고 거 맨….

최재림 : 뭐 지방이니까, 지방이람 다 그렇게 전부 다 한통속으로 봐야 되죠.

최승호 : 거기 저기 50, 아 49년인가 그때 거기 저기 빨치산들이 보면 인자 대공세를 하거든요. 49년 9월부터 그래서 인자 제가 최근에 읽은 책에 보니까 경산군 남로당 경산군

당 조직책이 이일재라는 분인데 그분 수기에 보면 인자 평산지서를 습격하고 그라고 원래는 경산경찰서를 습격할라고 그랬는데 자기들이 가지고 있는 총이 너무 적고 병력이 없어서 하양지서를 습격하는 걸로 바꿨다 하더라고예. 하양지서가 불타는 것들을 회장님이 저번에 말씀하셨….

최재림 : 하양이 불탔는 기 아이고 면사무소가 불탔지.

최승호 : 면사무소. 하양지서가 아니고. 그게 언제인지 아십니까?

최재림 : 저가 알기로는 대구 인제 시월사건이 1949년….

최승호 : 46년 10월.

최재림 : 49년.

최승호 : 46년입니다. 10월은 46년이고.

최재림 : 와 대구폭동사건이 저 6·25 전 아입니까?

최승호 : 예. 6·25 전이죠.

최재림 : 그래 49년이지.(1946년을 1949년으로 착각) 10월, 10월 1일이 대구 소위 요즘 말하는 10월 항쟁인데 그 당시에 인자 내가 알기로는 박헌영이가 지시를 해가 대구에 10월 항쟁이 일어났다고 보고. 거기서 인자 충청도 경찰서에서 진압을 했다 카더라고. 진압했는데 그 인자 일당들이 팔공산 이래 인자 흩어졌잖아요. 흩어져가 10월 8일 날 인자 하양초등학교서 인자 운동회를 했거든.

최승호 : 10월 8일이? 49년 10월 8일.

최재림 : 8일. 그러니까 현재 그 하양 동신아파트 그 터가 옛날 공설운동장인데 거기 인제 했는데 그날 저녁에 공비들이 내려와가지고 하양면사무소를 불을 지르고 고 앞에 인자 그

민가 한 7, 8호가 인자 길가 양쪽에 인자 불탔고. 하양초등학교에서 하양지서를 보고 인자 사격을 했는데 그 당시에 보마 파출소 앞에 보마 그 담벼락을 아주 두껍게 흙으로 이렇게 뚝을 싸났거든. 그래서 그 하양 지금 우방아파트 그마 해도 건물 옆구리는 맞을 수는 (있어도) 정면으로는 안 드가는 거로 돼있어. 그래서 거기서 인자 지서를 공격했고. 그다음에 하양 지금은 농협 농협 지금 하양농협 농협은행. 지금 하양농협은행. 금융조합을 인자 침탈해가지고 뭐 1700, 1700원인가 170만 원인가 돈을 탈취해갔다 카는 그런 것으로 지금 우리 읍지에도 기록이 돼 있어.

최승호: 당시에 보니까 하양이 능금 주산지라서 당시에 금융조합에 현금이 많이 보관돼 있었다 하더라고요.

최재림: 그래 그날 저녁에 인자 청년회장 서태근 씨가 인자 피살 당했죠.

최승호: 서태근. 하양청년회장입니까?

최재림: 하양청년회.

최승호: 하양청년회는 뭐 서북청년단 이런 거 하고는 관계없이?

최재림: 아 그 당시로 봐서는 상부조직하고 관계가 있다.

최승호: 관계 없고.

최재림: 있었다고 봐야지.

최승호: 있었다고 봐야 돼.

최재림: 서북청년단은 아이지.

최승호: 아이죠. 거는 저 우익. 이북서 넘어온 사람들이고. 하양청년단은 인자 자체 인자 하양에 있는 사람들로 만들었는

데 이 서태근 씨가 피습을 그라마 그때 당시에….

최재림 : 그날 저녁에 당했지.

최승호 : 그날 저녁에. 맨 거….

최재림 : 공비들에께?

최승호 : 공비들한테. 이분은 그 시신을 찾았는가예?

최재림 : 그날 저녁에 인자 말, 후문으로는 인자 집에 안 들어오니 까 그 집에 집사람들이 인자 아침에 인자 불난 현장에 가 보니까 쪼매난 배수로에 인자 시신이 그 누웠는데 그집 부인이 구두를 보고 아, 우리 남편이다 카는 걸 알았다카 이. 백구두를 신었는데 백구두를 보고 인자 남편이라는 거를 알고 시선을 수습했다. 그래 이야기가 들렸지.

최승호 : 밤에 거기 저 청년회장을 청년 단장을 공격하는 거는 사 전에 미리 준비를 하고 왔다는 얘기?

최재림 : 들리는 말이 이렇대. 인자 초저녁에 일이 일어났거든요. 초저녁에 운동회 끝나자마자 인자 저 피습이 됐는데 그래 인자 청년 고 불났는 거가 청년회 사무실 2층에 있었는데 그래 인자 청년회장을 찾았는데 없었는데 청년회장도 운 동회니까 술 한잔 묵고 오니까 누구요 카이 청년회장이다 카이끼네 피습됐다. 그래 이야기를 하더라고.

최승호 : 그 얘기를 저기 저번에 뭐 현승태 이사장님도 한번 얘기 를 하셨다 그러는 것 같은데.

최재림 : 현승태도 작년에 현승태가 내가 이런 이야기를 하니까 '나는 형님 그때는 가락도 모리고 공비들이 끌구루마[*수 레]에 기름 겉은 거 이런 실고 읍사무소 가가지고 바닥에 다 이래 흔쳐가[*흩쳐서] 하는데 나도 그것도 모르고 거

들었다.' 그래 그런 이야기를 자기가 하대.

최승호: 동네 아는 사람들도 있고 하니까.

최재림: 현승태 즈거 집이 바로 고 있었잖아.

최승호: 읍사무소 앞에.

최재림: 면사무소 앞에.

최승호: 그때 면사무소가 지금 인자 구 읍사무소 위치는 아니지 예?

최재림: 아니지. 지금 저 하양 노인회관 바로 뒤에 있어요. 하양 금락1리 동회관 쪽에서 서쪽으로 한 30메타.

최승호: 그럼 하양초등학교 바로 뒷 옆이네예 그죠.

최재림: 옛날에는 하양초등학교 우방 그기 하양초등학교거덩. 우방 1차가.

최승호: 아 우방1차가 하양초. 지금 현재 하양초가 아니고예?

최재림: 지금 하양 초등학교는 거는 하양 동부국민학교고. 그기 인자 서로 통폐합이 50년대 말에 통폐합됐거든.

최승호: 50년대 말에. 그래가 지금 현재 자리로 갔습니까?

최재림: 그렇지. 우방1차 자리가 하양초등학교고. 지금 하양초등학교는 하양 동부초등학교.

최승호: 동부초등학교. 두 개가 있다가 인자 합해졌다. 하양 그 저기 저 그러면 인자 이 하양 면사무소하고 일단 청년회도 인자 그러면 인제 좀 피해가 입었겠다. 그죠?

최재림: 청년회도 그냥 불 다 타버렸고.

최승호: 지서는 인자 공격했는데 높은 담 때문에 불타거나 이러지는 못했고.

최재림: 그런 일은 없었고.

최승호 : 그럼 그 기억이 정확하게 인자 49년 10월 8일이다. 그지 예?

최재림 : 예. 하양읍지에 기록이 돼있어.

최승호 : 읍지에…. 이게 그 당시에 신문이나 이런 데도 나왔습니 까?

최재림 : 이게 인자 그런 거를 내가 계속 찾아봐도 없어. 그래가 한 몇 년 전에 하양읍지가 인자 나왔거든. 나올 때 그래 수 소문하이끼네 그 당시에 그 경향신문에서 인자 보도된 자 료를 내가 그 당시에 입수를 해가지고 읍지 내는데 조가 이거 읍지에다 실어라고 그렇게 돼가 실은 거죠.

최승호 : 음, 경향신문에 하양 그….

최재림 : 경산경찰서에서 경향신문에 보도 자료를 좋는 거를 입수 를 해가 그래가지고 내가 그 실었지.

최승호 : 그때도 날짜가 10월 8일이었습니까? 음 이일재 선생님 그 기록이 좀 10월 2일로 나와 있던데 조금 차이가 있네, 그지요? 그러면 인자 서현자, 서용자 이런 이분들은, 무 슨 피해가 있었습니까?

최재림 : 그런 사람 피해는 없어요. 서용자, 서현자는 서태근 씨 딸 일 끼야 암.

최승호 : 아, 돌아가시는 청년회장.

최재림 : 그 집에 인자 서태근 씨가 딸이 너인가 다섯인가 그런데 공교롭게도 아들이 없어. 아들이 없어가 아버지에 대한 추모 사업이나 이런 거 하는가는 모르겠는데 만약 아들이 딸 중에 좀 성장했는 사람이 있다 카면 아버지의 어떤 이 런 문제를 놓고 오늘날 정부에 대해서 보상 요구라든지

안 그러면 추모 공원을 만들자 카든지 그런걸 할 낀데 그런 형편이 안 됐어요.

최승호 : 그럼 이분이 인자 진실화해위원회 나중에 뭐 진실 규명받거나 이런 거는 전혀 못 하셨겠다 그죠?

최재림 : 그거는 모르겠죠. 큰딸이 아마 한 내 나이쯤 되고 둘째 딸은 제일여중 나왔는데 아마 그 후에 죽었다는 소리 듣고, 셋째, 넷째가 하양중학교를 나왔는데 내 하양중학교 그 선생으로 있을 때 가들을 내가 가르킨 적이 있거든.

최승호 : 예. 아버지 돌아가시고 나서 딸들하고 엄마하고 많이 고생을 마이 하셨겠다 그지예.

최재림 : 그 당시에 정미소가 큰 게 있었어요.

최승호 : 정미소 하셨어요, 이분이? 제가 거기 오기 전에 1960년도에 4대 국회 때 인자 양민학살특위 그래갖고 전쟁 전후에 인자 좌익이나 또는 우익에 의해갖고 인자 뭐 돌아가신 분들 신고를 하라 이렇게 해서 인자 당시에 장면, 민주당 정권에서 신고를 받은 적이 있거든예. 거기에 보면 하양에 하양에 계시는 분들도 신고를 많이 했어예. 42명인가 신고를 했는데 제가 뽑아보니까 대학동에 조병호 그리고 뭐 박갑노 김공엽 그리고 교동에도 김정수 뭐 이래 있더라고예. 혹시 그리고 또 교동에 최규섭 최인섭 있던데 혹시 이분들 중에 아시는 분이 있….

최재림 : 그 최규섭 카는 사람이 호수 캤는 그 사람이라.

최승호 : 아 최규섭 씨가예?

최재림 : 집에서 이름이 호수고 창수고. 규섭 카는 사람이 그 내 삼종숙이라. 관명이.

최승호 : 규섭이.

최재림 : 응 최규섭입니다.

최승호 : 호수.

최재림 : 호수가 최규섭이라.

최승호 : 아 그래예. 아 관명이 그라면.

최재림 : 예. 호적상으로 규섭이고.

최승호 : 규섭이고. 아 카마 인섭은예?

최재림 : 인섭은 그 저 창수 그 사람인지 모르겠네.

최승호 : 창수인지 모르겠고.

최재림 : 그 저 규섭 씨는 아들딸이 지금도 서울에 있거덩. 창수 그 사람은 어, 그래가 돌아가시고 아들도 없고 마느래는 가뿌고 그렇지.

최승호 : 그러면 이 규섭 씨. 호수 창수가 집에 와서 늘 숨어 있고 밤에 나가고 없다고 그랬잖아요. 그분들이다. 그지예. 재종숙….

최재림 : 창수는 안 왔고.

최승호 : 창수는 안 왔고 호수만.

최재림 : 호수 카는 사람 그만 규섭 씨가 우리 집에 가끔 와가 있었다.

최승호 : 그러면 이분이 이분은 진짜 실지로 인자 그때 당시에 어쨌든 살해가 됐네예. 이게 보니까 '대구 경찰에 연행됐다' 그러는데 '대구 시내 우리 사진관'에서.

최재림 : 원래 사진업을 했어예.

최승호 : 아, 이분이 사진을 했었어예?

최재림 : 사진사예. 내가 그 사람 찍은 사진을 내가 지금도 갖고 있

는데.

최승호 : 이분이 사진관을 운영하셨습니까?

최재림 : 사진관을 했는 거는 모르고 야간(*하여간) 사진을 취급했어. 내가 그분 찍어주는 사진을 내가 가지고 있다고.

최승호 : 찍어준 사진을.

최재림 : 여 지금 있어요.

최승호 : 혹시 사진 한번 보여주실 수 있습니까?

최재림 : 저 가방 좀 주세요.

[책상 뒤에 놓인 가방을 가져와 사진을 보여주며]

최재림 : 내가 어릴 때 사진 남은 기 유일한 게 이 사진인데 내가 이 사진을 우리 어머니가 안고 그 집 뒤 안에 대밭 앞에서 찍은 사진이라. 이 사진.

최승호 : 대밭입니까?

최재림 : 뒤 뒤가 대밭.

최승호 : 대밭 뒤에. 몇 살 때입니까?

최재림 : 요기 한 다섯 여섯 살쯤 안 되겠나.

최승호 : 다섯 살. 그때 당시에 상당히 카메라 이런 게 귀했는데 가마 최규섭 씨가 인자 자기가 카메라를 들고 와서 찍어준 겁니까?

최재림 : 예예.

최승호 : 그러면 이분이 거기 대구 시내 우리 사진관에서 연행됐다카는 여게 이게 사실 정확하게 인자 했는 거네 그지예. 집안 삼종숙이라고 그러셨죠.

최재림 : 예. 삼종숙이라.

최승호 : 이분이 이분은 인자 그러면 인자 1기 때 진실 규명 받았

는지는 모르시네요. 그죠.

최재림 : 나는 모르지.

최승호 : 자녀들하고는 인자 서울에 가버리고.

최재림 : 아들은 지금 서울에 있고.

최승호 : 서울에 있고.

최재림 : 동생이 지금도 우리 마을에 있어요.

최승호 : 아 동생이.

최재림 : 예. 최옥섭 씨라고.

최승호 : 최옥섭.

최재림 : 섭자가 전부 돌림자거든.

최승호 : 예. 아 최옥섭. 그러면 그때 최규섭 씨 나이가 서른여덟 살이니까 지금 이분도 연세가 상당히 많으시겠네예.

최재림 : 아들이 지금 팔십하납니다. 그러니까 한 백 살은 넘었다고 봐야지.

최승호 : 아 최옥섭 씨.

최재림 : 아니.

최승호 : 그 최규섭 씨.

최재림 : 최규섭 씨가. 아들이 지금 올개 팔십하나니까 적어도 한 백 살은….

최승호 : 최옥섭 씨는 그럼 동생은 연세가 얼마나 됩니까?

최재림 : 올 팔십팔 세. 아, 팔십아홉.

최승호 : 팔십아홉.

최재림 : 예. 지금 살아있어요.

최승호 : 이분이 정정하십니까?

최재림 : 그 사람 정정하죠. 정신도 정정하고. 요즘 교통사고 나가

지고 다리를 좀 올케 못써 집에 있는데 뭐 매일 저가 보죠.

최승호: 그러면 이 최옥섭 씨한테 물어보면 여 최규섭 씨 형님이 어떻게 진실 규명 결정을 받았는지 이런 거 보상을 받았는지 알 수 있겠다 그지예. 나중에 제가 한번 마을에….

최재림: 우리 집 우리 집 한 집, 두 집 우에 있어요.

최승호: 회장님 바로 집 뒷집에. 그러면 인자 교동에 냈던 최인섭 씨는 모르시고예?

최재림: 이 인섭 씨는 모르겠네예.

최승호: 고는 보니까 최규섭 씨보다 나이는 네 살 적은데 호림부대에 연행돼갖고 부산에서 죽었다. 요렇게 돼있네요.

최재림: 그거는 모르겠습니다.

최승호: 모르겠습니까?

최재림: 그다음에 그 조 뭐 카는 사람은 내가 아 대학리에.

최승호: 대학리에 조병호 씨예.

최재림: 조병호는 무학리 살았어. 무학리. 무학리인데 우리가 듣기로는 그 하양 공격할 때도 그 사람이 나팔수라고 그 돼있거던. 빨개이들 나팔수로 했다 카는데. 지금 하양에 가마 무학부동산 조병곤이하고 형제간일 깁니다.

최승호: 조병곤 음… 형제. 지금 조병곤 씨는 지금 살고 있습니까?

최재림: 천주교회 위에 거기에 사는데 하양 무학부동산 이때까지 해왔잖아요. 하양에 가면 제일 그 집 아들이 아 있나 조 뭐고. 그 저….

최승호: 아 그 사람 이름 한번 들어봤는데.

최재림 : 사람 찔러 지기뿟는 사람. 그 사람 그 집 아들이라.

최승호 : 아 조병곤 씨 아들입니까?

최재림 : 조병곤 씨 큰아들이라.

최승호 : 큰아들이라예? 이름이 뭐더라. 내 한참 많이 들었는데. 조… 조병호 씨는 보니까 저기 경찰서에 호출돼갖고 가서 인자 행불됐다. 이러니까 아무래도 좌익활동과 관련돼가 있네예. 보도연맹에 가입했거나.

최재림 : 야간 그 우리가 알기로는 그때 나팔수라고 알고 있어요.

최승호 : 나팔수였다. 아 가마 인자 습격하고 공격할 때 인자 제일 먼저.

최재림 : 그렇지. 인자 신호를 올리고 하는 사람이지. 동네가 저쯤 무학산 군부대 거 있었어요. 그기 무학리 아입니까.

최승호 : 무학리. 대학동 안에 인자.

최재림 : 대학동 안에 자연부락이 네나 있거든. 대학동 안에 인자 월장못 밑. 월장지 밑에 있는 동네. 그다음에 월장지 안에 있는 용정 카는 데 있어요. 그다음에 이 무학산 밑에 있는 용정 무학리. 그다음에 저짝에 와촌 쪽으로 있는 추곡 카는 데하고. 가을 밭이라고 카는 데 네 동네가 모여가지고 대학동인데 그 무학리에는 인천 채씨가 좀 살았어요. 채 진사도 거기 과거했는 사람 채 진사도 거기 살았거든. 있었고. 조씨도 거기 살았어요. 한양 조씨일 끼라.

최승호 : 한양. 그러면 대학리에 여기 뭐고 조병호 씨 그리고 교동에 최규섭 씨 이런 인자 좌익활동가들이 그래도 하양 고 지역의 무학산 아래에 많이 거주하고 있었고 그런 것 때문에 인자 피해들도 많이 있었네 그죠.

최재림 : 그러이 그래 그래 그러니까 인자 동네 도종대 카는 사람
도 양지동 이장 죽이고 자다가 잡히갔다 그게 연령대거
든.

최승호 : 양지리장 피습[*습격]했던 이분이 도종대 씨입니까? 도
종대. 이분도 맨 그러면 무학리 사람입니까?

최재림 : 원래는 교린데 한사리에 살았잖아.

최승호 : 교리. 한사리에 살았….

최재림 : 교리. 성주 도씨들이 좀 마이 살거든. 거기 사람인데 처가
가 우리 동네라. 우리 집안이라나놓이께네 그냥 우리 동
네 와가지고 그런 범행을 저지르고 와가 자다가 그날 저
녁에 잡혀갔는데 고기 음력으로 8월 보름날 아침이라.

최승호 : 8월 보름 아침.

최재림 : 제사 지낼라카니까네 총소리가 빵 나길래.

최승호 : 추석날이니까예. 그러면 그 온 동네 사람들이 다 알았네.
고고는 뭐 한 49년, 48년 전쟁 전이지. 전쟁 전이지요?

최재림 : 그렇지. 49년, 49년쯤 되지요.

최승호 : 그 혹시 저기 뭐고. 교리에 김정수 카는 분은 혹시….

최재림 : 김정수는 내 이름 모르겠고.

최승호 : 모르고. 대곡동이나 이런 데는 그래도 그때 당시에 좀 골
짜기라서 교류가 잘 없었지예?

최재림 : 거 우리하고는 생활권이 영 반대쪽이니까.

최승호 : 예. 제가 듣기로 환상리에 정삼주 이분이 상당히 그때 당
시에 강 건너편에 활동을 했다 그러던데 혹시 그쪽 그분
얘기 들어보신 적….

최재림 : 정삼주라는 모르고, 거기 인자 우리 초등학교 다닐 때 환

상동에 거기에 정씨들 중에서 활동한 사람들 더러 있어요. 정문수 카는 사람이….

최승호 : 정문?

최재림 : 문수. 하양초등학교 선생을 했는데 그래 인자 해방되기 전에 우리 집이 인자 우리 한사리 서당하고 마주 보고 있거든. 중간에 지금은 없지만도 미나리깡이 있고 그래 아침에 인자 자고는 그 당시에 하양 경찰 형사들이 오마 그 인자 공산당 하는 사람들이 서당에 거 인자 자는 모양이라. 자마 아침에 오마 권총 들고 와가지고 좀 개가 짖고 하면 문열어가는 보지는 몬 하고 사랑방에서 춤가 이래 발라가 문구영 뚫어가 보마 저짜 다 보이거든. 보이는데 아침에 오마 형사들이 와가 문수 문수 손 들어라 손 들어라 카는 소리를 내가 들었단 말이야. 거 하양초등학교 선생 했어. 우리 우리 초등학교 다닐 때.

최승호 : 정문수 씨가예. 예.

최재림 : 그래서 거기도 공산 하는 사람 몇 사람이 있는 거는 인자 우리가 들었지. 환상동에 거 좀 정씨 집성촌이고 좀 깨있는 사람들 더러 있었거든요.

최승호 : 하양 거기 화성새마을금고 이사장 했던 분이 혹시 이분 아들 아입니까?

최재림 : 그거는 모르것고.

최승호 : 한 번은 거기 아들이라 카면서 자기가 와서 자기 형님이라 카던가 하여튼 신고하러 왔더라고예. 근데 신고하라 하니까 인자 그때 당시에 이분은 신고를 안 하고 그냥 가셨는데 나중에 보상받았다 하니까 그때 신고 못 했다 그

러면서 몇 번 찾아온 적은 있어요. 정씨들이 거기에 인자 좀 집성촌인데 거기도 활동가들이 좌익 활동가들이 많이 있었다 그지예. 환상동 보니까 제가 정문실 정삼주 정재원 뭐 이런 분들이 코발트광산에서 끌려가서 죽었다. 뭐 이런….

최재림: 근데 환상동에 가가주고 환상 대조 그짝 편에는 살아있는 사람 중에서 이런 일을 좀 아는 사람이 지금 하양 경로당에 하양 분회장 하는 조규춘 씨라는 사람 있어요.

최승호: 조규춘?

최재림: 조규춘은 현재 하양노인회 분회장이고 환상동에서 올해 나이 88세인데 환상동에서 삼통[*항상] 살았고 거기 이장을 17년인가 인가 했거든. 근데 그 지방 역사에 대해서 제일 많이 알아요.

최승호: 분회장 하시는 같으면 아직 기억력도 또렷하시겠네.

최재림: 지금도 어제도 내가 같이 있었는데 외모상으로도 그렇고 말도 또렷또렷하고 기억력도 좋고. 이분들인데 가 물으면 마이 나올 낍니다.

최승호: 환상동 당시 활동가들은 다 아시겠네요.

최재림: 그렇지. 내하고 인자 이런 이야기 하면 그래 마 우리 동네 뭐 누구는 우옛고 누구는 잡히가가지고 말이야 그 못가에서 총을 쐈는데 엎어져가지고 안 죽고 살아가지고 그 동네 와가 숨어 있다 결국 붙들리가 또 뭐 우예 되고 이런 것도 다 이야기하거든.

최승호: 재차 잡히갔다 이런 것도 아시고. 이분도 한번 조규춘 씨도 한번만… 그러면 지금 분회장 하시면 그면 그….

최재림 : 집은 하양 하양 거 낙천대아파트에 살고.

최승호 : 낙천대 사시고.

최재림 : 하양. 평일은 오후 한 2시 이후에 가면은 거 가면 하양 경로당에 가면 있다 카이. 전화 필요하면 내가 전화 걸어주께.

최승호 : 예 전화번호가 혹시 있으면은.

최승호 : 저기 그러면 우리 저 우리 회장님이 인자 시 노인회 회장님이시니까 15개 읍면동에 분회장님 다 알고 계시잖아예? 그분들 중에서 이렇게 해방 당시나 아니면 한국전쟁 전 요럴 때 사건들을 기억하고 계시는 분들이 좀 있으십니까?

최재림 : 내가 판단하기는 조규춘 씨가 올해 88세니까 내보다 두 살 많으이 좀 알 수 있는 사람이고, 그 외에는 나이가 전부 다 80대 초반이고 70대 이상 안 되고. 용성에 가면은 그 분회장이 올개[*올해] 88센가 그래요. 그분은 용성에 토백이로 살았고 용성서는 유지거든. 그래 그 사람 정도 겉으면은 이런 내용을 어느 정도 안 알겠나.

최승호 : 그분 성함이 어떻게 되시는지?

최재림 : 김 김주형 김주영.

최승호 : 김주영. 김주영 회장님. 아 예.

최재림 : 여 여기 인적사항 있는데. 전화번호꺼지 여 다 있어.

최승호 : 가마 요 조규춘 회장님하고 김주영 회장님 정도는 당시에 어느 정도 기억을 하고 계실 거다.

최재림 : 이런 상황을 다른 사람보다 많이 안다고 난 보지. 왜 그러마는 거기에 계속 살았으니까.

최승호: 그 지역에 오랫동안 안 움직이고 살았으니까. 안 그래도 사실은 그 용성 지역에 그 증언들이 마이 없거든예. 그래서 용성에는 특히 그 운문산하고 팔공산하고 이렇게 이어지는 길이기 때문에 마이 피해도 많이 있었을 것 같은데.

최재림: 우리가 듣기로는 그 당시에 인자 팔공산에서 하양 그 인자 대곡동 부호동 그리 와가지고 지금 대부교 있는 데 그리 해가지고 진량 박산하고 연결해가 넘어간다 카는 루트가 그렇다고 이야기 들었거든.

최승호: 진량 박산 같으면 금박산 말이지요.

최재림: 그렇지. 그래가지고 인자 용성으로 넘어간다, 그래 이야기했고. 우리가 어릴 때 인자 그 1948년도 5·10 총선거를 하고 대한민국이 수립됐잖아 그자? 그 당시에 국회의원의 임기가 2년이거든. 48년 5월에 해가지고 50년 5월달에 또 선거를 했잖아. 그 당시에 국회의원이 방만수 씨가 됐거든.

최승호: 예. 방, 방만수 맞습니다.

최재림: 2대 국회의원 아입니까 그자? 근데 인자 우리가 그 당시에는 초등학교 다닐 때 방만수 크는 사람 전혀 모르잖아. 그런데 방만수 그때 초등학교 애들끼린데 인기가 있었거든. 붐이 났어. 그래가 그 당시는 우리 기억으로는 화물차에다가 선거운동원이 그때 옷은 무명 핫바지 저고리에 그냥 머리에다 수건 하나 질끈 동라매고[*동여매고] 돈도 없고 음식도 안 많으니까 운동하로 댕기는 사람이 도시락을 인자 이거 싸가지고 허리띠에 여 차고 댕깄다 카이끼네. 그때 도시락은 지금매트로 양은그릇시 아이고 대나무

까 얽어가 맨들었는 거 진짜 도슬쨍이 거다 밥 싸가지고 여가 댕기면서 선거운동을 하는 기라. 하는데 '보내자 방만수' 카고 댕깄거든.

최승호 : 보내자 방만수.

최재림 : 그래 나중에 인자 알고 보이끼네 저런 선점타를 우에가 저래 됐노꼬 물으이까 우리가 좀 커가 물어보니까 용성 지역에도 좌익이 많은 기라. 많은데 하도 잡히 들오고 하니까 방만수 씨가 용성파출소장 했다는 기다.

최승호 : 파출소장예?

최재림 : 파출소장을 하면서 웬만한 거는 재량으로 해서 다 풀어뿌고 문제 안 삼았는 기라. 그래 그 사람들이 대한민국 정부가 수립되고 가마 보이끼네 방만수 아인 겉으면 나도 큰 욕을 볼 낀데 그 방만수 때문에 고맙다. 그래 그 사람들이.

최승호 : 은혜를 갚았네.

최재림 : 방만수를 그래 지지하면서 인자 전 군으로 다니는 선거운동을 하고 대니 그게 인자 붐이 이어가지고 우리도 가락 [*관계]도 모리고 집에 가가지고 아버지 엄마 보고 오분 [*이번] 선거에는 방만수 찍어야 된다. 와 찍노? 박만수 좋은 사람 찍으라고 집에 가가지고 그래 이야기했거든. 그게 그래가 방만수가 일약 파출소장에서 국회의원 됐잖아.

최승호 : 안 그래도 그런 얘기들은 유족들은 하더라고예. 도시락 들고 댕기면서 진짜 싸들고 댕기면서 운동했다고.

최재림 : 우리는 도시락 하는 거를 봤거던. 여 타고 막 보내자 방만

수 카는 거를 우리가 봤단 말이야.

최승호 : '보내자 박만수 국회로' 이런 식으로?

최재림 : 그렇지. 그때 내가 하양초등학교 거서 이래 보만 도로에 저래 막 흰 흰옷 입고 머리 수건 동여매고 '보내자 방만수' 카고 막 보내고. 내조는 국회의원 되고 '공말 탔다 방만수' 나왔잖아.

최승호 : '공말 탔다 박만수'. 하하. 아 그기 인자 그때 나온 거네예. '공말 탔다 방만수, 보내자 방만수' 카는 게.

최재림 : 그래가 인자 방만수가 국회의원 진짜 다 공말 타가지고 국회의원이 돼가 공말 탄 기 많지. 그때 인자 경산의 사학을 보면 경산여중, 그다음에 지금 경산고등학교 말고 경산고등학교가 있었다고. 압니까?

최승호 : 창선고등학교.

최재림 : 아이 아이라. 경산고등학교.

최승호 : 경산고가 있었어예?

최재림 : 하양중학. 이게 재단이 창선재단일끼라.

최승호 : 창선재단.

최재림 : 창이라고 인자 글장 장 옆에 점 시[*세] 개 있는 거 베풀 창(彰) 자 거던. 착할 선(善) 자. 창선재단 이사장이 누가 됐냐만 방만수가 됐다고. 처음에 하양중학교 겉은 건 점[*전부] 다 면립으로 해가지고 그래가 인자 재단이 필요해가 방만수 그 당시 국회의원이 되노이끼네 창선재단으로 해가 경산여중 하양중학 경산고등학교 이거 좀 한 학교 한 재단에 있었는데 경산고등학교는 폐교돼뿠지. 지금 여 중방동 여기 버들나무 숲 있는데 고 뒤에 있었거

든.

최승호: 중앙초등학교 뒤에.

최재림: 아니. 여짝 편에. 저 지금 대보식당 있는 데 고 뒤에.

최승호: 예. 대보식당 뒤에.

최재림: 고 뒤에 있었다고.

최승호: 지금 거 뭐 보름 대보름 행사하는 데.

최재림: 그래. 고 뒤에 있었는데 거도 뭐 여 출신 중에서 저 뭐고. 서 뭐고. 여 국회의원 나오는 사람도 있고 안 하나. 근데 삼미 삼미 뭐 산업인가 서 뭐고, 그 사람도 거 나왔잖아.

최승호: 아 삼미[*서상록] 부회장. 그게 지금 현재 있는 경산고등학교는 하고는 다른 학교네예 그지예.

최재림: 그래서 인자 저게 폐교가 되고 그다음에 경산고등학교도 새로 생깄지. 그 당시에 인자 방만수가 이걸 점 다 관리했다고.

최승호: 저는 경산여중은 그 와….

최재림: 이창수 씨.

최승호: 거 와 이육주 여사. 그분이 인자 설립했는 건 줄 알았는데 아이구나.

최재림: 경산여중은 저 터가 코발트광산에 광물 하치장, 하마 경산역에서 부라가 경산역에서 화물로 실어 갔잖아 그제? 경산여중 자리는 그 코발트광산 그 사무실 현장입니다. 현장 사무실입니다.

최승호: 하치장이었어요?

최재림: 하치장은 고 뒤에 있고 사무실이 그기 고 가면 도랑가 밑에 고기 야 코발트광산 사무실이라꼬.

최승호 : 실지로 지금도 거기 보면 쪽방촌이라고예. 방이 한 10개 정도 있는데.

최재림 : 고 도랑 위에 있지. 거가 하치장 아입니까.

최승호 : 아 거기가 하치장이었습니까? 그래서 안 그래도 거기가 인자 코발트광산 노무자들 자는 숙소라고 이야기를 하더라고.

최재림 : 그래서 인자 거기다 경산여중을 하고 그 당시에 교장이 이창수 씨라고 아주 틀 좋은 사람 있어요. 아주 몸이 이렇다고. 거기에 서무과장 했는 사람도 와 임채열이. 거도 거 있었잖아.

최승호 : 아 임채열 씨가 거 있었습니까?

최재림 : 거 있었어. 임채열이 거 있고 내가 하양중학교 있을 때 임채열도 거 있었다고.

최승호 : 임채열 씨가 우리 친구 아버지인데. 하하. 남천.

최재림 : 그래가지고 인자 경산여중이나 하양중학교는 창선재단이 돈이 없잖아. 그래 학교가 발전을 몬하는 기라. 그래서 하양중학교는 일단 최 총장 집으로 넘가주기로 했고 경산여중도 결국은 이육주인데 인자 넘갔는 기지.

최승호 : 음, 다 뿔뿔이 흩어졌네.

최재림 : 그렇지. 그래가 각개전투를 해가 다 인자 재단 하나는 없어졌뿌고 하나는 인자 창선학원에서 경산학원으로 해가 이재희 씨가 인자 맡았고. 이 이철구….

최승호 : 예예 이철규 씨.

최재림 : 응 철규 즈거 아부지가 맡았고. 그다음에 인자 경산여중은 인자 이육주가 대구에서 그때 신천동서 목욕탕 했잖

아. 그래가 저거 맡고 그런 기지.

최승호 : 아 가마 그 경산학원을 나중에 인자 하양여중고를 인자… 경산학원에서 맡았네예.

최재림 : 그래서 맡으면서 경산 창선하고는.

최승호 : 없어져 버리고 인자.

최재림 : 하고 인자 저거는. 여도 그렇지.

최승호 : 학교 한 개는 없어지고 두 개는 인자 각자 흩어졌네. 그러면 그 방만수 국회의원은 보도연맹이나 이런 데 인자 지원을 해 주고 나서 국회의원이 되고. 그리고 인자 재단 이사장도 하고 그 이후는 뭐 어떻게?

최재림 : 그 후로는 모르지. 부산 피난 시절에 국회의원을 했으니까. 국회의원 되자마자 6·25가 한 달 조금 있다 났시니까. 정부가 전부 다 부산으로 피난 갔잖아. 그 당시에 뭐 국회의원이고 그 당시에 그리고 그다음에 국회의원 함 더 나와가 떨어졌잖아. 두 번째 나와가 떨어졌지.

최승호 : 아 재선할려고 출마했다가 떨어졌구나.

최재림 : 그렇지 떨어졌지. 박해정 씨한데 떨어졌지.

최승호 : 그때 삼, 세 번째는 그러면 박해정 씨입니까?

최재림 : 초대 박해정. 2대 방만수. 3대 박해정이, 4대 뭐 박해정이가 4선 했죠.

최승호 : 4선 했습니다. 맞습니다.

최승호 : 회장님 뭐 마지막으로 저기 저 하나 더 박사리 사건. 박사리 사건 그게 시작하고 그리고 이유 이런 것들에 대해서 혹시 들어보신 거나 아니면 알고 계시는 게 있으면 박사리 사건에 대해서도 한번 말씀해 주십시오.

최재림 : 박사리 사건은 내가 알기로는 동강동에 도달곤이라 카는 사람이 나무하로 갔다가 그 공비들 아지트꺼지 접근이 돼 뿌리가 붙들렀다고 그 알고 있거든요. 그래가 만약에 니가 돌리보내주마 신고를 하면 닌 쥑인다 그카면서 니는 어느 동네 사노 카이끼네 내 박사동 산다 이래 이야기가 됐다 카거던. 그래가 내리와가지고 와촌지서에 신고를 하고 하이끼네 그 당시에 영천에도 군인들이 일부 주둔돼 있어. 하양도 한때 군인들이 일부 주둔돼 있었거던. 그래서 군인들 각개전투하는 걸 그때는 우리가 이상해가 하, 생건[*생전]에 첨 보니까 책 보재기 들고 군인들 훈련하는 따로 내도록 다니고 그랬어요. 그런데 그래 인자 합동을 해가 그 공비들을 인자 일망타진 했잖아. 그때 뭐 죽은 사람이 공비가….

최승호 : 서른여덟. 아 공비가.

최재림 : 공비가 78명인가 사살되고 뭐 몇 명 7명인가 생포를 하고 두 사람이 도망갔다 카는 그런 기록들이 있어가지고. 그래가 10월, 11월달 29일인가 그때 양력으로 29일인데 음력으로 그기 한 보름쯤 되는 모양이라. 달 밝을 때인 모[*모양]이라. 묘사도 지내고. 그럴 그럴 땐데 그때는 시대가 공산주의 하는 사람들이 지녁 온지녁 모이라 카마 모이야 되고, 뭐 또 정부에서 와가 모이라 캐도 모이야 될 때거던. 근데 인자….

최재림 : 그래가 그날 저녁에 인자 뭐 소집을 해가지고 거 함부래[*미리] 공격조를 딱 만들어가 그날 저녁에 뭐 38명이 죽고 집이 뭐 108챈가 불타고 20몇 채가(*명이) 부상됐다

는 그런 보도가 있었는데 온 동네가 한날 저녁에 마 쑥대
밭이 된 거지. 그래 부상당한 사람들 보이끼네 얼마 전까
지만 해도 이 팔뚝에 이래 된 사람들 하양에 이래 다니는
거 우리 봤거든.

최승호 : 그때 부상 입은 사람들.

최재림 : 그라고 어떤 사람은 변소에 드가가지고 인자 요곳만 내놓
고 살은 사람. 또 도망가다가 논두렁 밑에서 인자 그 논
도구(*논둑) 우에서 눕어가 요렇게 피해 사람 뭐 사례가
많죠. 그리고 그 집 그 유족들 중에서 내 아는 사람들은
아익[*아직] 마이 있어요.

최승호 : 유족들은. 이번에 안 그래도 거기 진실화해위원회에서
진실규명 결정이 내렸더라고예. 34명. 인자 돌아가신 분
32명하고 부상자 2명. 그런데 나머지 부상 입은 사람들
은 진실 규명이 안 돼서 좀 걱정을 하시더라고요

최재림 : 어제도 내 윤성해를 만냈다 카이.

최승호 : 윤성해 회장 만냈어예?

최재림 : 어제 어제 만냈는데.

최승호 : 그러면 그때 당시에 그 영천에 군인들이 인자 경산에 와
있었는데 그 사람들이….

최재림 : 영천 군대에서 지원 나왔지.

최승호 : 지원 나와서. 그 이일재 선생님 뭐고 수기는 보니까 그때
당시에 박사리를 습격했던 사람들이 경산군당이 아니고
영천군당이었다 하더라고예. 근데 그때 당시에 좌익 빨
치산들도 안에 나름대로 어떤 규율이 있어서 민간인들 죄
없는 민간인들을 죽이지 않는다 이런 게 있었는데 이 사

람들이 독자적으로 마을을 습격해 버리갖고 자기들 안에서도 상당히 내부에서도 비판이 많이 있었다 하더라고요. 민간인, 실제로 죄 없는 민간인들은 빨치산들도 인자 죽이지 않는다 이런 것들이 있었던 것 같아예.

최재림: 그기야 뭐 어디라도 죄 없는 사람 죽이가 안 되지.

최승호: 하하. 안 되지. 예, 그러면 마무리하면서 우리 혹시 회장님이 지금 꼭 이 말은 해야 되겠다. 우리 그때 당시에 지역에 해방 공간에 살았던 분으로서 지금 인자 또 노인회 우리 회장님으로서 이렇게 살면서 여러 삶들을 많이 지켜보셨잖아예.

최재림: 그런데 인자 진실화해 이것도 전에 하양에 전에 강창덕 씨라고 계셨거든. 그분이 하양 살았는데 대구상고 내 선배래요. 선배 아직 살아계실 기라고.

최승호: 아 돌아가셨어요. 작년에.

최재림: 그래요. 근데 그분이 보면 말을 좀 더듬는데 연단에 올라가마 말 안 더듬거던. 한때 국회의원꺼지도 꿈을 꿨는데 음… 진실 화해도 좋고 또 억울한 사람이 돌아가셨으마 당연히 그걸 찾아내가 억울한 것도 억울하다는 걸 찾아내야 되고 보상도 하는 건 맞는데. 그럼 저가 느끼는 거는 지금 인자 현재 뭐 하는 기 보마 오늘날 잣대를 가지고 과거를 대가는 안 된다 이기라. 그 당시에 시대 상황을 감안한 잣대를 대야 되는데 과거의 일을 현재의 잣대로 대면은 모든 게 다 틀리뿌는 기지요. 예를 들면 박정희 대통령이 독재를 했다 카는 거는 틀림없는 사실인데, 그 당시에 우리가 못 먹고 살아가지고 지금 밥에 풀칠을 모 해

가 생명이 왔다 갔다 하는데 거기에다가 인권을 갖다 맞추고 거기에다가 노동시간을 맞추고 이래가는 일이 안 되거던. 그 당시 시대 상황으로 봐서는 마 안 죽으마 살… 그 그런 때문에 그런 거 무시하고 했는 그걸 가지고 오늘날 잣대를 갖다가 대는 거는 좀 불합리하다. 그래서 진실화해도 다 좋고 한데 그 잣대를 그 당시에 시대 상황을 감안한 잣대를 대면 좋겠다. 나 나는 그것 말하고 싶죠.

최승호 : 예. 하여튼 장시간 말씀해 주셔서 고맙습니다.

최재림 : 예. 감사합니다.

최승호 : 고생하셨습니다.

최재림 : 예.

6. 김주영 구술증언

사건과의 관계 : 용성면 육동 주민
구술 당시 나이(생년월일) : 1938년 3월 16일
출생지 : 경산시 용성면 용천리 238번지

최승호 : 시작하겠습니다. 이번 인터뷰는 진실화해위원회와 경산
시에서 한국전쟁 시기 집단 희생사건 구술 채록사업의 일
환으로 수행하는 면담입니다. 오늘은 2022년 11월 6일
일요일 오후 3시 30분이며, 장소는 경산시노인회 용성
분회 사무실입니다. 이번 구술자는 김주영 선생님이십니
다. 면담자는 경산신문의 최승호, 촬영 및 면담 보조자는
뉴스민의 천용길 대표입니다. 그럼 1회차 인터뷰를 시작
하겠습니다.

최승호 : 선생님 성함이 어떻게 되시지예?

김주영 : 쇠 금(金) 자, 두루 주(周) 자, 길 영(永) 잡니다.

최승호 : 김주영.

최승호 : 김 주 자 영 자. 쇠 금?

김주영 : 예.

최승호 : 주 자는 무슨 한자?

김주영 : 두루 주 자.

최승호 : 두루 주자. 영 자는?

김주영 : 길 영 자.

최승호 : 길 영 자. 아 예. 원래 몇 년생이십니까?

김주영 : 나는 호적이 늦어가 원래 34년생인데 지금은 38년생으로 돼가 있다.

최승호 : 34년생인데 38년. 그럼 몇 월 며칠생 돼 있습니까? 주민 등록증.

김주영 : 음력으로는 9월 16일이고 양력으로는 3월 16일.

최승호 : 3월 16일. 그러면 주민등록번호가 380316이네예. 태어 나신 데는 어디십니까?

김주영 : 바로 육동이지.

최승호 : 육동.

김주영 : 용천리.

최승호 : 용천리 몇 번지지예?

김주영 : 태어난 데는 238번지.

최승호 : 238번지. 지금 인자 사시는 데는예?

김주영 : 현재 용천 살고 있심다. 번지가 틀리지.

최승호 : 번지는 몇 번지입니까?

김주영 : 298번지.

최승호 : 298번지. 멀리 못 가셨네예. 멀리 못 가셨네. 바로 옆에 계셨어요.

김주영 : 말 안에 있다가 밖으로 나왔지요.

최승호 : 그리고 그러면 형제는 몇 형제십니까, 어르신.

김주영 : 내 8남매 맏입니다.

최승호 : 8남매 맏이. 대단하신데 그러면 형제분들은 다 부근에 사십니까?

김주영 : 예. 한 사람은 마을에 같이 살고, 둘이는 한 사람은 부산 있고, 한 사람은 울산 있고 그렇심다.

최승호 : 부산 있고 마을에 사시고. 예. 그러면 거기 당시에 학교는 맨 그 다니실 때는 학교는 없었지예?

김주영 : 와 있었어.

최승호 : 있었습니까?

김주영 : 예. 용강.

최승호 : 용강.

김주영 : 용강초등학교 다녔습니다.

최승호 : 용강초등학교 몇 회십니까?

김주영 : 내가 2횝니다.

김주영 : 원래 그 저 육동초등학교는 오래됐습니다. 역사가 깊은 학교고. 용성 여기에 면소재지 학교가 없었심다.

최승호 : 아 용성 소재지에 없었어.

김주영 : 없었고 육동으로 들어와가지구 그랬거든. 간학조다. 간이 학조.

최승호 : 단위 학교.

김주영 : 옛날 간이학조다. 왜정시대. 그래가지구 해방되고 해방되고 국민학조를 승격을 했지.

최승호 : 국민학교로 승격됐습니까? 아 간이학교에서? 그 승격하고 2회시네 그지예?

김주영 : 그렇지. 그렇지.

최승호 : 아, 그전부터 그러면 간이학교는 계속 오래 있었네예. 2 회 졸업생이 한 몇 명쯤 됩니까?

김주영 : 그때 우리가 28, 29명입니다.

최승호 : 29명이 졸업했어예. 그러면 학교가 상당히 6동, 6개 마을 의 주민들도 그러면.

김주영 : 7개 동네. 이장이 일곱입니다.

최승호 : 이장 일곱. 주민은 한 몇 가구쯤 될까예?

김주영 : 아, 그때는 상당히 많았습니다. 많았는데 그때는 한 400 가구쯤 됐는데 지금은 인자 다 나가뿌고 나만 사람 남았 기 때문에 집이 다 허물어지고 그래 지금은 삼칠은 이십 일, 한 250가구.

최승호 : 250가구 정도. 다 외지로 인자 떠났어예?

김주영 : 다 나가뿌고 없어요. 반틈 나갔어.

최승호 : 그러면 인자 어르신은 거기 초등학교 졸업하고, 인자 거 기서 계속 생활하신 겁니까? 아니면 바깥으로 이렇게 면 소재지로 나왔습니까?

김주영 : 저 대구로 갔지요. 제일 먼저 대구로 갔지요.

최승호 : 대구로. 공부하러 가신 겁니까?

김주영 : 공부하다가 하다가 또 그만두고 삼양출판사 취업을 해가 지고 있었제.

최승호 : 삼양출판사. 그때가 몇 살 때입니까?

김주영 : 고때가 열… 열… 열여덟 살.

최승호 : 열여덟. 그러면 대구 나가서 중학교를 다니셨네예?

김주영 : 다니다가 그만뒀지요.

최승호 : 무슨 중학교?

김주영 : 아 그거 학조 없어졌어요. 옛날에.

최승호 : 없어졌어요. 아 중학교 다니시다가….

김주영 : 능인. 능인중학좁니다.

최승호 : 능인중.

김주영 : 지금은 없을끼, 없지 아마.

최승호 : 능인중 있습니다.

김주영 : 있습니까?

최승호 : 예예. 능인중학교 인자 중퇴하시다가….

김주영 : 길 복판에 외딸리 있었어. 옛날에는.

최승호 : 그때 그러면 인자 대구로 나가신 게 혼자 나가신 건가요?
　　　　아니면 동생들은?

김주영 : 혼자. 내 혼자. 부모 다 있고 내 혼자.

최승호 : 그러면 그때 친척이 대구 있었습니까? 아니면 어떻게 ….

김주영 : 있었습니다.

최승호 : 아 친척 집에.

김주영 : 내 진외가. 진외가가 대구에 있었어.

최승호 : 아, 그러셨구나. 그래서 출판사는 그러면 오래 하셨어예?

김주영 : 예. 좀 그때 한 지가 5년인가 하고 또 그만뒀어요. 그만두
　　　　고 부산으로 또 내려갔어요.

최승호 : 두고. 부산 가셨다가… 부산에서는 무슨 일 하였어예?

김주영 : 부산에 항만에 지원해가지고 거기에 또 몇 년 했습니다.
　　　　한 5년인가 6년쯤 했네요. 하고 그래가 내가 장자기 때문
　　　　에 장자기 때문에 이거는 도저히 아니다 싶어서 부모가
　　　　계시는데 그래서 다부 또 들왔어요. 고향으로 들와가. 하

하.

최승호 : 그러면 그때 귀향하신 게 몇 살 때입니까?

김주영 : 고가 스물… 스물네 살, 스물세 살이네. 스물세 살.

최승호 : 그러면 그때 인자 스물세 살에 오셨으면 동생들은 그때 다 그러면 학교 다니고.

김주영 : 그렇지. 아이 어리고.

최승호 : 어리고 동생들은 어리고. 그러면 인자 가장 역할을 하셔야 되네 그지요? 어른은 그때 계셨지예? 어른들은.

김주영 : 엄마 양친 다.

최승호 : 엄마, 양친 다 계시고. 동생들 인자 건사하고 인자 농사를 지으셨겠네요. 짓고. 그럼 결혼은 몇 살 때 하셨어예? 결혼은.

김주영 : 결혼은 스물아홉에 했습니다. 군에 갔다가 와가.

최승호 : 그사이에 군에 갔다.

김주영 : 군에 군에 군에는 군대는 스물다섯 살에 군대….

최승호 : 늦게 가셨네예.

김주영 : 예. 늦게 갔어예. 출생이 늦으니까 늦게 갔지.

최승호 : 아, 실제로 친구들보다 훨씬 더 늦게 가셨네예. 4년이나 늦게 돼 있으니까. 지금 말씀하시는 나이는 34년으로 기준했을 때 그지예? 결혼 스물아홉에 해갖고 지금 자녀는 몇 남 몇 넙니까?

김주영 : 아 그러니까 2남, 2남 3녀.

최승호 : 2남 3녀. 34년도에 태어나셨으면은 해방 전에 용성 그 육동에 육동이나 용성 면소재지 사정들을 좀 들으셨겠는데 그때 혹시 기억나는 사건이나 그런 얘기들이 있습니까?

김주영 : 6·25 사변?

최승호 : 6·25 사변 전에. 해방되기 전에.

김주영 : 해방되기 전에. 해방되기 전에는 그 기억이 잘 없고. 들은 일도 없고. 아이 그때 나이도 어리고.

최승호 : 해방 후에.

김주영 : 해당 후에, 후에는 조금씩 들었는데 내가 학조는 해방 전에 학조 드갔어. 드가가지구 1학년 딱 하고 나니까 해방이 됐어. 8월 15일.

최승호 : 아 1학년 때 해방됐어예. 그때 해방 때 동네 이렇게 만세도 부르고 잔치도 하고 그랬습니까?

김주영 : 그기 우리가 그때는 우리나라 젊은 사람들이 그때 대동아전쟁 때 일본군으로 마이 갔거든.

최승호 : 징용.

김주영 : 그때 육동에 멫이 갔느냐 하면은 대종 1동에 아… 갔는 사람 이름을 잘 모르겠네. 이상문이라고 중형인데 이상문 형인데. 이상문 형인데 제일 먼저 군에 갔는데 학생들이 그때 전부 환영, 환영 우리가 다 했거든요.

최승호 : 환영식을 해줬어예?

김주영 : 환영식을 다 하고. 어디까지 했나 하마 가면서 옛날에는 차가 있나 뭐 있노. 걸어가 삼통 오는데 비오재 재까지 재까지 가면서 그 환영 인사를 우리 초등학생들이 다 했거든요.

최승호 : 아, 한 명 가는데. 그라고도 인자 계속 징용을 갔습니까?

김주영 : 예. 그래가지구 또 해방 전에, 해방 전에 또 한 사람이 가게 되었어. 우리 마을 사람인데… 김수용이라. 김수용.

김수용 씨가 인자 가게 또 됐어. 됐는데 그때 간다고 막 동네 사람들하고 전부 그 집에 오고 막 이랬거든. 이랬는데 내일 갈 그트마 오늘 해방돼뿠어요.

최승호: 가기 전날!

김주영: 그렇지. 해방됐어. 그래가 김수용 씨는 고걸 민했습니다.

최승호: 아, 해방이 됐구나.

김주영: 그분은 참 진짜 그….

최승호: 운이 좋네요.

김주영: 교육잔데 교육잔데 선생질 쪼매 했는데. 교장까지 하고 다 했는데 다 고인 됐지. 고래가 갈라고 딱 가는데 해방 이 딱 돼뿠어요. 그래가 우리 태극기가 막 올라왔거든요. 전부.

최승호: 일장기 내리오고.

김주영: 그렇지. 우리 대한민국 태극기가 막 앞에 막 그 집 앞에 대문 앞에 막 이래 꼽아놓고 했다카이. 그래이까 저 참 기분이 좋아가 전부 마 학생들도 전부 막 태극기도 우리 태극기 달고 막 이래 했지.

최승호: 집집마다 달고 막 이랬습니까. 그 해방됐는 거는 어떻게 들었어요. 그때.

김주영: 그때 뭐 해방됐다 하면서 어떻게 듣나 나지오가 있나 뭐 있노, 해방됐다고 전문이 오겠지. 학조에. 학조로 오겠 지. 그 행정으로 안 오겠나 뭐.

최승호: 그렇죠. 그때는 전화도 없고 라디오도 없고 하니까 학교 가 제일 거기 중심이니까. 예. 해방 후에는, 그러면 두 사 람 정도가 인자 징용으로 갔네 그지예. 육동에. 뭐 정신

497

대로 위안부로 끌려가신 분들은 없고예. 여자분들.

김주영 : 없어요. 아무도 없어요.

최승호 : 아 다행이네예.

김주영 : 그래가지구 위안부로 간다고 처녀를 전부 잡아갔거든. 잡아갔는데 어린것도 전부 다 결혼시키고 이랬잖아요. 전부. 결혼시키고 거 보면은 장가 못 가가지구 우리 마을에 장가가 못 가 사람이 지금 겉으면 지금 말하자마 사람은 한 팔푼쯤도 한 칠푼쯤 돼. 모지란다 이 말이야. 장가 못 가잖아. 못 가이끼네 그 당시에 그 인자 처녀 겉으마 잡히가야 되는데 결혼하마 안 잡혀가거든. 그런 덕으로 결혼했어요.

최승호 : 아 칠푼한테도 막 강제로,

김주영 : 아 그것도 청도. 운문면. 운문면 지금 수몰지구라. 운문댐 수몰지구 안에 가락굴 카는 데라. 그 처녀하고 그 집에서 막.

최승호 : 들고 와갖고.

김주영 : 이래 이래 결혼을 시키가지구 그랜 사실이 있어요.

최승호 : 참, 참 시절이. 지금도 그 집에 맨 살고 있습니까?

김주영 : 살고 있어요. 살고 있고. 그 후대는 그래도 다 괜찮아요.

최승호 : 후대는 괜찮고.

김주영 : 김해 김씨거든.

최승호 : 김해 김씨. 혹시 해방되고 나서 그 마을에 좌익활동을 하거나 아니면 인민위원회 남로당 활동이나 이런 활동을 한 사람들은 있었어예? 아니면 뭐 부역을, 빨치산이 내려왔다든지.

김주영 : 그런 거는 육동에 그리 없었는데 억울하게 진짜 그 박우현이라고.

최승호 : 박우현.

김주영 : 박우현 씨. 용전리에 있는데. 그분이 우리 은사거든. 은산데 그때 우리가 3학년 땐데 3학년 땐데 빨개이로 몰아가지고 경찰이 와가 잡아가 뚜디리 패고 막 반쯤 죽었어예. 우얏든동 우리 학생들이 그걸 눈을가 볼 수가 없었다카이.

최승호 : 경찰이 왔습디까?

김주영 : 경찰이 경찰 그때 경찰이. 아, 그래가 그 선생님이 고통을 마이 당했습니다. 진짜 참 똑똑한 분인데 옛날에 사범학교 나왔거든요.

최승호 : 대구사범.

김주영 : 사범학교 나와가지구 똑똑한 분인데 그래서 내제 교직에도 그만두고. 몸이 다 뿌자났으이께네 고만두고 있다가 결국 우리 여 용성면 민선, 민선 면장 제1기입니다.

최승호 : 1대 면장. 아 당선이 됐었어요?

김주영 : 민선. 선거 해가지구 선거 해가지구 당선돼 가지구 그것도 그것도 9개월밖구 못 했습니다.

최승호 : 9개월. 전쟁 때문에?

김주영 : 9개월. 왜냐하면 그때 우리나라 정치가 그 박, 아니 이승만 대통령이 하야하고 군정 아입니까? 군정 돼놓이 박정희 대통령 정권을 잡을 때 잡아가 군정, 군 정권을 할 때 그럴 때 이게 밀리 나오뿄거든요. 밀리 나와가지구. 무조건 면장이나 군수나 머기나 간에 이거 지방의 장은 전부

군 출신을 갖다 조 여뿄거든요. 군 출신. 그래가 우리 용
성면장은 자인에 동부동에 살았는데 김이무라고 있어요.

최승호 : 김이무.

김주영 : 김이무. 그 양반이 육군 대위로 제대해 가지구 있었는데.

최승호 : 대령.

김주영 : 대위.

최승호 : 대위 대위.

김주영 : 위급이라. 영급이 아니고.

최승호 : 위관급이네.

김주영 : 있었는데 예비역이거든. 용성면장을 대번 타고 왔어요.
그러이끼네 민선 면장은 하향하고.

최승호 : 관선 면장이 들어왔네예.

김주영 : 그렇지. 그러이 그때는 뭐 서장도 무조건 군 출신을 갖다
집어여뿄다고. 거는 현역 군인을 갖다 였거든.

최승호 : 그러면 박우현 선생님은 원래 집은 어딥니까?

김주영 : 여게 육동 용전입니다.

최승호 : 용전 원래 고서 태어났던 거. 거기서 태어나서 그러면 인
자 대구사범 졸업하고 공부도 많이 하셨네, 그지예. 혹시
그분이 이렇게 주변에 육동 사람들하고 만나거나 그 사람
하고 같이 활동하신 분들은 없습니까?

김주영 : 지금은 뭐 아무도 없어요. 다 죽고 다….

최승호 : 그때 아니 젊었을 때 학교 인자 교사 할 시절에 이분하고
잘 어울린 사람.

김주영 : 어울린 사람이 뭐 들어보면 오재환 씨라고. 오재환 씨하
고 잘 어불리고 그다음에 한천환이라고.

최승호 : 한천….

김주영 : 예. 환. 한천환. 한씹니다, 한씨.

최승호 : 한씨. 아, 이런 분들하고 친구였습니까? 친구는 아니고?

김주영 : 나이는 조금 몇 살 많지. 한두 살. 몇 살 많아요. 많은데. 인자 들어오고 그런 사람들하고 이래….

최승호 : 교류를 했다 그지예. 근데 이분들은 인자 그러면 박우현 선생님 때문에 이렇게 곤욕을 당하거나 이러진 않애….

김주영 : 없었심더.

최승호 : 아 이분들은 괜찮았다 그죠. 그러면 박우현 선생님은 뭐고 그때 당시에 경찰이 많이 몽둥이질을 해갖고 거의 사람 죽다시피 했겠네. 그라고 나서는 다른 건 없었다. 그지예? 그때 박우현 씨 말고 여기 용성 육동에 또 이렇게 피해를 입은 사람은 없었습니까?

김주영 : 없었습니다.

최승호 : 그러면 한국전쟁 직전에 직전에 여기 용성에 보니까 제가 보니까 돌아가신 분들이 상당히 많이 있던데. 내촌에 윤영석, 김한주, 박태주, 외촌에 임채무, 용산동에 전경희, 이런 분들도 돌아가셨던데. 혹시 이런 분들 중에 혹시 용성 지역에서 전쟁 전에 경찰에 끌려갔다든지 이렇게 행방 불명된 사람 들어본 적 있습니까?

김주영 : 그런 사람들은 잘 모르겠고. 저 저 고은 1리.

최승호 : 고은 1리.

김주영 : 1리에 강 머시긴데 그분이, 그분이 이분에 이름이 없는 고 머.

최승호 : 고은에는 보니까 최팔원, 서돌문 서 또 성함 모르겠고. 이

런 분 박칠천 이런 분들이.

김주영 : 강씨는 없어요? 진주 강씬데.

최승호 : 진주 강씨라고예? 음… 고은에 김봉호, 공두택, 이춘우, 강영근 이런 분이 고은 사람입니다. 새로운 분이네. 그러면 그분은 잘 모르는 분이겠다. 그분 성함이 어떻게 된다고예?

김주영 : 강… 이름을 잘 모르겠네요. 강….

최승호 : 여 강씨가 있습니다. 강영근.

김주영 : 강영근이 아이지 싶은데 내가 듣기로는.

최승호 : 강씨가 한 분이.

김주영 : 그분이, 그분이 사람이 똑똑하고 아주 용성에서는 인물, 딴데 그런 말이 있더라고요. 말이 있고. 그런데 억울하게 죽었다 해가 그분은 알고 보니까 뒤에 이 얘기를 들어보니 그거는 완전히 사상이 틀렸어 보이. 그러이꺼네 그분은….

최승호 : 좌익활동을 했다. 그죠?

김주영 : 아주 똑똑한 사람이다 카는 얘기를 들었고. 그다음에 여기 부제리. 부제리 여기 보마 부제리에 자연부락은 이름은 저질이라 카는데. 거기에… 거기에 또 한 분이. 하, 이름 모르겠네. 정 머시인데.

최승호 : 정영권

김주영 : 아 그래, 정영권 맞아요. 이분도 고은에 강씨하고 같은 뭐 그런 걸로 해가 인자 죽었다 카는 얘기를. 똑똑한 사람이라고.

최승호 : 강영권. 부제리 보니까 박성건, 박성덕, 김길곤, 김태곤,

정영권 다섯 분이 돌아가셨네예.

김주영: 정영권 그분은 맞아요. 그분은.

최승호: 이분은 보니까 전쟁 전에 용성지서에서 잡혀갖고 총살당한 걸로 그래 돼 있네예. 정영권 씨가.

김주영: 맞아, 맞아예.

최승호: 이분이 평상시에 무슨 활동 같은 걸 했었습니까?

김주영: 그거는 뭐 우리가 어리가도 기억이 안 나고 뭐 사상이 완전히 그거는 틀린다 하는 얘기를 빨갱이 두목이다 하는 얘기를 들었어요.

최승호: 정영권 씨가요?

김주영: 하고 강, 강, 강씨하고.

최승호: 두목이다…. 그런데 여기 용성이 사실은 저기 산이 많지 않습니까? 높은 산이 많고 골짜기가 많은데 혹시 밤에 빨치산이 내리와가 지서를 습격하거나 이런 얘기들은 못 들으셨어예?.

김주영: 그건 뭐 그기야 말할 기 있는교. 우리 면사무소가 원래 여 면사무소가 아닙니다. 덕천리에 있었거든요.

최승호: 원래 덕천에.

김주영: 덕천리. 덕천리에 면사무소 용성면사무소인데 빨갱이들이 불로 질러뿠어요. 소각이 다 돼뿠어. 면사무소가 홀랑 타뿠잖아. 타뿠는데 빨개이들이 와가지고 불 질러 뿌리가 다 타뿌마 용성면은 족보가 없어져요.

최승호: 호적이?

김주영: 족보가 없어져. 여하튼 간에 용성이 왜 됐는지 하나도 근거가 없으이끼네 새로 초안을 해야 되잖아. 그런데 단,

호적부만은 살렸다.

최승호 : 호적부만을 살렸다?

김주영 : 호적부. 호적부는 김영래라고 미산에 있습니다. 옛날에
그 면서기 했거든요. 면서기 했는데 그 냥반이 호적 담당
이라 그때.

최승호 : 아 호적 담당.

김주영 : 그러이 밤에 그 호적부만은 아 안아가, 안아가 조냈어요.
그래가 호적부 고고 하나 딱 용성에 살아있는 기라. 옛날
끼.

최승호 : 이분이 공무원으로서 상당히 책임감이 있었네요. 그지요.
그래가 인자 용성 주민들이 누가 있는지 다 알게 됐네.

김주영 : 예예. 그분은 뭐, 밑에 아들은 아이 몰라도 우리는 다 알
거든.

최승호 : 이 김영래 씨는 오래까지 사셨어예?

김주영 : 예. 거기도 한 팔십, 구십은 몬 넘갔지 싶습니다.

최승호 : 수대로 사셨네. 그지예. 이분이 이분한테는 면에서 표창
장을 줘야 되겠는데. 하하.

김주영 : 비도 서아줄 만하죠.

최승호 : 아 그러면 면사무소는 불탔고 지서는 습격당하고 그랬네.

김주영 : 파출소는 습격당했습니다. 당했는데 그때 그 전부 동민들
이 부역 붙이가지구 돌담 이래 쌓잖아. 돌담 높게 막.
높게 쌓아가 습격 못 하구로. 그런데 습격 한분 당했습
니다. 당해가 그래가 돌 쌓고 이래 했는데 그래도 다행히
사상자는 없었고. 한번 당했습니다. 파출소….

최승호 : 그게 그러면 인자 한국전쟁 48년이나 49년 이때쯤 되겠

어. 48년 49년쯤 되겠다. 그지예. 그때 용성 파출소장 방만수가 있었다 하던데 그분은 언제 파출소장 왔습니까?

김주영 : 연도수는 모르겠고. 우리가 그때 나이가 한 열, 열몇 살, 열 한 다서여섯 살쯤 안 됐겠나. 그렇길래 방만수도 우리가 지서장 카면서 이래 출장 나오고 이래 하마 마을에 오고 하마 주로 보면 동장집에 오거든. 이래 우리가 알거든. 키가 좀 나즉하고 이런데. 그런데 나이가 고 정도 됐길래 우리가 파출소 그때 경찰 카면 마 다들 겁을 내고 했다 말이라. 경찰 온다, 경찰 온다, 막 이런 기 이땐데. 그분이 파출소장을 딱 와가 그때는 경위가 아이고 경사거든. 여는 2급지기 때문에 경사가 소장을 했거든. 그래 그 냥반 와가지고 후에 내가 딱 보니까 서류를 함을 탁 여이께네, 열어가 꺼내가 탁 보니까 우리 용성면 그때 나이 젊은 사람들은 20세 이상 젊은 사람 한 서른, 마흔까지 전부 다 기록이 돼 있어.

최승호 : 활동했던 거 이런 걸 인자 적어놨는….

김주영 : 사상으로.

최승호 : 사상으로.

김주영 : 사상으로. 여 빨개이 오면은 밤에 오면은 우얍니까?

최승호 : 부역해 준 거.

김주영 : 쌀 내놔라 카마 쌀 안 주마 그 자리에서 죽어요. 내 살라 카마 쌀로 조야 돼. 돈 내놔라 카마 돈 안 주고 안 내면 죽어요. 그것 좇다고 그 전부 인자 사상으로 다 몰으뿌는데. 어, 기록돼가 있어요. 용성면 마 얏튼간에 80프로는 다 얹히가 있어요. 전부 빨갱이지 뭐 뭐.

최승호 : 그 기록들을 전부 다 파출소에서 다 보관하고 있었네요.

김주영 : 그렇지. 보관, 보관하고. 그래야 저거가 다루제. 그거 또 꺼내가 갖다 부르마 불러와가 또 추달받고 또…. 그 근거가 있어야 댈 거 아이가. 뭐 억울하게 마이 맞고 맞은 사람도 있고 그랜데 그 냥반 와가 탁 보이끼네 이거는 아이다.

최승호 : 이건 아니다.

김주영 : 이거는 아니다. 이거 사상이 틀려가 했는 사람은 하나도 없다. 순수한 농민인데 이 억울한 사람 다 죽인다 카미 자기 손으로 꺼내가지고 불 다 소각시기뺐어. 그 서류를. 소각시키뺐어. 불 태아뺐어요.

최승호 : 그때 경찰들이 말리고 이러지는 않앴는가요, 그 밑에 밑에 직원들이. 다 아는 사람들이니까?

김주영 : 어, 거 뭐 전부 아는 사람이고, 또 파출소는 소장이 젤 아닌교. 뭐 직원들이 이거 소장 그러는데 직원들이 무슨 말 하노. 갖고 나와 다 태아뿐….

최승호 : 직접 소각시키뺐구나.

김주영 : 직접 직접 소각시키뺐다. 그래가 우리 용성이 젊은 사람은 그때 당시에 안 그랬시마 경산 코바레또 갔습니다. 차에 실코 가가 갖다 막 뭐뿌렀어. 살은 사람 다 갖다 뭐뿌거든. 코바르토 가 뭐 저 얼매나 죽었능교. 억울한 사람 실코 가가 마 다 갖다 뭐뿌는데.

최승호 : 다 갖다 부었지. 그럼 용성은 덕분에 그 방 소장 덕분에 마이 살았네 그지예?

김주영 : 100프로 살았지. 아무 죄도 없는 사람을 그래 그런 식으

로 늘 다랐으이께네. 그래서 인자 방만수가 퇴직하고, 퇴직해가 국회의원 나오십다.

최승호 : 그렇죠, 국회의원 나왔지예. 2대 국회에 출마했다 카더라고예.

김주영 : 예.

최승호 : 용성에서는 그러면 뭐 완전히 도시락 싸들고 다니면서 선거운동 하고 했겠네예.

김주영 : 그렇지. 그때 당시에 그거는 내가 분명히 알거든요. 알고 우리는 그때 아이 댕기메 선거운동은 몬 했지만 어른들이 하니까 집에 어른도 도시락을 싸가 여 옆구리 찼습니다.

최승호 : 아 옆구리 차고예.

김주영 : 함부래 마 아침 딱 잡수만 마 도시락 여 딱 차고 그때 뭐 차가 있는교, 걸어 마 안 댕긴교. 걸어댕기가 마 사악 댕기메 경산 여 댕기메 전부 마….

최승호 : 경산 전역을 댕겼네예.

김주영 : 어, 전역을 댕기지 용성면 사람 전체. 그 니내 없이 막. 어 형님 '보내자 보내자 방만수, 국회로 보내자' 카고 막. 지금도 아직까지 그런 얘기하는 사람 더러 있심다. '보내자 보내자 방만수 국회로 보내자'. 그래가지구 선거를 했거든요. 해놓이 방만수가 됐잖아요.

최승호 : 예, 당선됐죠. 그때 그 유명한 사람한테 이겼던데, 박해정.

김주영 : 박해정 씨. 진짜 참 전국에서도 국회 똑똑한 사람이거든요. 꼴통파 아이죠. 야당. 그런데 야당이 장관 한 사람은 그 사람뿐이라요. 그때. 교통부 장관까지 안 했십니까.

그래 그 사람한테 이겼다카이까네.

최승호 : 난리 났네요. 그죠. 세상이 세상이 바뀌었네.

김주영 : 완전히 머 사악 바뀌저뺐지 뭐.

최승호 : 그때 카마 용성 사람들만 다녔습니꺼, 아니면 인근에 남산 자인 이런 사람들도 선거운동을 했습니까?

김주영 : 선거운동 뭐 그리 일가친척이 안 있나. 일가친척 있시만 원래 선거라 카는 거 안 그렇십니까? 전달되잖아. 이런 거 마 그냥 마 거또 같이 또 일라가지구 하고. 저거 형제 간 아 있나, 또. 형제가 또 남산 사는 사람 있고 다른 데 사는 사람 있다 말이야.

최승호 : 일가친척까지 다 나섰네예.

김주영 : 다 나섰지. 대단해. 그만침 참, 그만침 살았시이까네. 방만수 따무네 우리 용성이 안 죽었다 아이가.

최승호 : 그럼 선거 끝나고 나서 방만수 국회의원이 용성에 한 번 왔습니까?

김주영 : 아이이 그거 말할 거 있습니까? 그래가 국회의원 할 때 그때 6월달입니다. 음력 6월달에 모 숨을 달에. 옛날에 전부 손가 모 숨갔다. 그 당신데 육동에 가척리 카는 데 거기에 불이 나뺐어요. 마을에. 마을에 불이 나뺐는데 그 마을에 전체 다 타뿌꺼든. 그때 한 집은 외따리가 떨어져 가 있어나놓이까네 한 집은 불 안 탔고. 가운데에 있어도 한 집은, 한 채만은 불 안 탔다 이 말이라.

최승호 : 마을 가운데 한 집.

김주영 : 그거 왜 그랬냐. 우에가 그거는 안 타노. 옛날에 전부 초가집 아닙니까. 불 날라가마 붙으마 타고 다 타는데.

참고인 : 그때가 몇 월달이고?

최승호 : 6월달에. 음력, 손 모내기할 때니까.

김주영 : 6월달이라카이. 옛날에 타작 보리 뚜디리고 까끄래기 있
잖아. 그거 태우잖아. 마다 나놓고 그래 모 숨구러 나가
뿌잖아. 그기 번져가지고 화가 돼뿠어. 돼뿠는데 다 타뿠
어요. 그래가 그때 방만수 국회의원 할 때다, 트럭에 마
옷을, 옷도 없는 기라. 옷도. 옷도 입은 옷뿌이라. 이래
가가 있는 옷 그거뿌이고. 다 타뿠는데.

최승호 : 아, 트럭에 옷을 싣고 와서.

김주영 : 옷을 막 한 차를 싣고 와가 전부 옷 다 줬는기라. 대단하
잖아. 옷 다 주고. 그래 그리 보상을 받아가지구 내라보
냈어. 집을 새집을 졌거든. 잘 짓지는 모해도 이래 지었
어. 짓고 이랬는데. 방만수가.

최승호 : 보답을 했네 그지예. 자기…. 그때 가척이 동네가 한 몇
호쯤입니까?

김주영 : 고기 가척은, 가척리에 고기 자연부락은 가재입니다. 가
재.

최승호 : 가재. 가정.

김주영 : 가재. 가 자 재 자. 고 동네가 떨어져가 있거든. 여 강이
있기 때문에 이쪼는 경주 이씨가 살고, 가재 카는 데는
거는 오씨, 정씨, 곰배정자 정씨, 또 성씨 뭐 이래, 최씨
이래 여러 집이 이래 타성 이래 살고. 이쪽 건네는 경주
이씨네들 살았고 그랜데. 왜 가재냐 하면은 그 동네가 두
번째 동네 전체 화재가 났어요. 아주 옛날에 또 났다 그
래요. 그래 가재라. 이름이 가재라.

최승호 : 그 동네가 불이 잘 나는 지형인가예.

김주영 : 뭐 그거는 모르겠고 내용을. 가재가 왜 가재고 이걸 우리가 물었거든. 왜 가재고 카이끼네 그래 이 얘기를 하더라고. 그 동네가 옛날에도 불이 또 나뿌기 때문에 이래가 가재를 했는데. 가재 카는 거 또랑에 가면 있죠, 가재. 그걸 이래 꾸브마 뺄갛잖아. 빨갛잖아. 그걸 따가 이 타뿌이끼네 그래가지고 가재다. 요 통이 요래 손 데다가 고생긴 가우리 솔거던. 그래 가재다. 이래 자연부락 마을 이름을 그래 지었다. 이런 얘기를 들었어요. 하하하.

최승호 : 그러면 방만수가 그 가재마을에 불났는데 옷 다 타버렸으니까 옷도 인자 내라주고 보상받아가 집도 새로 지어주고 어쨌든.

김주영 : 참 잘했지, 그 양반.

최승호 : 그 양반, 그분이 어디 사람입니까? 방만수가.

김주영 : 그 사람이 원래 압량이라 카더나. 원고향은. 압량이라 카는 얘기를 들었어요.

최승호 : 그러면 여기 소장 왔을 때는 젊을 때 왔네 그지요.

김주영 : 젊을 때 왔죠. 젊을 때 왔는데 방만수 그라고 난 다음에 내가 한, 한 10년, 한 10년 전이지 싶습니다. 10년 전, 한 10년 전에 방만수 아들로 만났습니다. 방만수 아들을.

최승호 : 혹시 이름이 기억나십니까?

김주영 : 이름을 그때 카는 걸 잊어뿌고. 그때 학생이라요. 학생인데 한 15년쯤 됐겠다. 학생인데 대학생인데 봉사 활동을 하더라고.

최승호 : 음… 방만수 아들이.

김주영 : 어. 봉사활동 하는 데 책임자로 왔는데 그래 우리 마을에 가면은 500년 이상 된 정자나무가 있거든요.

최승호 : 예. 학교 앞에 고?

김주영 : 네. 학교 앞에하고 밑에 내 집 앞에 현재 내 집 앞에 하고, 나무 두 나무거든요. 경상북도 보호수 4호, 3호 4호 거든요. 그것도 내가 그 옛날에 그 새마을 사업, 삼삼오 새마을 사업할 때 그때 이장을 했어요. 그때 내가 해가지고 보고서를 올렸는 기라 연도를 해가. 그 나무 밑에 동네 사람이 여름에는 딱 자면 그 나무 밑에 그늘에 쉬러 나오거든. 여름에. 그래 남가에 나만 사람들이 아줌마들하고 이 할매들하고 꽉 앉아 있더라고. 그래 내가 지내가이 끼네 불러요. 그 전시 뭐 집안 간에 일가 가이까네, 조카 여 온너라 보자. 와요 카이, 여 그 우리는 모리는데 모리는데 조카는 안 알겠나 그래가 떡 갔다카이. 젊은 사람, 학생 학생이더라고. 그래 인사를 하더라고. 그래 봉사 활동을 했다카이. 그래가 이름을 잊어뿌서. 방 머라 카더만. 그래 자기가 카면서 집에 아버님이 용성에 파출소장을 했다 카는 얘기를 하더라고. 그래가 내가 방씨라 카길러 그라마 아버지 함자가 방만수 씨네 카이 맞습니다 카는 기라. 여가 저 아버지입니다. 아이고 반갑다 그카미 그래 참 인사를 하고. 카마 아버지는 지금 현재 생존에 계시나 카이까네 예, 서울 계십니더 이카더라고. 아이고 참 그리고는 참 얼굴은 못 봤는데. 아이고 자네라도 만나 이 내 반갑다. 그러이 함분 만난 일이 있어요. 만난 일인데 서울에 삽니더 카더라고 그때. 지금은 하마 마….

최승호 : 방만수 씨가 2대 국회의원 하고 다음 선거에도 나왔습니까?

김주영 : 안 나왔심다.

최승호 : 한 번 하고는 그만두고 다시는 출마를 안 했습니까?

김주영 : 안 했어요. 한 번 딱 하고 자기는 마 딱 안 나오대 마. 아주 마 결백한 사람이라. 결백한 사람. 뒤에 나오면 안 되거던.

최승호 : 박해정한테.

김주영 : 안 되지. 박해정인테 안 되지. 이래 함분은 이래 도와주이 또 도와주겠나. 저기 그 빚을 갚았시이께네 우리는 빚을 갚았고.

최승호 : 서로 인자 빚을 다 갚았네예.

김주영 : 다 갚았는데. 또 나오마 똑똑한 사람이 있는데 뭐 되겠나. 또 돈도 있어야 되고. 그때는 전부 돈 아인교. 돈 써야 되지.

최승호 : 막걸리, 고무신 선거할 때지예.

김주영 : 그렇지요. 그래 돈이 첫째에 있어야 되거든. 그 돈 없이는 함부리 안 되지….

최승호 : 처음에 나왔을 때는 어쨌든 간에 용성면민들이 도시락 싸고 다니면서 해가 됐지만. 두 번 세 번 되기는 참….

김주영 : 자기는 그때는 돈 없이. 그러니까 '공말 탔다, 공말 탔다 방만수'….

최승호 : 공말 탔다 방만수. 방만수 씨 덕분에 그래도 우리 용성이 산도 많고 이래서 팔공산하고 운문산하고 그 사이 중간이 잖아요. 그래서 아마 이쪽으로 빨치산들도 많이 이동하고

해서 아마 피해가 많았을 건데. 상대적으로, 상대적으로 적었다 그지요?

김주영 : 그중에서 또 억울한 사람이 육동에 한 사람 죽은 사람 있어요. 빨갱이자테.

최승호 : 육동에, 아, 좌익에 죽었어요?

김주영 : 빨가이하테 총 맞고. 총 싸가 죽이고. 죽이고 총마 싸가 죽있으면 다행이지만 이 가슴에 칼로가 가슴에까지 다 오리뺐어요. 그래가 죽은 사람 한 사람이 있어요.

최승호 : 그분은 이장을 했습니까, 아니면 경찰을 했습니까?

김주영 : 경찰입니다. 그때 남대구서에 형산데 그때 계급도 윽시 높았어요. 그 사람이. 계급을 확실히 그때 머신공 그거는 모르겠고 그저 순경이 아니고.

최승호 : 간부급이네요.

김주영 : 그런데 이름은, 고인 되는 사람 이름은 조중근이라.

최승호 : 조중근. 근 자는?

김주영 : 창녕 조씬데. 근 자는 뿌리 근(根) 자.

최승호 : 이분이 맨 원래 육동 사람입니까?

김주영 : 야 대종. 대종 대종 사람이라.

최승호 : 이분이 그러면 어떻게 마을에 끌려 왔습니까? 아니면 어디서….

김주영 : 고기 9월, 9월 15일 날이라. 난 날짜도 안 잊어뿌리요. 9월 15일 날인데 음력. 음력 9월 15일 날인데. 달이 밝잖아, 달. 보름달 밝지. 가을이고 또. 그때 서에 있으면 공무에 있으면서 제사 왔어요. 제사라. 자기 어른 입제인데 제사 지내러 와가지구 가야 되는데, 가야 되는데 오래간

만에 와놓이 친구들도 이래 뭐 만내고 이래 하이끼네 뭐 하루 쉬가 가자 이래 돼뿠는 기라. 그래가 있었는데 그래 경찰복 그대로. 그대로 저 벽에 걸어놓고, 모자도 벽에 걸어놓고, 자기 수갑도 전부 다 걸어놓고. 다 놔뒀예. 그 옷은 경찰복은 다 벗어 걸어놓고 그래가 평복을 입고 이래 있었는데 연락이 왔어. 빨개이 왔다. 빨리 그 숨으라 캐라. 이래 돼뿠는 기라. 그러니 이 사람 연락 가나놓이 이 사람이 안 숨고 암마 꺼내도 안 돼. 이 부엌이라도 숨어야 되는데 안 되는 기라. 미리내고 땡기내고 해도 안 되고 해가 그카다하이 마 삭 들와뿌렀어요. 삭 들와뿠는데 '어이 개 한 마리 있다', 이래 돼뿠는 기라. 임마들 오마 개라 카더라고. 개 한 마리 있다.

최승호 : 옷도 다 벗어놨는데 어떻게 알지. 경찰복 입고 있는 것도 아니고. 그 집 사정을 다 아는구나.

김주영 : 다 알았어. 알았어. 다 알거든요. 금마들 지방에 빨개이 있잖아. 그래가 딱 그래 딱 그래 묶아가, 묶이고 저거 전부 다 뺏기고 자기 포승줄 걸어놨는데도 탁 비끼가 탁 채아뿌는 기라. 묶아가 옷하고 전부 다 가지고 권총하고 다 가가뿠어. 그때는 형사들 전부 권총이 다…. 그래가 그때는 지리산 빨갱이라 지리산.

최승호 : 지리산 빨갱이.

김주영 : 어 1차 후퇴 때다 그때. 지리산 빨갱이가 일루가 운문산을 가는 길인데 이동하는 길인데 곡란을 거쳐 가지구. 곡란에 여 소 머, 누구 집 소 그때 그날 지녁 뭐 한 마리 뺏깄다 카데. 이래 말고 가뿌고. 그래 와가지고 육동으로

들어와가지고. 그때 당시에는 부락 부락이 이 파출소에서 부락 부락이 집단적으로 젊은 사람들 한테 갔다.

최승호 : 아 같이 갔어예?

김주영 : 한테 이래 갔는데, 왔다 카마 대창하고 몽둥이하고 곰배하고 칼하고 전부 갖다 놓고, 무기라 그기. 갖다 놓고 자거든. 왔다 카마 들고 가야 돼. 나가는 기 안 그러마 경찰들한테 뚜디리 맞아 안 되는 거야 그 이튿날. 그래가 그때 학조 초등학조에 옛날에는 전부 숙직 카는 기 있었잖아. 숙직 선생이 둘이가 있었어요. 학교 왔어. 학교 와가지고. 빨가이 해가 타고 왔는데 둘이가 딱 왔더라. 와가 선생이 선생 한 사람은 우에 옆을 버져가지고 우에 막 나와뿄어. 그때 지금매트러 전기가 있나, 전부 호롱불이거든. 그래 집단적으로 모인는 그 자리에 와가 빨개이 왔다 이래 됐는 기라. 그래 와~들 전부 그거 들고 나왔지.

최승호 : 곰배 들고 마.

김주영 : 곰배 들고 마.

최승호 : 죽창 들고.

김주영 : 그거 도끼 들고 이래 나오이끼네 달은 환한데 밤에 막 콰악 올라오는 기라. 올라오는데 '개 한 마리 잡았다' 카면서 이래 올라오더라고 이자.

최승호 : 무리가 많이, 많았네, 그죠?

김주영 : 많아요, 1개 대대라요. 그래가 개가 무슨 임마들 남우 개도 잡아가는가 이래 싶었단다. 이래 가이끼네 그래 한 집에 인자 우리 마을 입구에 와가 탁 한 집 입구에 제일 첫 집에 탁 드가는 기라. 드가고 막 콰악 올라오는 거야. 그

래 보이 뭐 마을 사람이 겁이 날 거 아인게. 한 사람만 두 사람도 아니고 뭐 막 1개 부대가 막 콰 올라오는데 그리 실실 물리가 도끼하고 이것도 전부 뒤로 이래 놔뿌리고. 그래가 두 사람이 붙들린 기제. 빨개이들한테 마이 맞았어예. 마이 맞아가 이 이 올라오는 기 똥물까지 다 올리고 이랬는데. 둘이가. 우리가 이거 몽둥이자테 겁을 내가 우리가 댕기는 사람도 아니고. 밤잠 안 자면서 이래 댕기겠는교. 이 어리숙은 짓 하지 마라 이기라. 안 그러면 개들이 와가지고 뚜드리 패는 거 안다 이기라. 그런 얘기하면서 막 하더라. 그래가 여이 집합 다 하는데 딱 보이 대종 사람 조중근 씨 경찰이 잡히가 올라왔어. 그러이 개 잡았다 카고 이래 올라 오대. 그래 그때 당시에 그 부대 대장이 어느 동네는 어떻다. 어느 동네는 인심이 있다, 없다 카는 걸 전부 다 아는 모양이라. 그래놓이 마을 사람 이래 모아놓고 '이 동네는 사실상 인심이 참 좋은 동네기 때문에 오늘 저녁 그냥 우리가 간다'. 이런 안다 이기라. 안 그라마 개들이 와가 뚜드리 패사가 안 되이끼네. 이래 하지 못해 죽지도 못하고 이래 하는 걸 아는데, 앞으로는 이래 하지 마소. 하지 마고. 근본 이 마을에는 인심이 좋기 때문에 그냥 가지, 안 그라면 '까마구 안 춘다' 이기라. 불 다 질러뿌고 간다 이기라.

최승호 : 아 까마구 안 춘다.

김주영 : 그래 까마구 안 춘다. 머 빨리 들어가라 카고. 그래 막 지가 집에 들어오나 겁을 내가. 저 뒤에 산으로 다 가뿠는 기라. 집에 아버지도 집에 안 들왔어. 안 들어오고 그래

나 할무이하고 이래 방에 누워 있는데 좀 이시이 꽝 총소
리가 나는 기라. 그저 한 한 10분 15분쯤 됐시까. 아 이
거 뭐 눕었다가 이게 기 이래 되더라 카이께네. 그래 그
라고 총소리가 없어.

최승호 : 한 발?

김주영 : 한 발. 오늘 하 인자 갔는갑다. 그 이튿날, 날 다 안 새가
경찰이 와가 하이고, 와가 뭐 이 되고 해가 저 재, 왕재
카는 재가 있심다. 왕재 거 올라가 보니까 벌써 아 넘어
가고. 거기에 지금 수몰지구라. 운문댐인데. 그 건네 동
네가 있는데 거 벌써 개 짖더라 카거든. 그래 그거 벌써
가뿠는 기라. 건네 가뿠는데. 니러오미 그 사람들 니리오
미 인자 날이 다 새가. 다 새 인자. 보이께 사람이 죽어가
있는 기라. 그런데 딱 보이끼네 발가벗기뿠어. 빤쓰만 딱
입히가 옷 다 뻿기가 가뿌고 그래 죽어가 있더라카이. 이
게 가슴까지 삭 오리뿌고. 참 세상….

최승호 : 경찰이 인제 경찰이 인제 빨갱이들 대대가 왔다 카는 걸
알고 왔는데 이미 인자 그때는 상황이 다 끝나버렸네예.

김주영 : 끝나뿠지요. 원래 안 그런교. 그때 다 훗는 짓 아인교. 그
때. 즈거가 다 그래가 보이 그 사람들이 내리와가 그래
아무 데 죽었다. 죽었는 건 총소리 났시 아는데 어디서
죽은지 그건 모르잖아. 그러이 그 사람들이 거 아무데 거
현재 사람이 죽었다.

최승호 : 왕재에 올라간 그 골짜기에서 인자 죽였구나 그지예?

김주영 : 질에, 질입니다. 옛날에 큰길입니다. 청도 사람이 전부
산내 사람이 전부 걸로 다 댕겼거든. 옛날에 아주 옛날에

왕재 카는 게 재 이름이다.

최승호: 지금 초등학교 옆에 고기….

김주영: 바로 앞에 지금은 등산로가 돼가 있는데 사실 그런 일도 육동에 있었습니다. 사람이 똑똑하거든요. 죽은 사람이.

최승호: 조중근 씨가.

김주영: 그런 사람도 살았시마 그때 머 국회의원도 한번 또 해볼란지도 몰랐지.

최승호: 그 참. 한국전쟁 전에 해방 공간에 이념이나 이런 걸로 인해갖고 똑똑한 사람들이 이쪽저쪽 다 죽었네예. 좌익 하던 사람도 죽고 우익 하던 사람들도 죽고 참 비극이다. 그죠.

김주영: 다 죽었지. 육동 카는 데 저기는, 더군다나 용성면 육동 카는 데는 마을이 일곱 마을이 있었지만도 옛날에는 저기 왕재 카는 그 큰질이고, 전부 그 사람들이 일로 댕기고 육로로 댕기고. 대구 가도 이걸로, 경산 가도 이 길 일로 댕기….

최승호: 왕재 와서 면소재지 와서 자인으로 해가 가는. 예?

김주영: 그런데 우리 마을에 거기에 현재 아… 번지가 302번지, 303번지 그 자리가 현재 지금 주차장을 해가 인자 잘 해 놨는데 거기에 시장터라. 시장 시장까지 보있다고.

최승호: 아 용천리 303번지. 302번지. 이게 장터다 그지예.

김주영: 장터라 장터. 옛날에.

최승호: 그만큼 큰 동네네예. 장도 서고 했습니까, 5일장?

김주영: 5일장.

최승호: 역시 우리 분회장님 기억이 뚜렷하시네예. 마이 아시네

요. 더 중요한 얘기 해주실 거 있습니까, 거의 다 하셨어
예?

[반룡사 이야기는 본 구술과 관련이 없어 생략함]

최승호 : 그래도 제가 만나본 분들 중에서도 제일 많이 아십니다.
하여튼 고맙습니다. 감사합니다.

진실규명 작업일지

1950년~2023년

일제와 보국코발트광산 연혁

1906. 7. _ 광업법 제정(17종, 일본인 광산장악 근거)

1915. _ 조선광업령(28종, 일본제국법에 근거한 법인만 광업권 취득가능, 광산세 1000평당 연 60전)

1918. _ 조선광업령 개정(군수품 개발 촉진)

1930. _ 춘길광산(금은) 운영

1938. _ 조선주요광산물증산령 공포
   _ 조선광업령 개정(30종, 니켈광, 코발트 추가)

1936. 12. _ 조선사상범 보호관찰령 제정

1937. 6. 26. _ 광업허가(등록번호: 14403호, 광업권자: 니노미야 다이조二宮泰三)

1938. 7. _ 사상보국연맹 결성(사상전향자 단체)

1940. _ 코발트 검출법 일본특허 획득(경성광산전문학교 박동길 교수)

1941. 1. _ 대화숙으로 개편(황민화교육)

1941. 2. _ 조선사상범 예방구금령 제정

1941. 4. _ 조선 최초로 코발트광 발견(1942년 발견설)

1941. 6. 22. _ 조선총독부 관보, 춘길광업사무소를 보국코발트 광업사무소로 변경신고

1942. _ 조선코발트광산 조사개보(일본지질학잡지 제49권, 나카무라 게자부로)

코발트광산은 화강암 불국사세 말기, 항상 금은과 함께 발견, 보국코발트광산은 평균 품위 3% 이상, 품위, 매장량 조선 최고수준

1942. 2. _ 흥업은행 강제 융자 받음

1943. _ 채광 선광 제련시설 가동

1944. 4. 18. _ (조선총독부 관보, 한국코바르토광업주식회사 광업권자 주소를 고베로 이전 신고)

1944. 12. _ 일본 군수회사로 지정(매일신보, 정식 명칭은 報國코바루트鑛業會社)

1948. 12. _ 국가보안법 제정

1949. 6. _ 국민보도연맹 결성

1949. 11. _ 좌익세력 자수기간 설정

1950. 6. 25. _ 치안국장 명의 전국의 요시찰인 단속 및 전국 형무소 경비의 건 최초의 긴급 조치 발동. 주 내용은 요시찰인의 전원 구속과 형무소 경비 강화

1950. 6. 28. _ 대통령 긴급명령 1호로 비상사태 하의 범죄처벌에 관한 특별조치령

1950. 6. 29. _ 불순분자 구속의 건

1950. 6. 30. _ 불순분자 구속처리의 건 하달

1950. 7. 8. _ 포고 1호로 계엄령 선포

1950. 7. 11. _ 치안국장 명의로 불순분자 검거의 건이 전국 경찰서에 하달

1950. 7. 9. _ 국민보도연맹원 및 형무소 수감자 약 3500명 처형

1960. 5. 22. _ 폐갱도 유해 최초 발견(매일신문 강창덕 기자)

1977. 7. 26. _ 광업허가(등록번호:제 50559호, 광구면적 278ha, 광업권자:대한중석)

1992. 12. 1. _ 대한중석(현 대구텍) 광업권 소멸

2005. 5. 31. _ 진실화해를 위한 과거사정리기본법 제정

2006. 1. 19. _ 진실규명 신청(118명)

2006. 5. 20. _ 진실화해위원회 현장 조사

2007.~2009. _ 1, 2, 3차 발굴(진실화해위)

2009. 11. 17. _ 진실화해위, 군경에 의한 민간인 학살 진실규명 결정

2011. 10. 12. _ 유족회, 민사소송 제기(서울중앙지법)

2011. 11. _ 역사체험관광지조성 기본구상 용역(우성기술단, 시비 1000만 원)

2012. 5. _ 역사체험관광지조성사업 확정(시도비 7억 원)

2012. 6. 8. _ 역사평화공원조성 학술세미나(도비 500만 원)

2013. 5. 22. _ 유족회, 1심 승소(국가 121억 보상)

2016. 10. _ 위령탑 건립

2020. 12. _ 제2기 진실화해위원회 출범

2023. 4. _ 제1차 갱도 내 흙포대 유해수습(한빛문화재연구원, 1200여 점)

2023. 6. 26. _ 제2차 갱도 내 유해수습 시작

진실규명 작업일지(1950년~2023년)

1950. 7.~8. _ 국민보도연맹원과 대구형무소 수감자 등 3500명 코발트광산 폐갱도 및 인근 대원골 골짜기에 학살

1960. 4. 19. _ 유족들 현장 조사 후 유족회 결성 움직임

1960. 5. 20. _ 매일신문 강창덕 기자 최초 코발트학살 보도

1960. 6. 1. _ 경산군하 피학살자실태조사회(회장 김종석) 결성

1960. 8. 7. _ 경산유족회 중앙초등 운동장에서 400여 명 모인 가운데 위령제 거행

조사 이원식 경북유족회장, 조사 서상록 전 삼미그룹 부회장

1960. 8. 13. _ 경북유족회 현장조사

1961. 5. 16. _ 군사쿠데타 후 전국 유족회 간부 투옥 및 위령탑 해체

1993. 8. 28. _ 경산향토신문 평산동사건 최초보도(최승호, 송병관 기자)

1994. 4.~5. _ 경산지역사연구회(장명수 윤병태 최승호 최한철)

평산2동 최웅석 김무술 씨 증언 청취

1995. 2. 20. _ 경산문화유적답사 자료집(경산향토신문사)에 코
발트사건 수록

1995. 4. 2. _ 제1회 경산문화유적답사차 50명 현장 순례 진혼제
거행

1996. 6. 2. _ 제2회 답사 및 진혼제

2000. 1. 14. _ 경산시민모임 코발트광산양민학살사건진상조사
특위(위원장 장명수) 구성
현장재조사 관련문건 입수, 유족찾기, 진상규명,
국가 보상, 위령탑 건립, 위령제 거행 등

2000. 1. 26. _ 대구경북보도연맹양민학살피학살자신고센터 설
치, 경민협, 대구민주청년회, 오규섭 목사, 강창
덕 선생 등

2000. 1. 29. _ 경산향토신문에 코발트광산 유족 출현 기사 게재

2000. 2. 22. _ 이도영 박사 코발트광산현장 보전신청 대구지법
에 냄

2000. 3. 15. _ 경산유족회준비위(위원장 류운암) 구성

2000. 4. 18. _ 경산경찰서에 예비검속자 재심사부, 전언통신문,
유가족현황 등 정보공개청구

2000. 7. 22. _ 미군학살만행 진상규명 및 주한미군철수를 위한
합동위령제 전야제
전민특위, 국제진상조사단 등 1000명 참가(영남
대)

2000. 7. 23. _ 제1회 합동위령제 제주 등 500명 참가

2000. 11. 2. _ 민간인학살 대구경북공동조사단 발족

2001. 2. 9. _ 수평2굴 발굴 준비모임(경산유족회, MBC, 법의학자, 막장전문가, 경산시)

2001. 3. 9.~11. _ 수평2굴 발굴 유해 40점 연세대 의대에 감정의뢰,

영남대 경산대 50명 순례

2001. 4. 27. _ 〈이제는 말할 수 있다〉 1부 방영

2001. 7. 22. _ 제2회 합동위령제

2001. 12. 8. _ 경산지역 피학살자 356명 명단 국회서 발견

2002. 2. 2. _ 영국BBC 〈모두 죽여버려〉 방영

2002. 5. 22. _ 국제진상조사단 코발트현장 방문 및 유족간담회

2002. 9. 19. _ 경산시의회 청원심사특별위원회(위원장 정교철) 구성

2002. 10. 10.~11. 20. _ 경산시의회 피학살자 신고 창구 설치 및 접수(76명)

2002. 10. 23. _ 「경산시평산동민간인학살진상조사및명예회복에관한특별법」 제정청원 (소개의원 박재욱)

2002. 10. 26. _ 제1회전국유족회 합동위령제 종묘공원 참가

2003. 4. 10. _ 경산시의회 국회에 경산시평산동코발트광산민간인학살관련특별법」제정청원 (소개의원 박재욱)

2003. 4. 14. _ 유족회, 대원골에서 유족 25점 수습

2003. 4. 21. _ 청와대 민주당 한나라당에 유해발굴 요청

2003. 4. 24. _ 경산시 경북도 국가인권위원회 보건복지부에 인도적 차원의 유해발굴 요청

2003. 6. 19.~21. _ TBC열린아침 · 추적 취재

2003. 7. 6. _ 제4회 코발트광산합동위령제 거행

2004. 6. 18. _ 17대 국회의원 발의 1호로 통합특별법안 제출

2004. 7. 4. _ 제5회 합동위령제 거행

2005. 5. 3. _ 진실화해를위한과거사정리기본법 국회 통과

2005. 5. 13. _ 계명대 사진과 40명 및 대구KBS 취재

2005. 7. 3. _ 제6회 합동위령제 굿패 영산마루/ 노래패 희망새

2005. 8. 16. _ 대원골 2차발굴 개시 (영남대 문화인류학과 박현수 교수, 노용석 박사, 학부생 15명/남천 장의사 2명/중장비 1대/유족회/시민모임) 유해 수백 점 발굴

2005. 8. 17. _ M1 탄피 2개, 칼빈소총 탄피 3개, 칼빈 불발탄 2개, 칼빈 탄두 1개 발굴
두개골 5점 대퇴부 등 유골 유류품 수백 점 발굴

2005. 8. 25. _ 범국민위 실무자 방문/ EBS 취재

2005. 8. 29. _ 금니 1점, 45구경 권총탄환 1점 발굴

2005. 10. 1. _ 수직굴 발굴 대퇴부 등 10여 점 수습
수직2굴 자연동굴과 인공갱도로 구성된 것으로 추정 (동굴탐사 전문가 석동일 씨)

2005. 10. 7. _ 평화와 화합의 진혼곡 공연 (대경대 디자인동)
MBC 스페셜프로그램 총체극 〈애통하여 참회하여도〉 공연 (출연 대경대 연극영화과/연출 장진호 교수)
코발트광산 민간인학살 진상규명작업과 발굴 경과보고 및 발굴 사진전

2005. 10. 23. _ MBC스페셜 〈1950-2005 코발트광산에서 일어난 일〉 방영

2006. 1. 19. _ 민간인학살자 유적지 지정신청(경산시 과거사위원회 도문화재위원회

2006. 1. 21. _ 한국제노사이드학회 동계 워크샵 증언(이태준, 이금순)

민간인학살자훼손방지대책촉구 서명받음

2006. 3. 20. _ 진실규명 2차접수 13명

진실위 조사관대상 교육(최승호 조사부장)

2006. 5. 19. _ 진실위 현장설명회(경산시청)

제7회 합동위령제 국회의원 등 400명 참석

2006. 9. 19. _ 인터불고경산골프장 공사현장 항의방문 수직2굴 훼손우려 공사중단촉구

경원대 방송국 취재

2006. 12. 20. _ 전남대 현대사회연구소 전국매장추정지 실태조사, 대구경북지역 조사참여(최승호 부장)

2007. 1. 3. _ 평산동 실측예비조사팀 방문(서울대 국토지리연구소, 석동일 동굴전문가)

2007. 3. 26. _ 사단법인한국전쟁전후경산코발트광산민간인피학살자 경산코발트광산 유족회 설립인가

2007. 5. 21. _ 진실위에 학살현장 사유지매입 예산수립 요청 (3000평 21억 원)

2007. 6. 4. _ 건축허가불허 진정서 취하

2007. 6. 8. _ 유족회 진실위 파티마요양병원 발굴합의

2007. 6. 21. _ 수직1굴 및 수평1굴 발굴 위한 사전조사 착수

2007. 7. 8. _ 제8회 합동위령제 및 2007 유해발굴 개토제 (진실위/경남대박물관)

인문사회팀 보조연구원 참여 (최승호 이사)

2007. 9. 20. _ 유해발굴 현장설명회

2007. 11. 10. _ 경산유족회 사무실 이전 개소식 (중방동 876-18번지)

2007. 12. 5. _ 진실화해위 안영상 조사관 외 2명 조사 유족회 사무실

2007. 12. 6. _ AFP 아시아태평양지사 존 바튼 기자 취재 대통합신당 신기남 의원(국회 정보위원장) 방문

2007. 12. 24. _ 대구유족회 이복녕 회장 영결식 통일민주열사장

2007. 12. 26. _ 영남유족회 창립준비회의 (영덕 경산 김천 예천 경주유족회, 조현기, 송철순, 장명수)

2008. 1. 16. _ 2007 유해발굴단 최종보고회 진실위원회

2008. 3. 30. _ 제주4.3유족회 코발트광산흙 제주평화공원에 안치

2008. 4. 7. _ 2008 유해발굴에 따른 양해각서 작성

2008. 6. 17. _ 이재갑 사진집 『잃어버린 기억』 1950년 경산코발트광산사건 그후의 진실 (도서출판이른아침) 발행

2008. 6. 19. _ 코발트광산 안전도검사팀 (두성기업) 측량팀 발굴팀 방문조사

2008. 6. 25. _ KBS 조현진 기자 외 취재, 수평1굴, 2굴 시건장치 파손 확인 경찰에 수사의뢰

2008. 7. 6. _ 충북대 박물관에 임시안치된 유해 위령제 봉행 위해 모셔옴

2008. 7. 12. _ 전국시사만화전시회 〈아 한이여〉 거리전시회 및 출판기념회

2008. 7. 13. _ 제9회 합동위령제 거행

2008. 8. 9. _ 수평2굴 76미리 고폭탄 발굴

2008. 9. 20. _ 수평2굴 엽총탄피 발굴

2008. 11. 15. _ 경산신문사 [1950-2008 코발트광산의 진실] 출
간

2008. 11. 27. _ 진실위 2008 유해발굴현장 설명회 이지녀 진혼
굿

2009. 3. 3. _ 평산동 산652-9번지 2,985제곱미터 국유지 매입
건의

2009. 9. 16. _ 충북대학교 유해임시안치소에 32구 인계

2009. 10. 24. _ 평산동현장 유적지 지정 촉구서명

2009. 10. 29. _ 3차 유해 발굴 설명회

2009. 11. 12. _ 한국전쟁 이전 경산지역민간인희생자 위령제 거
행

2009. 11. 17. _ 경산코발트광산민간인집단희생사건 진실규명
결정

2009. 12. 17. _ 충북대 임시안치소 혼백 인수

2009. 12. 19. _ 제10회 경산코발트광산합동위령제

2010. 1. 15. _ 영남유족회 결성식 상임대표 이태준

2010. 1. 19. _ 충북대 임시유해안치소에 유해 30구 인계

2010. 7. 2. _ 충북대학교 임시안치소에 보관된 유해 건봉후 위
령제 봉행 때 이송

2011. 3. 4. _ 故 이태준 회장 대전현충원 안장

2011. 4. 16. _ 신규 임원선출
회장(대표이사) 박의원 부회장 나정태 (외무) 이

정우 (내무) 사무국장 김윤병

이사 장명수 최승호 이동철 윤용웅 김성열

2011. 4. 21. _ 배보상특별법 제정 투쟁결의대회 (대구백화점앞)

회원 30명 참가

2011. 4. 24. _ 최위생 유족 위로금 전달

2011. 5. 3. _ 전국유족회 사무실 이전개소식 참석

2011. 5. 5. _ 고 이태준회장 묘소 및 충북대 임시안치소 참배

2011. 5. 7. _ 특별법쟁취 광주결의대회 회원 10명 참가

2011. 5. 14. _ 대구경북유족회 월례회 팔공산 참석

2011. 5. 22. _ 故 노무현 대통령 2주기 김해봉하마을 방문

특별법 제정 촉구 서명 받음

2011. 6. 23. _ 대구KBS 이승만 미화다큐제작 반대 1인시위

2011. 6. 29. _ 워크샵 참가자 평산동 순례

2011. 7. 9. _ 제61주기 제12회 합동위령제 거행

2011. 7. 23. _ 대구경북유족회 간담회 참석

2011. 7. 24. _ 김해사랑청년회 20명 순례

2011. 7. 28. _ 경북대학교 학생 15명 순례

2011. 7. 30. _ 창원대학교 학생 14명 순례

2011. 10. 3. _ 영천유족회 변호사설명회 및 대구경북유족회 월

례회

2011. 10. 12. _ 배보상 소송 조인호 변호사 109명 접수

2011. 10. 14. _ 유족회 월례회의

2011. 11. 3. _ 전라대학교 학생 순례

2011. 11. 23. _ 순천유족회 30명 현장순례

2011. 12. 6. _ 코발트광산평화공원 조성을 위한 시의회 상임위

원장 및 시의회 의장 접견

2011. 11. 15. _ 평화공원 설립 1차 도비 2억 1천만 원, 시비 4억 9천만 원 확정

2011. 12. 16. _ 유족회 월례회의 개최

2011. 12. 22. _ 서울성공회대 학생 20명 순례

2012. 2. 9. _ 국회 본회의 김충조 의원 경산코발트 진주 대전유해방치 행자부장관 질타

금년 상반기까지 처리하기로 답변

2012. 2. 17. _ 대구경북유족회 월례회 참석

2012. 2. 23. _ 도비 5백만 원 역사교육현장공원 조성 세미나 예산 승인

서울중앙지법 1심 변론 3월 22일로 연기

2012. 2. 24. _ 2012년 1회 월례회 및 정기총회

2012. 2. 27. _ 전국유족회 총회 참석

2012. 3. 5. _ 김윤병 전 사무국장 별세

2012. 3. 20. _ 중앙일보 현장인터뷰

2012. 3. 22. _ 서울중앙지법 1심 변론

2012. 4. 3. _ 조인호 변호사 설명회 개최 배보상 3억으로 증액하기로 함

2012. 4. 13. _ 유족회 월례회 개최

2012. 4. 16. _ 대구경북유족회 월례회 경산코발트유족회 사무실에서 개최

2012. 4. 23. _ 영천유족회 위령제 참석

2012. 5. 8. _ 경산농민회 발대식 참석

2012. 5. 11. _ 대구경북유족회 월례회 참석

2012. 5. 12. _ 서울대 사회과학대학 사회학과 정근식 교수, 강성현 박사, 강인화 연구원 사무실 방문

2012. 5. 19. _ 경주유족회 위령제 참석

2012. 5. 20. _ 경산불교사원주지연합회 추모식 참석

2012. 5. 30. _ 서울중앙지법 2차 심리 6월 28일로 연기

2012. 6. 1. _ 진주유족회 위령제 참석

2012. 6. 7. _ 경주기계천유족회 위령제 참석

2012. 6. 8. _ 유족회 월례회 겸 역사평화공원조성 세미나 경산 시민회관에서 개최

2012. 6. 20. _ 대경유족회 회장단 임시총회 참석

2012. 6. 27. _ 대전산내위령제 참석

2012. 6. 28. _ 서울중앙지법 2차심의
행자부 진실화해지원국 2명, 행정안전부 과거사 관련업무지원단 4명,
경상북도 자치행정과 5명, 경산시시민생활지원과 4명 평산동현장 방문 및 대담

2012. 7. 14. _ 대경유족회 월례회 유족회 사무실에서 개최

2012. 7. 25. _ 보은유족회 위령제 참석

2012. 8. 13. _ 전교조경북지부 초등학교 교사 23명 평산동 현장 순례

2012. 8. 17. _ 유족회 월례회 개최

2012. 8. 23. _ 단양에서 2일간 열린 전국유족회 상임대표회의 참석

2012. 9. 9. _ 국가기록원에 기록 찾으러 감

2012. 9. 14. _ 대경유족회 월례회의 참석

2012. 10. 5. _ 대구10월항쟁유족회 추모제 참석

2012. 10. 8. _ 전국유족회 상임대표회의 서울사무소 개최 참석

2012. 10. 17. _ 경주유족회 위령제 참석

2012. 10. 23. _ 합천유족회 위령제 참석

2012. 10. 27. _ 순천학생협의회 35명 현장순례

2012. 10. 28. _ 제62주기 제13차 합동위령제 거행

2012. 11. 10. _ 영주지역 전교조 20명 현장순례

2012. 11. 14. _ 영남유족회 월례회 전국유족회 위령제 안건

2012. 11. 18. _ 전국유족회 위령제 참석

2012. 11. 22. _ 중앙지법 선고

희생자 8,000만 배우자 4,000만, 자녀 800만, 형
제 400만 원으로 선고

2012. 12. 6. _ 경남창녕유족회 위령제 참석

2013. 1. 20. _ 민족문제연구소 박한용 실장 외 23명 현장순례

2013. 1. 26. _ 부산청년회 3명 현장순례

2013. 2. 2. _ 영남유족회 임시총회 개최

2013. 2. 8. _ 최경환 국회의원에게 발굴유해 안치관련 항의서한
발송

2013. 2. 13. _ 시청 새마을문화과장 사무실 방문

2013. 2. 17. _ 정기총회 개최

소송문제로 조인호 변호사 설명회 개최 전원부대
항소 결정

2013. 3. 6. _ 서울고등법원앞 기자회견 영남유족회 25명 참석
전국유족회 상임대표 회의 참석

2013. 3. 8. _ 경산시장 면담 박의원 이정우

2013. 3. 19. _ 서울고등법원 1인시위 (나정태)

2013. 3. 30. _ 전국유족회 총회 참석

전국유족회통합 박의원 상임대표로 선출됨

2013. 4. 10. _ 시청새마을문화과 방문

현장에 전기공사 우선 착수하기로 함

2013. 4. 19. _ 영천유족회 위령제 참석

2013. 4. 20. _ 경주미폭위령제 참석

2013. 4. 24. _ 2013년 2차 월례회 개최

2013. 4. 25.~26. _ 전국유족회 상임대표회의 겸 워크샵 참석

(노근리문화공원)

2013. 4. 27. _ 현장에 전기공사 완료(주식회사 칠번전기)

최경환 국회의원 면담

현장 콘테이너박스 유해 철거통보문제 해결건의

정부차원 특별법 발의와 충북대병원 유해해결 문

제논의

2013. 5. 4. _ 한일교류 사학교수 사전답사 현장순례

2013. 5. 18. _ 고 노무현 대통령 4주기 추모행사 참석

2013. 6. 2. _ 대구작가회의 25명 현장순례

2013. 6. 14. _ 유족회 순례

2013. 6. 23. _ 울산남부노동연합회 25명 현장순례

2013. 6. 25. _ KBS 현장촬영, 6월 28일 밤 11시 방영

2013. 6. 27. _ 대전산내위령제 참석

2013. 6. 28. _ 진주위령제 참석

2013. 7. 4. _ 서울신문사 인터뷰 및 현장순례

2013. 7. 9. _ 전국유족회원 1,000여 명이 대법원 앞 기자회견

가짐 (40명 참석)

최경환 국회의원 방문, 비서실장과 보좌관 접견하고 유족회 의사전달

2013. 7. 10. _ 보온유족회 위령제 참석

2013. 7. 18. _ 고등법원선고 9월 5일로 연기

대법원앞 1인시위 (나정태)

2013. 7. 13. _ 부산민중연대 38명 평화대행진 12명 대구진보연대 20명 현장순례

2013. 7. 20. _ 부산청년회 18명 현장순례

2013. 7. 25. _ 사천유족회 위령제 참석

2013. 8. 2. _ 일본사학교수 40명 사무실에서 세미나 후 현장순례

2013. 8. 7. _ 학생연대연합회 90명 부산시민연대 11명 현장순례

2013. 8. 13. _ 평통사 50명 현장순례

2013. 8. 18. _ 영남유족회 월례회 부산광안리 개최

2013. 8. 21. _ 빗바라기보호센터 지체장애인 10명 현장순례

2013. 8. 27. _ 진주경상대학 학생 10명 현장순례

2013. 9. 24. _ 창녕유족회 위령제 참석

2013. 10. 2. _ 10월항쟁유족회 30명 현장순례

2013. 10. 13. _ 제63주기 14차 합동위령제 거행

2014. 2. 11. _ 유해 있는 유족회 서울사무소에 개최

2014. 2. 15. _ 영남유족회 총회 코발트사무실에서 개최 20명 참석 상임의장 재임

2014. 2. 21. _ 사단법인경산코발트광산유족회 정기총회 및 결산

보고

2014. 3. 13. _ 유해발굴및유해안치문제 회의 전국유족회 사무실

2014. 3. 26. _ 화쟁코리아 100일순례 도법스님 외 약50명 자인
제석사 사립박물관
식사 후 현장까지 수평1굴 답사 후 합동위령제
봉행

2014. 4. 10. _ 고등법원심의 6월12일 1시50분 선고

2014. 4. 19. _ 영천위령제 참석

2014. 4. 24. _ 2차 월례회 개최 사무실

2014. 5. 15. _ 경산신학대 역사교수 김상도 외 6명 현장 방문

2014. 5. 16. _ 대전 상임대표회의 참석

2014. 5. 22. _ 전국유족회 임시총회 대전 파행

2014. 6. 26. _ 제3차 월례회 개최

2014. 6. 27. _ 대전유족회위령제 조화 보냄

2014. 7. 10. _ 고등법원 원고승소 판결

2014. 7. 15. _ 광주오월어머니회에서 15명 현장 방문

2014. 7. 25. _ 영남유족회 해산 대구경북유족회로 변경, 영남유
족회 사무실에서 개최
박의원 대표 상임의장에 선출
경주성화교회에서 40명 현장 방문

2014. 7. 31. _ 10월항쟁유족회 가창댐수변공원에서 위령제 봉
행

2014. 8. 11. _ 전국통일선봉대 120명 현장 방문

2014. 8. 12. _ 광주비엔날레 예행연습

2014. 8. 22. _ 제4차 월례회 개최

2014. 8. 23. _ 울진유족회 위령제 참석

2014. 9. 3. _ 광주비엔날레 유해 콘테이너 이송 비엔날레 현장
에 안치

2014. 10. 2. _ 제64주기 제15회 합동위령제 경산시립박물관에
서 봉행

2014. 10. 8. _ 포항유족회 위령제 참석 추도사

2014. 10. 1. _ 경주유족회 위령제 참석 추도사

2014. 10. 22. _ 최영조 경산시장 면담
①위령탑 건립 ②제수비 ③유해 컨테이너 문제회
의

2014. 10. 2. _ 문경유족회 위령제 참석 추도사

2014. 11. 4. _ 전국정토회 4명 현장 방문 다음 순례 논의

2014. 11. 6. _ 수평2굴 합판 설치

2014. 11. 7. _ 안동유족회 위령제 참석 추도사

2014. 12. _ 광주비엔날레에서 유해컨테이너 도착 정리
전국정토회 100명 현장 방문

2014. 12. 20. _ 울산삼일고 학생 30명 현장 방문

2014. 12. 26. _ 6차 월례회 개최 사무실

2015. 1. 16. _ 대경유족회 정기총회 코발트사무실에서 개최

2015. 2. 4. _ 전교조경북지부 4명 현장 방문

2015. 2. 27. _ 2015년 정기총회 임원선출
대표이사 박의원 임기 4년 중임/이사명 임기 4년
중임

2015. 3. 14. _ 대경유족회 2차 월례회 팔공산에서 개최

2015. 4. 3. _ (사)경산코발트광산유족회 등기완료

2015. 4. 18. _ 영천유족회 위령제 참석 추도사

2015. 4. 22. _ 수평1굴 철문공사

2015. 4. 24. _ 2차 월례회 개최 사무실

2015. 5. 22. _ 대경유족회 3차월례회 동대구에서 개최

2015. 6. 25. _ 제주 양용해 북제주유족회 메르스 때문에 조화
보냄

2015. 6. 26. _ 한양대학교 학생 10명 현장 방문

2015. 6. 27. _ 대전산내유족회 위령제 조화 보냄

2015. 7. 11. _ 수평2굴 철문 수리작업

2015. 7. 13. _ 시청복지국장 과장 계장 현장 위령비 문제논의

2015. 7. 24. _ 청도군의회의장 복지계장 위령제 제수 문제해결

2015. 7. 31. _ 10월항쟁유족회 위령제 참석 추도사

2015. 8. 1. _ 서울MBC 생방송 취재 및 촬영

2015. 8. 3. _ 취재 및 촬영분 6~7시 방영

2015. 8. 8. _ 한국대학생연합 100명 현장 방문

2015. 8. 10. _ 시의회 이천수 의장 위령비 문제로 면담
현장정화조 1개 설치

2015. 8. 12. _ 한국여성연대 청년연대 80명 현장 방문

2015. 8. 13. _ 민대협 대학생 단체 20명 현장 방문
지역노동자통일선봉대 200명 현장 방문

2015. 8. 18. _ 수평2굴 이중철문 설치

2015. 8. 20. _ 포항미폭유족회 위령탑 개막식 겸 위령제 참석
추도사

2015. 8. 26. _ 서울명지대학생 10명 현장 방문

2015. 9. 4. _ 복지국장, 과장, 계장, 안주현 시의원 위령비 문제

회담

2015. 9. 5. _ 울진유족회 위령제 참석 추도사

나정태 이사 창원유족회 위령제 참석

2015. 10. 5. _ 울산학생 40명 현장 방문

2015. 10. 6. _ 코발트이사회의 개최 사무실

2015. 10. 9. _ 부산동아대학교 사학과 40명 현장 방문

2015. 10. 11. _ 서울성동구 주민역사기행모임 30명 현장 방문

2015. 10. 21. _ 제65주기 제16회 합동위령제 코발트광산 주차
장에 봉행

2015. 10. 23. _ 안동유족회 위령제 청소년수련관 참석 추도사

2015. 10. 27. _ 문경유족회 위령제 참석 추도사

2015. 11. 2. _ 박태순 미망인 요양원 방문위로

2015. 11. 8. _ 이선이 미망인 요양원 방문위로

2015. 11. 23. _ 경산경찰서장 최현석 서장 방문

오후 조현숙 과장 위령탑 문제로 논의

2015. 11. 27. _ 시의회 의결안 논의 위령탑 문제

2015. 12. 11. _ 민노총 13명 현장 방문

2015. 12. 8. _ 유족 미망인 겨울내의 한 벌씩 보내드림

2015. 12. 14. _ 시의회 예산결산위원에서 예산삭감문제로 시의
회의장 허재원 국장, 최덕수 의원, 복지과장 · 계
장면담

최경환 의원 사무국장 차주식 면담

2015. 12. 17. _ 위령탑 건립비 2억 시의회 통과

제수비 5백만 원 예산확보

2015. 12. 18. _ 제6차 월례회 개최 67명 참석

2015. 12. 21. _ 윤성규 도의원 면담, 오후 도의회 방문 경북 도
조례안 가결 최병준 위원장 방문, 자치행정과 사
무관 원창호 씨 면담 자세한 설명과 논의했음

2016. 2. 18. _ 대경유족회 팔공산에서 개최

2016. 2. 21. _ 부산신라대학교 역사문학과 학생 40명 현장 방문
울산민주노총 30명 방문

2016. 2. 25. _ 시청방문 김성현 국장 복지과장 · 계장면담
2016 정기총회 위령탑 건립문제 가결

2016. 3. 4. _ 영대외국어교수 4명 현장 방문

2016. 3. 7. _ 전국유족회 통합문제로 서울방배동 사무실방문

2016. 3. 15. _ 영남대학생 10명 현장 방문

2016. 3. 17. _ 조현일 도의원 면담
(1) 도차원에서 현장유해 안장문제
(2) 위령탑 위령사업 시조례 체택문제
(3) 위령탑 건립 때 납골당 문제
(4) 현장화장실 문제 논의

2016. 3. 18. _ 부산신라대학교 역사문학과 학생 53명 현장 방문

2016. 3. 23. _ 위령탑 조형물 의견수렴
시청 김성현국장 박의원 나정태 박무석 최승호

2016. 3. 26. _ 경북대교수 6명 10시 현장 방문

2016. 3. 28. _ 위령탑 조형물 결정

2016. 3. 29. _ 안주현 의원 조현일 의원 면담
오후 시의회 이천수 의장면담
오후 시장면담 추경예산으로 도의회 추경 접수

2016. 4. 13. _ 대경유족회 대구팔공산 개최

2016. 4. 18. _ 전국위령사업조성 자문위원으로 위촉

행자부에서 위촉장 수여

1차 회의 유족대표 11명 전문 교수 11명 과거사

지원, 단장1명 합 23명 참석

2016. 4. 22. _ 제2차 월례회개최

2016. 4. 23. _ 영천위령제 참석 추도사

2016. 4. 26. _ 진주유족회 7명 진주시청 1명 현장 방문

2016. 5. 2. _ 시청복지정책과 위령탑 문제로 논의

2016. 5. 9. _ 시청국장실에서 과장, 계장, 나정태, 용역회사, 최

승호, 최종점검 논의

2016. 5. 23. _ 행자부 자문회의 참석 제2차 회의

2016. 6. 5. _ 서울성공대학생 35명 현장 방문

2016. 6. 10. _ 한국전쟁민간인피학살특별법 추진위원 발기인대

회 동대구역104호 50여 명 참석 회의개최

2016. 6. 18. _ 한국청년연합회 서울 25명 현장 방문

2016. 6. 21. _ 과거사정리지원단과장 고재민 계장 현장 방문

2016. 6. 22. _ 한국민노총 50명 현장 방문

2016. 6. 24. _ 제3차 월례회 개최

2016. 6. 27. _ 대전유족회 위령제 참석

2016. 6. 28. _ 행자부 자문위원 제3차 회의

2016. 6. 29. _ 시청복지과 방문 전국위령사업조성 예비후보에

들어있는데도 주민반대로 보류

2016. 6. 30. _ 동부동장 방문 항의, 동장은 유족을 도와주려고

해서 돌아왔음(동부동과 시청의견이 일치하지 않

음)

2016. 7. 2. _ 진주유족회 위령제 참석

2016. 7. 9. _ 창원유족회 위령제 참석

2016. 7. 12. _ 자문위원평가단 현장답사 강원도 철원 양구방문
대전숙박 대전동구 답사, 오후 전남 영광군 2곳
답사

2016. 7. 14. _ 시청 복지정책과장 계장 국장회의 결렬
시장 방문하고 왔음

2016. 7. 15. _ 세종시 충북대 유해를 세종시로 옮기는 문제로 세
종시 추모의집 관람

2016. 7. 31. _ 10월항쟁 위령제 참석

2016. 8. 3. _ 경찰서 집회 신고

2016. 8. 4. _ 국회의원회관 소회의실에 특별법 제정 추진위원회
개최

2016. 8. 7. _ 부산 학생 9명 현장 방문

2016. 8. 9. _ 행자부 자문위 제4차회의 참석
오후 청년학생 70명 현장 방문
오후 4시 군위지역 전교조 인문학 36명 방문

2016. 8. 10. _ 통일선봉대 120명 현장 방문
서울대생 25명 현장 방문
노동자순례 40명 현장 방문

2016. 8. 12. _ 창원대학생 36명 현장 방문

2016. 8. 25. _ 통일선봉대 13명 현장 방문
파티마요양원 국장방문

2016. 8. 26. _ TV조선취재 10시부터 13시까지

2016. 8. 27. _ 포항유족회 위령제 참석

2016. 8. 29. _ 대법원 최종승소

선고내용 김기태 유족 파기환송하고 나머지 유족은 상고를 모두 기각함으로 100% 승소함

2016. 9. 3. _ 충남연합유족회 위령제 참석

2016. 9. 10. _ 울진유족회 위령제 추도사

2016. 9. 12. _ 시청위령탑 비문 제출

2016. 9. 19. _ 위령탑 기초 초석 앉힘

2016. 9. 29. _ 창녕유족회 위령제 참석

2016. 10. 18. _ 안동유족회 위령제 참석 추도사

2016. 10. 19. _ 위령탑 돌관계로 시청 방문

2016. 10. 24. _ 문경위령제 참석 추도사

2016. 10. 20. _ 충북대유해 세종시 추모의집으로 이전해서 안장식과 위령제 봉행 40명 참석

2016. 11. 25. _ 위령탑 제막식 및 66주기 제17차 위령제 봉행

2017. 3. 14. _ 시청 시장실 장학금 삼백만 원 전달식

경산시민모임에 찬조금 삼백만 원 전달

2017. 4. 1. _ 민변 20명 평산동 현장 방문

2017. 4. 20. _ 경남유족회 합동위령제 참석

2017. 5. 2. _ 대경유족회를 경북유족연합회로 명칭변경 및 월례회 동대구에서 개최

오후 경북 자치행정과 김영철 계장, 주무관 남복순, 박의원, 정정웅, 서경선

코발트 사무실에서 경북유족연합회 합동위령제 문제로 대담

2017. 5. 24. _ 제주4.3 유족회 70명 현장 방문

2017. 5. 26. _ 행자부 진화위 지원단에 현장에 남은 유해들 세종시 추모의집으로 이송건의 공문발송

2017. 6. 4. _ 새벽 3시 한의대학 4명이 수직1굴서 귀신체험 중 50m 아래로 1명 추락해 119에 구조, 유골 1구 수습 국과수에 보냄

2017. 6. 5. _ 행자부에 보고

2017. 6. 16. _ 추락사고 문제로 행자부 2명, 시청복지계장, 박의원, 현장답사 및 안전장치 문제논의

2017. 6. 20. _ 서울의원회관에서 과거사정리기본법개정 결의대회 참석

2017. 6. 23. _ 진주유족회 위령제참석

2017. 6. 24. _ 2017년 제2차 월례회 개최 사무실 창원유족회 위령제 참석 나정태

2017. 6. 25. _ 역사학생 10명 현장 방문

2017. 6. 27. _ 대전유족회 위령제 참석

2017. 6. 28. _ 행자부 자문위원 회의

① 경산 코발트현장에 남은 유골 세종시로 옮겨줄 것

② 수직굴사건 국비로 지원할 것

③ 위령사업 시 · 도 공문으로 지원 요청

2017. 6. 30. _ 경북유족연합회 월례회 동대구에서 개최

2017. 7. 11. _ 충남공주유족회 위령제 참석

2017. 8. 7. _ 춘천대학 역사동아리 12명 현장 방문

2017. 8. 8. _ 한국노총 선발대 10명 현장 방문

2017. 8. 13. _ 한국노총 40명 현장 방문

2017. 8. 14. _ 통일선봉대 100명 현장 방문
오후 2차 30명 현장 방문
2017. 8. 20. _ 일본히로시마교직원노조 역사교사 20명 현장 방
문
2017. 8. 23. _ 경북도 자치행정과에 경북유족연합회 합동위령
제 예산서 공문으로 발송
2017. 9. 2. _ 충남유족연합회 합동위령제 참석
2017. 9. 14. _ 창녕유족회 위령제 참석
2017. 9. 23. _ 영남대학생 50명 현장 방문
2017. 9. 28. _ 위령탑에 고인 성명 오자 바로잡고 위령탑 글씨
새김
2017. 9. 30. _ 100년을 여는 단체 10명 현장 방문
2017. 10. 24. _ 문경유족회 위령제 참석 추도사
2017. 10. 28. _ 제67주기 제18차 위령제봉행
2017. 11. 4. _ 태안유족회 위령제 참석
2017. 11. 8. _ 간이화장실 1개 시청에서 현장에 설치
2017. 11. 12. _ 울산 삼일여고 역사교사 손성호 외 10명 현장 방
문
2017. 11. 24. _ 전국유족회 합동위령제 서울시청 다목적홀 8층
에서 거행, 경북유족회, 코발트, 10월항쟁 버스 1
대 참석
유족미망인 내의 보냄
2017. 12. 1. _ 영남대학교 학생 50명 현장 방문
행정안전부 진화위지원단 고재만과장에게 인사
사고안전장치 대금 2천만 원 신청

4백만 원만 내려와서 시청 설치했음

현장유골도 세종시 추모의집으로 옮겨줄 것을 요청했으나 내년도 예산으로 하겠다는 답변

2017. 12. 20. _ 사고난 수직굴 안전장치 완료

경북유족연합회 합동위령제 제수비 도예산 2천만원으로 확정됨

2017. 12. 29. _ 경북연합회 월례회 대구에서 합동위령제 추진위원선출

2018. 2. 2. _ 정기총회

감사보고 및 결산보고 유족 최숙이 위로금 5백만원 전달

2018. 4. 2. _ 제주4. 3 위령제 참석 박의원 손계홍 김성열 3명(1박2일)

2018. 4. 18. _ 행안부 자문회의 1기 자문위원 임기만료(재임명)

2기 자문위원 위촉장 전달식 및 위령사업 설계문제논의, 현장에 있는 유골을 세종시로 옮겨줄 것 요청했음

2018. 4. 23. _ 경북유족연합회 월례회 개최

경북유족연합회도 전국유족회에 협력하기로 결정

경북유족연합회 합동위령제는 6월 9일 봉행하기로 결정

2018. 4. 24. _ 행안부 자문위원으로부터 현장유골은 내년 예산으로 2019년 이전해주겠다 답변받음

2018. 4. 30. _ 경남유족연합회 합동위령제 버스1대 참석

2018. 5. 1. _ 진화위 발굴단 현장에서 추모제 지냄

2018. 5. 2. _ EBS 방송국 촬영

방송은 5월 24일 오후 9시 50분 방영

2018. 5. 5. _ 사무실 이전문제로 이사회 회의

삼남동 사무실 계약(보증금 2백만 원 월 25만 원)

2018. 5. 10. _ 사무실 이사 박의원 이창희 이사 2명이 나와서 짐

옮김

2018. 5. 17. _ 과거사지원단 소자문단회의

박의원 김종현 강병현 곽정근 허맹구, 교수 5명

2018. 5. 19. _ 영대문화학교 학생 인터뷰

2018. 5. 24. _ 전국유족회 방배동 이사회의 참석

EBS다큐 경산코발트광산희생자 관련 방영

2018. 6. 24. _ 청도 미망인 백수년 (청도 박수환 모친) 잔치에

참석 (박의원, 이정우, 김정순, 김영숙)

2018. 6. 29. _ 경북유족연합회 합동위령제는 경산실내체육관

에서 거행, 경산부시장, 과거사관련업무지원단

장 허만영 참석, 행안부장관 김부겸 추도사 대도

더불어민주당 시의원 당선자 5명 전원참석, 정의

당 1명 등 440명이 참석

행사후 코발트유족회 월례회의 개최

전국 협조 1천만 원 협조 사무실 냉난방기구 설치

가결

2018. 7. 4. _ 전국유족회 이사회의 참석

2018. 7. 7. _ 공주유족회 위령제 참석

2018. 7. 10. _ 시청 조과장 박계장 면담

① CCTV 설치문제 ② 풀베기작업 ③ 수평굴 안전

기 요금관련

2018. 7. 18. _ KBS 현장취재 박의원 최승호

2018. 7. 19. _ 사무실 에어컨 설치

2018. 7. 25. _ 보온유족회 위령제 참석

2018. 7. 27. _ 진주유족회 위령제 참석(아헌관)

2018. 8. 2. _ 민주노총 전남본부 통일선봉대 40명 현장 방문

KBS 취재 박의원 이정우

2018. 8. 6. _ 2018 통일로드기행단 45명 현장 방문

KBS 취재 박의원 박무석

2018. 8. 9. _ 국민주권연대 통일선봉대 30명 현장 방문

2018. 8. 13. _ 부산청소년 하나 30명 현장 방문

일본교직원노조 조합원 및 학생 20명 현장 방문

2018. 8. 24. _ 이철우 경북도지사 면담 (박의원, 서경선, 강영구)

2019 위령제 제수비 1천만 원 증액과 영천유족회 제막식 및 위령제에 참석하기로 약속

2018. 8. 27. _ 소송비용반환 확정판결

2018. 9. 1. _ 충남유족연합회 합동위령제 버스1대 45명 참석

2018. 9. 5. _ 경산시청 총무과, 청도군에 제수비 신청

2018. 9. 12. _ 고령유족회 위령제 참석 추도사

2018. 9. 22. _ 이사회의 대검찰청으로부터 소송비용이 이체되었으므로 배정문제 논의

2018. 9. 28. _ 전국유족회 이사회의 참석

2018. 10. 5. _ 제주4.3 유족회 40명 현장 방문

2018. 10. 9. _ KBS 다큐시리즈로 방영됨

2018. 10. 17. _ 경산코발트유족회 제68주기 제19회 합동위령제
위령탑에서 봉행

2019. 2. 8. _ 2019년 정기총회 준비 이사회의

2019. 2. 27. _ 코발트유족회 정기총회 68명 참석
대표이사 나정태 선출

2019. 4. 8. _ (사)코발트유족회 제3기 등기부등본 받음, 집행부
출범
고문 박의원, 대표이사 나정태, 이사 김갑순,
윤용웅, 이정우, 이동철, 박무석, 손계홍,
이창희, 장명수, 최승호 감사 김동진, 이상규
민주노총 서비스연맹 7명 현장 방문

2019. 4. 13. _ 시민인권아카데미 27명 현장 방문

2019. 4. 16. _ 제3기 1회 이사회개회

2019. 4. 20. _ 경남합동위령제에 코발트유족 15명 참석

2019. 4. 22. _ 수평2굴 바닥 보수공사

2019. 4. 24. _ 서울MBC 현쟁취재 (나정태, 최승호 인터뷰)

2019. 5. 1. _ 경산시청 방문
경산시장, 복지정책과장, 계장 면담
(나정태, 박의원 박무석 최승호 참석)

2019. 5. 11. _ 울진초등학교 교사 11명 현장 방문

2019. 5. 13. _ 경북연합회장단 회의 참석
경북연합합동위령제 최종점검

2019. 5. 14. _ 대구신문 인터뷰 (현장수직굴 파손취재)

2019. 5. 22. _ 과거사기본법 제정촉구
서울국회 앞에서 유골 집회, 기자회견 참석

2019. 5. 31. _ 제2회 경북연합 합동위령제 봉행

경북도청 동락관 코발트유족회 35명 참석

2019. 6. 3. _ 코발트유족회 월례회

2019. 6. 7. _ 김원웅 전 국회의원 광복회 회장 취임식 참석 (김구선생 컨벤스홀)

2019. 6. 10. _ 전국유족회 정상화추진위원회 참석

2019. 6. 12. _ 경북대 교수(외국인포함) 10명 현장 방문

현장컨테이너 유해 3D 촬영작업

2019. 6. 14. _ 코발트유족회 월례회 개최

서부1동주민센터 46명 참석

2019. 6. 15. _ 부산역사교사팀 28명 현장 방문

2019. 6. 16. _ 금속노조 50명 현장순례차 방문

2019. 6. 20. _ 유해이송 준비작업

나정태 김갑순 손계홍 이정우 박무석 이창희 참석

2019. 6. 23. _ 서울SBS 현장취재

2019. 6. 26. _ 컨테이너 유해 세종시 추모의집 이송 천도재

경산시장 시의장 시의원 복지정책과장, 계장 참석, KBS 7시뉴스 방영, 신라방송 취재 4.3유족회 버스2대 현장 방문 코발트유족 23명 참석

2019. 6. 27. _ 대전골령골 위령제 참석

2019. 6. 28. _ 진주유족회 위령제 참석

2019. 7. 1. _ 국민대(서울)학생 7명 현장순례

2019. 7. 3. _ 숭실대(서울)학생 2명 현장순례

박선주 교수, 세종시 이송유해 82구 확인 최종

52구로 확인

2019. 7. 6. _ 공주유족회 위령제 참석

2019. 7. 8. _ 과거사특위 회의 참석 (동대구역 마루가제면)

7.10 진주유족회 위령제 참석

2019. 7. 15. _ 보은유족회 위령제 조화 보냄

2019. 7. 22. _ 과거사특위 임원회의 참석 (대전산내유족회 사무실)

2019. 7. 23. _ 과거사기본법 촉구 서명지 74, 603명 중 코발트광산 서명지 58,705명 청와대 전달

2019. 7. 24. _ 김소정 학생 (미국) 현장 방문

2019. 7. 27. _ 제2회 정기이사회 개회 이사전원 참석

70주기 위령사업 중점토론, 조인호 변호사 후원금 건 메일송부

2019. 8. 3. _ 생명평화연대 3명 현장순례

2019. 8. 10. _ 통일선봉대 50명 현장순례

2019. 8. 12. _ 일본히로시마 교원노조 15명 현장 방문

2019. 8. 16. _ 경산시청 방문 현장위령시설 청원서 전달

복지정책과장, 계장 면담. 나정태 박무석 최승호 참석

현장 잡초제거 (시청2회, 유족1회 합의)

2019. 8. 30. _ 현장 잡초제거 및 위령탑 주위 철망테두리 파손 확인, 경찰신고

나정태 손계홍 이창희 이사 참석

2019. 9. 5. _ 위령제 준비 건으로 이사회의 개회

나정태 김갑순 윤용웅 이정우 이동철 박무석 손계

홍 이창희 장명수 참석

2019. 9. 17. _ 서울다큐제작소 현장취재 (나정태 손계홍 이창희 참석 및 인터뷰)

2019. 9. 17. _ 경주신라방송 위령탑 테두리 파손 현장취재

2019. 10. 7. _ 제69주기 20회 위령제봉행

2019. 10. 25. _ 창녕위령제 참석

2019. 10. 26. _ 전국합동위령제 참석(서울시청 8층 다목적홀)

2019. 11. 1. _ 경주위령제 참석

2019. 11. 2. _ 태안위령제 참석

2019. 11. 8. _ 충북합동위령제 참석

2019. 11. 9. _ 부산위령제 참석(불교문화원)

2019. 12. 12. _ 경산시 한국전쟁 전후 민간인 희생자 추모를 위한 위령사업 지원조례
(양재영 시의원 대표발의) 제정

2019. 11. 30. _ 안동위령제 제막실 참석

2019. 12. 3. _ 과거사 기본법 제정촉구 결의대회 참석(국회정문)

2019. 12.~2020. 1. _ 이금순 박귀분 박성운 미망인 5명 구술증언(영남대 지역협력센터)

2020. 8. 20. _ KTV 촬영차 세종시 임시안치소 방문

2020. 9. 12. _ KTV 〈코발트광산의 진실편〉 방영

2020. 11. 30. _ 구자환 감독 〈첩첩이 쌓인 백골〉 다큐멘트리영화 제작

2020. 9. 12.~ _ 미망인 및 고령 유족 10명 구술증언 채록작업
(박선영 전 경산신문 편집국장)

2020. 12. 10. _ 제2회 진실화해위원회 출범

2021. 1. 2. _ 미신고자 접수개시

2021. 1. 20. _ 글로컬평화학연구모임 발기(영남대 최범순, 김문주, 김학노, 류준형, 정래필, 최승호 이사)

2021. 1. 25. _ 미신고찾기 현수막 10개 설치

2021. 2. 4. _ 주차장 벽화설치 및 기록물 보관사무실 건의, 4월 추경예산 약속

2021. 2. 15. _ 2020년 정기총회 준비 이사회의

2021. 2. 19. _ 김산영 조사관 추천서 작성

2021. 3. 4. _ 진화위 방문 미신청자 48명 접수 및 진화위 위원장 면담

코발트와 가창골 발굴 약속

2021. 3. 31. _ 김광동 상임위원 간담회 참석

2021. 6. 5. _ 현장컨테이너 설치후 지붕 설치

2021. 6. 8. _ 행안부 자문회의참석(대전동구청)

2021. 6. 19. _ 양재영 시의원 현장 방문

2021. 7. 20. _ 진화위 조사개시결정

2021. 8. 14. _ 경산마을학교 강의(최승호)

2021. 9. 28. _ 미신청 유족 컴퓨터 본인진술 개시

2021. 10. 12. _ 고령군위령제 참석

2021. 10. 14. _ 코로나19로 71주기 위령제 약식 고유제 봉행

경산시청, 화장실 설치비 150만 원 지원약속

2021. 10. 15. _ 전국유족회 참석 서울시청서 정근식 위원장 면담

2021. 10. 30. _ 학비노조 25명 현장순례

2021. 11. 3. _ 대전 자문회의 참석

2021. 11. 9. _ 코발트광산 사진첩 발행(파랑새앨범)

2021. 11. 13. _ 부산위령제 참석

2021. 11. 20. _ 경남합동위령제 창석

2021. 11. 22. _ 임시이사회(박사리 방문건)

2021. 11. 23. _ 박사리 방문(나정태 박무석 최승호) 윤성해 회장
박기옥 간사와 상견례

2021. 11. 27. _ 진화위 위원장 조사관 8명 현장 방문
윤두현 의원 참석 현장사무실 질의응답

2021. 11. 30. _ 영남대 최범순 교수 코발트백서 3권 전달

2021. 12. 17. _ 전국유족회 이사회의 참석

2021. 12. 30. _ 유족 전원에 송년인사 문자발송

2022. 1. 3. _ 청도군수 조화 보냄

2022. 1. 10. _ 진화위 모현선 노용석 현장점검

2022. 1. 14. _ 전국유족회 특별법 부위원장으로 회의참석

2022. 1. 17. _ 독일유학생 유족사무실 인터뷰

2022. 2. 22. _ 전국유족회 정기총회 참석 나정태 회장 이사로
추대됨

2022. 2. 23. _ 민주당 홍영표 의원 현장 방문

2022. 2. 27. _ 현장 전기공사, 추모글, 국기게양대 설치

2022. 3. 4. _ 수평2굴 흙포대 토양분석 의뢰(강원도)

2022. 4. 14. _ 유족회 심벌마크 확정(제안자 이창희 이사) 원기
획에 제작의뢰

2022. 5. 4. _ 행안부 자문회의 참석

2022. 5. 14. _ 영남대 시각디자인과 학생들 현장 방문

2022. 6. 14. _ 진화위 간담회 참석해 위원장 접견

2022. 6. 25. _ 경북시민재단 초청 코발트−박사리 화해의 행사

거행(압량행복발전소)

2022. 7. 25. _ 진화위 송상교 처장 현장 방문, 티에프팀 결성보고 흙포대 반출건 논의

2022. 7. 14. _ 복지과에 유족명단 제출

2022. 9. 1. _ 수평2굴 흙포대 10개 유해 34점, 단추 1점 수습해 진화위 보고

2022. 9. 5. _ 매일신문 수평2굴 유해분석 기사 게재

2022. 9. 22. _ TBC 현장촬영

2022. 9. 26. _ 미신청 유족 12명 결정문 받음
위령탑 주변 배롱나무 11그루 이감사 전원참석해 식재

2022. 10. 1. _ 10월항쟁위령제 참석

2022. 10. 24. _ 추모제 준비차 세종시 위패봉안 참석

2022. 10. 28. _ 제23회 코발트-박사리 합동위령제 봉행 (아헌 박사리 윤성해 회장)

2022. 10. 29. _ 영대 사범대 교수외 학생 19명 현장순례

2022. 11. 2. _ 고령군희생자추모식 참석

2022. 11. 8. _ TBC뉴스 코발트사건 방영

2022. 11. 9. _ 전국유족회 합동위령제 참석

2022. 11. 12. _ 부산위령제 참석

2022. 11. 15. _ 수평2굴 흙포대 수습 유해 34점 세종시추모관에 안치

2022. 11. 22. _ 국회 배.보상법 간담회 참석 후 위원장 접견

2022. 11. 26. _ 창원유족회 위령탑 건립 제막식 참석

2022. 12. 8. _ 조현일 경산시장 면담

포도밭 매입건 조 시장 적극 추진토록 담당팀장에게 지시

2022. 12. 16. _ 전국유족회 이사회 참석

2022. 12. 15. _ 수평2굴 흙포대 반출 및 수습 입찰 무찰, 2차 입찰공고

2023. 2. 23. _ 정기총회 개회(서부1동사무소)
나정태 이사장 연임, 최승호 이사겸대외협력국장, 정시종 이사추대, 유족증언집 발행 승인

2023. 2. 27. _ 진화위 권고사항 의무화 개정안 국회 통과

2023. 2. 28. _ 전국유족회 정기총회 참석

2023. 3. 8. _ 노용석교수외 일본역사교수 현장순례

2023. 3. 23. _ 수평2굴 흙포대반출 개토제 봉행(한빛문화재연구원)

2023. 3. 27. _ 수평2굴 흙포대 반출작업 시작

2023. 3. 28. _ 수평2굴 적재 흙포대 17톤 반출 후 수습작업 시작

2023. 4. 3. _ 23년만에 현장에서 이사회 개회

2023. 4. 9. _ 인혁당추모제(영대 추모광장) 참석

2023. 4. 20. _ 현장 엠프 교체
광주사진작가 이세현 수평2굴 촬영

2023. 4. 24. _ mbc 시시각각 현장촬영후 유족인터뷰

2023. 4. 25. _ 사단법인 코발트유족회 등기부등본 수령(손경순 법무사)

2023. 4. 28. _ 현장 주요시설 전기공사

2023. 5. 10. _ 현장 첫 야간 이사회 개최

2023. 5. 25. _ 1차 흙포대 수습 보고회

2023. 6. 12. _ 간디학교 학생 30명 현장순례

2023. 6. 17. _ 대전청년위원회 25명 현장순례

2023. 6. 22. _ 수평2굴 흙포대작업 2차 반출

2023. 6. 23. _ 현장 첫 월례회 개최(유족 76명 참석)

2023. 6. 26. _ 2차 흙포대 수습 개시

2023. 6. 28. _ 전국유족회 이사회의 참석, 진화위원장 규탄대
회 결의

2023. 7. 8. _ 공주살구쟁이유족회 추모제 조화

2023. 7. 2. _ 추모배롱나무심기1차 37명 접수

2023. 7. 3. _ 추모배롱나무심기 참여공문 발송

2023. 7. 13. _ 진화위 위원장 상임의원 국장 조사관 7명 현장 방
문

2023. 9. 21. _ 2차 배롱나무 80그루 작업

2023. 10. 6. _ 대구 10월항쟁추모제 이사 7명 참석

2023. 10. 18. _ 세종시추모관 위패 모셔옴

2023. 10. 23. _ 73주기 합동위령제 및 제1회 평화예술제 봉행

2023. 11. 10. _ 전국유족회 합동위령제에 13명 참석